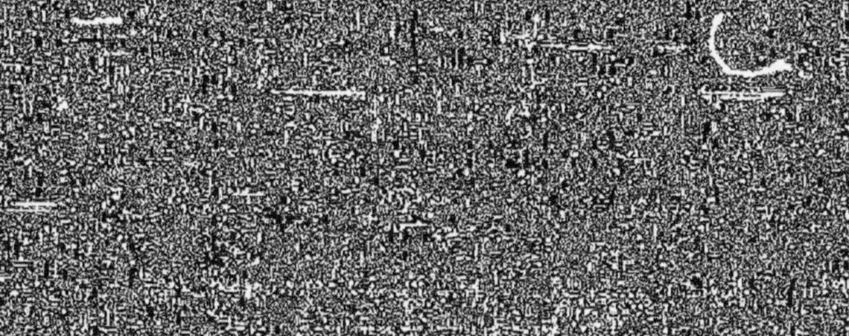

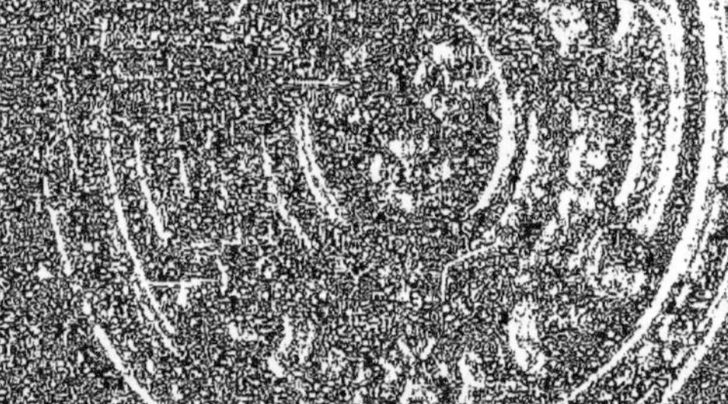

I0836523

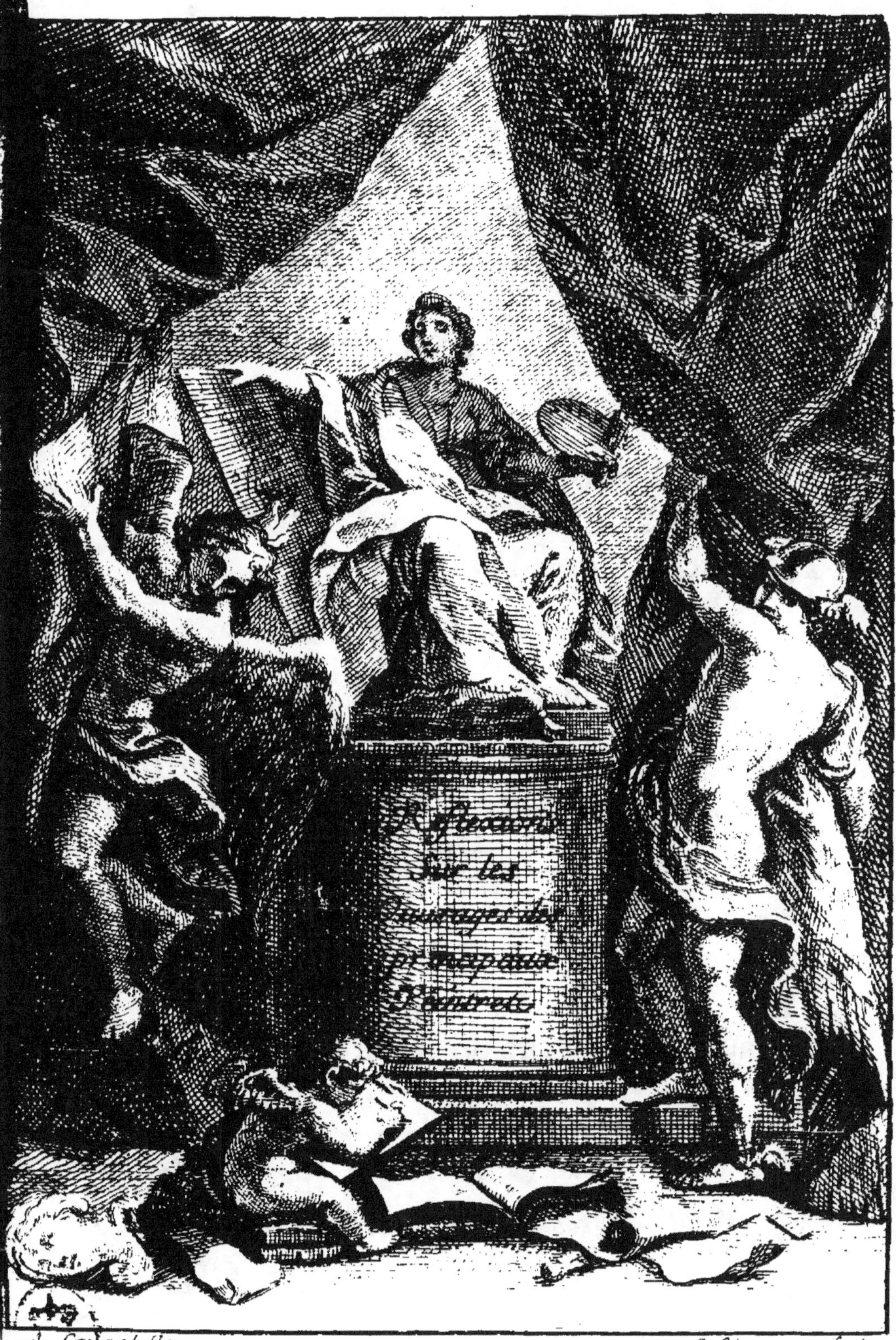

A. Coypel In. — C. Simonneau sculp.

Ego nec Studium sine divite ven

Nec rude quid prosit video ingenium

ABREGÉ
DE LA VIE
DES PEINTRES,

Avec des reflexions sur leurs Ouvrages,

Et un Traité du Peintre parfait ;
De la connoissance des Desseins ;
De l'utilité des Estampes.

Par M. DE PILES.

SECONDE EDITION,

Revûë & corrigée par l'Auteur ; avec un abregé de sa Vie, & plusieurs autres additions.

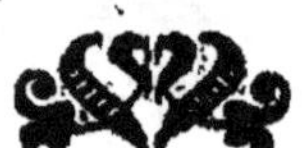

A PARIS,
Chez JACQUES ESTIENNE, ruë S. Jacques, au coin de la ruë de la Parcheminerie, à la Vertu.

MDCCXV.

Avec Approbation & Privilege du Roy.

PREFACE.

PLusieurs Auteurs ont écrit & même fort au long, les vies des Peintres ; Vasari, Ridolfi, Carlo' Dati, Baglioni, Soprani, le Comte Malvasie, Pierre Bellori, Van-Mandre, & Corneille de Bie, en ont fait quatorze gros volumes. Depuis peu Felibien nous en a donné cinq, & Sandrart un grand in-folio, sans compter plusieurs vies particulieres qui ont été imprimées : ainsi je ne prétens rien dire de nouveau dans cet abregé. J'y ai seulement eu en vûe la commodité des Peintres & des curieux qui n'ont pas beaucoup de tems à donner à une lecture de plaiſir, ou qui ayant déja lû les originaux, ſeront bien-aiſes qu'on leur en rafraichiſſe la mémoire. D'ailleurs ce qui groſſit la plûpart des livres dont nous venons de parler, c'eſt des deſcriptions de Tableaux qui ne ſont pas du goût de tout le monde, & qui demandent une fort grande attention. J'ai donc crû que je devois d'autant plus me diſpenſer de rapporter ici ces déſcriptions, qu'il eſt aiſé d'y avoir recours. Je me ſuis donc contenté de donner, autant que je l'ai pû faire, une idée générale des Peintres, dont les Ouvrages ſont en quelque eſtime dans le monde. J'ai voulu ſeulement toucher en peu de mots les choſes les plus eſſentielles : comme le païs, le pere, le jour de la naiſſance, le maître, les Ouvrages en général avec les lieux où ils ſe trouvent, le talent, les actions remarquables, le tems de la mort, & les diſciples de chaque Peintre : & quand j'ai manqué de ſatisfaire à quelques-unes de ces circonſtances, c'eſt que je n'en ai pas été éclairci.

Je ne parle que des principaux Peintres, c'eſt-à-dire, de ceux qui ont contribué au renouvellement de la Peinture, ou qui l'ont élevée au degré de perfection, dans lequel nous la voyons, ou enfin dont les Ouvrages ont entrée dans les cabinets des Curieux : car il y a beaucoup de Peintres, qui bien qu'ils ne ſoient pas du premier ordre, ne laiſſent pas d'être fort eſtimés. On en trouvera ici quelques-uns dont le mérite eſt médiocre généralement parlant, mais qui ont quelque talent particulier, ou qui font connoître que la Peinture n'a pas été négligée dans le païs où ils ont pris naiſſance. Il y en a dont on ne dit que peu de choſe, & d'autres même que l'on ne fait que nommer pour ne point perdre le fil de l'hiſtoire, & pour marquer ſeulement le tems où ils vivoient; parce qu'ils peuvent être connus de quelques Curieux, s'ils ne le ſont pas de tous. Il y en a auſſi où je me ſuis étendu davantage, parce que perſonne n'en a encore écrit, ou que j'en rapporte des particularités dont j'ai eu de nouveaux mémoires; ſi j'en ai omis quelques-uns faute de notion ou faute d'exactitude, je tâcherai de réparer ce défaut dans une autre édition.

Quoique cet abregé ſoit, comme je viens de dire, d'une aſſez grande commodité pour bien des gens, il n'a point été la principale intention de cet Ouvrage, & je n'y ai pas tant regardé la connoiſſance des actions des Peintres, que celle du degré de leur mérite. C'eſt dans cette vûe que j'ai mis à la fin de la vie des principaux Maîtres, c'eſt-à-dire, de ceux dont on parle le plus, les réflexions que j'ai crû les plûs propres à découvrir leur caractere. Car pour les autres dont les Ouvrages ſont peu connus, ou qui ne doivent être conſiderés que comme des diſciples attachés à leurs Maîtres, ainſi que des branches à leur tronc ; j'ai crû qu'il ſuffiroit d'avoir inſeré dans leur vie le peu que j'en avois à dire, & que d'ailleurs le Lecteur en auroit aſſez peu de curioſité.

Comme il n'y a point de Peintre médiocre qui n'ait quelquefois bien peint, ni d'excellent Peintre qui n'ait fait des choſes médiocres, ce n'eſt pas ſur un nombre choiſi de leurs Tableaux, mais ſur le général de leurs Ouvrages que j'exposerai mes sentimens.

J'ai déliberé long-tems si je les abandonnerois au public, & j'en ai prévû tous les inconveniens & toutes les difficultés. Dans une matiere où l'on confond souvent le goût avec la raison, il est impossible de contenter tout le monde : Je suis persuadé que les Curieux qui ont des Tableaux d'un Peintre, trouveront que je n'en aurai pas parlé assez avantageusement : enfin j'ai connu que ce n'étoit point assez pour découvrir les talens des grands maîtres, d'avoir vû les plus beaux Tableaux de l'Europe, & que l'attention que j'ai apportée à les examiner, n'étoit point un aſſez bon garant pour autoriſer mes paroles : mais qu'il falloit une profonde connoiſſance des Principes de la Peinture, & du génie pour en faire l'application. J'avoue que j'ai trouvé cette entrepriſe au-deſſus de mes forces ; & n'ayant rien voulu dire de mon chef, je me ſuis contenté de meſurer mes penſées aux maximes établies par les meilleurs Peintres & par les meilleurs auteurs qui ont tâché dans leurs Ouvrages de nous propoſer la perfection.

C'eſt donc pour mettre à couvert de témérité les jugemens que j'ai faits des Ouvrages en général des principaux Peintres, que j'ai trouvé à propos de donner ici l'idée du

Peintre parfait, ſur laquelle je me ſuis reglé. Quoique j'aie tâché de la rendre juſte, je ne prétens pas ôter à perſonne la liberté d'en faire l'application ſelon ſon goût, comme je le fais ſelon le mien : car je ſuis bien perſuadé que chacun ne voit pas également tout ce qu'il y a à voir dans un Ouvrage, & ſi mon deſſein n'eſt pas en cela au gré de quelques-uns, d'autres ſeront bien-aiſes qu'on leur ait au moins donné lieu d'exercer leur jugement.

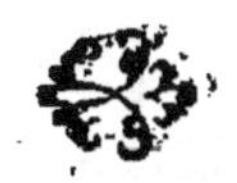

ABREGÉ DE LA VIE DE M. DE PILES.

IL eſt juſte de traiter en peu de mots ce qui regarde la perſonne & les talens de M. de Piles, & de lui rendre, à peu-près, les honneurs qu'il a rendus lui-même aux hommes célebres dont il parle dans cet ouvrage.

Roger de Piles étoit d'une famille du Nivernois diſtinguée dans le païs par la Nobleſſe, par les biens, & par les emplois. Il nâquit à Clamecy l'an 1635. Il fut tenu ſur les fonts de Baptême par le Duc de Bellegarde, qui étoit pour lors à Clamecy, & par la Ducheſſe de Nevers. Il fit ſes premieres études partie à Nevers & partie à Auxerre, & vint ensuite à Paris pour y étudier en Philosophie. Il étoit logé chez son oncle l'Abbé d'Orbec, Chanoine de l'Eglise Cathédrale, d'où il alloit tous les jours au College du Plessis. Comme il avoit de l'esprit & de la pénétration, il réussissoit également bien dans les sciences speculatives & dans les lettres humaines. Quand son cours fut fini & qu'il eût pris les premiers degrés, il étudia pendant trois ans la Théologie dans les Ecoles de Sorbonne ; mais ni les études profanes ni les sacrées ne l'occupoient pas tout entier, & la Peinture a fait dans tous les tems de sa vie une partie de son application. Il s'attacha de bonne heure à dessiner sous le célebre Frere Luc Recollet, dessinateur & compositeur assez bon, mais mauvais coloriste : en quoi M. de Piles a eu dans la suite un grand avantage sur son maître. Celui-ci trouvant dans son éleve un Goût naturel & de grandes diſpoſitions, le mit bientôt en état de deſſiner d'après l'Antique. Ils prirent l'un pour l'autre une amitié qui n'a fini qu'avec leur vie.

Il avoit fait en même tems connoiſſance avec Alphonſe du Freſnoy, qui l'eſtima aſſez pour lui communiquer ſon poëme Latin ſur la peinture, qui n'avoit point encore paru. M. de Piles en ſentit auſſi-tôt tout le mérite; mais jugeant auſſi qu'un ouvrage Latin, où la briéveté avec la gêne des vers met ſouvent de l'obſcurité, ne ſeroit pas à la portée de tous les Peintres; il le traduiſit en François, parce que M. du Freſnoy qui avoit promis de le traduire differoit toujours, ſoit qu'il en craignît la peine, ſoit qu'il aimât mieux s'occuper à de nouvelles choſes, que de revenir ſur les mêmes idées, ſans aucun autre profit pour lui que de faire paſſer dans une langue vulgaire, ce qu'il avoit ſû exprimer dans une langue ſavante. Il ſût gré à M. de Piles de ſon travail, & revit avec ſoin ſa traduction. La mort qui le ſurprit avant que M. de Piles eût achevé les remarques, lui déroba le plaiſir de voir ſes préceptes expliqués dans toute leur étendue avec une clarté & une intelligence merveilleuſe.

Cet ouvrage qui eſt le premier que M. de Piles ait composé, n'a pourtant pas paru le premier. Car comme le manuſcrit de M. de Piles étoit parmi les papiers de du Freſnoy, qui à ſa mort furent mis entre les mains de M. Mignard, M. de Piles fut quelques années ſans le ravoir. On ne peut pas ſoupçonner que cet habile Peintre eût peine à voir publier en François le ſecret de ſon Art. Il eſt plus juſte de croire que M. Mignard avoit une ſi haute idée du poëme Latin, que ſelon lui, nulle traduction ne pourroit lui faire honneur. Ce fut apparemment dans cette vûe qu'il se contenta de le faire paroître en Latin ; mais le peu de débit qu'eut l'ouvrage fit voir qu'il s'étoit trompé, & justifia le dessein de M. de Piles : car aïant retiré, comme il put, sa traduction des mains de M. Mignard, il la fit imprimer à côté du Latin avec ses remarques, & dans le cours de l'année il eut le plaisir d'en voir trois éditions. M. Dryden fameux Poëte Anglois dont entr'autres ouvrages nous avons une traduction entiere de Virgile en vers Anglois, a redonné en prose Angloise tout ce que contient l'édition de M. de Piles. Il y a joint une longue & belle Préface sur le parallele de la poësie & de la Peinture, & des additions qui augmentent le mérite de son Livre, qui est un des derniers que M. Dryden ait donné au Public. Il parut à Londres en 1695. & l'on n'a rien oublié pour faire une impression qui répondît à la réputation de l'original & du traducteur.

Dans le tems que M. de Piles travailloit sur du Fresnoy, il étoit déja auprès de M. Amelot, celui qui est aujourd'hui Conseiller d'Etat, & que la grandeur de son génie & de ses emplois rendent depuis long-tems célebre dans toute l'Europe. Car en l'année 1662. M. Ménage qui connoissoit M. de Piles pour loger avec lui dans la même maison du Cloître Notre-Dame, crût rendre service à M. Amelot, Maître des Requêtes, & ancien Président du grand Conseil, en le lui proposant pour l'éducation de son fils qui avoit sept ans. Un homme sage est bienheureux quand il donne ses soins à un enfant dont le naturel se porte de lui-même à la vertu. C'est ce qui rendit si agréable à M. de Piles un emploi que les autres trouvent si rude. Il entra donc chez M. le Président Amelot en 1662. & demeura auprès de ſon fils pendant tout le cours de ſes études, qui fut d'environ neuf ans. Il voïoit avec raviſſement le ſuccès de ſes ſoins, qui d'ailleurs ont été la ſource de ſa fortune, & de la grande conſidération qu'il a eûe depuis dans le monde. Il a toujours conſervé un attachement véritable pour toute la maiſon de Meſſieurs Amelot, & il en a toujours été traité avec beaucoup d'amitié & de diſtinction. M. le Préſident, pere de ſon éleve, avoit ſolidement travaillé à lui faire un établiſſement. Et après ſa mort, qui arriva en 1671. Madame la Préſidente Amelot continua toujours d'avoir chez elle M. de Piles : & pour reconnoître ſes ſervices, elle lui donna un fonds conſiderable, qui placé ſur l'Hôtel de Ville de Lyon, pouvoit le mettre à ſon aiſe le reſte de ſa vie.

Au commencement de l'année 1673. M. Amelot qui avoit alors

dix-huit ans, & qui venoit de finir ſon Droit, alla en Languedoc avec ſon oncle l'Evêque de Lavaur, celui qui depuis fut Archevêque de Tours. L'envie de s'inſtruire & de mettre à profit un tems que les autres jeunes gens n'ont que trop accoutumé de perdre, lui fit demander à Madame la Préſidente Amelot la permiſſion de faire le voïage d'Italie. Elle y conſentit avec plaiſir, & lui envoïa M. de Piles à Montpellier pour l'accompagner. M. de Piles eut lieu de ſatisfaire ſon goût pour la Peinture pendant ce voïage qui fut de quatorze mois, & il vit tout à loiſir ce qu'il y a de plus beau & de plus précieux en Italie. M. le Duc & M. le Cardinal d'Eſtrées étoient pour lors à Rome : M. Amelot étoit logé avec eux dans le Palais Farnéſe. Et ce ne fut pas un avantage médiocre pour M. de Piles, que de ſe faire connoître à ces deux illuſtres Freres, & ſur-tout au Cardinal, qui joignoit à ses grandes qualités une inclination naturelle pour les beaux Arts, dont il connoissoit tout le prix. M. Amelot revenu à Paris en 1674. & aussi-tôt reçû Conseiller au Parlement, rendit à M. de Piles tout son loisir.

Ce fut pour lors qu'il écrivit sur la Peinture, & que joignant la théorie à la pratique, il se rendit illustre parmi les Peintres & parmi les connoisseurs. Son mérite lui attira aussi l'estime & l'amitié de plusieurs personnes de qualité, qui aimoient encore plus en lui sa probité & sa candeur, que ses talens. M. le Duc de Richelieu lui a souvent donné des marques d'une bonté particuliere : il vouloit l'avoir sans cesse auprès de lui, & comme M. de Piles lui avoit dédié quelques-uns de ses ouvrages, il lui fit présent d'un fameux tableau de Rubens, qui représente David & Abigaïl : & qui a été depuis à M. le Duc de Grammont.

En 1682. M. Amelot, qui depuis cinq ans, étoit Maître des Requêtes, fut nommé Ambaſſadeur du Roi à Veniſe. Il engagea M. de Piles à l'accompagner en qualité de Secretaire de l'Ambaſſade. Ce voïage avoit duré près de trois ans, pendant leſquels M. de Piles ſe délaſſoit des affaires, par la vûe des beaux tableaux qui ſont l'ornement de cette grande Ville, lorſque M. Amelot reçût ordre de paſſer à l'Ambaſſade de Portugal. Dans le même tems M. de Louvois, qui étoit Miniſtre de la guerre, & Sur-intendant des Bâtimens, aïant ſû que M. Amelot avoit auprès de lui un homme d'une grande intelligence dans la Peinture, & capable même de quelque choſe de plus important à l'Etat, écrivit à M. Amelot de diſpoſer M. de Piles à aller en Allemagne voir les riches Cabinets que l'on diſoit y être en grand nombre, ſur-tout à Gratz, afin d'y acheter des Taau Cardinal, qui joignoit à ses grandes qualités une inclination naturelle pour les beaux Arts, dont il connoissoit tout le prix. M. Amelot revenu à Paris en 1674. & aussi-tôt reçû Conseiller au Parlement, rendit à M. de Piles tout son loisir.

Ce fut pour lors qu'il écrivit sur la Peinture, & que joignant la théorie à la pratique, il se rendit illustre parmi les Peintres & parmi les connoisseurs. Son mérite lui attira aussi l'estime & l'amitié de plusieurs personnes de qualité, qui aimoient encore plus en lui sa probité & sa candeur, que ses talens. M. le Duc de Richelieu lui a souvent donné des marques d'une bonté particuliere : il vouloit l'avoir sans cesse auprès de lui, & comme M. de Piles lui avoit dédié quelques-uns de ses ouvrages, il lui fit présent d'un fameux tableau de Rubens, qui représente David & Abigaïl : & qui a été depuis à M. le Duc de Grammont.

En 1682. M. Amelot, qui depuis cinq ans, étoit Maître des Requêtes, fut nommé Ambaſſadeur du Roi à Veniſe. Il engagea M. de Piles à l'accompagner en qualité de Secretaire de l'Ambaſſade. Ce voïage avoit duré près de trois ans, pendant leſquels M. de Piles ſe délaſſoit des affaires, par la vûe des beaux tableaux qui ſont l'ornement de cette grande Ville, lorſque M. Amelot reçût ordre de paſſer à l'Ambaſſade de Portugal. Dans le même tems M. de Louvois, qui étoit Miniſtre de la guerre, & Sur-intendant des Bâtimens, aïant ſû que M. Amelot avoit auprès de lui un homme d'une grande intelligence dans la Peinture, & capable même de quelque choſe de plus important à l'Etat, écrivit à M. Amelot de diſpoſer M. de Piles à aller en Allemagne voir les riches Cabinets que l'on diſoit y être en grand nombre, ſur-tout à Gratz, afin d'y acheter des Tableaux pour le Roi. Mais il ordonna en même tems à M. de Piles de passer à Vienne, où le Marquis de Chiverny étoit alors Envoïé extraordinaire du Roi ; & de s'informer exactement de la situation des affaires. M. de Piles aïant exécuté avec tout le soin possible cette commission, revint à Paris en rendre compte au Ministre, & rejoindre M. Amelot, qui partit en 1685. pour Lisbonne, où il l'accompagna en la même qualité qu'il avoit eue auprès de lui à Venise. Comme on avoit parlé de marier M. le Prince de Conti le dernier mort, qui étoit alors Prince de la Roche-sur-Yon avec l'Infante de Portugal, fille du premier lit du feu Roi Pierre II. M. de Piles se chargea de faire comme il pourroit le Portrait de cette Princesse. Il la voïoit à la Tribune de l'Eglise, lorsque le hazard lui faisoit déranger le voile qui lui couvroit le visage. Ce même hazard faisoit qu'il la voïoit quelquefois aux fenêtres du Palais : & quoiqu'il ne l'eût vûë qu'à peine, il en avoit tellement saisi tous les traits, qu'il en fit un Portrait très-ressemblant, que M. Amelot conserve encore dans son Cabinet. En 1687. M. de Piles aïant été envoïé à la Cour par M. Amelot avec des dépêches de conséquence, il revint par Madrid ; & comme rien ne le pressoit, il y demeura huit jours pour voir les magnifiques Tableaux du Roi d'Espagne, tant au Palais de Madrid, qu'à l'Escurial. Le Marquis de Feuquiere qui étoit alors Ambassadeur du Roi en Espagne, fit à M. de Piles tout l'accueil que méritoit la place qu'il occupoit, & la réputation qu'il avoit de vertu, d'esprit & d'intelligence.

M. de Piles ne pouvoit quitter M. Amelot. Il le suivit dans l'ambassade de Suisse en 1689. il y signa le Traité de neutralité, que M. Amelot avoit conclu avec les Cantons ; & parce que ce traité étoit très-agréable au Roi, M. Amelot pour donner une marque de distinction à M. de Piles, le chargea de le porter à Sa Majesté.

En 1692. M. de Piles fut envoïé en Hollande pour y demeurer *incognito*, sur les prétextes que lui fournissoit sa réputation parmi les curieux de peinture, & en effet pour y agir de concert avec les personnes qui souhaitoient la paix. Nous ne dirons point ici ce qui le fit découvrir pour ce qu'il étoit : il suffit de dire qu'il fut arrêté par ordre de l'Etat, & retenu prisonnier à la Haye pendant l'espace de deux ans ; mais le peuple de la Haye qui étoit las de la guerre, & qui apprit que M. de Piles n'étoit en prison que pour avoir voulu procurer la paix, s'étant mis en devoir de le délivrer, on le transfera au Château de Louvestein, où il fut gardé encore pendant trois ans, c'est-à-dire, jusqu'à la la paix de Riſwik. Il s'occupa dans ſa priſon à compoſer les Vies des Peintres : & comme dans une ſolitude ſi grande & ſi longue on ne peut pas toûjours travailler, il s'amuſoit à élever des oyſeaux, & à leur apprendre mille choſes. Il leur donna à tous la liberté le jour qu'il la recouvra lui-même. Malgré ces délaſſemens, ſa ſanté fut fort alterée par les incommodités & la longueur de ſa priſon. A ſon retour en France, le Roy lui donna une penſion.

M. Amelot, qui depuis dix ans étoit Conſeiller d'Etat, fut choiſi en 1705. pour aller à la Cour d'Eſpagne Ambaſſadeur extraordinaire. M. de Piles l'y ſuivit malgré ſon grand âge & ſes infirmités ; mais l'air de Madrid lui fut ſi contraire, qu'il fut obligé d'en revenir la même année. Depuis ce voyage il a vêcu encore quatre ans dans ſes occupations ordinaires & dans une grande pieté. Il mourut le 5. d'Avril de l'an-

e

née 1709. âgé de ſoixante-quatorze ans.

Il avoit l'eſprit naturellement reglé & méthodique, ſes idées étoient nettes & juſtes : ce qui étoit cauſe qu'on n'a jamais vû varier en lui ni les jugemens ni la conduite de ſa vie, qui a été d'une égalité parfaite. Il étoit bon ami, ſûr, fidele, & très-diſcret. Ces qualités étoient la ſuite de ſon caractere vrai & ſimple. Il avoit un grand fonds de Religion, & il rempliſſoit ſcrupuleuſement tous ſes devoirs.

Sa maniere de peindre conſiſtoit dans une imitation parfaite des objets, & dans une grande intelligence du Clair-obſcur & du Coloris. Les principes qu'il s'étoit faits là-deſſus étoient ſi ſûrs, qu'ils lui tenoient lieu de l'uſage de peindre qu'il n'avoit pas. Il prenoit plaiſir à faire les Portraits de ſes amis. Il a peint entre autres feu M. Deſpreaux & Madame Dacier, & le mérite de ces deux illuſtres perſonnes rendront ſon ouvrage immortel.

Il avoit pris ſoin de raſſembler un grand nombre de deſſeins des plus excellens maîtres, & entre autres pluſieurs études de Raphaël, que M. Croiſat le jeune a acheptées de ſes heritiers.

Dans les differens ouvrages que M. de Piles a donnés au public ſur la peinture, il a fait voir une grande admiration pour les Tableaux de Rubens, avec lequel il avoit non-ſeulement un rapport de Goût, mais encore quelque reſſemblance du côté de l'eſprit : car ils l'ont eû tous deux capable d'affaires. Mais pour ne parler que de la Peinture, quelques perſonnes accuſent M. de Piles d'avoir trop donné à Rubens. Nous n'entreprendrons pas de décider cette queſtion, qui a été agitée par de grands maîtres, dont les uns ſoûtenoient le Coloris, les autres le Deſſein. Nous dirons ſeulement, & il eſt très-vrai, que dans les écrits que M. de Piles a publiés ſur ce ſujet, il a parfaitement bien démêlé les principes généraux de la peinture, & principalement les principes du Clair-obſcur, dont ſes plus grands adverſaires ont profité.

M. de Piles étoit Conſeiller d'honneur de l'Académie de Peinture & de Sculpture, dans laquelle il liſoit ſouvent les ſavantes diſſertations qu'il donnoit enſuite au public. Il étoit lié d'amitié avec pluſieurs des plus celebres Peintres, & ſur-tout avec M. Coypel, qui eſt préſentement à la tête de cette Academie. Leur amitié avoit commencé à Rome, lorſque M. Coypel n'étant encore qu'un enfant promettoit déja le grand ſuccès qu'il a eû depuis. M. de Piles pour une marque particuliere de ſon eſtime & de ſon amitié, lui a laiſſé en mourant une Vierge du Corrége peinte à *guazze*.

Les ouvrages qu'il a publiés sont :
I. *Abregé d'Anatomie accommodé aux Arts de Peinture & de Sculpture, & mis dans un ordre nouveau, dont la méthode est très-facile & débarassée de toutes les difficultés & choses inutiles, qui ont toujours été un grand obstacle aux Peintres pour arriver à la perfection de leur Art. Ouvrage très-utile à ceux qui font profession du Dessein. Mis en lumiere par François Tortebat, Peintre du Roi dans son Académie Royale de Peinture & de Sculpture* 1667. On doit certainement à M. de Piles cet ouvrage, quoiqu'il ait paru sous un autre nom: c'est ce qu'on peut voir à la page 153. du Cours de Peinture. Du reste les Figures sont tirées du Livre de Vezale pour lequel le Titien les avoit dessinées. Tortebat étoit Peintre & Conseiller de l'Académie de Peinture. Il peignoit dans la maniere de Voüet dont il étoit gendre, & dont il avoit été éleve.

II. *Conversations sur la connoissance de la Peinture, & sur le jugement qu'on doit faire des Tableaux, où par occasion il est parlé de la Vie de Rubens, & de quelques-uns de ses plus beaux ouvrages.* 1677.

III. *Dissertation sur les ouvrages des plus fameux Peintres.* 1681.

IV. *Les premiers Elémens de la Peinture pratique, enrichis de Figures de proportion mesurées sur l'Antique, dessinées & gravées par Jean Baptiste Corneille, Peintre de l'Académie Royale.* 1684.

V. *L'Art de Peinture de C. A. du Fresnoy, traduit en François, enrichi de Remarques.*

VI. *Vies des Peintres, &c.* Cet ouvrage a été aussi traduit en Anglois. Dans l'édition que l'on donne ici au public, on a ajoûté pour la satisfaction des curieux, le second article de M. de la Hire, celui de M. Mignard, celui de M. Coypel, celui de Mademoiselle Cheron, & celui de Carlo-

Maratti. Ces articles qui ſont de mains differentes, rendront le Recueil plus complet.

VII. *Dialogue ſur le Coloris.* 1699.

VIII. *Cours de Peinture par principes.* 1708.

TABLE DES CHAPITRES.

LIVRE PREMIER.

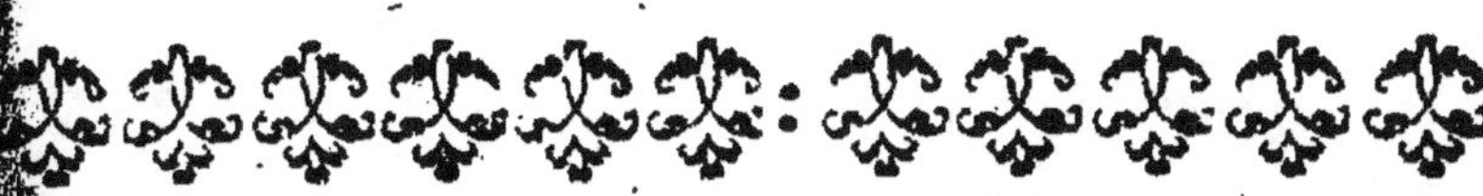

NOMS DES PEINTRES dont on a ſéparé les Réflexions ſur leurs Ouvrages d'avec leurs Vies.

LIVRE I.

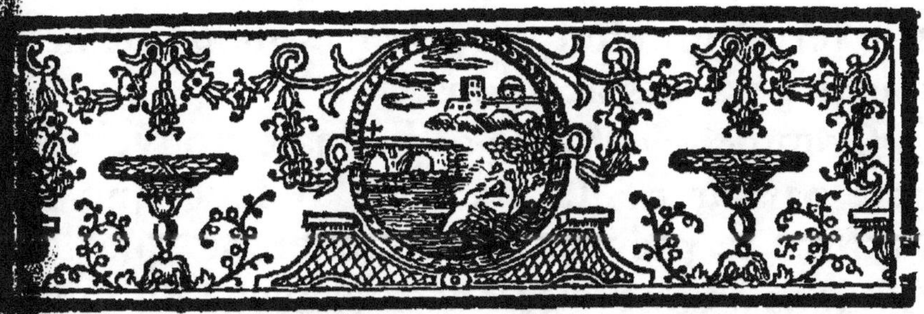

LIVRE PREMIER.

L'IDÉE DU PEINTRE PARFAIT,

Pour servir de régle aux jugemens que l'on doit porter sur les ouvrages des Peintres.

Le Genie.

LE Génie est la premiere chose que l'on doit supposer dans un Peintre. C'est une partie qui ne peut s'acquerir ni par l'étude, ni par le travail ; il faut qu'il soit grand pour répondre à l'étendue d'un Art qui renferme autant de connoissances que la Peinture, & qui exige beaucoup de tems & d'application pour les acquerir. Supposé donc une heureuse naissance, le Peintre doit regarder la nature visible, comme son objet ; il doit en avoir une idée, non-seulement comme elle se voit fortuitement dans les sujets particuliers : mais comme elle doit être en elle-même selon sa perfection, & comme

La Nature parfaite.

elle seroit en effet, si elle n'étoit point détournée par les accidens.

L'Antique. Comme il est très-difficile de trouver cet état parfait de la nature, il faut que le Peintre se prévale de la recherche que les Anciens en ont faite avec beaucoup de soins & de capacité, & qu'il se serve des exemplaires qu'ils nous en ont laissés dans les ouvrages de Sculpture, qui malgré la fureur des Barbares, se sont conservés, & sont venus jusqu'à nous. Il faut, dis-je, qu'il ait une suffisante connoissance de l'Antique, & qu'il lui serve pour faire un bon choix du naturel : parce que l'Antique a toujours été regardé par les habiles de tous les tems comme la régle de la Beauté.

Le grand Goût. Qu'il ne se contente pas d'être exact & régulier, qu'il répande encore un grand goût dans tout ce qu'il fera, & qu'il évite surtout ce qui est bas & insipide.

Ce grand Goût dans l'Ouvrage du Peintre est, Un usage des effets de la nature bien choisis, grands, extraordinaires, & vraisemblables : *Grands*, parce que les choses sont d'autant moins sensibles qu'elles sont petites ou partagées ; *Extraordinaires*, car ce qui est ordinaire ne touche point, & n'attire pas l'attention ; *Vraisemblables*, parce qu'il faut que ces choses grandes & extraordinaires paroissent possibles, & non chimeriques.

Definition de la Peinture.

Qu'il ait une idée juste de sa profession que l'on définit de cette sorte, *Un Art, qui par le moyen du dessein & de la couleur, imite sur une superficie plate tous les objets visibles*. Par cette définition on doit comprendre trois choses, le Dessein, le Coloris & la Composition : & bien que cette derniére partie n'y paroisse pas bien nettement exprimée, elle peut néanmoins s'entendre par ces derniers mots, *Objets visibles*, qui embrassent la matiére des sujets que le Peintre se propose de représenter. Le Peintre doit connoître & pratiquer ces trois parties dans la plus grande perfection qu'il est possible. On va les exposer ici avec les parties qui en dépendent.

La Composition. I. Partie.

La Composition contient deux choses, l'Invention & la Disposition. Par l'Invention, le Peintre doit trouver & faire entrer dans son sujet les objets les plus propres à l'exprimer & à l'orner : & par la Disposition il doit les situer de la maniere la plus avantageuse, pour en tirer un grand effet, & pour contenter les yeux, en faisant voir de belles parties : il faut qu'elle soit bien contrastée, bien diversifiée, & liée de groupes.

Le Dessein II. Partie.

Que le Peintre dessine correctement d'un bon goût & d'un style varié, tantôt héroïque & tantôt champêtre, selon le caractére des figures que l'on introduit : car l'élegance des contours qui convient aux Divinités, par exemple, ne convient nullement aux gens du commun : les Heros & les soldats, les forts & les foibles, les jeunes & les vieillards doivent avoir chacun leurs diverses formes ; sans compter que la Nature, qui se trouve differente dans toutes ses productions demande du Peintre une varieté convenable. Mais que le Peintre se souvienne que de toutes les maniéres de dessiner, il n'y en a de bonne, que celle qui est mêlée du beau naturel & de l'Antique.

Les Attitudes.

Que les Attitudes soient naturelles, expressives, variées dans leurs actions, & contrastées dans leurs membres, qu'elles soient simples ou nobles, animées ou modérées selon le sujet du Tableau & la discrétion du Peintre.

Les Expressions.

Que les Expressions soient justes au sujet ; que les principales figures en ayent de nobles, d'élevées & de sublimes, & que l'on tienne un milieu entre l'exageré & l'insipide.

Les Extrémités.

Que les Extrémités, j'entens la tête, les pieds, & les mains soient travaillées avec plus de précision & d'éxactitude que tout le reste, & qu'elles concourent ensemble à rendre plus expressive l'action des figures.

Les Draperies.

Que les Draperies ſoient bien jettées, que les plis en ſoient grands, en petit nombre autant qu'il eſt poſſible, & bien contraſtées ; que les étofes en ſoient épaiſſes, ou légeres ſelon la qualité & la convenance des figures ; qu'elles ſoient quelquefois ouvragées & d'eſpéce différente, & quelquefois ſimple, ſuivant la convenance des ſujets & des endroits du Tableau, qui demandent plus ou moins d'éclat pour l'ornement du Tableau & pour l'œconomie du tout enſemble.

Les Animaux.

Que les Animaux ſoient principalement caractériſés par une touche ſpirituelle & ſpéciale.

Le Païſage.

Que le Païſage ne ſoit point coupé de trop d'objets, qu'il y en ait peu, mais qu'ils ſoient bien choiſis. Et en cas qu'une grande quantité d'objets y ſoient renfermés, il faut qu'ils ſoient ingénieuſement groupés de lumiéres & d'ombres, que le ſite ne ſoit bien lié & bien dégagé, que les arbres en ſoient différens de forme, de couleur, & de touche autant que la prudence & la varieté de la Nature le requiérent, & que cette touche ſoit toujours légére & fretillante, pour parler ainſi : que les devans ſoient riches, ou par les objets, ou du moins par une plus grande exactitude de travail qui rend les choſes vraies &

palpables : que le Ciel ſoit léger, & qu'aucun objet ſur la Terre ne lui diſpute ſon caractere à rien, à la réſerve des eaux tranquilles & des corps polis qui ſont ſuſceptibles de toutes les couleurs qui leur ſont oppoſées : des céleſtes comme des terreſtres. Que les nuages ſoient d'un bon choix, bien touchés & bien placés.

La Perſpective. Que la Perſpective ſoit réguliére, & non d'une ſimple pratique peu exacte.

Le Coloris. III. Partie. Que dans le Coloris, qui comprend deux choſes, la Couleur locale, & le Clair-obſcur; le Peintre ait grand ſoin de s'inſtruire de l'une & de l'autre : c'eſt ce qui le diſtingue des artiſans qui ont de commun avec lui les meſures & les proportions; & c'eſt encore ce qui le rend le plus véritable & le plus parfait imitateur de la Nature.

La Couleur locale. La Couleur locale n'eſt autre choſe que celle qui eſt naturelle à chaque objet en quelque lieu qu'il ſe trouve, laquelle le diſtingue des autres objets, & qui en marque parfaitement le caractére.

Le Clair-obſcur. Et le Clair-obſcur eſt l'art de diſtribuer avantageuſement les lumiéres & les ombres, tant ſur les objets particuliers, que dans le géneral du Tableau : ſur les objets particuliers, pour leur donner le relief & la rondeur convenable : & dans le géneral du Tableau, pour y faire voir les objets avec plaisir, en donnant occasion à la vûe de se reposer d'espace en espace, par une distribution ingénieuse de grands clairs, & de grandes ombres, lesquels se prêtent un mutuel secours par leur opposition ; en-sorte que les grands clairs sont des repos pour les grandes ombres ; comme les grandes ombres sont des repos pour les grands clairs. Mais quoique le Clair-obscur comprenne, comme nous avons dit, la science de bien placer tous les clairs & toutes les ombres, néanmoins il s'entend plus particuliérement des grandes ombres & des grandes lumieres. Leur distribution en ce dernier sens, se peut faire de quatre façons. Premiérement par les ombres naturelles des corps. 2. Par les groupes : c'est-à-dire, en disposant les objets d'une maniére que les lumiéres se trouvent liées ensemble, & les ombres pareillement ensemble, comme on le voit à peu près dans une grappe de raisin, dont les grains du côté de la lumiére font une masse de clair, & les grains du côté opposé font une masse d'ombre, mais que le tout ne forme qu'un groupe & comme un seul objet ; en sorte pourtant qu'en cet artifice il ne paroisse aucune affectation : mais que les objets se trouvent ainsi situés naturellement & comme par hazard. 3. Par les accidens d'une ombre dont la cause est supposée hors du Tableau. 4. Et enfin par la nature & le corps des couleurs que le Peintre peut donner aux objets sans en alterer le caractére. Cette partie de la Peinture est le plus grand moyen dont le Peintre se puisse prévaloir pour donner de la force à ses ouvrages, & pour rendre ses objets sensibles tant en géneral qu'en particulier.

Je ne vois pas que l'artificedu Clair-obscur ait été connu dans l'Ecole Romaine avant Polydore de Caravage, qui le trouva & qui s'en fit un principe ; & je suis étonné que les Peintres qui l'ont suivi ne se soient pas aperçus que le grand effet de ses ouvrages vient des repos qu'il a observés d'espace en espace, en groupant ses lumiéres d'un côté & ses ombres d'un autre, ce qui ne se fait que par l'intelligence du Clair-obscur. Je suis étonné, dis-je, qu'ils aient laissé échaper cette partie si necessaire, & qu'ils l'aient fait sans s'en apercevoir. Cela n'empêche pas néanmoins qu'il n'y ait quelques Ouvrages parmi ceux des Peintres Romains, où il se trouve du Clair-obscur : mais on doit regarder cela comme un bon moment du Génie, ou comme l'effet du hazard plûtôt que d'un principe bien établi.

André Boscoli Peintre Florentin a eu de forts pressentimens du Clair-obscur, comme on le voit par ses Ouvrages : mais on doit au Giorgion le rétablissement de ce principe, dont le Titien son Competiteur s'étant aperçu, il s'en est prévalu dans tout ce qu'il a fait depuis.

Dans la Flandre, Otho Venius en jetta des fondemens solides, & les communiqua à Rubens son Eléve : celui-ci les rendit plus sensibles, & en fit tellement connoître les avantages & la nécessité, que les meilleurs Peintres Flamans qui l'ont suivi, se sont rendus recommandables par cette partie : car sans elle, tous les soins qu'ils ont pris d'imiter si fidélement les objets particuliers de la Nature, ne seroient d'aucune considération.

L'accord des Couleurs.

Que dans la distribution de ses couleurs il y ait un accord qui fasse le même effet pour les yeux, que la Musique pour les oreilles.

Unité d'objet.

Que s'il y a plusieurs groupes de Clair-obscur dans un Tableau, il faut qu'il y en ait un qui soit plus sensible, & qui domine sur les autres, en sorte qu'il y ait unité d'objet, comme dans la Composition, unité de sujet.

Le Pinceau.

Que le Pinceau soit hardi & léger s'il est possible ; mais soit qu'il paroisse uni, comme celui du Corrége, ou qu'il soit inégal & raboteux, comme celui de Rembrant, il doit toûjours être moëlleux.

Les Licences. Enfin si l'on est contraint de prendre des licences, qu'elles soient imperceptibles, judicieuses, avantageuses, & autorisées; les trois premieres especes sont pour l'Art du Peintre, & la derniére regarde l'Histoire.

La Grace. Un Peintre qui possede son Art dans tous les détails que l'on vient de représenter, peut à la vérité s'assurer d'être habile, & de faire infailliblement de belles choses: mais ses Tableaux ne pourront être parfaits si la Beauté qui s'y trouve n'est accompagnée de la Grace.

La Grace doit assaisonner toutes les parties dont on vient de parler, elle doit suivre le Genie; c'est elle qui le soûtient & qui le perfectionne: mais elle ne peut, ni s'acquerir à fond, ni se démontrer.

Un Peintre ne la tient que de la Nature, il ne sait pas même si elle est en lui, ni à quel dégré il la possede, ni comment il la communique à ses Ouvrages: elle surprend le Spectateur qui en sent l'effet sans en pénétrer la véritable cause: mais cette Grace ne touche son cœur que selon la disposition qu'elle y rencontre. On peut la définir, *Ce qui plaît, & ce qui gagne le cœur sans passer par l'esprit.*

La Grace & la Beauté, sont deux choses

differentes : la Beauté ne plaît que par les régles, & la Grace plaît ſans les régles. Ce qui eſt Beau n'eſt pas toûjours gracieux, & ce qui eſt gracieux n'eſt pas toûjours beau ; mais la Grace jointe à la Beauté, eſt le comble de la Perfection : C'eſt ce qui a fait dire à un de nos plus illuſtres Poëtes,

Et la Grace plus belle encor que la Beauté.

On a donné cette Idée du Peintre parfait le plus en abregé qu'on a pû, pour ne point ennuïer ceux qui n'ont aucun doute ſur les choſes qu'elle contient. Mais pour ceux qui en deſirent des preuves, on a tâché de les ſatisfaire dans les Remarques ſuivantes, dans leſquelles les uns & les autres trouveront que j'y traite pluſieurs matiéres qui ſe ſont préſentées naturellement, & qui ne leur feront peut-être pas indifférentes.

Les Remarques ſuivantes répondent par Chapitres aux parties qui compoſent l'Idée du Peintre parfait, deſquelles on a parlé dans le précedent Abregé, & le Lecteur doit ſuppoſer ces parties dans les Chapitres qui en traitent pour les éclaircir.

REMARQUES ET ECLAIRCISSEMENS sur la précedente Idée.

CHAPITRE PREMIER.

Du Genie.

PAr le mot de Génie, on a entendu diverses choses. Les Anciens ont crû que c'étoit un esprit commis à la garde de l'homme, & qui lui inspiroit les bonnes & les mauvaises actions. Les Payens en ont fait une Divinité; & la plûpart des hommes le prennent pour le feu de l'imagination qui produit une abondance de pensées, & pour cette inspiration secrette & cet enthousiasme qui enfante les productions extraordinaires. Mais pour le concevoir par raport seulement aux Sciences & aux beaux Arts; & pour en donner une idée distincte, je croi que l'on peut dire avec beaucoup de raison,

Que nous aportons le Génie en naissant, & qu'il est confondu & mêlé avec l'esprit, comme une essence est confondue & mêlée dans un verre d'eau; ou plûtôt que c'est l'esprit même en tant qu'il est porté vers une science préferablement à une autre. Il est, pour ainsi dire, le tyran des facultés de l'ame : il les contraint à tout quitter, & les entraîne pour le servir dans les ouvrages où il est emporté lui-même par la rapidité de sa nature ; & lorsque les organes viennent à s'alterer, l'Esprit & le Genie s'affoiblissent également.

Le Génie demeure comme enseveli dans l'inaction, jusqu'à ce qu'il soit ébranlé par les occasions qui ont du raport avec lui & qui sont de son ressort. Il est comme la corde d'un instrument, laquelle ne donne aucun son à moins qu'on ne la touche.

Le Génie est en soi d'une aussi grande étendue que les régles de l'Art dont il contient les semences : & quoiqu'il contienne toutes les semences de l'Art, il n'agit jamais surement quand il agit seul par une impulsion secrette dont il ne sait pas la cause, & ne produit alors que comme une terre abandonnée.

Mais lorsqu'il est cultivé par les régles & qu'il se les est appropriées, il se met au-dessus d'elles, il leur commande en maître, il les rejette quand il lui plaît pour leur substituer quelque chose de plus heureux : il en dispose enfin comme d'un bien dont il est en possession & qu'il croit lui appartenir.

Mais la Nature qui ménage ses trésors, quand elle a donné du génie pour un Art, elle ne l'a donné que rarement universel pour toutes les parties qu'il contient. Peu de Peintres peuvent se vanter, par exemple, d'avoir été si universels daus leur profession qu'ils aient eu pour toutes les parties qu'elle contient cette pénétration pour concevoir & cette facilité pour agir, que le génie donne à ceux qui le possédent. Tel en a pour le dessein qui n'a jamais rien compris dans l'artifice du Coloris : tel réussit dans les Portraits, tel autre dans le Païsage : l'un se sent porté & se plaît à imiter exactement les naïvetés du naturel duquel il ne sait point choisir, ni animer les belles expressions. Ainsi chacun se trouve partagé de génie selon qu'il a plû à la Nature de lui en donner, & nous devons toujours estimer les talens particuliers qu'elle distribue, & les respecter quand ils sont extraordinaires.

CHAPITRE II.

De la nécessité du Génie.

LEs hommes ont beau travailler pour surmonter les obstacles qui les empêchent d'atteindre à la perfection, s'ils ne sont nés avec un talent particulier pour les

Arts qu'ils ont embrassés, ils seront toujours dans l'incertitude d'arriver à la fin qu'ils se proposent. Les régles de l'Art & les exemples d'autrui peuvent bien leur montrer les moïens d'y parvenir : mais ce n'est point assez que ces moïens soient sûrs, il faut encore qu'ils soient faciles & agréables.

Or, cette facilité ne se rencontre que dans ceux, qui avant de s'instruire des régles, & de voir les Ouvrages des autres, ont consulté leur inclination, & ont examiné s'ils étoient attirés par une lumiere intérieure à la profession qu'ils vouloient suivre. Car cette lumiere de l'Esprit, qui n'est autre chose que le Génie, nous montrant toujours le chemin le plus court & le plus facile, nous rend infailliblement heureux, & dans les moïens & dans la fin.

Le Génie est donc une lumiere de l'Esprit, laquelle conduit à la fin par des moïens faciles.

C'est un présent que la Nature fait aux hommes dans le moment de leur naissance, & quoiqu'elle ne le donne ordinairement que pour une chose en particulier, elle est quelquefois assez libérale pour le rendre général dans un seul homme. On en a vû plusieurs de cette sorte, & ceux qui sont assez heureux pour avoir reçû cette plénitude d'influences, font avec facilité tout ce qu'ils veulent faire, & ce leur est assez de s'appliquer pour réussir. Il est vrai que le Génie particulier n'étend pas ainsi son pouvoir sur toutes sortes de connoissances ; mais il pénetre d'ordinaire plus avant dans celle qui est de sa domination.

Il faut donc du Génie, mais un Génie exercé par les regles, par les réflexions, & par l'assiduité du travail. Il faut avoir beaucoup vû, beaucoup lû, & beaucoup étudié pour diriger ce Génie, & pour le rendre capable de produire des choses dignes de la posterité.

Cependant comme le Peintre ne peut ni voir, ni étudier toutes les choses que demande la perfection de son Art, il est bon qu'il se serve sans scrupule des études d'autrui.

CHAPITRE III.

Qu'il est bon de se servir des études d'autrui sans aucun scrupule.

IL n'est pas possible de bien représenter les objets, non-seulement qu'on n'a point vûs, mais qu'on n'a point dessinés. Si un Peintre n'a point vû de Lion, il ne sauroit peindre un Lion ; & s'il en a vû, il ne peut représenter cet animal qu'imparfaitement à moins qu'il ne l'ait dessiné ou peint d'après Nature, ou d'après l'Ouvrage d'un autre.

Sur ce pied, on ne doit pas blâmer un Peintre, qui n'aïant jamais vû ni étudié l'objet qu'il a à représenter, se sert des études d'un autre, plûtôt que de faire de son caprice qnelque chose de faux : il est nécessaire enfin qu'il ait dans sa mémoire, ou dans son porte feuille, ses propres études, ou celles d'autrui.

Après que le Peintre a rempli son esprit de la vûe des belles choses, il y ajoûte ou diminue selon son goût & selon la portée de son jugement : & ce changement se fait en comparant les Idées de ce qu'on a vû, & en choisissant ce que l'on en trouve de bon. Raphaël, par exemple, qui dans sa jeunesse n'avoit chez le Pérugin son maître, que les Idées des Ouvrages de ce Peintre, les aïant ensuite comparés avec ceux de Michelange & avec l'Antique, a choisi ce qui lui a semblé de meilleur, & s'est fait un Goût épuré, tel que nous le voïons dans ses Ouvrages.

Le Génie se sert donc de la mémoire comme d'un vase où il met en réserve les Idées qui se présentent ; il les choisit avec l'aide du jugement, & en fait pour ainsi dire une provision, dont il se sert quand l'occasion s'en présente ; mais il n'en tir que ce qu'il y a mis, & n'en peut tirer autre chose. C'est ainsi que Raphaël a tiré de ses études les hautes Idées qu'il a prises de l'Antique, de même qu'Albert & Lucas ont tiré de leur méchant fond les Idées Gottiques que la pratique de leur tems & la nature de leur païs leur avoient fournies.

Un homme qui a du Génie peut inventer un sujet en general : mais s'il n'a fait l'étude des objets particuliers, il sera embarassé dans l'execution de son Ouvrage, à moins qu'il n'ait recours aux études que les autres en ont faites.

Il est même fort vraisemblable que si un Peintre n'a ni le tems, ni la commodité de voir la Nature, pourvû qu'il ait un beau Génie, il pourra étudier d'après les Tableaux, les Desseins, & les Estampes des Maîtres qui ont sû choisir les beaux endroits, & les mettre en œuvre avec intelligence ; tel, par exemple, qui voudra faire du Païsage, & qui n'aura jamais vû, ou qui n'aura pas assez observé les païs propres à être peints par leur bizarrerie, ou par leur agrément, fera très-bien de profiter des Ouvrages de ceux qui ont étudié ces païs-là, ou qui ont représenté dans leurs païsages des effets extraordinaires de la Nature. Il pourra regarder les productions de ces habiles Peintres, comme s'il regardoit la Nature, & s'en ſervir dans la ſuite pour inventer quelque choſe de lui-même.

Il trouvera deux avantages en étudiant d'abord aprés les Ouvrages des habiles Maîtres : le premier eſt, qu'il y verra la Nature débaraſſée de beaucoup de choſes qu'on eſt obligé de rejetter quand on la copie : le ſecond eſt, qu'il apprendra par-là à faire un bon choix de la Nature, à n'en prendre que le beau, & à rectifier ce qu'elle a de défectueux. Ainſi un Génie bien reglé & ſoutenu de la Théorie, ſert à mettre utilement en uſage, non-ſeulement ſes Etudes propres, mais encore celles des autres.

Leonard de Vinci a écrit que les taches qui ſe trouvent ſur un vieux mur, formans des Idées confuſes de differens objets, peuvent exciter le Génie, & l'aider à produire. Quelques-uns ont crû que cette propoſition faiſoit tort au Génie, ſans en donner de bonnes raiſons. Il eſt certain cependant que ſur un tel mur, ou ſur telle autre choſe maculée, non-ſeulement il y a lieu de concevoir des Idées en general, mais chacun en conçoit de differentes ſelon la diverſité des Génies, & que ce qui ne s'y voit que confuſément, ſe débrouille & ſe forme dans l'esprit selon le Goût de celui en particulier qui la regarde. En sorte que l'un voit une Composition belle & riche, & les objets conformes à son Goût, parce que son Génie est fertile & son Goût bon; & l'autre n'y voit au contraire rien que de pauvre & de mauvais Goût, parce que son Génie est froid, & son Goût mauvais.

Mais de quelque caractere que soient les esprits, chacun peut trouver sur cet objet de quoi exciter son imagination, & produire quelque chose qui lui appartienne. L'imagination s'échauffant ainsi peu à peu, se rendra capable en voïant quelques figures, d'en concevoir un grand nombre, & d'enrichir la scene de son sujet par quelques objets indécis qui y donneront lieu. Il pourra même facilement arriver que l'on enfantera par ce moïen des idées extraordinaires, qui d'ailleurs ne seroient pas venues dans l'esprit.

Ainsi ce que dit Leonard de Vinci ne fait aucun tort au Génie, il peut au contraire servir à ceux qui en ont beaucoup, comme à ceux qui n'en ont gueres. J'ajoûterois seulement à ce que dit cet Auteur, que plus on a de Génie, & plus on voit de choses dans ces sortes de taches ou de lignes confuses.

CHAPITRE IV.

DE LA NATURE.

Des actions de la Nature, & des actions d'habitude & d'éducation.

LA Nature n'eſt pas ſeulement détournée par les accidens qui ſe rencontrent dans ſes productions actuelles : mais encore par les habitudes que contractent les choſes produites. On peut donc conſiderer les actions de la Nature de deux manieres, ou lorſqu'elle agit elle-même de ſon bon gré, ou lorſqu'elle agit par habitude au gré des autres.

Les actions purement de la Nature, ſont celles que les hommes feroient, ſi dès leur enfance on les laiſſoit agir ſelon leur propre mouvement ; & les actions d'habitude & d'éducation, ſont celles que les hommes font par le moïen des inſtructions & des exemples qu'ils ont reçûs. De celles-ci il y en a autant que de Nations, & ces actions d'habitude ſont tellement mêlées parmi les actions purement naturelles, qu'il eſt à mon ſens très-difficile d'en connoître la difference. Les Peintres doivent néanmoins tâcher de faire cette difference ; car ils ont ſouvent des ſujets à traiter, où ils doivent ſuivre la pure Nature, ou en tout, ou en partie. Il eſt bon qu'ils n'ignorent pas les actions differentes dont les principales Nations ont revêtu la Nature : mais comme leur difference vient de quelque affectation, qui eſt un voile qui déguiſe la vérité, la principale étude du Peintre doit être de débrouiller & de connoître en quoi conſiſte le vrai, le beau & le ſimple de cette même Nature, laquelle tire toutes ſes beautés & toutes ſes graces du fond de ſa pureté & de ſa ſimplicité.

Il eſt viſible que les anciens Sculpteurs ont recherché cette ſimplicité naturelle, & que Raphaël a puiſé dans leurs Ouvrages avec le bon Goût, celle qu'il a répandue dans ſes figures. Mais quoique la Nature ſoit la ſource de la Beauté, l'Art, dit-on communément, la ſurpaſſe ; pluſieurs Auteurs en ont parlé dans ces termes, & c'eſt un Problême qu'il eſt bon de réſoudre.

CHAPITRE V.

En quel ſens on peut dire que l'Art eſt au-deſſus de la Nature.

LA Nature doit être conſiderée de deux manieres, ou dans les objets particuliers, ou dans les objets en general, & en elle-même. La Nature est ordinairement défectueuse dans les objets particuliers, dans la formation desquels elle est, comme nous venons de dire, détournée par quelques accidens contre son intention, qui est toujours de faire un Ouvrage parfait. Mais si on la considere en elle-même dans son intention & dans le general de ses productions, on la trouvera parfaite.

C'est dans ce general que les anciens Sculpteurs ont puisé la perfection de leurs Ouvrages, & d'où Polycléte a tiré les belles proportions de la Statuë qu'il fit pour la posterité, & qu'on appella la Regle. Il en est de même des Peintres. Les effets avantageux de la Nature leur ont donné envie de les imiter, & une experience heureuse a réduit peu à peu ces mêmes effets en Préceptes. Ainsi ce n'est pas d'un seul objet, mais de plusieurs objets que les Regles de l'Art se sont établies.

Si l'on compare l'Art du Peintre, qui a été formé sur la Nature en general, avec une production particuliere de cette Maîtresse des Arts, il sera vrai de dire que l'Art est au-dessus de la Nature : mais si on le compare avec la Nature en elle-même, qui est le modéle du Peintre, cette proposition se trouvera fausse.

En effet, à bien considérer les choses,

quelque ſoin que les Peintres aient pris juſ-qu'à préſent d'imiter la Nature, on trou-vera qu'elle leur a laiſſé beaucoup de che-min à faire pour arriver juſqu'à ſa perfec-tion, & qu'elle contient une ſource de beautés qu'ils n'épuiſeront jamais. C'eſt ce qui fait dire que dans les Arts on apprend encore tous les jours, parce que l'expe-rience & les réflexions découvrent ſans ceſſe quelque choſe de nouveau dans les effets de la Nature, qui ſont ſans nombre & toujours differens les uns des autres.

CHAPITRE VI.

De l'Antique.

ON appelle de ce mot tous les Ou-vrages de Peinture, de Sculpture, & d'Architecture qui ont été faits en Egypte, en Gréce & en Italie, depuis Alexandre le Grand juſqu'à l'invaſion des Gots, qui par leur fureur & leur ignorance firent périr tous les beaux Arts. Le mot d'Antique néan-moins eſt plus particulierement en uſage pour ſignifier les Sculptures de ces tems-là, ſoit les Statues & les bas Reliefs, ou les Médailles & les Pierres gravées. Tous ces Ouvrages ne ſont pas également bons : mais dans les médiocres même, il y a un certain caractere caractére de beauté qui fait que les Connoiſſeurs les diſtinguent des Ouvrages modernes.

Ce n'eſt pas de ces Sculptures modernes que l'on entend parler ici, c'eſt des Sculptures Antiques les plus parfaites, & que l'on ne regarde qu'avec étonnement. Les anciens Auteurs les ont miſes au-deſſus de la Nature, & ne louoient la beauté des hommes, qu'autant qu'elle avoit de conformité avec les belles Statues.

* *Uſque ab ungulo ad capillum ſummum eſt feſtiviſſima.*
Eſt ne? Conſidera: vide ſignum pictum pulcrè videris.

Je pourrois citer beaucoup d'autorités des Anciens, pour prouver ce que j'avance, mais pour ne rien répeter, je renvois le Lecteur à ce que j'ai dit touchant l'Antique dans mon Commentaire, ſur l'Art de Peinture de Charles-Alfonſe du Freſnoy, & je me contenterai de rapporter ici ce diſoit un Peintre moderne, qui avoit beaucoup pénétré dans la connoiſſance de l'Antique, c'eſt le fameux Pouſſin: Raphaël, diſoit-il, eſt un Ange comparé aux autres Peintres; c'eſt un Ane comparé aux Auteurs des Antiques. L'expreſſion eſt extraor-

* *Plaute Epidiq. Act. 5.*

dinaire : je me ſerois contenté de dire que Raphaël eſt autant au-deſſous des Anciens, que les Modernes ſont au-deſſous de lui ; mais j'examinerai cette penſée plus exactement dans la vie de Raphaël.

Il eſt certain que peu de perſonnes ſont capables de découvrir toute la fineſſe qui eſt dans les Sculptures Antiques ; parce qu'il faut pour cela un eſprit proportionné à ceux des Sculpteurs qui les ont faites, & que ces hommes avoient le Goût ſublime, la Conception vive, & l'Exécution exacte & ſpirituelle. Ils ont donné à leurs Figures des proportions conformes au caractére de ces figures : Ils ont deſſigné les Divinités par des contours plus coulans, plus élégans, & d'un plus grand Goût que ceux des hommes ordinaires. Ils ont fait un choix épuré de la belle Nature, & ils ont excellemment remedié à l'impuiſſance où la matiére qu'ils employoient les mettoit de tout imiter.

Le Peintre ne ſauroit donc mieux faire que de tâcher à pénétrer l'excellence de ces Ouvrages, pour connoître la pureté de la Nature, & pour deſſiner plus doctement & plus élégamment. Néanmoins comme il y a dans la Sculpture pluſieurs choſes qui ne conviennent point à la Peinture, & que le Peintre a d'ailleurs des moyens d'imiter la Nature plus parfaitement que le Sculpteur, il faut qu'il regarde l'Antique comme un Livre qu'on a traduit dans une autre langue, dans laquelle il suffit de bien rapporter le sens & l'esprit, sans s'attacher servilement aux paroles de l'Original.

CHAPITRE VII.

Du grand Goût.

L'On a vû dans la définition que j'ai donnée du grand Goût par rapport aux Ouvrages de Peinture, qu'il ne s'accommode point des choses ordinaires. Or le médiocre ne se peut souffrir tout au plus que dans les Arts qui sont nécessaires à l'usage ordinaire, & non dans ceux qui n'ont été inventés que pour l'ornement du monde & pour le plaisir. Il faut donc dans la Peinture quelque chose de grand, de piquant, d'extraordinaire, capable de surprendre, de plaire, d'instruire, & c'est ce qu'on appelle le grand Goût : c'est par lui que les choses communes deviennent belles, & que les belles deviennent sublimes & merveilleuses ; car en Peinture le grand Goût, le Sublime & le Merveilleux ne sont que la même chose. *

* Voyez le dernier Chapitre de ce Livre où il est traité *du Goût*, *par rapport aux Nations*.

Voyez aussi ce qu'on a dit *du Goût*, page 35. des Conversations sur la Peinture ; & dans les termes de Peinture, au mot *Goût*.

CHAPITRE VIII.

De l'Essence de la Peinture.

NOus avons dit que la Peinture est un Art, qui par le moyen du Dessein & de la Couleur, imite sur une superficie plate tous les objets visibles. C'est ainsi à peu près que la définissent tous ceux qui en ont parlé, & personne ne s'est avisé jusqu'à présent de trouver à redire à cette définition. Elle contient trois parties, la Composition, le Dessein, & le Coloris, qui font l'Essence de la Peinture, comme le Corps, l'Ame, & la Raison font l'Essence de l'Homme. Et de même que ce n'est que par ces trois derniéres parties que l'Homme fait paroître plusieurs propriétés & plusieurs convenances qui ne sont pas de son Essence, mais qui en sont l'ornement; comme par exemple, les Sciences & les Vertus: tout de même aussi ce n'est que par les parties essentielles de son Art, que le Peintre fait connoître une infinité de choses qui relevent le prix de ses Tableaux, quoiqu'elles ne soient point de l'Essence de la Peinture; telles sont les proprietés d'inftruire & de divertir. Sur quoi l'on peut faire une question assez considérable, qui est de savoir si la fidelité de l'histoire est de l'essence de la Peinture.

CHAPITRE IX.

Si la fidelité de l'Histoire est de l'Essence de la Peinture.

IL paroît que la Composition, qui est une partie essentielle de la Peinture, comprend les objets qui entrent dans l'Histoire, & qui en font la fidelité, que par conséquent cette fidelité doit être essentielle à la Peinture, & que le Peintre est dans la derniere obligation de s'y conformer.

A quoi on répond, que si la fidelité de l'Histoire étoit essentielle à la Peinture, il n'y auroit point de Tableau où elle ne dût se rencontrer : Or il y a une infinité de beaux Tableaux qui ne représentent aucune Histoire; comme sont les Tableaux Allégoriques, les Païsages, les Animaux, les Marines, les Fruits, les Fleurs, & plusieurs autres qui ne sont qu'un effet de l'imagination du Peintre.

Il est vrai cependant que le Peintre est obligé d'être fidéle dans l'Histoire qu'il réprésente, & que par la recherche curieuse des circonstances qui l'accompagnent, il augmente la beauté & le prix de son Tableau : mais cette obligation n'est pas de l'essence de la Peinture, elle est seulement une bienséance indispensable, comme la Vertu & la Science le sont dans l'Homme. Ainsi de même que l'homme n'en est pas moins Homme pour être ignorant & vicieux, le Peintre n'en est pas moins Peintre pour ignorer l'Histoire. Et s'il est vrai que les Vertus & les Sciences sont les ornemens des Hommes, aussi est-il certain que les Ouvrages des Peintres sont d'autant plus estimables qu'ils font paroître de fidelité dans les sujets historiques qu'ils représentent ; supposé d'ailleurs qu'il n'y manque rien de l'imitation de la Nature, qui est leur essence.

De sorte qu'un Peintre peut être fort habile dans son Art, & fort ignorant dans l'Histoire. Nous en voyons presque autant d'exemples qu'il y a de Tableaux du Titien, de Paul Veronése, du Tintoret, des Bassans, & de plusieurs autres Venitiens : Ils ont mis leur principal soin dans l'Essence de leur Art ; c'est-à-dire, dans l'imitation de la Nature, & ils se sont moins appliqués aux choses accessoires qui peuvent être ou n'être point, sans que l'Essence en soit altérée. C'est apparemment dans ce sens-la que les Curieux regardent les Tableaux des Peintres que je viens de nommer, puiſqu'ils les achétent au poids de l'or, & que ces Ouvrages ſont du nombre de ceux qui tiennent le premier rang dans leurs Cabinets.

Il ne faut pas douter que ſi cette Eſſence dans les Tableaux des Peintres Vénitiens avoit été accompagnée des ornemens qui en relévent le prix, je veux dire de la fidélité de l'Hiſtoire & de la Chronologie, ils en ſeroient beaucoup plus eſtimables : mais d'un autre côté, il eſt certain que la fidélité de l'Hiſtoire ne peut ſervir qu'à nous inſtruire, & que nous devons chercher dans leurs Tableaux l'imitation de la Nature préférablement à toutes choſes. S'ils nous inſtruiſent, à la bonne heure, s'ils ne le font pas, nous aurons toûjours le plaiſir d'y voir une eſpéce de création qui nous divertit, & qui met nos paſſions en mouvement.

En effet, ſi je veux apprendre l'Hiſtoire, ce n'eſt point un Peintre que je conſulterai, il n'eſt Hiſtorien que par accident; mais je lirai les Livres qui traitent de l'Hiſtoire, & dont l'obligation eſſentielle n'eſt pas ſeulement de raconter les faits, mais de les raconter avec fidélité.

Cependant je ne prétens pas ici excuſer un Peintre de ce qu'il eſt mauvais Hiſtorien, car l'on eſt toûjours blâmable de faire mal ce que l'on entreprend. Si un Peintre ayant à traiter un ſujet hiſtorique, ignore les objets qui doivent entrer dans ſa Compoſition pour la rendre fidelle, il doit ſoigneuſement s'en inſtruire, ou par les Livres, ou par le moyen des Savans; & l'on ne peut nier que la négligence qu'il apportera en cela ne ſoit inexcuſable. J'en excepte néanmoins ceux qui ont peint des ſujets de dévotion, où ils ont introduit des Saints de différens tems & de différens païs, non pas de leur choix, mais par une complaiſance forcée pour les perſonnes qui les faiſoient travailler, & dont la trop grande ſimplicité ne leur permettoit pas de faire réflexion ſur les choſes acceſſoires qui peuvent contribuer à l'ornement de la Peinture.

L'Invention, qui eſt une partie eſſentielle de cet Art, conſiſte ſeulement à trouver les objets qui doivent entrer dans un Tableau, ſelon que le Peintre ſe les imagine, faux ou vrais, fabuleux ou hiſtoriques. Et ſi un Peintre s'imaginoit qu'Aléxandre fût vêtu comme nous le ſommes aujourd'hui, & qu'il repréſentât ce Conquerant avec un Chapeau & une Perruque comme font les Comédiens, il feroit ſans doute une choſe très-ridicule, & une faute très-groſſiére: mais cette faute ſeroit contre l'Hiſtoire, & non pas contre la Peinture; ſuppoſé d'ailleurs que les choses représentées le fussent selon toutes les Régles de cet Art.

Mais quoique le Peintre représente la Nature par Essence, & l'Histoire par Accident, cet Accident ne lui doit pas être de moindre considération que l'Essence, s'il veut plaire à tout le monde, & surtout aux gens de Lettres, & à ceux qui considérant un Tableau plûtôt par l'esprit que par les yeux, font principalement consister sa perfection à représenter fidélement l'Histoire, & à exprimer les passions.

CHAPITRE X.

Des Idées imparfaites de la Peinture.

IL y a peu de personnes qui aient une Idée bien nette de la Peinture, j'y comprens les Peintres mêmes, dont plusieurs mettent toute l'Essence de leur Art dans le Dessein, & d'autres ne le font consister que dans la Couleur. La plûpart des personnes qui ont à soûtenir dans le monde un caractére spirituel, & entr'autres les gens de Lettres, ne regardent d'ordinaire la Peinture que par l'Invention, & que comme un pur effet de l'imagination du Peintre. Ils examinent la Peinture de ce côté-la seulement, & selon qu'elle leur paroît plus ou moins ingénieuſe, ils louent plus ou moins le Tableau, ſans en conſidérer l'effet, ni à quel dégré le Peintre a porté l'imitation de la Nature. C'eſt dans ce ſens que Saint Auguſtin dit que la connoiſſance de la Peinture & de la Fable eſt ſuperflue, quoique dans le même endroit ce Pere loue les Sciences profanes.

C'eſt en vain pour ces ſortes de perſonnes que le Titien, le Géorgion & Paul Veronéſe ſe ſont épuiſés, & qu'ils ont pris tant de peine pour porter ſi loin l'imitation de la Nature. C'eſt en vain que leurs Ouvrages ſont regardés par les plus habiles Peintres comme les Exemplaires les plus parfaits; ou plûtôt, c'eſt inutilement qu'on fait voir des Tableaux à ces perſonnes-la, puiſque les Eſtampes correctes pourroient ſuffire pour exercer leur jugement, & pour remplir l'étendue de leur connoiſſance.

Je reviens à Saint Auguſtin, & je dis que s'il avoit eu une véritable Idée de la Peinture, qui n'eſt autre que l'imitation du vrai, & qu'il eût fait réflexion que par cette imitation on peut élever en mille maniéres le cœur des Fidéles à l'amour Divin, il auroit fait le Panégyrique de ce bel Art avec d'autant plus de chaleur qu'il étoit lui-même très-ſenſible à tout ce qui peut porter à Dieu.

Un autre Pere avoit une Idée de la Peinture plus juste, c'est Saint Grégoire de Nice, qui après avoir fait une description du Sacrifice d'Abraham, dit ces paroles : *J'ai souvent jetté les yeux sur un Tableau qui représente ce spectacle digne de pitié, & je ne les ai jamais retirés sans larmes*, tant la Peinture sait représenter les choses, comme si elles se passoient effectivement.

CHAPITRE XI.

Comment les restes de l'Idée imparfaite de la Peinture se sont conservés dans l'esprit de plusieurs personnes, depuis le rétablissement de cet Art.

JE viens de faire voir que l'Essence de la Peinture consistoit dans une fidelle imitation, à la faveur de laquelle les Peintres peuvent instruire & divertir selon la mesure de leur Génie. J'ai parlé ensuite des fausses Idées de la Peinture, & je tâcherai dans ce Chapitre de montrer comment ces Idées imparfaites se sont glissées jusqu'à nous.

La Peinture comme les autres Arts n'a été connue que par le progrès qu'elle a fait dans l'esprit des hommes. Ceux qui commencerent à la renouveller en Italie, & qui par conſéquent n'en pouvoient avoir que de foibles Principes, ne laiſſérent pas de s'attirer de l'admiration par la nouveauté de leurs Ouvrages : Et à meſure que le nombre des Peintres s'augmenta, & que l'émulation leur donna des lumiéres, les Tableaux augmentérent de prix & de beauté. Il ſe forma des Amateurs & des Connoiſſeurs, & les choſes étant venues à un certain point, on commença à croire qu'il étoit comme impoſſible que le Pinceau pût rien faire de plus parfait que ce qu'on admiroit en ces tems-là.

Les grands Seigneurs viſitoient les Peintres, les Poëtes chantoïent leurs louanges, & dès l'an 1300. Charles I. Roi de Naples, paſſant par Florence, alla voir Cimabué, qui étoit en réputation ; & Côme de Médicis étoit tellement charmé des Ouvrages de Philippe Lippi, qu'il mit tout en uſage pour vaincre la bizarrerie & la pareſſe de ce Peintre, afin d'en avoir des Tableaux.

Cependant il eſt aiſé de juger par les reſtes de ces premiers Ouvrages, que la Peinture de ce ſiécle-la étoit très-peu de choſe, ſi nous la comparons à celle que nous voyons aujourd'hui de la main des bons Maîtres. Car non ſeulement les parties qui dépendent de la Compoſition & du Deſſein n'étoient pas encore aſſaiſonnées du bon Goût, qui leur eſt venu depuis : mais celle du Coloris étoit abſolument ignorée, & dans la Couleur des objets en particulier, qu'on appelle Couleur Locale, & dans l'intelligence du Clair-obſcur, & dans l'harmonie du tout-enſemble. Il eſt vrai qu'ils emploïoient des Couleurs, mais la route qu'ils tenoient en cela étoit triviale, & ne ſervoit pas tant à repréſenter la verité des objets, qu'à nous en faire reſſouvenir.

Dans cette ignorance du Coloris, où les Peintres avoient été élevés, ils ne concevoient pas le pouvoir de cette partie enchantereſſe, ni à quel degré elle étoit capable de faire monter leurs Ouvrages. Ils ne juroient encore que ſur la parole de leurs Maîtres, & n'étant occupés qu'à s'aplanir le chemin qu'on leur avoit montré, l'Invention & le Deſſein faiſoit toute leur étude.

Enfin après pluſieurs années, le bon Génie de la Peinture ſuſcita de grands Hommes dans la Toſcane, & dans le Duché d'Urbin, qui par la ſolidité de leur Eſprit, par la bonté de leur Génie, & par l'aſſiduité de leurs Etudes, élevérent les Idées des connoiſſances qu'ils avoient reçûes de leurs Maîtres, & les portérent à un degré de perfection, qui fera l'admiration de la Poſtérité.

Ceux à qui on eſt principalement redevable de cette perfection, sont, Léonard de Vinci, Michelange, & Raphaël : mais ce dernier, qui s'est élevé au-dessus des autres, a acquis tant de parties dans son Art, & les a portées à un degré si haut, que les louanges qu'on lui en a données, ont fait croire que rien ne lui manquoit, & ont fixé en sa Personne toute la perfection de la Peinture.

Comme il est nécessaire dans la Profession de cet Art de commencer par le Dessein, & qu'il est constant que la source du bon Goût & de la Correction se trouve dans les Sculptures Antiques & dans les Ouvrages de Raphaël qui en ont tiré leur plus grand mérite ; la plûpart des jeunes Peintres ne manquent pas d'aller à Rome pour y étudier ; s'ils n'en reviennent pas fort habiles, ils en rapportent du moins de l'estime pour les Ouvrages qu'on y admire, & la transmettent à tous ceux qui les écoutent. C'est ainsi qu'un grand nombre de Curieux & d'Amateurs de la Peinture ont conservé sur la foi d'autrui, ou sur l'autorité des Auteurs cette premiere Idée qu'ils ont reçûe ; savoir, que toute la perfection de la Peinture est dans les Ouvrages de Raphaël.

Les Peintres Romains sont aussi demeurés la plûpart dans cette opinion, & l'ont insinuée aux Etrangers, ou par l'amour de leur païs, ou par leur négligence pour le Coloris qu'ils n'ont jamais bien connu, ou par la préference qu'ils ont donnée aux autres parties de la Peinture, lesquelles étant en grand nombre les occupent le reste de leur vie.

On ne s'étoit donc attaché jusques-là qu'à ce qui dépend de l'Invention & du Dessein. Et quoique Raphaël ait inventé très-ingénieusement, qu'il ait dessiné d'une Correction & d'une Elegance achevée, qu'il ait exprimé les passions de l'ame avec une force & une grace infinie, qu'il ait traité ses sujets avec toute la convenance & toute la noblesse possible, & qu'aucun Peintre ne lui ait disputé l'avantage de la primauté dans le grand nombre des parties qu'il a possedées; il est constant néanmoins qu'il n'a pas pénetré dans le Coloris assez avant pour rendre les objets bien vrais & bien sensibles, ni pour donner l'Idée d'une parfaite imitation.

C'est pourtant cette imitation & cette sensation parfaite qui fait l'essentiel de la Peinture, comme je l'ai fait voir. Cette perfection vient du Dessein & du Coloris; & si Raphaël & les habiles Peintres de son tems n'ont eu cette derniere partie qu'imparfaitement, l'Idée de l'Essence de la

Peinture qui vient de l'effet de leurs Ouvrages, doit être imparfaite, aussi-bien que celle qui s'est introduite successivement dans l'esprit de quelqnes personnes, d'ailleurs très-éclairées.

Les Ouvrages du Titien & des autres Peintres qui ont mis au jour leurs pensées à la faveur d'une fidelle imitation, devroient, ce me semble, avoir détruit les mauvais restes dont nous parlons, & avoir redressé les Idées selon que la Nature & la Raison l'exigent d'un esprit juste. Mais comme les jeunes gens n'emportent en sortant de Rome pour aller à Venise qu'un esprit & des yeux prévenus, & qu'ils ne font d'ordinaire dans cette derniere Ville que peu de séjour, ils n'y voient que comme en passant les beaux Ouvrages qui pourroient leur donner une juste Idée de la Peinture ; aussi bien loin d'y contracter une habitude du bon Coloris, qui feroit valoir les Etudes qu'ils auroient faites à Rome, & qui les rendroit irréprochables sur toutes les parties de leur Profession, ils en sortent comme ils y sont entrés.

* Mais ce qui est étonnant, c'est que certains Curieux qui sont encore prévenus de cette fausse Idée, sont tellement épris de la beauté des Tableaux Vénitiens, qu'ils en donnent, avec raison, un fort grand prix, quoique ces Tableaux n'aient presque point

d'autre mérite que par l'Idée, que j'ai établie de l'Essence de sa Peinture.

CHAPITRE XII.

COMPOSITION.

Premiere Partie de la Peinture.

ON ne s'est servi jusqu'ici que du mot d'Invention pour signifier la premiere Partie de la Peinture : plusieurs l'ont même confondue avec le Génie, d'autres avec une fertilité de pensées, d'autres enfin avec la disposition des objets : mais toutes ces choses sont differentes les unes des autres. J'ai crû que pour donner une juste Idée de la premiere Partie de la Peinture, il falloit l'appeller Composition, & la diviser en deux; l'Invention & la Disposition. L'Invention trouve seulement les objets du Tableau, & la Disposition les place. Ces deux Parties sont differentes à la verité : mais elles ont tant de liaison entr'elles, qu'on peut les comprendre sous un même nom.

Dans les sujets tirés de l'Histoire ou de la Fable : l'Invention se forme par la lecture, c'est un pur effet de l'Imagination dans les sujets Métaphoriques : elle contribue à la fidélité de l'Histoire, comme à la nerteté des Allegories, & de quelque maniere que l'on s'en serve, elle ne doit point tenir en suspend l'Esprit du Spectateur par aucune obscurité. Mais quelque fidélement ou ingénieusement que soient choisis les objets qui entrent dans le Tableau, ils ne feront jamais un bon effet, s'ils ne sont disposés avantageusement selon que l'œconomie & les regles de l'Art le demandent ; & c'est le juste assemblage de ces deux Parties que j'appelle Composition. Ainsi je la définis de cette sorte : une partie de la Peinture qui trouve avec convenance & qui place avec avantage les objets dont le Peintre se sert pour exprimer son sujet.

CHAPITRE XIII.

DESSEIN.

Seconde Partie de la Peinture.

LE bon Goût & la Correction du Dessein sont si nécessaires dans la Peinture, qu'un Peintre qui en est dépourvû est obligé de faire des miracles d'ailleurs pour s'attirer quelque estime ; & comme le Dessein est la base & le fondement de toutes les autres Parties, que c'est lui qui termine les Couleurs & qui débrouille les objets, son élegance & sa correction ne sont pas moins nécessaires dans la Peinture que la pureté du langage dans l'Eloquence.

Les Peintres qui réduisent par habitude toutes leurs Figures sous un même air & sous une même proportion, n'ont jamais bien conçû que la Nature n'est pas moins admirable dans la varieté que dans la beauté de ses productions, & que par un mélange discret de l'une & de l'autre ils arriveroient à une parfaite imitation.

CHAPITRE XIV.

Des Attitudes.

DAns les Attitudes la Pondération & le Contraste sont fondés dans la Nature. Elle ne fait aucune action qu'elle ne fasse voir ces deux parties ; & si elle y manquoit, elle seroit, ou privée de mouvement, ou contrainte dans son action.

CHAPITRE XV.

Des Expressions.

LEs Expressions sont la pierre de touche de l'esprit du Peintre. Il montre par la justesse dont il les distribue, sa pénetration

& son discernement : mais il faut le même esprit dans le Spectateur pour les bien appercevoir, que dans le Peintre pour les bien executer.

On doit considerer un Tableau comme une Scêne, où chaque Figure joue son rôle. Les Figures bien dessinées & bien coloriées sont admirables à la verité, mais la plûpart des gens d'esprit, qui n'ont pas encore une Idée bien juste de la Peinture, ne sont sensibles à ces parties, qu'autant qu'elles sont accompagnées de la vivacité, de la justesse & de la délicatesse des Expressions. Elles sont un des plus rares talens de la Peinture, & celui qui est assez heureux pour les bien traiter, y interesse non-seulement les parties du visage, mais encore toutes celles du corps, & fait concourir à l'Expression génerale du sujet, les objets même les plus inanimés, par la maniere dont il les expose. Les expressions vives & naturelles font souvent oublier, ou du moins suppléer à l'imagination ce qui manque d'ailleurs dans un Tableau.

CHAPITRE XVI.

Des Extrémités.

COmme les Extrémités, c'est-à-dire, la tête, les pieds & les mains, sont lus connues & plus remarquées que les utres parties, que ce sont elles qui nous arlent dans les Tableaux, elles doivent tre plus terminées que les autres choses, ıpposé que l'action où elles seront emloïées, les dispose & les place d'une maiere à être bien vûes.

CHAPITRE XVII.

Des Draperies.

N dit en terme de Peinture, jetter une Draperie, pour dire habiller une igure, & lui donner une Draperie. Ce mot e jetter me paroît d'autant plus expressif, ue les Draperies ne doivent point être arangées comme les habits dont on se sert dans le monde : mais qu'en suivant le caractere de la pure Nature, laquelle est éloignée de toute affectation, les plis se trouvent comme par hazard autour des membres, qu'ils les fassent paroître ce qu'ils sont; que par un artifice industrieux, ils les contrastent en les marquant, & qu'ils les caressent, pour ainsi dire, par leurs tendres sinuosités, & par leur molesse.

Les anciens Sculpteurs, qui n'avoient pas l'usage des differentes Couleurs, parce qu'ils travailloient le même Ouvrage sur une même matiere, ont évité la grande étendue des plis, de peur, qu'étant autour des membres, ils n'attiraſſent les yeux, & n'empêchaſſent de voir en repos le nud de leurs Figures. Ils ſe ſont très-ſouvent ſervis de linges mouillés pour draper, ou bien ils ont multiplié les mêmes plis, afin que cette répétition fît une eſpece de hachûre, qui par ſon obſcurité, rendît plus ſenſibles les membres qu'elles entourent. Ils ont obſervé cette derniere méthode plus ordinairement dans les Bas-reliefs. Mais dans l'une & dans l'autre maniere dont ils ont traité leurs Draperies, ils ont obſervé un ordre merveilleux de placer les plis.

Le Peintre, qui par la diverſité de ſes Couleurs & de ſes lumieres, doit ôter l'équivoque des membres d'avec les Draperies, peut bien ſe regler ſur le bon ordre des plis de l'Antique ; mais il ne doit pas en imiter le nombre, & il doit varier ſes étofes ſelon le caractere de ſes Figures. Les Peintres, qui n'ont point connu la liberté qu'ils avoient en cela, ſe ſont faits autant de tort, en ſuivant les Sculptures Antiques, que les Sculpteurs en voulant ſuivre les Peintres.

La raiſon pour laquelle les plis doivent marquer le nud, c'eſt que la Peinture eſt une ſuperficie plate, qu'il faut anéantir en ompant les yeux, & en ne laissant rien d'é-uivoque. Le Peintre est donc obligé de gar-er cet ordre dans toutes ses Draperies, de uelque nature qu'elles puissent être, fines, u grosses, travaillées ou simples; mais qu'il éfere sur tout la majesté des plis à la riches-des étofes, qui ne conviennent que dans s Histoires dans lesquelles elle a été, ou urroit être vrai-semblablement emploïée lon les tems & les coutumes.

Comme le Peintre doit éviter la dureté la roideur dans les plis, & empêcher u'ils ne sentent, comme on dit, le mane-uin, il doit de même user avec prudence es Draperies volantes. Car elles ne peu-nt être agitées que par le vent dans un eu où l'on peut raisonnablement supposer u'il souffle; ou par la compression de l'air, uand la Figure est supposée en mouvement. es sortes de Draperies sont avantageuses, arce qu'elles contribuent à donner de la ie aux Figures par le contraste: mais il faut ien prendre garde que la cause en soit na-urelle & vraisemblable, & de ne pas fai-e dans un même Tableau des Draperies olantes de côtés differens, lorsqu'elles ne euvent être agitées que par le vent, & ue la Figure est en repos; défaut dans le-uel sont tombés, sans y penser, plusieurs abiles Peintres.

CHAPITRE XVIII.

Du Païsage.

SI la Peinture eſt une eſpece de création elle en donne des marques encore plu ſenſibles dans les Tableaux de Païſages qu dans les autres. On y voit plus generale ment la Nature ſortie de ſon cahos, & le Elemens plus débrouillés ; la Terre y eſt parée de ſes differentes productions, & le Ciel de ſes météores. Et comme ce genre de Peinture contient en racourci tous les autres, le Peintre qui l'exerce, doit avoir une connoiſſance univerſelle des parties de ſon Art. Si ce n'eſt pas dans un ſi grand détail que ceux qui peignent ordinairement l'Hiſtoire, du moins ſpéculativement & en general. Et s'il ne termine pas tous les objets en particulier qui compoſent ſon Tableau, ou qui accompagnent ſon Païſage, il eſt obligé du moins d'en ſpécifier vivement le goût & le caractere, & de donner d'autant plus d'eſprit à ſon Ouvrage, qu'il ſera moins fini.

Je ne prétens pas néanmoins excſure de ce talent l'exactitude du travail ; au contraire, plus il ſera recherché, & plus il ſera précieux. Mais quelque terminé que ſoit

ſoit un Païſage, ſi la comparaiſon des objets ne les fait valoir, & ne conſerve leur caractére, ſi les ſites n'y ſont bien choiſis, ou n'y ſont ſupplées par une belle intelligence du Clair-obſcur, ſi les touches n'y ſont ſpirituelles, ſi l'on ne rend les lieux animés par des Figures, par des Animaux, ou par d'autres objets, qui ſont d'ordinaire en mouvement, & ſi l'on n'y joint au bon Goût de Couleur & aux ſenſations extraordinaires la vérité & la naïveté de la Nature, le Tableau n'aura jamais d'entrée dans l'eſtime, non plus que dans le Cabinet des véritables Connoiſſeurs.

CHAPITRE XIX.

De la Perſpective.

UN Auteur a dit, que Perſpective & Peinture étoient la même choſe, parce qu'il n'y a point de Peinture ſans Perſpective. Quoique la propoſition ſoit fauſſe, abſolument parlant, d'autant que le corps qui ne peut être ſans ombre, n'eſt pas pour cela la même choſe que l'ombre; néanmoins elle eſt véritable dans ce ſens, que le Peintre ne peut ſe paſſer de Perſpective dans toutes ſes opérations, & qu'il ne tire pas une Ligne, & ne donne pas un c up de

Pinceau qu'elle n'y ait part, du moins habituellement. Elle regle la mésure des formes & la dégradation des Couleurs en quelque lieu du Tableau qu'elles se rencontrent. Le Peintre est forcé d'en reconnoître la nécessité, & quoiqu'il en ait, comme il doit, une habitude consommée, il s'exposéra souvent à faire de grandes fautes contre cette science, s'il néglige de la consulter de nouveau, du moins dans les endroits les plus visibles, & de prendre la Régle & le Compas pour ne rien hazarder, & pour ne point s'exposer à la censure.

Michelange a été blâmé pour avoir négligé la Perspective, & les plus grands Peintres d'Italie ont été tellement persuadés que sans elle on ne pouvoit rendre une Composition réguliére, qu'ils l'ont voulu sçavoir à fond. On voit même dans quelques Desseins de Raphaël, une Echelle de dégradation, tant il étoit régulier sur ce Point.

CHAPITRE XX.

DU COLORIS.

Troisiéme Partie de la Peinture.

LA maniére peu convenable dont plusieurs de nos Peintres parloient du Coloris me fit entreprendre sa défense par un Dialogue que je fis imprimer il y a vingt-quatre ans. Pour moi je n'ai rien de meilleur à dire aujourd'hui que ce qui est contenu dans ce petit Ouvrage ; je prie le Lecteur d'y avoir recours. J'ai tâché d'y faire voir le mérite du Coloris le plus nettement qu'il m'a été possible..

CHAPITRE XXI.

De l'Accord des Couleurs.

DAns les différentes espéces de Couleurs, & dans les divers tons de lumiére qui servent à la Peinture ; il y a une harmonie & une dissonance, comme il y en a dans une Composition de Musique ; car dans la Musique il ne faut pas seulement que les Notes soient justes, mais encore il faut que dans l'exécution les Instrumens soient d'accord. Et comme les Instrumens de Musique ne conviennent pas toûjours les uns aux autres ; par exemple, le Luth avec le Haut-bois, ni le Clavessin avec la Muzette : de même, il y a des Couleurs qui ne peuvent se trouver ensemble sans offenser la vûe, témoin le Vermillon avec les Verds, les Bleus & les Jaunes. Mais comme les Instrumens les plus aigus se sauvent parmi quantité d'autres, & font quelquefois un très-bon effet ; ainsi les Couleurs les plus opposées, étant placées bien à propos entre plusieurs autres qui sont en union, rendent certains endroits plus sensibles, lesquels doivent dominer sur les autres, & attirer les regards davantage.

Le Titien (comme je l'ai remarqué ailleurs) en a usé de la sorte dans le Tableau qu'il a fait du Triomphe de Bacchus ; en effet, ayant placé Ariadne sur un des côtés du Tableau, & ne pouvant par cette raison la faire remarquer par les éclats de la lumiere qu'il a voulu conserver dans le milieu, il lui a donné une Echarpe de Vermillon sur une Draperie bleue, & pour la détacher de son fond, qui est déja une mer bleue, & parce que c'est une des principales Figures du sujet sur laquelle il veut que l'œil soit attiré. Paul Véronése s'est servi du même artifice dans sa Nôce de Cana ; car le Christ, qui est la principale Figure du sujet, étant un peu enfoncé dans le Tableau, il n'a pû le faire remarquer par le brillant du Clair-obscur ; c'est pourquoi il l'a vêtu de Bleu & de Vermillon, afin que la vûe se portât sur cette Figure,

CHAPITRE XXII.

Du Pinceau.

LE terme de Pinceau ſe prend quelquefois pour la ſource de toutes les parties de la Peinture, comme lorſqu'on dit, que le Tableau de la Transfiguration de Raphaël eſt le plus bel Ouvrage qui ſoit ſorti de ſon Pinceau : & quelquefois il s'entend de l'Ouvrage même ; & l'on dit, par exemple, de tous les Peintres de l'Antiquité, le plus ſavant Pinceau eſt celui d'Apelle. Mais ici le mot de Pinceau ſignifie ſimplement la façon extérieure dont le Peintre l'a manié pour employer les Couleurs. Et lorſque ces mêmes Couleurs n'ont point été trop agitées, ni trop tourmentées par le mouvement d'une main péſante, & qu'aucontraire le mouvement en paroît libre, prompt & léger ; on dit que l'Ouvrage eſt d'un beau Pinceau. Mais ce Pinceau libre eſt peu de choſe ſi la tête ne le conduit, & s'il ne ſert à faire connoître que le Peintre poſſéde l'intelligence de ſon Art. En un mot, le beau Pinceau eſt à la Peinture ce qu'eſt à la Muſique une belle voix ; l'un & l'autre ſont eſtimés à proportion du grand effet & de l'harmonie qui les accompagne.

CHAPITRE XXIII.

Des Licences.

LEs Licences ſont ſi néceſſaires, qu'il y en a dans tous les Arts. Elles ſont contre les Régles à prendre les choſes à la lettre, mais à les prendre ſelon l'eſprit, les Licences ſervent de Régles quand elles ſont priſes bien à propos. Or il n'y a perſonne de bon ſens qui ne les trouve à propos, lorſqu'elles contribuent à faire plus d'effet dans l'Ouvrage où on les emploie, & que par leur moyen le Peintre arrive plus efficacement à ſa fin, qui eſt d'impoſer à la vûe. Mais il n'eſt pas donné à tous les Peintres de les employer utilement. Il n'y a que les grands Génies qui ſoient au-deſſus des Régles, & qui ſachent ſe ſervir ingénieuſement des Licences; ſoit qu'ils les emploient pour l'eſſence de leur Art, ſoit qu'elles regardent l'Hiſtoire. Celles-ci méritent plus d'attention, & l'on en va parler dans l'Article ſuivant.

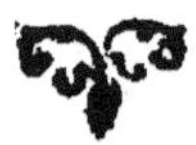

CHAPITRE XXIV.

De quelle autorité les Peintres ont représenté sous des Figures humaines les choses Divines, & celles qui sont spirituelles ou inanimées.

L'Ecriture nous parle en plusieurs endroits des Apparitions de Dieu aux hommes, ou réellement par le ministére des Anges, ou en vision par des songes & des extases. Il y a une belle description de Dieu sous la forme d'un Vieillard dans le septiéme Chapitre de Daniel, vers. 9. l'Ecriture nous parle aussi de plusieurs Apparitions d'Anges sous des formes humaines; c'est pourquoi l'Eglise dans le Concile de Nicée n'a point fait difficulté de permettre aux Peintres de représenter Dieu le Pere sous la forme d'un Auguste Vieillard, & les Anges sous des formes humaines.

Il paroît aussi que dans les sujets qui regardent la Religion, le Peintre ne fera point mal s'il peint comme vivantes les choses mêmes inanimées, quand il suit en cela l'Idée que l'Ecriture sainte nous en donne; & le Spectateur ne doit pas se scandaliser facilement quand il voit dans quelques Tableaux des sujets saints, qui sont mêlés avec quelques fictions Poëtiques ; car les fictions & la Poësie ne sont pas nécessairement quelque chose de profane. Le Livre de Job, les Pseaumes de David & l'Apocalypse sont tout Poëtiques & pleins d'expressions figurées, sans compter les Paraboles qui sont dans le reste de l'Ecriture. Ainsi, c'est suivant le Texte sacré que Raphaël dans le passage du Jourdain a peint sous une Figure humaine ce Fleuve, qui repousse ses eaux du côté de leur source. Il est autorisé en cela par l'Ecriture sainte, qui, pour se proportionner à l'intelligence des hommes, a coutume d'exprimer les choses Divines sous la figure des choses humaines, & qui pour l'instruction des Fidéles, se sert d'idées & de comparaisons palpables & sensibles. Nous en avons même un passage au sujet des Fleuves, dans le 97e Pseaume, où il est dit, que *les fleuves battront des mains, & que les montagnes tressailleront de joie en la présence du Seigneur.* Le Peintre qui a intention d'instruire & d'édifier, ne sauroit suivre un meilleur modéle.

Le Poussin qui dans son Tableau de Moïse trouvé, a tenu la même conduite pour représenter le Fleuve du Nil, en a été blâmé par quelques personnes, & voici la raison qu'ils en apportent.

Ils disent qu'il ne faut point mêler les

faux Dieux avec les choſes de notre Religion ; que les fleuves ſont de fauſſes Divinités qui étoient adorées par les Payens, qu'elles ne doivent point être introduites dans les Hiſtoires ſaintes, & qu'il ſuffit au Peintre de repréſenter un fleuve ſimplement, & non en figure.

A quoi il eſt aiſé de répondre, que l'Ecriture ſainte, en introduiſant des fleuves ſous des figures humaines, n'a point eu intention de parler de ceux que les Payens adoroient, & que pouvant s'expliquer naturellement & ſimplement, elle s'eſt néanmoins ſervie d'un ſtyle figuré, ſans crainte de ſéduire les Fidéles : Ainſi le Peintre Chrétien en ſuivant la même route, eſt fort éloigné de vouloir altérer la vérité de l'Hiſtoire ; il veut au contraire, en ſe conformant à ſon Original, la faire entendre avec plus de vivacité & plus d'élégance.

Mais à l'égard des Divinités Payennes qui ſont introduites comme telles, & avec les caractéres qui les font connoître, il y a plus de difficulté à les admettre dans les Compoſitions. De Savans Hommes ont agité cette matiére par rapport à la Poëſie, & le Procès en eſt encore à juger. Mais le Peintre, qui n'a pas d'autre langage pour s'exprimer que ces ſortes de figures, bien loin d'être blâmable de s'en ſervir, ſera toujours applaudi des Savans qui les verront ingénieusement & prudemment employées dans ses Tableaux.

Car les fausses Divinités peuvent être considérées de deux maniéres, ou comme Dieux, ou comme figures symboliques. Comme Dieux, le Peintre ne les peut représenter que dans les sujets purement profanes, où il en est question en cette qualité; & comme figures symboliques, il peut s'en servir avec discrétion en toute autre rencontre où il les jugera nécessaires.

Rubens, qui de tous les Peintres s'est le plus ingénieusement & le plus doctement servi de ces symboles, comme on le peut voir par le Livre de l'Entrée du Cardinal Infant dans la Ville d'Anvers, & par les Tableaux de la Galerie de Luxembourg, a été censuré par quelques personnes, pour avoir introduit dans ses Compositions ces figures allégoriques, & pour avoir, dit-on, mêlé la fable avec la vérité.

Mais par l'usage que Rubens a fait de ces symboles, il n'a point confondu la fable avec la vérité; c'est plûtôt pour exprimer cette même vérité qu'il s'est servi des symboles de la fable. En effet, dans la Peinture de la Naissance de Louis XIII. il a représenté au haut du Tableau sur des nuées un peu éloignées, Castor sur son Cheval aîlé ; & à côté Apollon dans son Char qui monte en haut, pour marquer que cè Prince est né le matin, & que l'accouchement fut heureux.

D'où l'on peut inferer que le Peintre n'a point eu la pensée de représenter des Dieux comme Dieux, mais seulement de peindre Castor comme une constellation qui rend heureux les évenemens, & le char d'Apollon qui va en haut, pour signifier le tems du matin.

Et si le Peintre, dans la vûe de s'exprimer avec plus d'élégance, juge à propos de représenter les Divinités de la fable parmi les figures historiques, il faut considérer ces symboles comme invisibles, & comme n'y étant que par leur signification allégorique.

C'est dans ce sens que le second Concile de Nicée, autorisé en cela par l'Ecriture, a permis de représenter aux yeux des Fidéles Dieu le Pere & les Anges sous des figures humaines. Cependant il y auroit encore plus d'inconvénient à peindre les Personnes de la sainte Trinité & les Anges, qu'il n'y en a à introduire dans la scéne d'un Tableau des Divinités payennes. Et les Chrétiens, étant prévenus contre ces apparences, entrent tout d'un coup dans l'esprit du Peintre, & les regardent comme n'y étant point ; & comme un accide qui ne corrompt point la vérité.

L'autorité de peindre des aîles aux Anges se peut tirer de ceux de l'Arche d'Alliance, & du 9e. Chapitre de Daniel v. 21. Mais ces passages n'obligent pas à donner indispensablement des aîles aux Anges, puisqu'il est certain qu'ils ont toujours apparu sans aîles. Le Peintre néanmoins peut en user indifféremment, selon que son Art, le bon sens, & l'instruction des Fidéles l'exigeront.

Mais n'étant pas à propos de se servir en toutes sortes d'occasions de ce qui est permis, le Peintre doit user avec modération de l'autorité qu'il tire en cela de l'Ecriture sainte, & prendre garde, qu'en voulant ménager l'avantage de son Art, il n'altere la vérité & la sainteté du sujet qu'il aura à traiter.

CHAPITRE XXV.

Des Figures nues, & où l'on peut s'en servir.

LEs Peintres & les Sculpteurs qui sont fort savans dans le Dessein, cherchent ordinairement les occasions de faire du nud, pour s'attirer de l'estime & de la distinction : & en cela ils sont très-louables, pourvû qu'ils demeurent dans les bornes de la verité de l'Histoire, de la vraisemblance, & de la modestie. Il y a des sujets qui sont plus favorables à representer du nud les uns que les autres ; & l'on s'en peut servir dans les sujets qui representent ou les Fables, ou les païs chauds, dont nous n'avons point de relation sur les modes, & point de connoissance parmi les Ouvrages des anciens tems. Caton le Censeur, au rapport de Plutarque, travailloit tout nud parmi ses Ouvriers lorsqu'il étoit revenu du Senat ; & Saint Pierre étoit nud lorsque Notre Seigneur s'apparut à lui après sa Résurrection, & qu'il le trouva pêchant avec d'autres Apôtres.

On se peut encore servir du nud dans la representation des sujets allégoriques, dans celle des Dieux & des Heros de l'Antiquité Païenne : & enfin dans les autres rencontres où l'on peut supposer la simple Nature, & où le froid & la malignité ne regnent point. Car les habits n'ont été inventés que pour garantir les hommes du froid & de la honte.

Il y a encore aujourd'hui beaucoup de Peuples qui vont tout nuds, parce qu'ils habitent des païs chauds, où l'habitude les a mis à couvert de l'indécence & de la honte.

Enfin la regle génerale qu'on doit suivre en cela, est, comme nous avons dit, qu'il n'y ait rien contre la modestie & le vraisemblable.

Les Peintres representent la plûpart de leurs Figures la tête & les pieds nuds, & cela est conforme aux loix de la simple Nature, qui à l'égard de ces deux parties s'accoûtume facilement à la nudité. Nous en voïons des exemples, non-seulement dans les païs chauds, mais encore au milieu des plus froides montagnes des Alpes, où les enfans mêmes vont pieds nuds, l'Eté parmi les pierres & les cailloux, l'Hiver parmi la neige & les glaçons.

Mais si on a égard à la verité de l'Histoire, on trouvera que le nud est une licence dont les Peintres se sont mis en possession, & de laquelle ils se servent utilement pour l'avantage de leur Art; mais aussi dont ils abusent assez souvent. Je n'en excepte, ni Raphaël, ni le Poussin. Ils ont representé les Apôtres pieds nuds contre ce qui est dit formellement dans l'Evangile, où Notre Seigneur leur ordonnant de ne prendre aucune précaution pour leurs habits, leur dit positivement de se contenter des souliers qu'ils avoient aux pieds, sans en porter d'autres. Et dans les Actes des Apôtres, quand l'Ange délivra Saint

Pierre, il lui dit de mettre ſa ceinture, & d'attacher ſes ſouliers : d'où l'on doit inferer qu'ils s'en ſervoient ordinairement.

Il en eſt de même de Moïſe, qui dans la viſion du Buiſſon ardent, fut averti de quitter ſes ſouliers, & qui cependant eſt repreſenté par Raphaël pieds nuds dans les autres actions de ſa vie, comme ſi Moïſe n'avoit eu de chauſſure que dans le tems qu'il gardoit les troupeaux de ſon beau-pere. On pourroit rapporter ici quantité d'exemples où Raphaël & pluſieurs autres Peintres après lui ont fait des Figures ſans chauſſure, contre l'Hiſtoire & la vraiſemblance.

On remarque que les Sculpteurs Grecs ont fait plus ordinairement des Figures nues que les Romains : je n'en ſai pas d'autre raiſon, ſinon que les Grecs ont choiſi des ſujets plus convenables au deſir qu'ils avoient de faire admirer la profondeur de leur Science dans la conſtruction & dans l'aſſemblage des parties du corps humain. Ils repreſentoient dans leurs Statues plûtôt des Dieux que des hommes, & dans leurs Bas-reliefs, plûtôt des baccanales & des ſacrifices, que des hiſtoires. Les Romains au contraire, qui vouloient par leurs Statues & par leurs Bas-reliefs tranſmettre à la poſterité la mémoire de leurs Empereurs, se sont trouvés indispensablement obligés, pour ne rien faire contre l'Histoire, d'habiller leurs Figures selon la mode de leurs tems.

CHAPITRE XXVI.

De la Grace.

IL est si nécessaire que la Grace entre dans la Peinture, qu'il n'est pas besoin d'en rapporter aucunes preuves. Il se rencontre seulement une difficulté sur ce point : Savoir si la Grace est nécessaire dans toutes sortes de sujets, dans les Combats comme dans les Fêtes, dans les soldats comme dans les femmes.

Je conclus pour l'affirmative : & la raison que j'en donne est, que bien que la Grace se laisse d'abord appercevoir sur le visage, ce n'est pas néanmoins dans cette seule partie qu'elle réside. Elle consiste principalement dans le tour que le Peintre fait donner à ses objets pour les rendre agréables, même à ceux qui sont inanimés : d'où il s'ensuit que non-seulement il peut y avoir de la Grace dans la fierté d'un Soldat, par le tour qu'on aura donné à son air & à son attitude, mais qu'il y en peut avoir auſſi dans une Draperie ou dans quelqu'autre choſe, par la maniere dont elle ſera diſpoſée.

Après cette Idée que je viens de donner du Peintre parfait, & les preuves que j'ai apportées de chacune de ſes parties, il ne reſte plus que d'en faire l'application aux Ouvrages de Peinture, & de les mettre comme dans la balance, non pour en rejetter entierement ceux qui n'auront pas toutes les qualités que j'ai tâché d'établir, mais pour les eſtimer ſelon leur poids.

L'on peut au reſte ſe ſervir de cette même Idée pour juger des Deſſeins des différens Maîtres; j'entends du dégré de leur bonté: car pour connoître l'originalité d'un Deſſein, & le nom du Peintre qui en eſt l'Auteur, il eſt comme impoſſible d'en donner des regles, & difficile d'en parler avec juſteſſe. Je hazarderai néanmoins d'expoſer ici ce que j'ai penſé ſur ce ſujet, dans l'eſperance que cette témerité ſuſcitera dans la ſuite quelque perſonne éclairée, qui redreſſera & qui augmentera le peu que j'en aurai dit.

CHAPITRE XXVII.

Des Desseins.

LEs Desseins dont on veut parler ici sont les pensées que les Peintres expriment ordinairement sur du papier pour l'execution d'un Ouvrage qu'ils méditent. On doit encore mettre au nombre des Desseins les Etudes des grands Maîtres, c'est-à-dire, les parties qu'ils ont dessinées d'après Nature; comme des têtes, des mains, des pieds, & des Figures entieres; des Draperies, des Animaux, des Arbres, des Plantes, des Fleurs; & enfin tout ce qui peut entrer dans la Composition d'un Tableau. Car soit que l'on considere un bon Dessein, par rapport au Tableau dont il est l'idée, ou par rapport à quelque Partie dont il est l'étude, il merite toujours l'attention des Curieux.

Quoique la connoissance des Desseins ne soit pas si estimable ni si étendue que celle des Tableaux, elle ne laisse pas d'être délicate & piquante, à cause que leur grand nombre donne plus d'occasion à ceux qui les aiment, d'exercer leur critique, & que l'Ouvrage qui s'y rencontre est tout esprit. Les Desseins marquent davantage le caractére du Maître, & font voir si son génie est vif ou pesant; si ses pensées sont élevées ou communes; & enfin s'il a une bonne habitude & un bon Goût de toutes les parties qui peuvent s'exprimer sur le papier. Le Peintre qui veut finir un Tableau, tâche de sortir, pour ainsi dire, de lui-même, afin de s'attirer les louanges qu'on donne aux parties dont il sent bien qu'il est dépourvû: mais en faisant un Dessein, il s'abandonne à son génie, & se fait voir tel qu'il est. C'est pour cette raison que dans les Cabinets des Grands, on y voit non-seulement des Tableaux, mais que l'on y conserve encore les Desseins des bons Maîtres.

Cependant il y a peu de Curieux de Desseins, & parmi ces Curieux, s'il y en a qui connoissent les manieres, il y en a bien peu qui en connoissent le fin. Les Demi-Connoisseurs n'ont point de passion pour cette curiosité, parce que ne pénetrant pas encore assez avant dans l'esprit les Desseins, ils n'en peuvent goûter tout le plaisir, & sont plus sensibles à celui que donnent les Estampes qui ont été gravées avec soin d'après les bons Tableaux. Cela peut venir aussi par la crainte d'être trompés, & de prendre, comme il arrive assez souvent, des Copies pour des Originaux, faute d'experience.

Il y a trois choses en géneral à remarquer dans les Desseins : la Science, l'Esprit, & la Liberté. Par la Science, j'entends une bonne Composition, un Dessein correct & de bon Goût, avec une louable intelligence du Clair obscur : sous le terme d'Esprit, je comprens, l'expression vive & naturelle du sujet en géneral, & des objets en particulier : la Liberté n'est autre chose qu'une habitude que la main a contractée pour exprimer promptement & hardiment l'Idée que le Peintre a dans l'esprit: & selon qu'il entre de ces trois choses dans un Dessein, il en est plus ou moins estimable.

Quoique les Desseins libres portent ordinairement beaucoup d'Esprit avec eux, tous les Desseins librement faits ne sont pas pour cela spirituellement touchés ; & si les Desseins savans n'ont pas toujours de la Liberté, il s'y rencontre ordinairement de l'Esprit.

Je pourrois nommer ici quantité de Peintres, dont les Desseins ont beaucoup de Liberté sans aucun Esprit, ou dont la main hardie ne produit que des expressions vagues. J'en pourrois nommer aussi de fort habiles, dont les Desseins paroissent estantés, quoique savans & spirituels ; parce que leur main étoit retenue par leur jugement, & qu'ils se sont attachés préferablement à toutes choses, à la justesse de leurs contours, & à l'expression de leur sujet. Mais je croi qu'il est mieux de ne nommer personne, & d'en laisser le jugement aux autres.

On peut dire à la louange de la Liberté, qu'elle est si agréable, qu'elle couvre souvent, & fait excuser beaucoup de défauts; qu'on attribue plûtôt à une impétuosité de veine, qu'à l'insuffisance. Mais il faut dire aussi que la Liberté de main ne paroît presque plus Liberté, quand elle est renfermée dans les bornes d'une grande régularité, encore qu'elle y soit effectivement. C'est ainsi que dans les Desseins de Raphaël les plus arrêtés, il y a une Liberté délicate qui n'est bien sensible qu'aux yeux savans.

Enfin il y a des Desseins où il se rencontre peu de correction, qui ne laissent pas d'avoir leur mérite, parce qu'il y a beaucoup d'Esprit & de Caractere. On peut mettre sous cette espece les Desseins de Guillaume Baur, ceux de Rembrant, ceux du Bénédette, & de quelques autres.

Les Desseins touchés & peu finis ont plus d'Esprit,& plaisent beaucoup plus que s'ils étoient plus achevés, pourvû qu'ils aient un bon Caractere, & qu'ils mettent l'Idée du Spectateur dans un bon chemin. La raison en est que l'imagination y supplée toutes les parties qui y manquent, ou qui n'y sont pas terminées, & que chacun les voit selon son Goût. Les Desseins des Maîtres qui ont plus de Génie que de Science, donnent souvent occasion de faire l'experience de cette verité. Mais les Desseins des excellens Maîtres, qui joignent la Solidité à un beau Génie, ne perdent rien pour être finis ; aussi doit-on estimer les Desseins selon qu'ils sont terminés, supposé que les autres choses y soient également.

Quoique l'on doive préferer les Desseins dans lesquels il se trouve plus de parties, l'on ne doit pas rejetter pour cela ceux où il ne s'en rencontreroit qu'une seule, pourvû qu'elle y soit d'une maniere faire voir quelque Principe, ou qu'elle porte avec elle une singularité spirituelle, qui plaise, ou qui instruise.

On ne doit pas non plus rejetter ceux qui ne sont qu'esquissés, & où l'on ne voit qu'une très-legere Idée, & comme l'essai de l'imagination : parce qu'il est curieux de voir de quelle maniere les habiles Peintres ont conçû d'abord leurs pensées avant que de les digerer, & que les esquisses font encore connoître de quelle touche les grands Maîtres se servoient pour caracteriser les choses avec peu de traits. Ainsi pour satisfaire pleinement à la curiosité, il seroit bon d'avoir d'un même Maître des Desseins de toutes les façons, c'est-à-dire, non-seulement de sa premiere, de sa seconde, & de sa derniere maniere, mais encore des esquisses très-legers, aussi-bien que des Desseins très-finis. J'avoue cependant que les Curieux purement spéculatifs, n'y trouveroient pas si bien leur compte que ceux qui, aïant aussi de la pratique manuelle, sont plus capables de goûter cette curiosité.

Il y a une chose, qui est le Sel des Desseins, & sans laquelle je n'en ferois que peu ou point du tout de cas ; & je ne puis mieux l'exprimer que par le mot de Caractere. Ce Caractere donc consiste dans la maniere dont le Peintre pense les choses, c'est le sceau qui le distingue des autres, & qu'il imprime sur ses Ouvrages comme la vive image de son Esprit. C'est ce Caractere qui remue notre imagination ; & c'est par lui que les habiles Peintres, après avoir étudié sous la Discipline de leurs Maîtres, ou d'après les Ouvrages des autres, se sentent forcés par une douce violence à donner l'essor à leur Génie, & à voler de leurs propres aîles.

J'exclue donc du nombre des bons Desseins ceux qui sont insipides, & j'en trouve de trois sortes. Premierement ceux des Peintres, qui, bien qu'ils produisent de grandes Compositions, & qu'ils aient de l'exactitude & de la correction, répandent néanmoins dans leurs Ouvrages une froideur qui transit ceux qui les regardent. Secondement, les Desseins des Peintres, qui aïant plus de mémoire que de Génie, ne travaillent que par la reminiscence des Ouvrages qu'ils ont vûs, ou qui se servent avec trop peu d'industrie, & trop de servitude de ceux qu'ils ont présens. En troisiéme lieu, les Desseins des Peintres qui s'attachent à la maniere de leurs Maîtres sans en sortir, ni sans l'enrichir.

La connoissance des Desseins comme celle des Tableaux, consiste en deux choses, à découvrir le nom du Maître, & la bonté du Dessein.

Pour connoître si un Dessein est d'un tel Maître, il faut en avoir vû beaucoup d'autres de la même main avec attention, & avoir dans l'Esprit une Idée juste du Caractere de son Génie, & du Caractere de sa Pratique. La connoissance du Caractere du Génie demande une grande étendue, & une grande netteté d'Esprit pour retenir les Idées sans les confondre; & la connoissance du Caractere de la Pratique dépend plus d'une grande habitude, que d'une grande capacité: c'est pour cela que les plus habiles Peintres ne sont pas toujours ceux qui décident

décident avec plus de justesse en cette matiére. Mais pour connoître si un Desseinest beau, & s'il est Original ou Copie, il faut avec le grand usage beaucoup de délicatesse & de pénétration ; je ne crois pas même qu'on le puisse faire sans avoir outre cela quelque Pratique manuelle du Dessein, encore peut-on s'y laisser surprendre.

Il me paroît qu'il est aisé d'inferer de tout ce que l'on vient de lire, que la comparaison des Ouvrages de Peinture avec l'Idée que l'on a établie du Peintre parfait, est le meilleur moyen pour bien connoître le degré d'estime qui leur est dû ; mais comme on n'a pas d'ordinaire un assez grand nombre de Tableaux en sa disposition, ni des Desseins assez finis pour exercer sa critique, & pour s'acquerir en peu de tems une habitude de bien juger, les bonnes Estampes pourront tenir lieu de Tableaux ; car à la réserve de la Couleur Locale, elles sont susceptibles de toutes les parties de la Peinture. Et outre qu'elles abrégeront le tems, elles sont très-propres à remplir l'Esprit d'une infinité de connoissances. Le Lecteur ne sera peut-être pas fâché de trouver ici ce que j'ai pensé sur cette matiére.

CHAPITRE XXVIII.

De l'utilité des Eſtampes, & de leur uſage.

L'Homme naît avec un deſir de ſavoir, rien ne l'empêche tant de s'inſtruire, que la peine qu'il a d'apprendre, & la facilité qu'il a d'oublier ; deux choſes dont la plûpart des hommes ſe plaignent avec beaucoup de raiſon : car depuis que l'on recherche les Sciences & les Arts, & que pour les pénétrer on a mis au jour une infinité de Volumes, on nous a mis en même tems devant les yeux un objet terrible & capable de rebuter notre eſprit & notre mémoire. Cependant nous avons plus que jamais beſoin de l'un & de l'autre, ou du moins, de trouver les moyens de les aider dans leurs fonctions. En voici un très-puiſſant, & qui eſt une des plus heureuſes productions des derniers ſiécles. C'eſt l'Invention des Eſtampes.

Elles ſont arrivées dans notre ſiécle à un ſi haut degré de perfection, & les bons Graveurs nous en ont donné un ſi grand nombre ſur toutes ſortes de matiéres, qu'elles ſont devenues les dépoſitaires de tout ce qu'il y a de plus beau & de plus curieux dans le monde.

Leur Origine est de 1460. Elle vient d'un nommé Maso Finiguerra Orfévre de Florence, qui gravoit sur ses Ouvrages, & qui en les moulant avec du souffre fondu, s'apperçût que ce qui sortoit du moule marquoit dans ses empreintes les mêmes choses que la gravure, par le moyen du noir que le souffre avoit tiré des tailles. Il essaya d'en faire autant sur des bandes d'argent avec du papier humide, en passant un rouleau bien uni par-dessus, ce qui lui réüssit. Cette nouveauté donna envie à un autre Orfévre de la même Ville, nommé Baccio Baldini de tenter la même chose, le succès lui fit graver plusieurs planches de l'Invention & du Dessein de Sandro Botticello; & sur ces Epreuves André Manteigne, qui étoit à Rome, se mit aussi à graver plusieurs de ses propres Ouvrages.

La connoissance de cette Invention ayant passé en Flandres, Martin d'Anvers, qui étoit alors un Peintre fameux, grava quantité de Planches de son Invention, & en envoya plusieurs Estampes en Italie, lesquelles étoient marquées de cette façon, M. C. Vasari, dans la Vie de Marc-Antoine en rapporte la plûpart des sujets, dont il y en a un entr'autres, (c'est la vision de Saint Antoine) que Michelange, encore fort jeune, trouva d'une Invention si extraordinaire, qu'il voulut la colorier. Après Martin d'Anvers, Albert Dure commença à paroître, & nous a donné une infinité de belles Estampes, en bois & au burin, qu'il envoya ensuite à Venise pour les faire vendre. Marc-Antoine qui s'y trouva alors, fut si surpris de la beauté de ces Ouvrages, qu'il en copia trente-six pieces qui représentent la Passion de Notre-Seigneur : & ces Copies furent reçûes dans Rome avec d'autant plus d'admiration, qu'elles étoient plus belles que les Originaux. Dans ce même tems Ugo du Carpi, Peintre Italien, d'une capacité médiocre, mais d'un esprit inventif, trouva par le moïen de plusieurs Planches de bois la maniére de faire des Estampes qui ressemblassent aux Desseins de Clair-obscur. Et quelques années après on découvrit l'Invention des Estampes à l'eau forte; que le Parmésan mit aussi-tôt en usage.

Ces premiéres Estampes attirérent par leur nouveauté l'admiration de tous ceux qui les virent, & les habiles Peintres qui travailloient pour la gloire, voulurent s'en servir pour faire part au monde de leurs Ouvrages. Raphaël entr'autres employa le burin du fameux Marc-Antoine pour graver plusieurs de ses Tableaux & de ses Desseins; & ces admirables Estampes ont été autant de Renommées, qui ont porté le nom de Raphaël par toute la Terre. Depuis Marc-Antoine un grand nombre de Graveurs se sont rendus recommandables, en Allemagne, en Italie, en France, & dans les Païs-Bas, & ont mis au jour, au burin, & à l'eau-forte une infinité de sujets de tous genres, Histoires, Fables, Emblêmes, Devises, Médailles, Animaux, Païsages, Fleurs, Fruits, & généralement toutes les productions visibles de l'Art & de la Nature.

Il n'y a personne de quelque Etat & de quelque Profession qu'il soit, qui n'en puisse tirer une grande utilité : les Théologiens, les Réligieux, les Gens dévots, les Philosophes, les hommes de Guerre, les Voyageurs, les Géographes, les Peintres, les Sculpteurs, les Architectes, les Graveurs, les Amateurs des beaux Arts, les Curieux de l'Histoire & de l'Antiquité, & enfin ceux, qui n'ayant point de profession particuliére que celle d'être honnêtes gens, veulent orner leur Esprit des connoissances qui peuvent les rendre plus estimables.

On ne prétend pas que chaque personne soit obligée de voir tout ce qu'il y a d'Estampes pour en tirer de l'utilité : Au contraire, leur nombre presque infini & qui présenteroit tout à la fois tant d'Idées différentes, seroit plûtôt capable de dissiper l'Esprit, que de l'éclairer. Il n'y a que ceux, qui en naissant, l'ont apporté d'une grande étendue & d'une grande netteté, ou qui l'ont exercé quelque tems dans la vûe de tant de diverses choses, qui puissent les voir toutes sans confusion, & en profiter.

Mais chaque particulier peut choisir des sujets qui puissent, ou rafraîchir sa mémoire, ou fortifier ses connoissances, & suivre en cela l'inclination qu'il a pour les choses de son Goût & de sa profession.

Aux Théologiens, par exemple, rien n'est plus convenable que les Estampes qui regardent la Religion & les Mystéres, les Histoires saintes & tout ce qui découvre les premiers Exercices des Chrétiens & leur persécution, les Bas-reliefs Antiques, qui instruisent en beaucoup d'endroits des Cérémonies de la Religion Payenne, & enfin tout ce qui a rapport à la nôtre, soit saint, soit profane.

Aux Dévots, les sujets qui élévent l'Esprit à Dieu, & qui peuvent l'entretenir dans son Amour.

Aux Réligieux, les Histoires sacrées en général, & ce qui concerne leur Ordre en particulier.

Aux Philosophes, toutes les Figures démonstratives qui regardent non-seulement les expériences de Physique, mais toutes celles qui peuvent augmenter les connoissances qu'ils ont des choses naturelles.

A ceux qui suivent les Armes, les Plans & les Elévations des Places de guerre, les Ordres de Batailles, & les Livres de Fortification, dont les Figures démonstratives font la plus grande partie.

Aux Voyageurs, les Vûes particuliéres des Palais, des Villes, & des lieux considérables, pour les préparer aux choses qu'ils ont à voir, ou pour en conserver les Idées quand ils les auront vûes.

Aux Géographes, les Cartes de leur Profession.

Aux Peintres, tout ce qui peut les fortifier dans les parties de leur Art; comme les Ouvrages Antiques, ceux de Raphaël & du Carache pour le bon Goût, pour la correction du Dessein, pour la grandeur de maniére, pour le choix des airs de Tête, des passions de l'Ame, & des Attitudes: ceux du Corrége pour la grace & pour la finesse des expressions: ceux du Titien, du Bassan & des Lombards pour le caractére de la vérité, & pour les naïves expressions de la Nature, & surtout pour le Goût du Païsage: ceux de Rubens pour un caractére de grandeur & de magnificence dans ses Inventions, & pour l'artifice du Clair-obscur: ceux enfin, qui, bien que défectueux dans quelque partie, ne laissent pas de contenir quelque chose de singulier & d'extraordinaire. Car les Peintres peuvent tirer un avantage considérable de toutes les différentes maniéres de ceux qui les ont précedés.

Aux Sculpteurs, les Statues, les Bas-reliefs, les Médailles, & les autres Ouvrages Antiques avec ceux de Raphaël, de Polydore, & de toute l'Ecole Romaine.

Aux Architectes, les Livres qui concernent leur Profession, & qui sont pleins de Figures démonstratives de l'Invention de leurs Auteurs, ou copiées d'après l'Antique.

Aux Graveurs, un choix de Piéces de différentes maniéres, soit au burin ou à l'eau-forte. Ce choix leur doit servir aussi pour voir le progrés de la Gravure depuis Albert Dure jusqu'à présent. Ils examineront avec soin les Ouvrages de Marc-Antoine, de Corneille Cort, des Carraches, des Sadelers, de Goltius, de Muler, de Vostermans, de Pontius, de Bolsvert, de Vischer; & enfin d'un grand nombre d'autres Graveurs que je ne nomme point, qui ont eu un caractére particulier, & qui par différentes voies se sont tous efforcés d'imiter, ou la Nature, quand ils ont fait de leur Invention, ou les Tableaux de différentes maniéres, quand ils ont eu pour fin la fidelité de leur imitation. En comparant ainsi l'Ouvrage de tous ces Maîtres, ils peuvent juger qui sont ceux qui ont le mieux entendu la conduite des Tailles, le ménagement de la lumiére, & la valeur des tons par rapport au Clair-obscur; qui ont sçû le mieux accorder dans leur burin la délicatesse avec la force, & l'esprit de chaque chose avec l'extrême exactitude; afin que profitant de ces Lumiéres, ils ayent la louable ambition d'égaler ces habiles Maîtres, ou de les surpasser.

Aux Curieux de l'Histoire & de l'Antiquité, tout ce que l'on voit de gravé de l'Histoire Sainte & Profane, & de la Fable; les Bas-Reliefs Antiques, la Colonne Trajanne & la Colonne Antonine, les Livres de Médailles & de Pierres gravées, & plusieurs Estampes qui ont du rapport à la connoissance qu'ils veulent s'acquerir, ou se conserver.

A ceux enfin, qui, pour être plus heureux & plus honnêtes gens, veulent se former le Goût aux bonnes choses, & avoir une teinture raisonnable des beaux Arts, rien n'est plus nécessaireque les bonnes Estampes. Leur vûe avec un peu de réflexion les instruira promptement & agréablement de tout ce qui peut exercer la raison, &

fortifier le jugement. Elles rempliront leur mémoire des choses curieuses de tous les tems & de tous les Païs: & en leur apprenant les différentes Histoires, elles leur apprendront les diverses maniéres dans la Peinture. Ils en jugeront promptement par la facilité qu'il y a de feuilleter quelques papiers, & de comparer ainsi les Productions d'un Maître avec celles d'un autre. De maniére qu'en épargnant le tems, elles épargneront encore la dépense. Car il est presque impossible d'amasser en un même lieu des Tableaux des meilleurs Peintres dans une quantité suffisante, pour se former une Idée complete sur l'Ouvrage de chaque Maître. Et quand avec beaucoup de dépense on auroit rempli un Cabinet spacieux de Tableaux de différentes maniéres, il ne pourroit y en avoir que deux ou trois de chacune ; ce qui ne suffit pas pour porter un jugement bien précis du Caractére du Peintre, ni de l'étendue de sa capacité. Au lieu, que par le moyen des Estampes, vous pouvez sur une table voir sans peine les Ouvrages des différens Maîtres, en former une Idée, en juger par comparaison, en faire un choix, & contracter par cette pratique une habitude du bon Goût & des bonnes maniéres, surtout, si cela se fait en présence de quelque personne qui ait du discernement dans ces sortes de choses, & qui en sache distinguer le bon d'avec le médiocre.

Mais pour ce qui est des Connoisseurs & des Amateurs des beaux Arts, on ne peut leur rien prescrire, tout est soûmis, pour ainsi parler, à l'empire de leur connoissance; ils l'entretiennent par la vûe, tantôt d'une chose, & tantôt d'une autre, à cause de l'utilité qu'ils en reçoivent & du plaisir qu'ils y prennent. Ils ont celui de voir dans ce qui a été gravé d'après les Peintres fameux, l'origine, le progrès & la perfection des Ouvrages; ils les suivent depuis le Giotto & André Manteigne, jusqu'à Raphaël, au Titien & aux Caraches. Ils examinent les différentesEcoles de ces tems-là, ils voient en combien de branches elles se sont partagées par la multiplicité des Disciples, & en combien de façons l'Esprit humain est capable de concevoir une même chose, qui est l'Imitation, & que delà sont venues tant de diverses maniéres, que les Païs, les Tems, les Esprits, & la Nature par leur diversité nous ont produites.

Entre tous les bons effets qui peuvent venir de l'usage des Estampes, on s'est ici contenté d'en rapporter six, qui feront juger facilement des autres.

Le premier est de divertir par l'imitation, & en nous représentant par leur Peinture les choses visibles.

Le 2e. est de nous instruire d'une maniére plus forte & plus prompte que par la parole. *Les choses*, dit Horace, *qui entrent par les oreilles prennent un chemin bien plus long, & touchent bien moins que celles qui entrent par les yeux, lesquels sont des témoins plus sûrs & plus fidéles.*

Le 3e. D'abréger le tems que l'on emploieroit à relire les choses qui sont échapées de la mémoire, & de la rafraichir en un coup d'œil.

Le 4e. De nous représenter les choses absentes comme si elles étoient devant nos yeux, & que nous ne pourrions voir que par des voyages pénibles, & par de grandes dépenses.

Le 5e. De donner les moyens de comparer plusieurs choses ensemble facilement, par le peu de lieu que les Estampes occupent, par leur grand nombre, & par leur diversité.

Et le 6e. De former le Goût aux bonnes choses, & de donner au moins une teinture des beaux Arts, qu'il n'est pas permis aux honnêtes gens d'ignorer.

Ces effets sont généraux : mais chacun en peut sentir de particuliers selon ses lumiéres & son inclination ; & ce n'est que par ces effets particuliers que chacun peut regler la collection qu'il en doit faire.

Car il est aisé de juger, que dans la diversité des conditions dont on vient de parler, la curiosité des Estampes, l'ordre & le choix qu'il y faut tenir dépendent du Goût & des vûes que chacun peut avoir.

Ceux qui aiment l'Histoire, par exemple, ne recherchent que les sujets qui y sont renfermés, & pour ne laisser rien échaper à leur curiosité, ils y tiennent cet ordre, qu'on ne peut assez louer. Ils suivent celui des Païs, & des Tems : tout ce qui regarde chaque Etat en particulier est contenu dans un ou dans plusieurs Portefeuilles, & l'on y trouve :

Premierement, les Portraits des Souverains qui ont gouverné un Païs, les Princes & les Princesses qui en sont descendus, ceux qui ont tenu quelque rang considérables dans l'Etat, dans l'Eglise, dans les Armes, dans la Robe : ceux qui se sont rendus recommandables dans les differentes Professions, & les Particuliers qui ont quelque part dans les Evenemens historiques. Ils accompagnent ces Portraits de quelques lignes d'écriture, qui marquent le caractere de la Personne, sa Naissance, ses Actions remarquables, & le tems de sa Mort.

2. La Carte generale & les Cartes parti-

culieres de cet Etat, les Plans & les Elevations des Villes, ce qu'elles enferment de plus considerable; les Châteaux, les Maisons Roïales, & tous les lieux qui ont merité d'être donnés au Public.

3. Tout ce qui a quelque rapport à l'Histoire : comme les Entrées de Ville, les Carouzels, les Pompes Funébres, les Catafalques, ce qui regarde les Céremonies, les Modes & les Coutumes; & enfin toutes les Estampes particulieres qui sont historiques.

Cette recherche qui est faite pour un Etat, est continuée pour tous les autres avec la même suite & la même œconomie. Cet ordre est ingénieusement inventé, & l'on en est redevable à un Gentilhomme *, assez connu d'ailleurs par son merite extraordinaire, & par le nombre de ses Amis.

Ceux qui ont de la passion pour les beaux Arts en usent d'une autre maniere. Ils font des Recueils par rapport aux Peintres & à leurs Eleves : ils mettent, par exemple, dans l'Ecole Romaine, Raphaël, Michelange, leurs Disciples, & leurs Contemporains. Dans celle de Venise, le Giorgion, le Titien, les Bassans, Paul Véronése, Tintoret, & les autres Venitiens. Dans celle de Parme, le Corrége, le Parmésan, &

* *Mr. de Ganiéres.*

ceux qui ont suivi leur Goût. Dans celle de Bologne, les Caraches, le Guide, le Dominiquain, l'Albane, Lanfranc, & le Guarchin. Dans celle d'Allemagne, Albert Dure, Holbens, les petits Maîtres, Guillaume Baure, & autres. Dans celle de Flandres, Otho-Vénius, Rubens, Vandeix, & ceux qui ont pratiqué leurs maximes: ainsi de l'Ecole de France, & de celles des autres Païs.

Quelques-uns assemblent leurs Estampes par rapport aux Graveurs, sans avoir égard aux Peintres; d'autres par rapport aux sujets qu'elles représentent, d'autres d'une autre façon, & il est juste de laisser à chacun la liberté d'en user selon ce qui lui semblera le plus utile & le plus agréable.

Quoiqu'on puisse en tout tems & à tout âge tirer de l'utilité de la vûe des Estampes, néanmoins celui de la Jeunesse y est plus propre qu'un autre: parce que le fort des jeunes gens est la mémoire, & qu'il faut pendant qu'on le peut se servir de cette partie de l'ame, pour en faire un amas, & pour les instruire des choses qui doivent contribuer à leur former le jugement.

Mais si l'usage des Estampes est utile à la Jeunesse, il est d'un grand plaisir & d'un agréable entretien à la Vieillesse. C'est un tems propre au repos & aux réflexions, &

dans lèquel, n'étant plus dissipés par les amusemens des premiers âges, nous pouvons avec plus de loisir goûter les agrémens que les Estampes sont capables de nous donner; soit qu'elles nous apprennent des choses nouvelles, soit qu'elles nous rappellent les Idées de celles qui nous étoient déja connues; soit qu'ayant du Goût pour les Arts, nous jugions des différentes Productions que les Peintres & les Graveurs nous ont laissées; soit que n'ayant point cette connoissance, nous soyons flattés de l'espérance de l'acquérir; soit enfin que nous ne cherchions dans ce plaisir, que celui d'exciter agréablement notre attention par la beauté & par la singularité des objets que les Estampes nous offrent. Car nous y trouvons les Païs, les Villes, & les lieux considérables que nous avons lûs dans les Histoires, ou que nous avons vûs nous-mêmes dans nos Voyages. De maniére que la grande variété, & le grand nombre des choses rares qui s'y rencontrent, peuvent même servir de Voyage, mais d'un Voyage commode & curieux à ceux qui n'en ont jamais fait, ou qui ne sont pas en état d'en faire.

Ainsi il est constant par tout ce que l'on vient de dire, que la vûe des belles Estampes qui instruit la Jeunesse, qui rappelle

& qui affermit les connoissances de ceux qui sont dans un âge plus avancé ; & qui remplit si agréablement le loisir de la Vieillesse, doit être utile à tout le monde.

On n'a point crû devoir entrer dans un plus grand détail de tout ce qui peut rendre recommandable l'usage des Estampes ; l'on croit que le peu qu'on en a dit, est suffisant pour induire le Lecteur à tirer des conséquences conformes à ses vûes & à ses besoins.

Si les Anciens avoient eu en cela le même avantage que nous avons aujourd'hui, & qu'ils eussent par le moyen des Estampes transmis à la Posterité tout ce qu'ils avoient de beau & de curieux, nous connoîtrions distinctement une infinité de belles choses dont les Historiens ne nous ont laissé que des idées confuses. Nous verrions ces superbes monumens de Memphis & de Babylone, & ce Temple de Jerusalem que Salomon avoit bâti dans sa magnificence. Nous jugerions des Edifices d'Athénes, de Corinthe & de l'ancienne Rome, avec plus de fondement encore & de certitude, que par les seuls fragmens qui nous en sont restés. Pausanias, qui nous fait une description si exacte de la Gréce, & qui nous y conduit en tous lieux comme par la main, auroit accompagné ses Discours de Figures démonstratives, qui seroient venues jusqu'à nous, & nous aurions le plaisir de voir, non seulement les Temples & les Palais de cette fameuse Grece tels qu'ils étoient dans leur perfection, mais nous aurions aussi hérité des anciens Ouvriers l'Art de les bien bâtir. Vitruve, dont les démonstrations ont été perdues, ne nous auroit pas laissé ignorer tous les instrumens & toutes les machines qu'il nous décrit, & nous ne trouverions pas dans son Livre tant de lieux obscurs, si les Estampes nous avoient conservé les Figures qu'il avoit faites, & dont il nous parle lui-même. Car en fait d'Arts, elles sont les lumiéres du Discours, & les véritables moyens par où les Auteurs se communiquent : C'est encore faute de ces moyens que nous avons perdu les Machines d'Archiméde & de Héron l'Ancien, & la connoissance de beaucoup de Plantes de Dioscoride, de beaucoup d'Animaux, & de beaucoup de Productions curieuses de la Nature, que les veilles & les méditations des Anciens nous avoient découvertes. Mais sans nous arrêter à regretter des choses perdues, profitons de celles que les Estampes nous ont conservées, & qui nous sont présentes.

L'IDÉE *que je viens d'exposer du Peintre-parfait, peut à mon avis aider les Curieux dans le jugement qu'ils feront de la Peinture : mais comme la Connoissance des Tableaux demande encore quelque chose de plus pour être tout-à-fait complette, j'ai crû être obligé de dire ici ce qui me paroît sur cette matiére.*

CHAPITRE XXIX.

De la Connoissance des Tableaux.

UNe des choses les plus essentielles dans la connoissance des Tableaux, c'est le Génie, il en faut dans le bon Connoisseur ainsi que dans le bon Peintre : mais comme le Génie ne peut s'acquerir, il faut toûjours le supposer, ou du moins au défaut du Génie un grand amour pour la Peinture.

Il y a trois sortes de Connoissances sur le fait des Tableaux.

La premiere consiste à découvrir ce qui est bon & ce qui est mauvais dans un même Tableau.

La seconde regarde le nom de l'Auteur.

Et la troiſiéme va à ſavoir, ſi un Tableau eſt Original ou Copie.

I.

Ce qu'il y a de bon & de mauvais dans un Tableau.

La premiere de ces Connoiſſances, qui eſt ſans doute la plus difficile à acquérir, ſuppoſe de la pénétration & de la fineſſe d'Eſprit, avec une intelligence des Principes de la Peinture. Et de la meſure de ces choſes, dépend celle de la connoiſſance de cet Art. La pénétration & la délicateſſe de l'Eſprit ſervent à juger de l'Invention, de l'Expreſſion générale du ſujet, des Paſſions de l'Ame en particulier, des Allégories, & de ce qui dépend du Coſtume * & de la Poëtique: Et l'intelligence des Principes fait trouver la cauſe des effets que l'on admire, ſoit qu'ils viennent du bon Goût, de la Correction ou de l'Elégance du Deſſein; ſoit que les Objets y paroiſſent diſpoſés avantageuſement, ou que les Couleurs, les Lumiéres & les Ombres y ſoient bien entendues.

Ceux qui n'ont pas cultivé leur Eſprit par les connoiſſances des Principes, au moins ſpéculativement, pourront bien être ſenſi-

* *Mot de l'Art, qui ſignifie les modes, les tems, & les lieux.*

bles à l'effet d'un beau Tableau : mais ils ne pourront jamais rendre raiſon des jugemens qu'ils en auront porté.

J'ai tâché par l'Idée que j'ai donnée du Peintre parfait, de venir aux ſecours des lumiéres naturelles, dont les Amateurs de Peinture ſont déja pourvûs. Je ne prétens pas néanmoins les faire pénétrer dans tous les détails des parties de la Peinture, ils ſont plûtôt de l'obligation du Peintre, que du Curieux, je voudrois ſeulement mettre leur bon Eſprit ſur des voies qui pûſſent les conduire à une connoiſſance, qui découvrît, du moins en général, ce qu'il y a de bon & de mauvais dans un Tableau.

Ce n'eſt pas que les Amateurs de ce bel Art, qui auroient aſſez de Génie & d'inclination ne pûſſent entrer, pour ainſi dire, dans le Sanctuaire, & acquérir la connoiſſance de tous ces détails, par les lumiéres que des réflexions ſérieuſes leur procureroient inſenſiblement.

Le Goût des Arts étoit tellement à la mode du tems d'Aléxandre, que pour les connoître un peu à fond, on faiſoit apprendre à deſſiner à tous les jeunes Gentilshommes; de ſorte que ceux qui avoient du talent, le cultivoient par l'exercice ; ils s'en prévaloient dans l'occaſion, & ſe diſtinguoient par la ſupériorité de leur connoiſſance. Je renvoie donc ceux, au moins qui n'ont pa acquis cette pratique manuelle, à l'Idée que j'ai donnée de la perfection.

I I.

De quel Auteur est un Tableau.

La connoissance du nom des Auteurs vient d'une grande pratique, & pour avoir vû avec application quantité de Tableaux de toutes les Ecoles, & des principaux Maîtres qui les composent. De ces Ecoles on en peut compter six : la Romaine, la Vénitienne, la Lombarde, l'Allemande, la Flamande, & la Françoise. Et après avoir acquis par un grand Exercice une idée distincte de chacune de ces Ecoles, s'il est question de juger de qui est un Tableau, on doit rapporter cet Ouvrage à celle de qui on croira qu'il approche le plus ; & quand on aura trouvé l'Ecole, il faudra donner le Tableau à celui des Peintres qui la composent, dont la maniére a plus de conformité avec cet Ouvrage. Mais de connoître bien cette maniére particuliére du Peintre, c'est à mon avis où consiste la plus grande difficulté.

On voit des Curieux qui se font une idée d'un Maître sur trois ou quatre Tableaux qu'ils en auront vûs, & qui croient après cela avoir un titre suffisant pour décider sur sa maniére, sans faire réflexion aux ins plus ou moins grands que le Peintre ura pris à les faire, ni à l'âge auquel il les aura faits.

Ce n'est pas sur les Tableaux particuliers du Peintre : mais sur le géneral de ses Ouvrages qu'il faut juger de son mérite. Car il n'y a point de Peintre qui n'ait fait quelques bons & quelques mauvais Tableaux, selon ses soins & le mouvement de son Génie. Il n'y en a point aussi qui n'ait eu son commencement, son progrès & sa fin ; c'est-à-dire, trois maniéres : la premiére, qui tient de celle de son Maître ; la seconde, qu'il s'est formée selon son Goût, & dans laquelle réside la mesure de ses talens, & de son Génie ; & la troisiéme, qui dégénére ordinairement en ce qu'on appelle maniére : parce qu'un Peintre, après avoir étudié long-tems d'après la Nature, veut jouir, sans la consulter davantage, de l'habitude qu'il s'en est faite.

Quand un Curieux aura donc bien consideré les différens Tableaux d'un Maître, & qu'il s'en sera formé une idée complette de la maniére que je viens de le dire, alors il lui sera permis de juger de l'Auteur d'un Tableau, sans être soupçonné de témérité. Cependant quoiqu'un bon Connoisseur, habile par ses talens, par ses réflexions, & par sa longue expérience, puisse quelquefois ſe tromper ſur le nom de l'Auteur, il ſera du moins vrai de dire, qu'il ne peut ſe tromper ſur la juſteſſe & ſur la ſolidité de ſes ſentimens.

En effet, il y a des Tableaux faits par des Diſciples, qui ont ſuivi leurs Maîtres de fort près, & dans le ſavoir, & dans la maniére. On a vû pluſieurs Peintres qui ont ſuivi le Goût d'un autre Païs que le leur, comme il y en a eu, qui, dans leur Païs même, ont paſſé d'une maniére à une autre, en changeant ainſi & en cherchant une maniére particuliére, ils ont fait pluſieurs Tableaux fort équivoques, & dont il eſt difficile de déterminer l'Auteur.

Néanmoins, cet inconvénient ne manque pas de reméde pour ceux, qui, non contens de s'attacher au caractére de la main du Maître, ont aſſez de pénétration pour découvrir celui de ſon Eſprit : un habile homme peut facilement communiquer la maniére dont il exécute ſes Deſſeins: mais non pas la fineſſe de ſes penſées. Ce n'eſt donc pas aſſez pour découvrir l'Auteur d'un Tableau, de connoître le mouvement du Pinceau, ſi l'on ne pénétre dans celui de l'Eſprit : & bien que ce ſoit beaucoup d'avoir une idée juſte du Goût que le Peintre a dans ſon Deſſein, il faut encore entrer dans le caractére de ſon Génie, &

dans

dans le tour qu'il eſt capable de donner à ſes conceptions.

Je ne prétens pas néanmoins réduire au ſilence ſur cette matiere un Amateur de Peinture, qui n'aura, ni vû, ni examiné ce grand nombre de Tableaux, il eſt bon au contraire de parler pour acquerir & pour augmenter la connoiſſance. Je voudrois ſeulement que chacun meſurât ſon ton ſur ſon experience : la modeſtie qui ſied bien à ceux qui commencent, convient même aux plus experimentés, ſur-tout dans les choſes difficiles.

III.

Si un Tableau eſt original, ou Copie.

Mon intention n'eſt pas de parler ici des Copies médiocres, qui ſont d'abord connues de tous les Curieux, encore moins des mauvaiſes qui paſſent pour telles aux yeux de tout le monde. Je ſuppoſe une Copie faite par un bon Peintre, laquelle merite une ſerieuſe reflexion, & mettre en ſuſpend, au moins durant quelque tems, la déciſion des connoiſſeurs les plus habiles. Et de ces Copies, j'en trouve de trois ſortes.

La premiere eſt faite fidélement, mais ſervilement.

La ſeconde eſt legere, facile, & non fidelle.

Et la troiſiéme eſt fidelle, & facile.

La premiere, qui est servile & fidelle; rapporte, à la verité, le Dessein, la Couleur & les Touches de l'Original: mais la crainte de passer les bornes de la précision, & de manquer à la fidelité, appesantit la main du Copiste, & la fait connoître ce qu'elle est, pour peu qu'elle soit examinée.

La seconde, seroit plus capable d'imposer, à cause de la legereté du pinceau, si l'infidelité des contours ne redressoit des yeux habiles.

Et la troisiéme, qui est fidelle & facile, & qui est faite par une main savante & legere, & sur-tout dans le tems de l'Original, embarasse les plus grands Connoisseurs, & les met souvent au hazard de prononcer contre la verité, quoique selon la vraisemblance.

S'il y a des choses qui semblent favoriser l'originalité d'un Ouvrage, il y en a aussi qui paroissent la détruire; comme la répetition du même Tableau, l'oubli où il a été durant beaucoup de tems, & le prix modique qu'il a coûté. Mais encore que ces considerations puissent être de quelque poids, elles sont souvent très-frivoles faute d'avoir été bien examinées.

L'oubli d'un Tableau vient souvent, ou des mains entre lesquelles il tombe, ou du lieu où il est, ou des yeux qui le voient, ou du peu d'amour que celui qui le possede peut avoir pour la Peinture.

Le prix modique procede ordinairement de la necessité ou de l'ignorance de celui qui vend.

Et la repetition d'un Tableau, qui est une cause plus specieuse, n'est pas toujours une raison bien solide. Il n'y a presque point de Peintre qui n'ait repeté quelqu'un de ses Ouvrages, parce qu'il lui aura plû, ou parce qu'on lui en aura demandé un tout semblable. J'ai vû deux Vierges de Raphaël, lesquelles ayant été mises par curiosité l'une auprès de l'autre, persuaderent les Connoisseurs qu'elles étoient toutes deux Originales. Titien a répété jusqu'à sept ou huit fois les mêmes Tableaux, comme on joue plusieurs fois une Comedie qui a réussi. Et nous voyons plusieurs Tableaux répétés des meilleurs Maîtres d'Italie disputer encore aujourd'hui de bonté & de primauté. Mais combien en voyons-nous d'autres qui ont trompé les Peintres même les plus habiles? Et parmi plusieurs exemples que j'en pourrois donner, je me contenterai de rapporter ici celui de Jules Romain, que j'ai tiré de Vasari.

Frederic II. Duc de Mantoue, passant à Florence pour aller à Rome saluer le Pape Clement VII. vit dans le Palais de Medicis, au dessus d'une porte, le Portrait de Leon X. entre le Cardinal Jules de Medicis & le Cardinal de Rossi. Les Têtes étoient de Raphaël, & les Habits de Jules Romain, & le tout étoit merveilleux. En effet le Duc de Mantoue, après l'avoir consideré, en devint si amoureux, qu'il ne pût s'empêcher quand il fut à Rome de le demander au Pape. Sa Sainteté fit aussi-tôt écrire à Octavien de Medicis, qu'il fît encaisser le Tableau, & qu'il l'envoyât à Mantoue. Octavien qui étoit un grand Amateur de Peinture, & qui ne vouloit pas priver Florence d'une si belle chose, trouva moyen d'en differer l'envoi, sous prétexte de faire faire au Tableau une bordure plus riche. Ce délai donna le tems à Octavien de faire copier le Tableau par André del Sarte, qui en imita jusqu'aux petites taches qui étoient dessus. Cet Ouvrage en effet étoit si conforme à son Original, qu'Octavien lui-même avoit de la peine à les distinguer, & que pour ne s'y pas tromper, il mit une marque derriere la Copie, & l'envoya à Mantoue quelques jours après. Le Duc la reçut avec toute la satisfaction possible, ne doutant point que ce ne fût l'Ouvrage de Raphaël non plus que Jules Romain, qui étoit auprès de ce Prince, & qui seroit demeuré toute sa vie dans cette opinion, si Vasari, qui avoit vû faire la

Copie ne l'avoit désabusé. Car celui-ci étant arrivé à Mantoue fut très-bien reçû de Jules Romain, qui, après lui avoir montré toutes les curiosités de ce Duc, lui dit qu'il leur restoit encore à voir la plus belle chose qui fût dans le Palais, c'étoit le Portrait de Leon X. de la main de Raphaël; & le lui ayant montré, Vasari lui dit, *qu'il étoit en effet très-beau, mais qu'il n'étoit pas de Raphaël.* Jules Romain l'ayant plus attentivement consideré. *Comment*, repliqua-t'il, *il n'est pas de Raphaël? Est-ce que je ne reconnois pas mon Ouvrage, & que je ne vois pas les coups de Pinceau que j'y ai donnés moi-même? Vous n'y prenez pas assez garde*, repartit Vasari, *car je puis vous assurer que je l'ai vû faire à André del Sarte: & cela est si vrai, que vous trouverez derriere la toile une marque qu'on y mit exprès pour ne le pas confondre avec l'Original.* Jules Romain ayant donc tourné le Tableau, & s'étant apperçû de la verité fut fort étonné, & dit: *Je l'estime autant que s'il étoit de Raphaël, & même davantage: car il n'est pas naturel d'imiter un si excellent Homme, jusqu'à tromper.*

Puisque Jules Romain, tout habile qu'il étoit, après avoir été averti, & après avoir examiné le Tableau, persistoit vivement à se tromper dans le jugement qu'il faisoit sur son propre Ouvrage, comment pourroittrouver étrange que des Peintres, moins habiles : que lui, ſe laiſſaſſent ſurprendre ſur l'Ouvrage des autres ? C'eſt ainſi que la verité ſe peut quelquefois cacher à la ſcience la plus profonde, & que manquer ſur les faits, n'eſt pas toujours manquer à la juſteſſe de ſes jugemens.

Cependant quelque équivoque que ſoit un Tableau ſur l'originalité ; il porte néanmoins aſſez de marques exterieures pour donner lieu à un Connoiſſeur d'en dire, ſans témerité ce qu'il en penſe bonnement; non pas comme une derniere déciſion, mais comme un ſentiment fondé ſur une ſolide connoiſſance.

Il me reſte encore à dire quelque choſe ſur les Tableaux, qui ne ſont ni Originaux, ni Copies, leſquels on appelle Paſtiches de l'Italien, *Paſtici*, qui veut dire, Pâtés : car comme les choſes differentes qui aſſaiſonnent un Pâté ne ſont mêlées enſemble que pour faire ſentir un ſeul goût, de même toutes les imitations qui compoſent un paſtiche ne tendent qu'à faire paroître une verité.

Un Peintre qui veut tromper de cette ſorte, doit avoir dans l'eſprit la maniere & les principes du Maître dont il veut donner l'idée, afin d'y réduire ſon Ouvrage, ſoit qu'il y faſſe entrer quelque endroit d'un

Tableau que ce Maître aura déja fait, soit que l'Invention étant de lui, il imite avec legereté, non seulement les Touches, mais encore le Goût du dessein, & celui du Colorris. Il arrive très-souvent que le Peintre, qui se propose de contrefaire la maniere d'un autre Peintre, ayant toûjours en vûe d'imiter ceux qui sont plus habiles que lui, fait de meilleurs Tableaux de cette sorte, que s'il produisoit de son propre fond.

Entre ceux qui ont pris plaisir à contrefaire ainsi la maniére des autres Peintres; je me contenterai de nommer ici David Teniers, qui a trompé, & qui trompe encore tous les jours les Curieux, non prévenus sur l'habileté qu'il avoit à se transformer en Bassan, & en Paul Veronese. Il y a de ces Pastiches qui sont faits avec tant d'adresse, que les yeux même les plus éclairés y sont surpris au premier coup d'œil. Mais après avoir examiné la chose de plus près, ils démêlent aussi-tôt le Coloris d'avec le Coloris, & le Pinceau d'avec le Pinceau.

David Teniers, par exemple, avoit un talent particulier pour contrefaire les Bassans: mais le Pinceau coulant & leger qu'il a employé dans cet artifice, est la source même de l'évidence de sa tromperie. Car son Pinceau qui est coulant & facile, n'est ni si spirituel, ni si propre à caracteriser les objets que celui des Baſſans, ſur-tout dans les Animaux.

Il eſt vrai que Teniers a de l'union dans ſes Couleurs : mais il y regnoit un certain Gris auquel il étoit accoutumé, & ſon Coloris n'a, ni la vigueur, ni la ſuavité de celui de Jacques Baſſan. Il en eſt ainſi de tous les Paſtiches, & pour ne s'y point laiſſer tromper, il faut examiner, par comparaiſon à leur modele, le Goût du Deſſein, celui du Coloris, & le Caractere du Pinceau.

LIVRE II.

ABREGÉ DE LA VIE DES PEINTRES.

De l'Origine de la Peinture.

QUOIQUE les Auteurs qui ont dit quelque chose de l'Origine de la Peinture, en ayent parlé diversement, tous conviennent néanmoins, que l'Ombre a donné occasion à la naissance de cet Art. Pline rapporte sur ce sujet l'Histoire d'une fille de Sicyone, appellée Corinthia, & il dit qu'un jeune homme qu'elle aimoit, s'étant endormi à la lumiere d'une lampe, l'ombre de son visage qui donnoit sur une muraille lui paroissoit si ressemblante, qu'elle en voulut tracer les extrêmités, & faire ainsi le Portrait de son Amant. S'il est vrai, comme il y a bien de l'apparence, que l'ombre a donné lieu à inventer la Peinture, l'Imitation est si naturelle à l'homme, qu'il n'aura pas attendu jusqu'au tems de Corinthia à tracer des Figures ſur ſon Ombre, qui eſt auſſi ancienne que lui-même.

Mais ſans s'étendre ſur cette penſée, & ſans chercher une ſource auſſi incertaine qu'eſt celle de la Peinture, on peut dire avec beaucoup de fondement, que cet Art a pris naiſſance en même tems que la Sculpture, l'une & l'autre ayant le Deſſein pour Principe, & que dès le tems d'Abraham, où la Sculpture étoit en uſage, la Peinture par conſequent y étoit de la même ſorte, & en pareil dégré. Elle a pû diſparoître & ſe remontrer ſelon la révolution des tems. La Guerre eſt un Art qui détruit tous les autres, & la Peinture s'y eſt trouvée d'autant plus expoſée, qu'elle n'eſt faite que pour le plaiſir. Mais les beaux Arts ſont comme le Phœnix, ils renaiſſent de leurs cendres. Ainſi il eſt à croire que la Peinture s'eſt éteinte & renouvellée pluſieurs fois, même dans les premiers ſiecles; quoique dans un dégré très-foible; & à proprement parler, ceux à qui on en attribue l'invention n'en ont été que les Renovateurs.

Mais pour parler le langage de ceux qui ont écrit ſur cette matiere après les avoir conferés enſemble, on trouvera que Gigés Lidien a inventé la Peinture en Egypte, Euchir dans la Grece, & que Bularque l'apporta de Lidie en Italie ſous le Regne de

Romulus. Ce Peintre fit un Tableau, où il représenta la Bataille des Magnesiens, lequel fut trouvé si beau par Candaule Roi de Lidie, que pour le payer, il le couvrit d'or. D'où l'on peut inferer que la Peinture étoit en honneur dès ce tems-là.

Il est assez inutile de rapporter dans cet Abregé le peu que les Auteurs disent des premiers Peintres qui ont précedé la décadence de l'Empire : comme il ne reste rien de leurs Ouvrages, on a peu de curiosité de savoir ce qui les regarde ; & de charger sa memoire de leurs noms. On en peut néanmoins excepter quelques-uns, que la Renommée nous a rendus si celebres, qu'il seroit honteux de les ignorer. J'en trouve six de ce nombre : Zeuxis, Parrasius, Pamphile, Timanthe, Apelle, & Protogene. Ils vivoient dans le siécle d'Alexandre le Grand, où les beaux Arts étoient dans leur vigueur : & quoique nous n'ayons point de leurs ouvrages, on peut néanmoins juger du degré de leur perfection par ceux de Sculpture du même siécle qui sont venus jusqu'à nous, & par le grand prix dont on les payoit ; car on a donné à Timanthe, & ensuite à Apelle, pour un seul Tableau, jusqu'à cent talens, qui valent de notre monnoie, cent quatre-vingt mille livres.

Nous avons à la verité quelques morceaux

de Peinture Antique, mais ni les tems, ni les Auteurs n'en ſont point connus : le plus conſiderable eſt à Rome dans la Vigne Aldobrandine, il repreſente un Mariage. Cet Ouvrage eſt d'un grand Goût de Deſſein, & tient beaucoup de la Sculpture & des Bas-reliefs Grecs. Il eſt ſec & ſans intelligence de Groupes, ni du Clair-obſcur : mais il eſt à croire que tous les ouvrages de Peinture qui ſe faiſoient alors, ſur-tout en Grece, n'étoient pas de la même ſorte, car ce que nous liſons de Zeuxis & de Parraſius, qui ont trompé par leur Pinceau, non ſeulement les Animaux, mais les Peintres mêmes, doit nous perſuader qu'ils avoient penetré dans les Principes de la Peinture plus avant que l'Auteur de cet Ouvrage. Il eſt vrai qu'ils n'avoient pas l'uſage de peindre à l'huile, laquelle donne tant de force aux Couleurs; mais ils pouvoient avoir des ſecrets que nous ignorons. En effet, Pline nous dit qu'Apelle ſe ſervoit d'un vernis qui donnoit de la vigueur à ſes Couleurs & qui les conſervoit. Quoiqu'il en ſoit, on ne peut aller contre le témoignage univerſel des anciens Auteurs qui ont parlé des Peintres de ces tems-là, & des Ecrits deſquels on doit inferer que la Peintnre y étoit dans un haut degré de perfection, & que le nombre des habiles Peintres y étoit fort grand. On en rapportera donc ici ſeulement les Principaux.

ABREGE'

De la Vie des ſix principaux Peintres de Grece.

ZEUXIS.

ZEUXIS, natif d'Heraclée dans la Macedoine, apprit les premiers Elemens de la Peinture dans la 85e. Olympiade, quatre cens ans avant Jeſus-Chriſt. Il s'y attacha fortement; & le ſuccès répondant à la chaleur de ſes Etudes, lui fit entreprendre des choſes hardies, qui lui donnerent de la réputation. Il étoit habile dans le Deſſein: mais il a pénetré dans le Coloris plus qu'aucun Peintre de ſon tems. Pline dit qu'Apolodore, qui le premier a trouvé les Principes du Clair obſcur & du Coloris, ouvrit à Zeuxis les portes de la peintute, & que le même Apolodore ſe plaignit que Zeuxis y étoit entré ſi avant, qu'il avoit emporté l'Art avec lui. Les Ouvrages conſiderables où il fut employé lui firent acquerir de grandes richeſſes, & n'ayant plus rien à attendre des biens de la fortune, il commença à donner liberalement ses tableaux, parce qu'il ne voyoit pas, disoit-il, qu'aucun prix les pût assez dignement payer.

Les Agrigentins lui ayant demandé le Tableau d'une Helene nue pour mettre dans leur Temple, ils lui envoyerent en même tems, ainsi qu'il l'avoit demandé, plusieurs des plus belles filles de leur Pays. Il en retint cinq, & après les avoir considerées, il se fit une idée de leurs plus belles parties pour en composer le corps qu'il avoit à représenter. Il le peignit d'après elles, & cette Figure qu'il acheva avec tant de soin, lui parut si parfaite qu'il ne feignit point de dire, des Peintres qui venoient l'admirer, qu'ils pouvoient bien la louer, mais non pas l'imiter.

Parrasius néanmoins lui disputoit le premier rang, ils convinrent de faire chacun un Tableau en concurrence. Zeuxis peignit des Raisins, & Parrasius un Rideau. L'Ouvrage du premier étant exposé, attira des Oiseaux qui vinrent bequeter les Raisins qu'il avoit peints, Zeuxis tout glorieux du suffrage de ces Animaux, dit à Parrasius qu'il fît donc voir son Tableau, & qu'on tirât ce Rideau qui le couvroit : mais se trouvant surpris par ce même Rideau, qui étoit le Tableau de Parrasius, il confessa ingenuement qu'il étoit vaincu, & que n'ayant trompé que les Oiseaux, Parrasius l'avoit trompé lui-même, tout Peintre qu'il étoit.

Zeuxis peignit un jeune homme quelque tems après, qui portoit une Corbeille de Raisins, & voyant que les Oiseaux les venoient aussi bequeter, il avoua avec la même franchise, que si les Raisins étoient bien peints, il falloit que la Figure le fût bien mal, puisque les Oiseaux n'en avoient aucune peur.

Agatharque, qui voyoit avec impatience, que Zeuxis employoit beaucoup de tems à finir ses Ouvrages, lui dit un jour, que pour lui il peignoit ses Tableaux avec assez de promptitude. Vous êtes bien heureux, répondit Zeuxis, je ne fais mes Ouvrages qu'avec beaucoup de tems & d'application; parce que je desire qu'ils soient bien, & que je suis persuadé que l'estime des choses faites en peu de tems, dure peu de tems aussi.

Quoique Zeuxis fût generalement estimé dans son siécle, il a néanmoins eu ses adversaires. Aristote lui a reproché de n'avoir pas eu le talent d'exprimer comme il faut les passions de l'ame: Quintilien dit, qu'il faisoit les extrêmités de ses Figures trop puissantes, & qu'il imitoit en cela Homere, qui se plaisoit dans les descriptions qu'il faisoit des corps, à leur donner des membres forts & robustes, même à ceux des femmes. Pline fait mention des Ouvrages de Zeuxis, & Lucien décrit avec beaucoup de soin le Tableau qu'il fit de la Famille d'un Centaure. Festus rapporte que le dernier Tableau de ce Peintre fut le Portrait d'une Vieille, & que cet Ouvrage le fit tant rire qu'il en mourut. Quoique la chose soit difficile à croire, elle n'est pas sans exemple.

Les Competiteurs de Zeuxis furent, Timanthe, Androcide, Eupompe, & Parrasius.

PARRASIUS.

PARRASIUS, natif d'Ephese, Fils & Disciple d'Evenor, étoit Emule de Zeuxis. On peut voir dans la Vie de ce dernier les Tableaux qu'ils ont faits en concurrence. Ils passoient tous deux pour les plus habiles de leur tems, qui étoit le tems des habiles: & Quintilien dit, qu'ils ont élevé la Peinture dans un haut dégré de perfection; Parrasius pour le Dessein, & Zeuxis pour le Coloris.

Les Auteurs s'accordent à donner à Parrasius la gloire d'avoir dessiné très-correctement & très-élégamment, & d'avoir réprésenté les corps, non comme la Nature les avoit produits, mais comme elle pouvoit les produire ; c'est, selon cette grande idée qu'il a écrit de la Simmétrie des Corps.

Il excelloit entr'autres choses dans l'ajustement des coéffures, dans la distribution des cheveux, & dans les agrémens de la bouche : mais surtout dans l'expression des passions de l'ame, qualité qu'on ne peut assez louer.

Il avoit beaucoup de Génie & d'élevation d'esprit : mais les louanges qu'on lui donnoit, & qu'il croyoit mériter, le rendirent extrémement orgueilleux ; il parloit des autres avec mépris, & de soi-même, comme ayant conduit l'Art à sa derniére perfection. Il ne faisoit pas de difficulté de se nommer le Maître & le Prince de la Peinture : Il étoit magnifique en tout ce qui environnoit sa personne, sans affectation néanmoins, & sans contrainte.

Il avoit accoutumé de s'enthousiasmer dans ses Productions. Il ne se mettoit jamais au travail qu'il ne fût prévenu d'une disposition à y trouver du plaisir ; & il adoucissoit son travail en chantant d'un ton moderé pour lui seul. Il a fait quantité d'Ouvrages, dont les plus considérables sont rapportés dans le 35e. Livre de Pline, que les Curieux pourront consulter.

PAMPHILE.

PAMPHILE, né sous le Regne de Philippe, eut la Macédoine pour Patrie, Eupompe pour Maître, & le fameux Apelle pour Disciple. Il avoit une si grande Idée de son Art, qu'il ne croyoit pas qu'on y pût être habile sans l'étude des belles Lettres, & de la Géométrie; il étoit lui-même fort savant en ces deux choses. Sa réputation lui attira des Disciples considerables: il n'en prenoit point qu'ils ne lui payassent un talent; c'est-à-dire, six cens écus de notre monnoie durant l'espace de dix années, qu'il les retenoit dans l'Etude de la Peinture; Apelle & Melanthius lui donnerent cette somme, que Bede dit être pour chaque année seulement.

Ce fut par son avis & par son crédit que d'abord à Sicyone, & ensuite dans toute la Grece, les Jeunes gens d'une naissance libre & distinguée apprenoient à dessiner avant toutes choses, & que la Peinture se conserva depuis dans un si grand honneur, qu'il fut défendu par un Edit à tous autres qu'à ceux qui étoient nobles, d'exercer cet Art. D'où l'on peut inferer, que, si la Peinture a été estimée dans l'Antiquité par les

Peuples les plus polis, ce n'eſt pas ſans raiſon qu'aujourd'hui les Princes éclairés l'aiment & la protégent, & que les gens d'eſprit ſe font un honneur de s'y connoître.

TIMANTHE.

TIMANTHE vivoit dans le même tems que Pamphile. On ne ſait point le lieu de ſa naiſſance ; mais il a été un des plus ſavans & des plus judicieux Peintres de ſon ſiécle. Parmi les Ouvrages qu'il a faits, le plus célebre, & dont quantité d'Auteurs ont parlé avec éloge, eſt le Sacrifice d'Iphigenie. Cette jeune Fille y paroiſſoit d'une beauté ſurprenante, & ſembloit ſe dévouer d'elle-même à ſa Patrie. Le Peintre qui y avoit repréſenté Calchas, Ulyſſe, Ajax, Menélas, amis & parens de cette Fille, s'étant épuiſé à donner à chacun d'eux des caractéres différens de triſteſſe, ſelon la convenance des perſonnes, peignit Agamemnon, Pere d'Iphigenie, le viſage caché dans ſa Draperie, ne pouvant d'une autre maniére exprimer aſſez dignement les ſentimens de ſa douleur. De ſorte que les expreſſions qui paroiſſoient ſur le viſage du Frere & de l'Oncle de cette Victime, faiſoient juger de l'état douloureux où pouvoit être le Pere.

Timanthe ayant fait une autrefois da un petit Tableau un Cyclope endormi, s'a visa, pour faire juger de sa grandeur, d peindre auprès de lui des Satires qui mesuroient son pouce avec un tyrse, qui est une espece de bâton fort haut. Pline fait mention des principaux Ouvrages de Timanthe, & dit que ce Peintre dans tous ses Tableaux donnoit à entendre beaucoup plus de choses qu'il n'y en avoit peint.

APELLE.

APELLE, que la Renommée a mis au-dessus de tous les Peintres, étoit de l'Isle de Co, dans la Grece, Fils de Pithius, & Disciple de Pamphile, dont on vient de parler. Les grands Peintres, comme les grands Poëtes se sont attirés dans tous les tems la bienveillance des Souverains : Apelle en reçût des marques singuliéres d'Alexandre le Grand, qui, non seulement honora ce Peintre de son estime, à cause de sa grande capacité, mais qui l'aima à cause de la candeur de ses mœurs.

Apelle apporta en naissant tant de disposition & d'inclination pour la Peinture, qu'afin de s'y rendre habile, il ne fit pas difficulté de donner à Pamphile son Maître un talent par an. Il avoit pour maxime de ne laisser passer aucun jour sans dessiner : ce qui donna lieu à ce Proverbe, *Nulla dies sine linea*, Nul jour sans tirer quelque ligne ; c'est-à-dire, sans s'exercer au Dessein.

La force de son Génie & l'assiduité de ses Etudes ne lui donnérent pas cette bonne opinion que les habiles prennent ordinairement d'eux-mêmes. Il ne voulut juger de sa capacité que par la comparaison de celle des autres qu'il alloit visiter. Tout le monde sait ce qui arriva entre lui & Protogene. Celui-ci demeuroit dans l'Isle de Rhodes, où Apelle fit un voyage exprès pour voir ses Ouvrages, qu'il ne connoissoit que de réputation : mais n'ayant trouvé dans la Maison de Protogene qu'une vieille femme, qui lui demanda son nom ; je vais le mettre sur cette toile, lui dit-il, & prenant un Pinceau avec de la Couleur, il y dessina quelque chose d'une extrême délicatesse. Protogene étant de retour, la vieille lui raconta ce qui s'étoit passé, & lui montra la toile. Mais lui, regardant avec attention la beauté de ces traits, dit que c'étoit Apelle qui étoit venu, ne croyant pas qu'un autre fût capable de faire une si belle chose. Et prenant d'une autre couleur, il fit sur les mêmes traits un contour plus correct & plus délicat. Et sortant ensuite, il donna ordre, que, si celui qui étoit venu retournoit, on lui montrât ce contour, & qu'on lui dît que c'étoit-là celui qu'il cherchoit. Apelle revint aussi-tôt, mais honteux de se voir vaincu, prit d'une troisiéme couleur, & parmi les traits qui avoient été faits, il en conduisit de si savans & de si merveilleux, qu'il y épuisa toute la subtilité de l'Art. Protogene les vit à son tour, & confessant qu'il ne pouvoit mieux faire, quitta la partie, & courut chercher Apelle avec empressement.

Pline qui écrit cette Histoire, dit qu'il a vû la toile avant qu'elle eut été consumée dans l'incendie du Palais de l'Empereur, & qu'il n'y avoit autre chose dessus que quelques lignes qu'on avoit assez de peiné à distinguer : mais qu'on estimoit cette toile plus qu'aucun des Tableaux parmi lesquels elle étoit.

C'est à peu près de cette sorte qu'il faut entendre cet endroit de Pline: car de l'entendre d'une simple ligne partagée le long de son étendue, cela est contraire au bon sens, & choque tous ceux qui savent un peu ce que c'est que Peinture.

Ce qui peut avoir donné lieu à cette mauvaise interprétation, est à mon avis le mot de *linea* mal entendu : car *linea* en cet endroit ne veut dire autre chose que Dessein, ou Contour. Pline s'en sert lui-même en cette signification dans un autre endroit, où il dit d'Apelle, qu'il ne passoit aucun jour sans dessiner ; *Nulla dies sine linea :* car ce n'est pas à tirer de simples lignes qu'Apelle s'occupoit, mais à se faire une habitude d'un Dessein correct.

On doit entendre de même le mot de *Subtilitas*, non pour donner l'idée d'une ligne très-déliée, mais de la précision & de la finesse du Dessein. Ainsi la subtilité n'est pas dans la ligne, simplement comme ligne, mais dans l'intelligence de l'Art, qu'on fait connoître par des lignes.

J'avoue pourtant que le mot de *Tenuitas*, qui se rencontre dans le même endroit de Pline peut faire quelque difficulté, elle n'est pas néanmoins sans réponse ; car on peut fort bien entendre par ce mot, la finesse & la précision d'un contour. Mais je soûtiens encore qu'il seroit tout-à-fait contre le bon sens, d'entendre que la Victoire dans le Combat d'Apelle & de Protogéne ne consistât qu'à faire une ligne plus déliée qu'une autre; & que si Pline, qui s'est mal expliqué en cet endroit, l'a entendu de cette derniére façon, il avoit peu de connoissance des beaux Arts : quoiqu'il soit aisé de juger d'ailleurs qu'il les aimoit passionément.

L'envie, qui se rencontre ordinairement parmi les gens de la même Profession, ne trouva point d'entrée dans l'ame d'Apelle; & s'il cherchoit à s'élever, c'étoit par rappart à ſon Art dont il connoiſſoit l'étendue, & dont il aimoit la gloire. D'où vient qu'il n'avoit pas moins de ſoin de l'avantage de ſes Emules, que du ſien propre, & qu'ayant reconnu la capacité de Protogéne, il le rendit recommandable aux Rhodiens, & lui fit payer des Ouvrages incomparablement plus que ce Peintre n'avoit accoutumé de les vendre.

Apelle étoit circonſpect, mais facile dans ſes Productions. L'Elégance & la Grace qu'il répandoit dans ſes Tableaux n'empêchoient point la vérité que le Peintre doit à la Nature, & il faiſoit ſes Portraits avec tant de fidelité, que quelques Aſtrologues ne faiſoient pas de difficulté de s'en ſervir pour tirer l'horoſcope des perſonnes qu'il avoit peintes.

Alexandre qui viſitoit ſouvent Apelle, par le plaiſir que lui donnoit ſa converſation & ſes maniéres, trouvoit bon qu'il lui parlât ſans complaiſance; ce Prince en avoit même beaucoup pour lui : il le témoigna bien à l'occaſion du Portrait de Campaſpe, qu'il lui fit faire. Campaſpe étoit très-belle, & celle de toutes les Concubines de ce Prince qui lui tenoit le plus au cœur ; & comme Alexandre s'apperçût qu'elle avoit

percé

percé du même trait celui d'Apelle, il la lui donna, faisant voir par-là, dit Pline, non seulement l'affection qu'il avoit pour ce Peintre, mais qu'après avoir vaincu les Nations, il savoit encore se vaincre soi-même : Grand par son courage, s'écrie-t-il, mais plus Grand encore par l'empire qu'il avoit sur ses passions.

Apelle fit plusieurs fois le Portrait d'Alexandre, & comme ce Monarque ne trouvoit pas à propos de laisser profaner son Image par la main des Ignorans, il fit un Edit, par lequel il défendit à tous les Peintres de faire son Portrait, à l'exception du seul Apelle : de même qu'il ne donna permission par le même Edit qu'à Pyrgotele de graver ses Médailles, & à Lisippe de les représenter par la fonte des métaux.

Quoiqu'Apelle fût fort exact dans son Ouvrage, il savoit jusqu'à quel point il devoit travailler sans fatiguer son Esprit. Il dit un jour, parlant de Protogéne, qu'il étoit habile, mais qu'il gâtoit souvent les belles choses qu'il faisoit à force de les vouloir perfectionner ; qu'il ne savoit pas quitter son travail, que le trop étoit plus à craindre que le trop peu, & que c'étoit être bien savant, que de savoir ce qui suffit.

Un de ses Disciples lui montrant un Tableau pour en ſavoir ſon ſentiment, & ce Diſciple lui diſant qu'il l'avoit fait fort vîte, & qu'il n'y avoit emploïé qu'un certain tems. *Je le voi bien ſans que vous me le diſiez*, répondit Apelle, *& je ſuis étonné que dans ce peu de tems-là même, vous n'en aïez pas fait davantage de cette ſorte.*

Un autre Peintre lui faiſant voir le Tableau d'une Helene qu'il avoit peïnte avec ſoin, & qu'il avoit ornée de beaucoup de Pierreries, il lui dit : *O mon ami, n'aïant pû la faire belle, vous n'avez pas manqué de la faire riche.*

Mais s'il diſoit ſon ſentiment avec ſimplicité, il recevoit de la même maniere celui des autres ; & pour en éloigner toute complaiſance, il expoſoit ſes ouvrages aux paſſans, & ſe tenoit caché derriere pour écouter ce qu'on en diroit, dans le deſſein d'en profiter. De ſorte qu'un Cordonnier paſſant un jour devant la maiſon d'Apelle, & y trouvant un Tableau ainſi expoſé, reprit avec liberté quelque défaut qu'il apperçût à une Sandale, laquelle fut changée incontinent après : mais le lendemain repaſſant par le même endroit, tout glorieux de voir qu'on avoit profité de ſa critique, cenſura auſſi-tôt une Cuiſſe où il n'y avoit rien à redire : ce qui obligea Apelle de ſortir de derriere ſa toile, & de dire au Cordonnier que son jugement ne passoit pas la Sandale : ce qui passa dans la suite en Proverbe. Je ne sai s'il y a beaucoup d'Apelles aujourd'hui, mais il y a des Cordonniers plus que jamais.

Une autre marque de la simplicité d'Apelle, c'est qu'il avouoit qu'Amphion l'emportoit sur lui pour la Disposition, & Asclépiodore pour la régularité du Dessein : pour lui il ne le cédoit à personne pour la Grace, qui étoit son talent particulier. Quand il regardoit les Ouvrages des grands Peintres, il en admiroit les beautés, mais il n'y trouvoit pas, disoit-il ingénûment, cette Grace, que lui seul savoit répandre dans tout ce qu'il peignoit.

Apelle n'a jamais peint sur les murailles, ni sur aucune autre chose qu'on n'auroit pû sauver d'un embrasement. Il vouloit qu'on pût transporter les Ouvrages des habiles Peintres d'un Païs dans un autre, & ne pouvoit souffrir qu'un Tableau ne pût appartenir qu'à un seul Maître ; parce que la Peinture, disoit-il, est un bien commun à toute la Terre.

Pline fait la description des plus beaux Ouvrages d'Apelle, & l'on peut juger de leur excellence par le prix qu'il en recevoit : car on les lui païoit quelquefois cent talens, & d'autres fois sans compte, & avec profusion.

PROTOGE'NE.

PROTOGE'NE étoit de Caune, Ville de Carie, sujette aux Rhodiens. On ne sait qui étoient, ni son Maître, ni ses Parens. Il est assez vraisemblable qu'il n'a point eu d'autre Maître que les Ouvrages publics, & que ses Parens étoient pauvres; car il l'étoit si fort lui-même, qu'il étoit contraint au commencement de peindre des Navires pour gagner sa vie. Sa plus grande ambition n'étoit pas de se faire riche, mais de se faire habile. C'est pour cela qu'il vivoit retiré du commerce du monde, afin d'être moins distrait dans les Etudes qu'il jugeoit nécessaires pour la perfection de son Art.

Il finissoit extrêmement ses Tableaux. Apelle dit de lui, qu'il ne savoit pas se retirer de dessus son Ouvrage, & qu'à force de le travailler il en diminuoit la beauté, & fatiguoit son Esprit. Il vouloit que les choses peintes parussent vraies, & non vraisemblables: ainsi à force d'exiger de son Art plus qu'il ne devoit, il en retiroit moins qu'il n'auroit pû faire.

Le plus beau de ses Ouvrages est le Tableau de Jalisus. Plusieurs Auteurs en parlent sans en faire la description, & sans dire quel étoit ce Jalisus, que quelques-uns croient avoir été un insigne Chasseur.

Pendant sept années que Protogéne emploïa à peindre ce Tableau, il ne prit point d'autre nourriture que des Lupins cuits dans de l'eau, qui lui servoient de boire & de manger, afin que cet aliment simple & léger lui laissât toute la liberté de son imagination.

Apelle aïant vû cet Ouvrage, en fut tellement frappé, qu'il resta sans parole, n'aïant point de termes pour exprimer l'Idée de beauté que ce Tableau avoit formée dans son Esprit. Ce fut ce même Tableau qui sauva la Ville de Rhodes, que le Roi Démétrius tenoit assiegée, parce que ne pouvant la prendre que du côté où travailloit Protogéne, & par où ce Prince avoit résolu d'y mettre le feu, il aima mieux renoncer à sa conquête, que de perdre une si belle chose.

Protogéne avoit son Attelier dans un jardin au Fauxbourg de Rhodes, c'est-à-dire, dans le Camp des Ennemis, sans que le bruit des Armes fut capable de le distraire de son travail. Et le Roi l'aïant fait venir, & lui aïant demandé avec quelle assurance il pouvoit ainsi travailler dans les dehors d'une Ville assiégée; il lui répondit, qu'il savoit bien que la Guerre qu'il avoit entreprise étoit contre les Rhodiens, & non pas contre les Arts. Ce qui obligea le Roi de lui donner des Gardes pour sa sûreté, étant ravi de pouvoir conserver cette Main savante qu'il avoit sauvée.

Aulugéle rapporte que les Rhodiens pendant le Siége de leur Ville envoïerent une Ambassade à Démétrius, pour le prier de sauver ce Tableau de Jalisus : ils lui representerent que s'il étoit Victorieux, il pourroit orner son Triomphe de ce rare Ouvrage ; & que s'il étoit contraint de lever le Siége, on pourroit lui reprocher, que ne les aïant pû vaincre, il avoit retourné ses Armes contre Protogéne; ce qu'aïant écouté paisiblement de la bouche des Ambassadeurs, il fit retirer son Armée, & épargna par ce moïen, & le Tableau de Jalisus, & la Ville de Rhodes.

Je ne rapporterai point ici ce Combat mémorable de concurrence entre Apelle & Protogéne, le Lecteur pourra le voir dans la Vie d'Apelle : j'ajoûterai seulement que ce dernier aïant demandé à Protogéne combien il se faisoit païer de ses Tableaux, & Protogéne lui aïant répondu, une somme assez modique, (selon le triste sort de ceux qui sont contraints de travailler pour gagner leur vie) Apelle touché de l'injustice qu'on faisoit à la beauté de ses Ouvrages, lui païa cinquante talens pour un seul

Tableau, il fit même courir le bruit qu'il vouloit le faire passer & le vendre pour son Ouvrage propre. Ce qui ouvrit les yeux aux Rhodiens sur le mérite de Protogéne, & leur fit retirer des mains d'Apelle le Tableau qu'il avoit acheté, mais ce ne fut qu'en augmentant le prix.

Pline dit que ce Peintre travailla aussi de Sculpture. Consultez cet Auteur, si vous en voulez savoir davantage des Ouvrages de Protogéne, desquels il parle, aussi-bien que de plusieurs autres habiles Peintres. Je rapporterai pourtant ici un endroit de Quintilien, où l'on voit les talens particuliers de six fameux Peintres. *Protogéne*, dit-il, *excelloit pour l'exactitude; Pamphile & Mélanthius pour l'ordonnance ; Antiphilus pour la facilité ; Théon Samien pour la fécondité des Idées ; & Apelle pour la Grace & pour les Conceptions ingénieuses.*

Pline dit que les habiles Peintres de ce tems-là ne se servoient que de quatre couleurs capitales, dont ils composoient toutes les autres. Ce n'est point ici le lieu de raisonner là-dessus, non plus que sur la comparaison de la Peinture Antique avec la Moderne. On peut dire seulement que si la Peinture à huile, qui a été mise en usage depuis 250. ans, a un grand avantage sur la Détrempe pour la facilité de peindre, &

pour l'union des Couleurs, les Anciens avoient des Vernis qui donnoient de la force à leurs couleurs brunes ; & que leur blanc étoit plus blanc & plus éclatant que le nôtre. De ſorte qu'aïant par ce moïen plus d'étendue de degrés de Clair-obſcur, ils pouvoient imiter certains objets avec plus de force & de verité, qu'on ne fait par le moïen de l'huile. Le Titien a connu cet avantage, & s'en eſt voulu ſervir dans quelques Tableaux où il a emploïé du blanc à détrempe, mais la diverſité de ces deux façons d'emploïer les couleurs, eſt une ſujettion qui a pû dégoûter le Titien de cette pratique.

Je dirai encore des Peintres & des Sculpteurs de ces tems-là, que reconnoiſſant qu'il n'y avoit point d'Ouvrage ſi accompli où l'on ne pût ajoûter toujours quelque perfection, ils obſerverent, en mettant leur nom, d'exprimer que l'Ouvrage n'étoit pas achevé, quoiqu'ils y euſſent fait tout leur poſſible : Nous en voïons des exemples ſur les Statues Grecques où l'on trouve, par exemple : *Glicon d'Athénes, faiſoit cet Ouvrage ; Praxitéle, faiſoit cet Ouvrage : Athénodore, Lyſipe,* &c. *faiſoit cet Ouvrage*, & non pas, *a fait.*

Bien des gens aujourd'hui ne ſont pas ſi ſcrupuleux, & ſont bien éloignés de croire que ce qui ſort de leurs mains ne ſoit pas dans la derniere perfection.

LIVRE III.

ABREGE' DE LA VIE DES PEINTRES ROMAINS ET FLORENTINS.

CIMABUE'.

LEs beaux Arts s'étant éteints dans l'Italie par l'invasion des Barbares, le Sénat de Florence fit venir des Peintres de la Grece pour rétablir la Peinture dans la Toscane, & Cimabué fut leur premier Disciple. Ce Peintre étoit d'une noble Famille de Florence, & ses Parens qui lui trouverent de la disposition pour les Sciences, l'y firent appliquer. Il s'y exerça quelque tems: mais l'arrivée de ces Peintres Grecs réveilla son inclination, & le détermina entierement du côté de la Peinture. Les progrès considérables qu'il y fit augmenterent son courage, & lui acquirent tant de réputation, que Charles I. Roi de Naples, paſſant par Florence, alla voir Cimabué, & crût être fort regalé par la vûe des Ouvrages de ce Peintre. L'on en voit encore quelques reſtes à Florence. Il peignit, ſelon l'uſage du tems, à fraiſque & à détrempe, la Peinture à l'huile n'étant pas encore trouvée : il ſavoit auſſi l'Architecture. Il mourut en 1300. âgé de 70. ans, & eut pour Diſciple Giotto.

ANDRE' TAFFI

DE Florence, ſe rendit recommandable par une nouvelle ſorte de Peinture. Il quitta Florence pour aller à Veniſe, où l'on avoit appellé quelques Peintres Grecs, comme on avoit fait à Florence. Ils y travailloient en Moſaïque dans l'Egliſe de S. Marc. André fit amitié avec eux, & entr'autres avec un nommé Appollonius, qu'il amena à Florence, où il apprit de lui la méthode & les ſecrets de cette Peinture, qui avoit la grace de la nouveauté, & qui étoit curieuſe à cauſe de ſa durée. Ils firent enſemble pluſieurs Hiſtoires de la Bible dans l'Egliſe de S. Jean, & ces Ouvrages mirent Taffi en réputation. Mais il en fit un qui lui attira beaucoup plus de gloire, & une grande récompenſe du Public : c'étoit un Chriſt de la hauteur de ſept Coudées, qu'il avoit travaillé avec un grand ſoin. Les louanges qu'il en reçût lui furent d'un grand préjudice; car ſe voïant eſtimé de tout le monde, il négligea les ſoins de ſa Profeſſion, pour ne ſonger plus qu'à gagner de l'argent, dont il étoit fort avide. Ses Ouvrages donnerent de l'émulation à Gaddo Gaddi & à Giotto, & furent comme une ſemence qui produiſit pluſieurs Peintres dans la Toſcane. Il mourut âgé de 81. ans, en 1294.

GADDO GADDI

DE Florence, s'adonna auſſi à la Moſaïque, où il s'attira beaucoup d'eſtime dans Rome & dans la Toſcane, parce qu'il deſſinoit mieux que tous les autres Peintres de ſon tems. Après avoir fait de grands Ouvrages en pluſieurs lieux, il ſe retira à Florence, où il en fit de petits comme pour ſe repoſer. Il ſe ſervoit pour cela de coquilles d'œufs, qu'il faiſoit teindre en diverſes couleurs, & qu'il emploïoit avec beaucoup de patience. Il mourut en 1312. âgé de 73. ans.

MARGARITONE'

NAtif d'Arezzo dans la Toſcane, fut Peintre & Sculpteur. Le Pape Urbain IV. lui fit faire quelques Tableaux dans S. Pierre, & Gregoire X. étant mort dans la Ville d'Arezzo, les Habitans l'emploïerent à travailler de Sculpture le Tombeau de ce Pape. Cette occaſion ſervit à Margaritoné pour faire voir dans un même lieu des marques de ſa capacité en l'une & en l'autre Profeſſion : car il enrichit de pluſieurs Tableaux la Chapelle où étoit la Statue de marbre qu'il avoit faite. Il mourut âgé de 77. ans.

GIOTTO

NE' dans un Bourg auprès de Florence, contribua beaucoup au progrès de la Peinture. Sa Mémoire s'eſt conſervée, non-ſeulement par ce grand Tableau de Moſaïque qui eſt ſur la Porte de l'Egliſe de Saint Pierre de Rome, que Benoît IX. lui fit faire, & par les louanges que lui ont donné les Poëtes de ſon tems : mais encore par la Statue de marbre que les Florentins lui éleverent ſur ſon Tombeau. Le Proverbe Italien, *Tu ſei piu rondo ché l'O di Giotto*, dont on ſe ſert pour exprimer un Eſprit groſſier, eſt fondé ſur ce que le Pape Benoît IX. voulant juger de la capacité des Peintres de Florence, qui étoient alors en grande réputation, envoïa quelqu'un ſur le lieu pour rapporter un Deſſein de chacun d'eux; cette perſonne s'étant adreſſée à Giotto, celui-ci fit ſur du papier un Cercle parfait à la pointe du pinceau, & d'un ſeul trait de main: *Tenez*, lui dit-il, *portez cela au Pape, & lui dites que vous l'avez vû faire. C'eſt un Deſſein que je vous demande*, répondit l'autre. *Allez ſeulement*, repliqua Giotto: *Je vous dis que Sa Sainteté ne demande pas autre choſe*. C'eſt ſur cela que le Pape lui donna la préference, & le fit venir à Rome, où il peignit entr'autres choſes le Tableau de Moſaïque dont on vient de parler. Il répreſente la Barque de Saint Pierre, agitée par la tempête: & il eſt connu de tous les Peintres ſous le nom de *la Nave del Giotto*. Cette hiſtoire du Cercle de Giotto fait voir qu'en ces tems-là la hardieſſe de la main avoit la meilleure part à l'eſtime qu'on faiſoit des Tableaux & des Peintres, & que les veritables Principes du Coloris n'étoient que peu ou point connus. Giotto a travaillé en beaucoup d'endroits: à Florence, à Piſe, à Rome, à Avignon, à Naples, & en d'autres lieux d'Italie. Il mourut en 1336. âgé de 60. ans, & eut plusieurs Disciples comme on le verra dans la suite.

BONAMICO BUFALMACO

De Florence, étoit ingénieux dans ses Compositions, & enjoué dans sa conversation.

Comme il peignoit dans un Couvent de Filles la Vie de Jesus-Christ, il y entra un jour assez mal proprement vêtu, & les Religieuses lui aïant demandé pourquoi le Maître lui-même ne venoit pas travailler, il répondit qu'il viendroit bientôt. Il forma cependant une Figure qu'il composa de deux chaises & d'un pot qu'il mit au-dessus, les couvrit d'un manteau & d'un chapeau, & tourna cette Figure du côté de l'Ouvrage. Les Religieuses étant retournées peu de tems après, & étonnées de voir ce nouvel Ouvrier, il leur dit que c'étoit-là le Maître. La plaisanterie reconnue les divertit, & leur apprit en même-tems que l'habit ne faisoit pas l'habile homme.

Peignant une autre fois pour l'Evêque d'Arezzo, il trouvoit souvent en retournant au travail ses Pinceaux en desordre;

& ſon Ouvrage tout barbouillé, il s'en mit fort en colere : & comme tous les domeſtiques s'en diſculperent, il voulut épier celui qui lui faiſoit la piece. Aïant donc un jour quitté l'Ouvrage de bonne heure, il ne fut pas plûtôt retiré à quartier qu'il vit un Singe prendre les Pinceaux à ſon tour, dont il alloit gâter ce qui venoit d'être fait, ſi Bufalmaco ne l'en eût empêché.

Un de ſes Amis nommé Bruno, le conſultant ſur le moïen de donner plus d'expreſſion à ſon Sujet, Bufalmaco lui dit qu'il n'y avoit qu'à faire ſortir les paroles de la bouche de ſes Figures par des rouleaux où elles ſeroient écrites. Bruno crût de bonne foi cet avis, qui ne lui avoit été donné qu'en plaiſantant, & s'en ſervit dans la ſuite, comme ont depuis fait très-ridiculement pluſieurs Peintres, qui, pour enrichir ſur Bruno, ajoûterent des réponſes à des demandes, faiſant faire ainſi à leurs Figures une eſpece de converſation. Bufalmaco mourut en 1340.

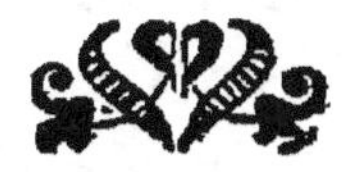

STEPHANO DE FLORENCE ET PIETRO LAURATI de Sienne,

DIſciples de Giotto, ont été les premiers qui ont pris garde à faire paroître le nud ſous les Draperies, & à obſerver plus régulierement la Perſpective. Stephano a travaillé à Florence, à Piſe & à Aſſiſe, & Laurati à Sienne & à Arezzo. Stephano mourut en 1350. âgé de 49. ans.

AMBROGIO LORENZETTI de Sienne, ET PIETRO CAVALLINI

DE Rome, étoient Diſciples de Giotto. Lorenzetti joignit à la Peinture l'étude des belles Lettres & de la Philoſophie, & fut le premier qui peignit les Pluies, les Tempêtes, & l'effet des Vents. Il mourut âgé de 83. ans. Cavallini, qui étoit Peintre & Sculpteur, a fait entr'autres Ouvrages le Crucifix qui eſt dans l'Egliſe de S. Paul de Rome : & qui, dit-on, a parlé à Sainte

Brigitte. Ce Peintre étoit regardé comme un Saint, à cause de son humilité & de sa pieté. Il est enterré dans la même Eglise de Saint Paul, aïant vécu 85. ans.

SIMON MEMMI

DE Sienne, augmenta considérablement les progrès du Dessein. Il avoit beaucoup de Génie, & faisoit bien les Portraits: & comme il étoit grand Ami de Pétrarque, il peignit celui de la belle Laure. Il mourut en 1345. âgé de 60. ans. Il eut un Frere nommé Lippo, qui mourut en 1357.

TADEO DI GADDO GADDI, ET ANGELO GADDI son Fils,

ONt tous deux peint dans la maniere du Giotto, dont ils avoient été Disciples. Angélo s'est fort attaché à exprimer les passions de l'ame, & il étoit ingénieux dans ses Inventions. Il étoit bon Architecte, & c'est lui qui a bâti la Tour de *Sancta Maria del Fiore*, & le Pont qui est sur l'Arno à Florence. Il mourut en 1350. âgé de 50. ans.

THOMAS GIOTTINO

FIls & Disciple de Stephano, dont on a parlé ci-dessus ; & parce qu'il avoit aussi été Disciple de Giotto, il fut appellé Giottino. Il fut plus habile que ses Maîtres; mais la trop grande vivacité de son Esprit, qui rendit son corps délicat, ne lui permit pas de poursuivre le vol qu'il avoit pris. Il a travaillé beaucoup à Florence, & mourut d'épuisement & de langueur en 1356. âgé de 32. ans.

ANDRE' ORGAGNA

DE Florence, avoit dans sa jeunesse appris la Sculpture, & il étoit outre cela Poëte & Architecte : Son Génie étoit fertile, & sa maniere étoit à peu près comme celle des autres Peintres de son tems. La plûpart de ses Ouvrages sont à Pise ; & dans le Jugement Universel qu'il a peint, il a representé ses Amis dans la gloire du Paradis, & ses Ennemis dans les supplices de l'Enfer. Il mourut en 1389. âgé de 60. ans.

LIPPO

DE Florence, s'eſt mis fort tard à la Peinture, & n'a pas laiſſé par la bonté de ſon Eſprit de ſe faire habile homme. Il a été le premier qui a fait voir de l'intelligence dans le Coloris. Il avoit un Procès, dans lequel il s'étoit fort opiniâtré, & aïant un jour maltraité de paroles ſa Partie, elle l'attendit le ſoir au coin d'une rue, & lui donna un coup d'épée au travers du corps, dont il mourut environ l'an 1415.

LEON-BAPTISTE ALBERT

D'Une Famille noble de Florence, avoit l'eſprit d'une grande étendue, & l'avoit cultivé par la connoiſſance des belles Lettres & des Mathematiques. Il étoit fort inſtruit des beaux Arts, de la Peinture, de la Sculpture, & de l'Architecture : il a écrit en Latin de tous les trois avec beaucoup de ſuffiſance. Ses grandes ſpéculations ne lui ont pas permis de rien laiſſer de fort conſiderable de ſa Peinture. Mais comme il étoit fort aimé du Pape Nicolas V. il s'emploïa beaucoup dans ſes Bâtimens, dont quelques-uns ſe voient encore avec admiration. Il a auſſi écrit de l'Arithmetique ; & fait quelques Ouvrages qui regardent la Vie Civile.

PIETRO DELLA FRANCESCA

DE l'Etat de Florence, ſe plaiſoit à repréſenter des Sujets de nuit & des Combats. Le Pape Nicolas V. l'emploïa à peindre dans le Vatican : il y avoit fait entr'autres deux Tableaux, qui furent mis à bas par le commandement de Jules II. pour y en ſubſtituer deux autres, que Raphaël fit du miracle du Saint Sacrement arrivé à Bolſéne, & de S. Pierre dans ſa Priſon. Il a fait beaucoup de Portraits, & a écrit de l'Arithmetique & de la Géometrie. Il eut pour Diſciples LAURENTINO D'ANGELLO d'Arezzo, & LUCAS SIGNORELLI.

Sous le Pontificat du même Pape Nicolas V. travailloient à Rome & dans pluſieurs autres Villes d'Italie divers Peintres, qui étoient alors en réputation : comme GIOVANNI D'A PONTE, AGNOLO GADDI, BERNA DE SIENNE, DUCIO, JACOB CASSENTINO, SPINELLO, ANTONIO VENETIANO, GERARDO STARNINA qui alla travailler en Eſpagne, LORENZO Religieux de CMALDOLI, TADEO BARTOLO, LORENZO BICCI, PAOLO, ſurnommé

UCCELLO, parce qu'il faiſoit bien des Oiſeaux ; MASACCIO, qui ſe diſtingua des autres par le bon Goût qu'il fit paroître dans ſes Tableaux : & quoiqu'il ſoit mort à vingt-deux ans, les Ouvrages qu'il fit ne laiſſerent pas d'ouvrir les yeux aux habiles gens qui ſont venus après lui. Il mourut en 1443. LAURENTINO D'ANGELLO, Diſciple de PIETRO DELLA FRANCESÇA, & pluſieurs autres, parmi leſquels Jean Angelic merite d'être diſtingué.

JEAN ANGELIC

DE Fiéſole, Religieux de Saint Dominique, ſe rendit conſiderable par ſa Peinture : mais encore plus par ſa fervente pieté, & par une humilité ſi profonde, qu'il refuſa l'Archevêché de Florence que Nicolas V. lui offrit. Ce Pape l'emploïa pour les Peintures de ſa Chapelle, & lui fit faire quelques Ouvrages de Miniature dans des Livres d'Egliſe. Dans ſes meilleurs Tableaux il laiſſoit quelquefois des fautes groſſieres, pour moderer les louanges qu'il en auroit pû eſperer. Il obſervoit de ne ſe mettre jamais à l'Ouvrage qu'il n'eût ſatisfait à ſon Office. Il a beaucoup travaillé à Rome & à Florence, & les ſujets de ſes Tableaux étoient toujours Théologiques. Quand il lui arrivoit de peindre un Crucifix, ce n'étoit jamais ſans répandre des larmes. Son habileté & ſa douceur lui firent beaucoup de Diſciples. Il mourut en 1455. âgé de 68. ans, & fut enterré à Sainte Marie de la Minerve, où l'on voit en marbre ſa Sépulture & ſon Portrait.

PHILIPPE LIPPI

DE Florence, fit un uſage de l'Etat Monaſtique bien different de celui de Jean Angelic, dont nous venons de parler: car après avoir été élevé dans un Couvent de Carmes dès l'âge de huit ans, & après avoir pris l'Habit à ſeize, il arriva que *Maſaccio*, peignant une Chapelle dans le même Couvent, & Lippi l'aïant vû travailler pluſieurs fois, celui-ci conçût une grande paſſion pour la Peinture; il ſe mit à deſſiner avec attache: la grande facilité qu'il y trouva, réveilla le talent qu'il avoit pour cet Art, & l'empêcha de vaquer aux Exercices de ſon Couvent & à l'Etude. Les louanges de *Maſaccio*, qui étoit ſurpris des progrés du Novice, fortifierent tellement la tentation qu'il avoit de quitter ſon Habit, que n'y pouvant plus réſiſter, il ſortit de ſon

Monastere. Il s'en alla dans la Marche d'Ancone, où aïant trouvé quelques Amis, avec lesquels il se mit sur un Vaisseau pour une partie de divertissement, il fut pris par des Corsaires qui le menerent en Barbarie. Il y souffrit extrêmement pendant dix-huit mois, jusqu'à ce que s'amusant à dessiner un jour sur une muraille avec du charbon le Portrait de son Patron, dont il avoit l'Idée pleine, il s'attira de l'admiration par la ressemblance qu'on y trouva. Cela amolit le cœur du Patron, qui après lui avoir fait faire quelques Portraits, le mit en liberté. De là Lippi passa à Naples, où le Roi Alphonse l'emploïa : mais l'amour de la Patrie le fit retourner à Florence. Il y travailla pour le Duc Côme de Médicis, duquel il gagna l'affection, & lui fit quantité d'Ouvrages. Comme l'amour des femmes le détournoit de son travail & lui faisoit perdre trop de tems, ce Duc, qui étoit impatient de voir finir un Tableau qu'il lui avoit ordonné, le fit enfermer dans une chambre pour le contraindre à travailler, & lui fit donner abondamment tout ce qui lui étoit nécessaire. Lippi au bout de deux jours coupa ses draps par bandes, descendit par sa fenêtre, & se mit en liberté.

Un Citoïen de Florence, lui fit faire ensuite un Tableau de Vierge pour un Monaſtere où il avoit une très-belle Fille penſionnaire. Ce Pere & les Religieuſes du Couvent voulurent bien lui permettre de ſe ſervir de cette Penſionnaire pour modelle. Comme il la peignoit, ſe trouvant ſeul avec elle, il la corrompit par ſes diſcours, & l'Ouvrage étant fini, il enleva cette Fille, qui y conſentit. Il en eut un Fils appellé Philippe, qui fut auſſi Peintre.

A quelque tems de là, faiſant un Ouvrage dans une Egliſe de Spoléte, il devint amoureux d'une femme, & s'étant opiniâtré à la pourſuivre contre les avis qu'on lui donnoit, les parens de cette femme l'empoiſonnerent l'année 1488. en la cinquante-ſeptiéme de ſon âge. Le Grand Duc lui fit faire une Sépulture de marbre, & *Angelus Politianus* fit ſon Epitaphe en vers Latins.

Tous les Peintres précedens n'ont point eu le ſecret de peindre à l'huile, ils peignoient à freſque ou à détrempe, & pour cette derniere ſorte de Peinture ils détrempoient leurs Couleurs, tantôt avec des œufs, & tantôt avec de l'eau mêlée de gomme, ou de colle fondue.

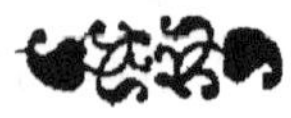

ANTOINE DE MESSINE

AINSI appellé, parce qu'il étoit de Messine, a été le premier des Italiens qui a peint à huile. Quelqu'affaire l'ayant appellé à Naples, il y vit un Tableau que le Roi Alfonse avoit reçû depuis peu de Flandres : il fut surpris de la vivacité, de la force & de la douceur des Couleurs de ce Tableau, & voyant d'ailleurs qu'elles pouvoient se nettoyer avec de l'eau sans être effacées, il quitta toutes ses affaires pour aller à Bruges trouver Jean Van-Eik, qu'on lui avoit dit être l'Auteur de cet Ouvrage. Il lui fit présent de quantité de Desseins Italiens, & gagna tellement son esprit par ses manieres complaisantes, qu'il tira de lui le Secret de peindre à huile. Antoine s'en sentit si obligé, qu'il voulut toujours demeurer à Bruges pendant la vie de Jean Van-Eik. Mais après la mort de ce Peintre il retourna dans sa Patrie, & s'alla ensuite établir à Venise, où il mourut, & où l'on voit une Epitaphe qui contient son Eloge.

Il eut entr'autres Disciples un certain DOMINIQUE, auquel par reconnoissance de son attachement il fit part de son Secret. Ce Dominique fut appellé à Florence pour quelques Ouvrages : il y trouva ANDRÉ DEL

CASTAGNO, qui de Païſan s'étant fait Peintre, & qui ayant vû l'eſtime où étoit cette nouvelle façon de peindre, employa toutes les ſoupleſſes & toutes les complaiſances artificieuſes dont il étoit capable pour avoir l'amitié de Dominique, & tirer par là cette nouvelle invention. Il en vint à bout, Dominique l'aima, voulut demeurer avec lui, lui découvrit tout ce qu'il ſavoit, & lui fit part de ſes Emplois. Mais l'avidité du gain ne laiſſa pas André long-tems en repos, il ſe mit dans l'eſprit, que s'il étoit ſeul, tout le profit de Dominique lui reviendroit, & ſans ſonger qu'il n'avoit pas d'ailleurs la même capacité, il prit la réſolution de ſe défaire de ſon Bienfaiteur. Il alla pour cet effet l'attendre un ſoir au coin d'une rue, & l'ayant aſſaſſiné, il retourna promptement dans ſa chambre, & s'y occupa de quelque Ouvrage, comme s'il n'en étoit pas ſorti. Il avoit fait le coup ſi ſecrétement, que Dominique n'ayant point reconnu ſon meurtrier, ſe fit porter chez ce cruel Ami pour en recevoir du ſecours, & mourut entre ſes bras. Cet aſſaſſinat auroit été enſeveli avec André, ſi lui-même ne l'avoit déclaré au lit de la mort. Ce fut cet André, qui pour avoir peint à Florence contre le Palais du Podeſta par ordre de la République l'exécution des Conjurés, qui avoient conſpiré contre les Médicis, fut appellé dans la ſuite *Andrea de gl'impicatti*.

Dans ce même tems travailloient dans l'Italie VITTORÉ PISANO, qui étoit bon Ouvrier pour les Coins de Médailles. GENTILLÉ D'A FABRIANO, que le Pape Martin V. employa à Saint Jean de Latran, & qui mourut à 80. ans.

LAURENZO COSTA, qui peignit à Bologne & à Ferrare, & qui eut pour Diſciples le Doſſe & Hercule de Ferrare.

CÔME ROSSELLI, qui peignit dans le Vatican pour Sixte IV. & qui mourut âgé de 68. ans, en 1484.

DOMINIQUE GHIRLANDAI

FLORENTIN, fut premierement Orfévre, & s'occupant plus à deſſiner qu'aux Ouvrages ordinaires de cette Profeſſion, il s'abandonna au penchant qu'il avoit pour la Peinture. Il y fut habile : mais ſa principale réputation ne vient pas tant de ſes Ouvrages, que d'avoir été Maître du Grand Michelange : il mourut en 1493. âgé de 44. ans. Il eut trois Fils, qui furent tous trois Peintres, David, Benoît, & Rodolphe.

ANDRÉ VERROCHIO

FLORENTIN, ſavoit en même tems l'Orféverie, la Géométrie, la Perſpective, la Gravûre, la Muſique, la Peinture, & la Sculpture. Ses Tableaux à la vérité étoient peints durement, & ſes Couleurs aſſez mal entendues, mais il étoit ſavant dans le Deſſein, & gracieux dans ſes airs de Têtes, principalement des femmes. Il en avoit beaucoup deſſiné à la plume, qu'il manioit très-bien. Il trouva le moyen de mouler avec du plâtre les viſages des perſonnes mortes & vivantes, pour en faire les Portraits; en ſorte que de ſon tems cela fut fort en uſage. Il ne ſe contentoit pas de la vraiſemblance des choſes, il vouloit les approfondir, & faiſoit ſouvent pour cela des expériences de Mathématiques. Comme il faiſoit fort bien les Chevaux, & qu'il ſavoit l'Art de fondre & de couler les métaux, les Vénitiens voulurent ſe ſervir de lui pour ériger une Statue Equeſtre de bronze à Barthelemi de Bergame, à qui ils devoient les bons ſuccès de leurs armes. Il en fit le modéle de cire en grand; mais un autre lui aïant été préferé pour fondre l'Ouvrage, il en conçût tant de dépit, qu'il caſſa la tête &

les jambes à son modéle, & s'enfuit. Le Sénat de Venise le fit poursuivre inutilement; & le bruit s'étant répandu, que si on l'attrapoit, il lui en coûteroit la tête, il fit réponse à cette menace, que si on lui coupoit la tête, il seroit impossible de lui en faire une autre, au lieu qu'il pouvoit facilement faire au modele de son Cheval une nouvelle tête, plus belle encore que la premiere. Cette réponse fit sa paix, mais il n'eut pas le plaisir de mettre le Cheval en place: car s'étant échauffé à le fondre, il en gagna une pleuresie dont il mourut en 1488. âgé de cinquante-six ans. Leonard de Vinci & Piétre Pérugin ont été ses Disciples.

PHILIPPE LIPPI
le Fils,

FLORENTIN, étoit Fils de ce Philippe Lippi dont nous avons parlé, & Disciple de *Sandro Boticello.* Il avoit beaucoup de vivacité & de Génie, & renouvella dans les ornemens de Clair-obscur, qu'il faisoit la maniére antique, telle qu'on la voit dans les frises d'Architecture & ailleurs. Il peignit à Rome plusieurs choses, & entr'autres une Chapelle pour le Cardinal Caraffe dans l'Eglise de la Minerve. Il fit aussi quelques Tableaux pour Matthias Corvinus Roi de Hongrie. Ce Lippi étoit de fort bonnes mœurs, & sa vie étoit un grand reproche pour celle de son Pere. Il mourut en 1505. âgé de 45. ans.

BERNARDIN PINTURRICHIO

VOulut se distinguer par une nouvelle façon de peindre : car, outre les couleurs vives qu'il employoit, il faisoit de relief l'Architecture & les ornemens qui se trouvoient dans la composition de ses Tableaux ; ce qui est une chose contraire à l'Art de peinture, qui suppose une superficie plate. Aussi personne ne l'a-t-il suivi en cela. On montre à Sienne dans la Bibliotheque du Dome, comme une belle chose, la Vie du Pape Pie II. qu'il a peinte. Raphaël sortant de chez Piétre Pérugin l'aida dans cet Ouvrage. Pinturrichio a peint au Vatican plusieurs choses pour Innocent VIII. & pour Alexandre VI. La cause de sa mort est assez curieuse à savoir. Etant à Sienne, les Religieux de S. François qui vouloient avoir un Tableau de sa main, lui donnerent une chambre pour travailler plus commodément, & afin que le lieu ne fût embarassé d'aucune chose inutile à son Art, ils en ôterent tous les meubles, à la réserve d'une vieille Armoire qui leur sembla trop difficile à transporter. Pinturrichio, dont le naturel étoit vif & impatient, voulut qu'on l'ôtât à l'heure même : mais en la transportant, il s'en rompit une piece, dans laquelle il y avoit cinq cens Ducats d'or cachés. Cela surprit tellement Pinturrichio, & lui donna un déplaisir si sensible de n'avoir pû profiter de ce trésor, qu'il en mourut peu de tems après en l'année 1513. & la cinquante-neuviéme de son âge.

SANDRO BOTICELLO

FLORENTIN, fut Disciple de *Philippe Lippi* qui avoit été Carme, & grand Compétiteur de *Dominico Ghirlandai.* Il avoit des Lettres, & fit un Commentaire sur le Danté, qu'il accompagna de Figures. Cet Ouvrage lui consuma beaucoup de tems, & il mourut sans avoir la satisfaction de le voir imprimer. Ce fut l'année 1515. la soixante-dix-huitiéme de son âge.

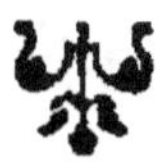

ANDRE' MANTEIGNE

NE' dans un Village auprès de Padoue, gardoit les moutons dans sa jeunesse; & comme on s'apperçût, qu'au lieu d'en avoir soin, il s'amusoit à les dessiner; on le mit chez un Peintre nommé Jacques Squarcioné, qui le trouva dans la suite si aimable, qu'il l'adopta pour son fils & l'institua son heritier. Le progrès qu'il fit en peu de tems dans la Peinture lui attira une grande réputation & beaucoup d'Ouvrage, il n'avoit que dix-sept ans, qu'on lui fit faire le Tableau d'Autel de Sainte Sophie de Padoue, & les quatre Evangelistes. Jacques Bellin fut tellement émerveillé de cette Peinture, qu'il donna à Manteigne sa Fille en mariage. Squarcioné, qui avoit toujours vêcu en jalousie avec Bellin, piqué d'ailleurs que ce Fils adoptif eût fait cette Alliance sans le consulter, bien loin de continuer ses louanges & sa protection aux Ouvrages de Manteigne, les décrioit à cause de leur secheresse & de la trop grande attache que ce Disciple avoit aux Statues Antiques; au lieu, disoit-il, de se servir du Naturel. Ce reproche fit du bien à Manteigne, qui se corrigea, & qui néanmoins ne quitta jamais l'inclination louable qu'il avoit pour les Antiques: disant, que c'étoit à ces belles choses qu'il devoit son avancement, & qu'elles l'avoient tiré tout d'un coup de la pauvreté du Naturel. Il est vrai qu'au lieu d'ajoûter au Goût de l'Antique la vérité & la tendresse du Naturel, il s'est contenté de mêler quelques Portraits parmi ses Figures. Il travailla pour le Duc de Mantoue, & fit ce beau triomphe de Jules Cesar, qui a été gravé de Clair-obscur en neuf feuilles, & qui par sa beauté est aussi le Triomphe de Manteigne. Le Pape Innocent VIII. l'ayant appellé pour lui donner de l'Ouvrage, ce Duc ne voulut point le laisser aller sans le faire Chevalier de son Ordre. Manteigne grava lui-même sur des Planches d'Etain plusieurs choses d'après ses Desseins, & les Italiens le font Inventeur de la Gravûre au Burin pour les Estampes. Il mourut à Mantoue en 1517. âgé de soixante-six ans.

FRANCESCO FRANCIA

DE Boulogne, étoit né avec tant de belles qualités d'esprit & de corps, qu'il s'attira l'estime & l'amitié des grands Seigneurs. Il fut d'abord Orfévre, puis il s'adonna à graver des Coins de Médailles, où il excella. Mais son Génie se sentant trop à l'étroit dans cet Exercice, il se tourna du côté de la Peinture, où son inclination le portoit. La facilité qu'il y trouva lui donna tant de courage & tant d'application à l'étude, qu'il devint dans cet Art un des plus habiles de son tems. Il fit plusieurs Ouvrages pour divers lieux d'Italie, principalement pour le Duc d'Urbin. La grande réputation de Raphaël lui donna de violens desirs de voir de ses Ouvrages: mais comme il ne pouvoit pas faire commodément le voyage de Rome à cause de son grand âge, il se contenta de s'en expliquer par Lettres à ses amis, qui le dirent à Raphaël ; cela fit naître un commerce d'honnêteté entre ces deux Peintres : car Raphaël avoit oüi parler du mérite & de l'habileté de Francia. Raphaël peignoit alors ce Tableau si renommé de Sainte Cecile pour une Eglise de Bologne ; lorsqu'il fut achevé, il l'adressa à Francia, & le pria de le placer, & de vouloir bien auparavant corriger les fautes qu'il y trouveroit. Francia à l'ouverture de sa Lettre fut transporté de joie, il tira le Tableau de sa caisse, il l'admira, il en fut vivement touché, mais en même tems il eut le cœur si abattu de voir cet Ouvrage fort au-dessus des siens, qu'il tomba dans une mélancolie & dans une langueur, dont il mourut quel-

tems après. Ce fut en l'année 1518. la soixante-huitiéme de son âge.

LUCA SIGNORELLI

DE Cortone, étoit Disciple de *Piétro della Francesca*, & peignoit tellement en sa maniére, que leurs Ouvrages ont presque toujours été confondus. Ce Luca étoit un habile Dessinateur, & Michelange l'estimoit tant, qu'il n'a pas fait difficulté de se servir dans son Jugement de quelque chose de celui que Luca avoit peint à Orviette avec beaucoup d'imagination & de capacité. Il a peint aussi à Lorette, à Cortone & à Rome.

Son Fils, qui étoit un jeune homme bienfait, & dont il esperoit beaucoup, fut malheureusement tué à Cortone. La nouvelle qu'on lui en apporta l'affligea sensiblement: mais s'armant de constance, il le fit porter dans son Attelier, & sans verser des larmes, il le peignit pour en conserver la mémoire, ne trouvant point de consolation que dans son Art, qui lui rendoit ce que la mort lui avoit ravi. Il alla ensuite à Rome, où le Pape Sixte IV. l'avoit appellé, & après y avoir peint plusieurs Sujets de la Genése, il revint en sa Patrie. Comme il avoit beaucoup de bien, il ne travailla plus que pour son plaisir. Il mourut en 1521. âgé de quatre-vingt-deux ans.

PIETRO COSIMO

AInsi appellé de *Cosimo Rosselli*, dont il étoit éleve, & aux Ouvrages duquel il a longtems travaillé, principalement au Vatican pour Sixte IV. où l'on remarque que la Peinture de l'Ecolier étoit au-dessus de celle du Maître. Sa capacité lui attira beaucoup de Disciples, & entr'autres André del Sarte & François de Sangalle. Il aimoit la solitude, & vivoit d'une maniére assez extraordinaire. L'attache qu'il avoit à son Art lui faisant oublier le boire & le manger. Il craignoit si fort le Tonnere, que longtems après qu'il étoit passé, on le trouvoit en quelque coin envelopé de son manteau. Rien ne lui donnoit plus d'inquiétude que le cri des petits enfans, la toux fréquente des enrumés, le bruit des cloches & le chant des Moines: la pluie étoit au contraire un de ses plus grands plaisirs. Il est mort dans un délire que la paralysie lui avoit causé. Ce fut l'année 1521. la 80e. de son âge.

LEONARD DE VINCI

EToit d'une noble famille de la Toſcane, dont il ne dégenera point; car il étoit de bonnes mœurs, & bien fait de Corps & d'Eſprit. Il eut pour tous les Arts tant de talens, qu'il les ſavoit à fond, & les mettoit en pratique avec exactitude. Cette grande varieté de connoiſſance, au lieu d'affoiblir celle qu'il avoit de la Peinture, la fortifia à tel point, qu'il n'y a point eu de Peintre avant lui qui ait approché de ſa capacité, & qu'il n'en viendra point dont il ne ſoit regardé comme une ſource où il y a beaucoup de choſes à puiſer. Il étoit Diſciple avec *Piétre Pérugin* d'*André Verrochio*, lequel a pû lui donner occaſion de réveiller ſes talens; car le Maître & le Diſciple étoient nés tous deux avec le même Génie, excepté que celui de Leonard étoit plus étendu. Il a peint à Florence, à Rome & à Milan; & beaucoup de ſes Tableaux ſe ſont répandus par toute l'Europe. Il fit entr'autres dans le Réfectoire des Dominicains de Milan, une Céne de Notre-Seigneur d'une beauté exquiſe. Il n'en acheva pas le Chriſt, parce qu'il cherchoit un modéle propre au caractére qu'il imaginoit lorſque les Guerres l'obligérent de quitter Milan. Il en avoit fait autant de Judas: mais le Prieur du Couvent, dans l'impatience de voir finir cet Ouvrage, pressa si fort Leonard, que ce Peintre peignit la Tête de ce Religieux importun à la place de celle de Judas. Il étoit occupé sans cesse de Réflexions sur son Art, & il n'y a point de soins & d'étude qu'il n'ait mis en usage pour arriver au dégré de perfection, auquel il l'a possedé. Il étoit fort attaché à l'expression des passions de l'ame, comme une chose qu'il croïoit des plus nécessaires à sa Profession, & surtout pour s'attirer l'approbation des gens d'Esprit. Le Duc de Milan lui donna la direction d'une Académie de Peinture que ce Prince avoit établie dans la Capitale de son Etat. C'est-là qu'il écrivit le Livre de Peinture, que l'on a imprimé à Paris en 1651. & dont le Poussin a fait les Figures. Il écrivit aussi beaucoup d'autres choses, qui ont été perdues lorsque Milan fut pris par François Premier. Leonard se retira à Florence, où il peignit la grande Sale du Conseil, & où il trouva la réputation de Michelange fort établie, ce qui forma une vive émulation entr'eux: Leonard étant allé à Rome à l'Election de Leon X. Michelange s'y trouva aussi, & leur jalousie s'y étant augmentée à l'excès, Leonard passa en France. Il y fut bien reçû. Il y soûtint par sa présence & par ses Ouvrages la réputation qu'il s'étoit établie ; & le Roi François Premier lui donna toutes les marques possibles d'estime & d'amitié. Ce Prince eut une bonté pour lui si distinguée, que l'étant allé visiter dans sa maladie, Leonard se leva sur son séant pour remercier Sa Majesté, & le Roi l'embrassant pour le faire remetrre dans son lit, ce Peintre expira entre ses bras en 1520. âgé de soivante-quinze ans.

REFLEXIONS

Sur les Ouvrages de Leonard de Vinci.

LEs Tableaux de Leonard de Vinci que l'on voit dans les Cabinets des Princes & des Particuliers ne contiennent que peu de Figures, & j'avoue que je n'ai pas vû assez clair dans ce qui nous reste des grandes Compositions de ce Peintre, pour juger de l'étendue de son Génie. Mais ce que les Historiens ont écrit de ses Ouvrages, qui sont aujourd'hui presque entiérement ruinés, nous doit persuader qu'il avoit une veine abondante, que ses mouvemens étoient vifs, son Esprit solide, & orné de beaucoup de connoissances, & qu'ainsi ses Inventions devoient être d'une grande beauté. L'on en peut même juger ainsi par les Desseins qui sont de sa main, & que l'on voit entre les mains des Curieux. Enfin ce qui nous reste de ses Productions suffit pour nous persuader que c'étoit un grand Peintre.

Son Dessein est d'une grande correction & d'un grand Goût, quoiqu'il paroisse avoir été formé sur le Naturel plûtôt que sur l'Antique. Mais sur le Naturel de la même maniére que les anciens Sculpteurs l'en ont tiré; c'est-à-dire par de savantes recherches, & en attribuant à la Nature, & non pas tant ses Productions ordinaires, que les Perfections dont elle est capable.

Les Expressions de Leonard de Vinci sont très-vives & très-spirituelles. J'ai un Dessein de sa main de cette fameuse Céne qu'il a peinte à Milan, & dont on ne voit presque plus aucun vestige. Ce Dessein seul est une preuve suffisante, pour montrer combien il pénétroit dans le cœur humain, & avec quelle vivacité, quelle varieté & quelle justesse il en savoit représenter tous les mouvemens. Mais plûtôt que d'en parler sur mon jugement, il est plus à propos de rapporter ici celui de Rubens sur le mérite d'un si grand Homme.

C'est ainsi qu'il en parle dans un Manuscrit Latin, dont l'Original est entre mes mains, & que j'ai fidélement traduit de cette sorte.

LEONARD DE VINCI *commençoit par examiner toutes choses selon les regles d'une exacte Théorie, & en faisoit ensuite l'application sur le Naturel dont il vouloit se servir. Il observoit les bienseances, & fuyoit toute affectation. Il savoit donner à chaque objet le caractere le plus vif, le plus specificatif & le plus convenable qu'il est possible, & poussoit celui de la majesté jusqu'à la rendre divine. L'ordre & la mesure qu'il gardoit dans les Expressions étoit de remuer l'imagination, & de l'élever par des parties essentielles, plûtôt que de la remplir par les minuties, & tâchoit de n'être en cela, ni prodigue, ni avare. Il avoit un si grand soin d'éviter la confusion des objets, qu'il aimoit mieux laisser quelque chose à souhaiter dans son Ouvrage, que de rassasier les yeux par une scrupuleuse exactitude: mais en quoi il excelloit le plus, c'étoit comme nous avons dit, à donner aux choses un caractere qui leur fût propre, & qui les distinguât l'une de l'autre.*

Il commença par consulter plusieurs sortes de Livres. Il en avoit tiré une infinité de lieux communs, dont il avoit fait un Recueil, il ne laissoit rien échapper de ce qui pouvoit convenir à l'expression de son sujet & par le feu de son imagination, aussi-bien que par la soliditt de son Jugement, il élevoit les choses divine par les humaines, & savoit donner aux homme les dégrés differens qui les portoient jusqu'a caractere de Héros.

Le premier des exemples qu'il nous a laissés, est le Tableau qu'il a peint à Milan de la Cène de Notre-Seigneur, dans laquelle il a représenté les Apôtres dans les places qui leur conviennent, & Notre-Seigneur dans la plus honorable au milieu de tous, n'ayant personne qui le presse, ni qui soit trop près de ses côtés. Son Attitude est grave, & ses bras sont dans une situation libre & dégagée, pour marquer plus de grandeur, pendant que les Apôtres paroissent agités de côté & d'autre par la véhémence de leur inquiétude, dans laquelle néanmoins il ne paroît aucune bassesse, ni aucune action contre la bienséance. Enfin par un effet de ses profondes spéculations, il est arrivé à un tel dégré de perfection, qu'il me paroît comme impossible d'en parler assez dignement, & encore plus de l'imiter.

Rubens s'étend ensuite sur le dégré auquel Leonard de Vinci possedoit l'Anatomie. Il rapporte en détail toutes les Etudes & tous les Desseins que Leonard avoit faits, & que Rubens avoit vûs parmi les curiosités d'un nommé Pompée Leoni, qui étoit d'Arezzo. Il continue par l'Anatomie des Chevaux, & par les Observations que Leonard avoit faites sur la Physionomie, dont Rubens avoit vû pareillement les Desseins ; & il finit par la méthode dont ce Peintre mesuroit le corps humain.

S'il m'est permis d'ajoûter quelque chose aux paroles de Rubens, je dirai qu'il n'a pas parlé du Coloris de Leonard de Vinci ; parce que n'aïant fait ses remarques que des choses qui lui pouvoient être utiles par rapport à sa profession, & n'aïant rien trouvé de bon dans le Coloris de Leonard, il a passé cette partie de la Peinture sous silence: aussi est-il vrai que les carnations de Leonard donnent la plûpart dans la couleur de lie, que l'union qui se rencontre dans ses Tableaux tient beaucoup du violet, & que cette couleur y domine. Ce qui vient, à mon avis, de ce que du tems de Leonard l'usage de la Peinture à huile n'étoit pas encore bien connu, & que les Florentins ont ordinairement négligé la partie du Coloris.

PIETRE PERUGIN.

NE' à Pérouse de parens fort pauvres, se mit d'abord chez un Peintre de la même Ville qui lui apprenoit peu de choses, & qui le traitoit fort mal. Sa pauvreté lui fit avoir patience, & l'envie de gagner pour se tirer de la misere le fit dessiner jour & nuit pour s'avancer de soi-même. Dès qu'il se sentit capable de travailler pour sa subsistance, il s'en alla à Florence chercher un autre Maître, il se mit sous André Verrochio avec Leonard de Vinci. Il s'y rendit habile, & y prit une maniére gracieuse dans les airs de Tête, que son Maître pratiquoit, principalement dans les Têtes de femmes. Il a fait quantité d'Ouvrages, & presque tous pour des Eglises & pour des Couvents. Un jour comme il travailloit à fresque pour des Religieux de Florence, qui sont auprès de la Porte Pindane, le Prieur qui lui fournissoit de l'azur d'Outremer ne lui en donnoit qu'à mesure qu'il l'emploïoit en sa présence; mais le Pérugin voyant cette défiance nettoyoit à tous momens dans un pot d'eau, aux yeux mêmes du Prieur, les brosses dont il se servoit actuellement, en sorte qu'il sortoit des pinceaux autant d'azur qu'il en étoit entré dans l'Ouvrage; le Prieur cependant étoit tout étonné que l'enduit tirât une si grande quantité d'Outremer, & ne croïant pas en avoir assez pour finir l'Ouvrage, il alla songer au moien de s'en pourvoir; mais le Pérugin aïant écoulé l'eau de son pot, & aïant fait sécher l'Outremer qui étoit au nd, le rendit au Prieur, & lui dit, qu'une utre fois il ne se défiât pas d'un honnête omme. Cependant il étoit lui-même fort vare & fort défiant; & parce qu'il étoit ussi fort laborieux, il gagna du bien à lorence & à Rome, où il travailla pour ixte IV. Il se retira à Pérouse, où il fit ncore beaucoup d'Ouvrages, aidé de Rahaël & de ses autres Disciples. Pérugin voit épousé une très-belle femme, qui lui ervoit de modéle pour ses Vierges, & il 'aimoit avec passion. Il n'aimoit pas moins on argent; car lorsqu'il s'alloit promener ans les Domaines qu'il avoit acquis auour de Pérouse, il portoit toujours avec oi la cassette où il mettoit son argent, usqu'à ce qu'un filou s'en étant apperçû, e déchargea en chemin de ce fardeau. Péugin en eut tant de douleur, qu'il en mouut quelque tems après en 1524. âgé de oixante-dix huit ans.

RAPHAEL SANZIO

NAquit à Urbin le jour du Vendredi Saint en 1483. Son Pere étoit un Peintre fort médiocre, & son Maître fut Pietre Pérugin. Ses principaux Ouvrages sont à resque dans les Sales du Vatican, & ses

Tableaux de chevalet ſont diſperſés en divers lieux de l'Europe. Comme il avoit l'Eſprit excellent, il connut que la perfection de la Peinture n'étoit pas bornée à la capacité du Pérugin ; & pour chercher ailleurs les moïens de s'avancer, il alla d'abord à Sienne, où le Pinturrichio ſon Ami le mena pour faire les cartons des Tableaux de la Bibliotheque : mais à peine en avoit-il fait quelques-uns, que ſur le bruit des Ouvrages que Leonard de Vinci & Michelange faiſoient à Florence, il s'y tranſporta pour les voir & pour en profiter. En effet, dès qu'il eut conſideré la maniére de ces deux Grands Hommes, il prit la réſolution de changer celle qu'il avoit contractée chez ſon Maître; il retourna à Pérouſe, où il trouva beaucoup d'occaſions d'exercer ſon Pinceau: mais le reſſouvenir des Ouvrages de Leonard de Vinci lui fit faire une ſeconde fois le voyage de Florence, & après y avoir travaillé quelque tems à fortifier ſa maniére, il alla à Rome, où Bramante ſon parent, qui avoit préparé l'Eſprit du Pape ſur le mérite de Raphaël, lui procura l'Ouvrage de Peinture qu'on devoit faire au Vatican. Raphaël commença par le Tableau qu'on appelle l'Ecole d'Athenes, puis la Diſpute du ſaint Sacrement, & enſuite les autres qui ſont dans la Chambre de la Signature. Les ins qu'il y prit sont incroyables ; aussi ne rent-ils pas infructueux, car la réputation ces Ouvrages porta le nom de Raphaël r tout le Monde. Il forma la délicatesse son Goût sur les Statues & sur les Basliefs Antiques qu'il dessina longtems avec e extrême application. Et il joignit à cette 'licatesse une grandeur de maniére, que vûe de la Chapelle de Michelange lui pira tout d'un coup. * Ce fut Bramante n Ami qui l'y fit entrer contre la défense 'nerale que lui en avoit fait Michelange lui en confiant la clef. Outre les peines ue Raphaël se donnoit en travaillant d'aès les Sculptures, il entretenoit des gens i lui dessinoient dans l'Italie & dans la

* Piétre Bellori dans son Livre intitulé : *Descrini delle imagini dipinte d'a Raphaëlle nelle Care del Vaticano*, combat cette Histoire de tousa force, & prétend que Raphaël ne doit son and Goût qu'à l'étude qu'il a faite d'après l'Anue. Mais Vasari, qui a connu Michelange & aphaël, & , qui, bien loin d'avoir été conedit par aucun Ecrivain de ces tems-là, se trousoûtenu en cela par trois Auteurs qui ont écrit particulier la Vie de Michelange. Mais ce qui une grande présomption, que Raphaël ait ulu profiter des Ouvrages de Michelange pour randir sa maniére, c'est que j'ai un Dessein la main de Raphaël, au dos duquel Dessein est e Etude du même Raphaël, dessinée d'après e Figure que Michelange a peinte dans la Chaelle du Pape.

Gréce tout ce qu'ils pouvoient découvrir des Ouvrages Antiques, dont il profitoit selon l'occasion. On remarque qu'il n'a laissé que peu ou point du tout d'Ouvrages imparfaits, & qu'il finissoit extrêmement ses Tableaux, quoique très-promptement. Il se donnoit tous les soins possibles pour les réduire dans un état qu'il n'eut rien à se reprocher ; & c'est pour cela qu'on voit de lui un crayon de petites parties : comme des mains, des pieds, des morceaux de draperies, qu'il dessinoit trois ou quatre fois pour un même sujet, afin de prendre ce qui lui en sembleroit de meilleur. Quoiqu'il ait été fort laborieux, on voit fort peu de Tableaux faits de sa propre main ; il s'occupoit plus ordinairement à dessiner, pour ne point laisser inutile le grand nombre d'Eleves qui ont executé ses Desseins en plusieurs endroits, principalement dans les Loges, & dans les Apartemens du Vatican ; dans l'Eglise de Notre-Dame de la Paix, & dans le Palais Ghigi, à la réserve de la Galatée & d'un seul Angle, où sont les trois Déesses qu'il a peint lui-même. Son temperament doux le fit aimer de tout le monde, & principalement des Papes de son tems. Le Cardinal de sainte Bibiane lui offrit sa Niéce en mariage, & Raphaël s'y étoit engagé : mais dans l'attente du Cha-

peau

peau de Cardinal que Leon X. lui avoit fait eſperer, il en differoit toujours l'execution.

La paſſion qu'il avoit pour les femmes le fit perir à la fleur de ſon âge : car un jour qu'il s'y étoit exceſſivement abandonné, il ſe trouva ſurpris d'une fiévre ardente, & les Médecins, à qui il avoit celé la cauſe de ſon mal, l'aïant traité comme d'une pleureſie, acheverent d'éteindre les reſtes de chaleur qui étoient dans un corps déja épuiſé. Sa mort arriva le même jour que ſa naiſſance : il mourut le Vendredi-Saint de l'année 1520. en la trente-ſeptiéme de ſon âge. Le Cardinal Bembo fit ſon Epitaphe, qu'on lit dans l'Egliſe de la Rotonde où il fut enterré. Je n'en rapporterai que ces deux Vers :

Ille hic eſt Raphaël timuit quo ſoſpite vinci
Rerum magna parens & moriente mori.

Ses Diſciples furent Jules Romain, Jean-Franceſque Penni, ſurnommé, *il Fattoré*, Pellegrin de Modéne, Perrin del Vague, Polidor de Caravage, Mathurin, Bartholomæo d'a Bagna Cavallo, Timothée d'a Urbino, Vincent d'a San Geminiano, Jean d'Udiné, & autres. Quelques Flamans fort habiles ont auſſi été ſes Diſciples, & l'ont aidé dans l'execution de ſes grands Ouvrages:comme Bernard Van-Orlay de Bruxelles, Michel Coxis de Malines, & autres, qui, étant retournés en leur Païs, eurent ſoin de l'execution de ſes Deſſeins de Tapiſſerie. Outre ſes Eleves, il y avoit une grande quantité de jeunes Etudians & d'Amateurs de Peinture, qui fréquentoient ſa maiſon, & qui l'accompagnoient ſouvent à la promenade. Michelange l'aïant un jour rencontré accompagné de cette ſorte, lui dit en paſſant, qu'il marchoit ſuivi comme un Prevôt : & Raphaël lui répondit ; que lui il alloit tout ſeul comme le Bourreau. Il y eût toujours beaucoup de jalouſie entre ces deux grands Peintres, comme il arrive d'ordinaire entre les perſonnes de la même Profeſſion, lorſque leurs ſentimens ne ſont point reglés par la modeſtie.

REFLEXIONS

Sur les Ouvrages de Raphaël.

DEpuis le rétabliſſement de la Peinture en Italie, il n'y a point eu de Peintre qui ait acquis tant de réputation que Raphaël. Il avoit un Génie fort élevé, & penſoit très-finement ; ſa veine étoit fertile, & l'auroit paru bien davantage, ſi elle n'avoit point été moderée par la grande exactitude avec laquelle il terminoit toutes choſes.

Il étoit riche dans ſes Inventions. Il paroît qu'il avoit des Principes très-délicats pour diſpoſer les choſes qu'il avoit inventées ; & ſi ſes Figures n'étoient pas groupées de lumieres & d'ombres, elles l'étoient par leurs actions d'une maniere ſi ingénieuſe, que les groupes en ont été toujours regardées avec plaiſir. Ses Attitudes ſont nobles ſelon leurs convenances, contraſtées ſans affectation, expreſſives, naturelles, & font voir de belles parties.

Son Deſſein eſt très-correct, & il y a joint la juſteſſe, la nobleſſe & l'élegance de l'Antique à la naïveté de la Nature, ſans affecter aucune maniere. Il a fait voir beaucoup de varieté dans ſes Figures, & encore plus dans ſes airs de Têtes, qu'il tiroit de la Nature comme de la mere de la Diverſité, en y ajoûtant toujours un grand Caractere dans le Deſſein.

Ses Expreſſions ſont juſtes, fines, élevées, piquantes : elles ſont moderées ſans froideur, & vives ſans exagération.

Ses Draperies ont été de petite maniere dans ſes commencemens, mais de grand Goût ſur la fin, & jettées avec un bel artifice ; les plis en ſont dans un bel ordre, & marquent toujours le nud en le flattant, pour ainsi dire, avec délicatesse; principalement à l'endroit des jointures.

On peut néanmoins reprocher à Raphaël d'avoir habillé ses Figures presque toujours de même étoffe dans les sujets qui en pourroient souffrir la varieté & en recevoir plus d'ornement : je parle pour les sujets historiques, car pour les fabuleux & pour les allégoriques, dans lesquels on introduit des Divinités, on doit y avoir plus d'égard à la majesté des plis qu'à la richesse des étoffes.

Comme Raphaël prenoit un extrême soin de dessiner correctement, & qu'il étoit jaloux, pour ainsi dire, de ses Contours, il les a marqués un peu trop durement, & son Pinceau est sec, quoique leger & uni. Son Païsage n'est ni de grand Goût, ni d'un beau-faire.

Ses Couleurs locales n'ont rien de brillant ni de choquant : elles ne sont ni bien vraies, ni bien sauvages; mais les ombres en sont un peu trop noires. Il n'a jamais eu pour le Clair-obscur une intelligence bien nette, quoiqu'il semble par ses derniers Ouvrages qu'il l'ait cherché, & qu'il ait tâché de l'acquerir : comme on le peut voir dans les Tapisseries des Actes des Apôtres, & dans son Tableau de la Transfiguration. Mais ce qui manquoit à Raphaël du côté du

Coloris, ſe fait oublier par quantité d'autres parties qu'il a poſſedées. Il a fait des Portraits ſi bien entendus de couleur & de lumiere, que de ce côté-là ils pourroient entrer en comparaiſon avec ceux du Titien. Il en eſt de même du Saint Jean qui eſt dans le Cabinet de Monſieur le Premier Préſident; car ce Tableau dans toutes les parties de la Peinture mérite d'être reconnu pour le Chef-d'œuvre de Raphaël.

Le Pouſſin a dit de ce grand Peintre, qu'il étoit un Ange comparé aux Peintres Modernes, & qu'il étoit une Aſne comparé aux Antiques. Ce jugement ne peut regarder que les penſées, le goût & la juſteſſe du Deſſein, & les Expreſſions. Les penſées de l'Antique ſont ſimples, élevées & naturelles, celles de Raphaël le ſont auſſi: le Deſſein de l'Antique eſt correct, varié ſelon les convenances, & d'un grand Goût; celui de Raphaël l'eſt tout de même: l'Antique eſt ſavant & précis dans la collocation des muſcles, & délicat dans leurs offices; Raphaël n'a point ignoré cette partie. Il faut avouer néanmoins que ceux qui ont étudié ſoigneuſement l'Anatomie par rapport à la Peinture, peuvent obſerver ſur l'Antique une plus grande préciſion, & une plus grande délicateſſe encore dans l'action des muſcles qu'on ne la voit: je ne dirai pas dans

Raphaël, mais dans quelque Peintre que ce soit.

Je tombe d'accord que cette grande justesse & cette grande délicatesse de l'action des muscles regle la précision des contours: mais je ne vois pas que Raphaël s'en soit assez écarté pour le réputer un Asne en comparaison de l'Antique. Le Poussin pouvoit se contenter de dire, comme je l'ai remarqué ailleurs, que dans la partie du Dessein, l'Antique étoit autant au-dessus de Raphaël, que Raphaël étoit au-dessus des autres Peintres. Il est vrai que Raphaël a formé la grandeur de son Goût sur les belles Statues, & qu'au sortir de chez le Pérugin son Maître, elles lui enseignerent le bon chemin; il les suivit tête baissée au commencement: mais s'étant apperçû sur la fin que le chemin de la Peinture étoit different de celui de la Sculpture, il ne retint des enseignemens de celle-ci que ce qu'il en falloit pour son Art, & du reste il s'en éloigna à mesure qu'il avançoit en âge & en lumiere. On remarque sensiblement cette difference dans les Tableaux qu'il a peints en differens tems, dont les derniers approchent plus du caractere de la Nature.

Au contraire, le Poussin aussi-bien qu'Annibal Carrache, quitterent ce qu'ils avoient de ce caractere de la Nature à meſure qu'ils s'attacherent plus fortement à l'Antique. Ils pouvoient tenir la même conduite que Raphaël, faire l'un, & non pas omettre l'autre ; car cet excellent Homme n'a pas ſeulement retenu de l'Antique le bon Goût, la nobleſſe & la beauté, mais il y a vû une choſe, que, ni le Pouſſin, ni le Carrache n'y ont pû appercevoir. C'eſt la Grace. Ce don de la Nature lui avoit été fait avec tant de plenitude, qu'il l'a répandue dans tout ce qui eſt ſorti de ſon Pinceau : il n'y a perſonne qui lui puiſſe diſputer cet avantage, à moins que ce ne ſoit le Corrége ; & ſi la Grace a réparé ce qui manquoit à celui-ci du côté de la régularité du Deſſein, Raphaël en a fait un uſage, qui a mis dans un beau jour la profonde connoiſſance qu'il avoit, non-ſeulement dans le Deſſein, mais encore toutes les parties qui lui ont attiré la réputation du premier Peintre du monde.

GIROLAMO GENGA

QUi étoit auſſi d'Urbin, étudia ſous Piétre Pérugin en même-tems que Raphaël. Il s'adonna particulierement à l'Architecture, & mourut en 1551. âgé de ſoixante-quinze ans.

JULES ROMAIN

ETtoit le bien-aimé Disciple de Raphaël, tant à cause de son habileté dans la Peinture, que pour l'agrément de ses mœurs. Il avoit pris entierement le Goût de son Maître, non-seulement dans l'execution des Desseins qu'il en recevoit, mais encore dans ce qu'il faisoit de lui-même. Raphaël le traitoit comme s'il eût été son Fils; & l'institua son héritier avec Jean-Francesque Penni, surnommé *il Fattoré*. Après la mort de Raphaël, ces deux Peintres acheverent plusieurs Ouvrages que leur Maître avoit laissés imparfaits. Jules Romain étoit non-seulement excellent Peintre, mais il entendoit encore parfaitement l'Architecture. Le Cardinal de Medicis, qui fut depuis Clement VII. l'emploïa pour bâtir le Palais, qu'on appelle aujourd'hui la Vigne Madame; & après en avoir conduit l'Architecture, il en fit la peinture & les ornemens.

La mort de Leon X. déconcerta un peu Jules Romain par l'Election d'Adrien VI. dont le Pontificat, qui ne dura qu'un an, auroit éteint les beaux Arts dans Rome, s'il eût duré long-tems : mais Clement VII. lui succéda. Il ne fut pas plûtôt élû, qu'il fit travailler Jules Romain à la Sale de Conſtantin, où l'Hiſtoire de cet Empereur avoit été commencée par Raphaël qui en avoit fait tous les Deſſeins. Cet Ouvrage étant achevé, Jules s'occupa à faire plusieurs Tableaux pour des Egliſes & pour des particuliers. Sa maniere commença à changer, & à donner dans le rouge & dans le noir pour le Coloris, & dans le ſévere pour le Deſſein.

Frederic de Gonzagues Marquis de Mantoue, informé de la capacité de Jules, l'attira dans ſes Etats ; ſa bonne fortune l'y conduiſit : car aïant fait les Deſſeins de vingt Eſtampes fort diſſolues, qui avoient été gravées par Marc-Antoine, & auſquelles l'Aretin avoit ajoûté autant de Sonnets, il auroit été ſéverement puni s'il ſe fût trouvé à Rome dans ce tems là ; le traitement qu'on fit à Marc Antoine en eſt une preuve. On mit ce Graveur en priſon ; il ſouffrit beaucoup, & il lui en auroit couté la vie, ſi le credit du Cardinal de Médicis & celui de Bache Bandinelle ne l'euſſent ſauvé. Cependant Jules Romain travailloit à Mantoue, où il donnoit des marques éternelles de ſon extrême habileté dans l'Architecture & dans la Peinture. Il y bâtit le Palais du T. & rendit la Ville de Mantoue plus belle, plus forte & plus ſaine. Et à l'égard de ses Ouvrages de Peinture, on peut dire que c'est principalement à Mantoue que le Génie de Jules Romain a pris l'essor, & qu'il s'est montré tel qu'il étoit. Il mourut à Mantoue en 1546. âgé de cinquante-quatre ans, au grand regret du Marquis, qui l'aimoit extrêmement. Il laissa un Fils nommé Raphaël, & une Fille mariée à Hercule Malateste. Entre ses Disciples, les meilleurs ont été le Primatice qui vint en France, & un Mantouan, nommé Rinaldi, qui mourut jeune.

REFLEXIONS

Sur les Ouvrages de Jules Romain.

JULES ROMAIN a été le premier, le plus savant & le plus perseverant des Disciples de Raphaël. Son Imagination qui étoit comme ensevelie dans l'execution des Desseins de son Maître pendant tout le tems qu'il demeura sous sa discipline, prit tout d'un coup l'essor quand elle se vit en liberté, ou plûtôt comme un torrent, qui aïant été retenu, rompt ses digues, & se fait un cours impétueux ; de même, Jules Romain, après avoir produit plusieurs Tableaux de chevalet, & peint des grands Ouvrages dans les Sales du Vatican sur les

Desseins de Raphaël, soit devant, ou après la mort de cet illustre Maître, changea aussi-tôt de maniere, & se laissa emporter par le cours rapide de son Génie dans les Ouvrages qu'il peignit à Mantoue. Ce n'étoit plus cette veine gracieuse, ni ce doux feu d'Imagination, qui, tout empruntés qu'ils étoient, ne laissoient pas de mettre en doute si quelques Tableaux qui sortoient de sa main étoient de lui ou de son Maître. Etant donc tout-à-fait à lui, il anima ses Ouvrages par des Idées plus séveres, plus extraordinaires, & plus expressives encore, mais moins naturelles que celles de Raphaël : ses Inventions étoient ornées de Poësies, & ses Dispositions peu communes, & de bon Goût.

Les Etudes qu'il avoit faites dans les belles Lettres lui furent d'un grand secours dans celles de la Peinture ; car en dessinant les Sculptures Antiques, il en tira les marques d'érudition, que nous voïons dans ses Tableaux.

Il semble qu'il n'ait été occupé que de la grandeur de ses pensées Poëtiques, & que pour les executer avec le même feu qu'il les avoit conçûes, il se soit contenté d'une pratique de Dessein dont il avoit fait choix, sans varier, ni ses airs de têtes, ni ses Draperies. Il est même assez visible que ſon Coloris, qui n'a jamais été fort bon ; ſoit devenu encore plus négligé ; car ſes Couleurs locales, qui donnent dans la brique & dans le noir, ne ſont ſoûtenues d'aucune intelligence de Clair-obſcur. Sa façon de deſſiner fiere, & ſes Expreſſions terribles lui ſont tellement tournées en habitude, que ſes Ouvrages en ſont très-aiſés à reconnoître. Cette maniere eſt très-grande à la verité, parce qu'il l'avoit formée ſur les Bas-reliefs Antiques qu'il avoit étudiés très-ſoigneuſement, & principalement ceux des Colomnes Trajane & Antoniane, qu'il a entierement deſſinées. Mais ces belles choſes qui ſuffiſent pour faire ſeules un Sculpteur habile, ont beſoin d'être accompagnées des verités de la Nature pour former un grand Peintre : les Draperies qui contribuent ordinairement à la majeſté des Figures, ſont la honte des ſiennes ; car elles ſont pauvres, & de méchant Goût.

On voit peu de varieté dans ſes airs de Tête, celle qu'on trouve dans ſes Ouvrages conſiſte ſeulement dans la differente eſpece d'objets dont il a rempli ſes Compoſitions, & dans les ajuſtemens qui les enrichiſſent : elle vient de l'univerſalité de ſon Génie pour tous les genres de Peinture ; car il a fait également bien les Figures, les Païſages & les Animaux ; en ſorte que ſes Ouvrages ſeront toujours, en ce qu'ils contiennent, l'admiration de tous les habiles gens.

JEAN-FRANCESQUE PENNI ſurnommé IL FATTORE,

CE dernier nom lui fut donné à cauſe du ſoin qu'il prenoit de la dépenſe & du ménage de Raphaël, chez lequel il a toujours demeuré avec Jules Romain. Il étoit fort habile, principalement dans le Deſſein. Il a fait beaucoup de choſes ſur les penſées de Raphaël, qui paſſent pour être de Raphaël même, ſur-tout dans le Palais Ghiſi, comme on le peut remarquer quand on l'examine avec attention. Il avoit une inclination particuliere pour le Païſage, qu'il faiſoit très-bien, & qu'il enrichiſſoit de belles fabriques.

Après la mort de ſon Maître, il s'aſſocia avec Jules Romain & Perrin del Vague. Tous trois enſemble acheverent ce que Raphaël avoit laiſſé d'imparfait, tant de l'Hiſtoire de Conſtantin, que de quelques autres Ouvrages du Palais de Belvedere. Mais ils ſe ſéparerent à l'occaſion d'une Copie que le Pape vouloit faire faire du Tableau de la Transfiguration, parce que ce Tableau avoit été destiné pour la France. Il Fattoré alla à Naples, dans le dessein de travailler pour le Marquis del Vaste, mais sa complexion délicate ne lui permit pas d'y vivre long-tems, il y mourut en 1528. âgé seulement de quarante ans.

LUCA PENNI

EToit Frere de Jean-Francesque dont on vient de parler. Il travailla quelque tems avec Perrin del Vague son Beau-frere à Gennes & en d'autres lieux d'Italie. Il passa ensuite en Angleterre, où il fit plusieurs choses pour le Roi Henri VIII. & pour divers Marchands. Il peignit aussi à Fontainebleau pour François I. & en dernier lieu, il s'attacha à la Gravûre.

ANDRE' DEL SARTE

DE Florence, étoit Fils d'un Tailleur d'habits qui le mit chez un Orféyre, où il demeura sept ans, pendant lesquels il avoit plus d'attache à dessiner qu'à travailler d'Orfévrerie. De là il entra chez un Peintre médiocre, nommé Jean Batile, qu'il quitta bientôt après pour aller à Florence ſous Pietro Coſimo. Il emploïoit chez ce Peintre tous les Dimanches & toutes les Fêtes à deſſiner d'après les bons Maîtres, mais ordinairement d'après Leonard de Vinci, & d'après Michelange, ce qui le rendit habile en peu d'années. Il trouva ſon Maître trop lent dans l'execution de ſes Ouvrages, & ſe retira. Il fit amitié avec Francia Bigio: ils demeurerent enſemble, & peignirent pluſieurs choſes dans Florence & dans quelques Monaſteres du voiſinage. Il a fait beaucoup de Vierges. On lui reprochoit de s'être ſervi des Eſtampes d'Albert Dure dans un Ouvrage qu'il fit pour les Carmes. Baccio Bandinelli voulut apprendre la Peinture de lui, mais comme André le mit d'abord à des Ouvrages difficiles, il dégoûta ce Diſciple, qui ſe jetta du côté de la Sculpture. La réputation d'André s'étant accrue, il fit des Tableaux pour divers lieux: il en fit un entr'autres qui lui attira de grandes louanges, & qui eſt une des meilleures choſes qu'il ait faites; c'eſt un S. Sebaſtien pour l'Egliſe de S. Gal.

Il vint en France ſur les inſtances de François I. Il y fit quelques Tableaux, & quoiqu'il eût commencé celui de S. Jerôme pour la Reine, il quitta cet Ouvrage: il obtint du Roi ſon congé pour aller à Florence, ſous prétexte d'amener ſa femme, de qui il venoit, disoit-il, de recevoir une Lettre fort pressante : mais au lieu de revenir dans le tems qu'il avoit promis, il mangea l'argent qu'il avoit gagné, & celui qu'il avoit reçû du Roi pour acheter des Tableaux. Enfin après avoir fait quelques Ouvrages avec Francia Bigio, pour se tirer de la misére, il mourut de la peste à Florence, abandonné de sa femme & de ses Amis, l'an 1530. le quarante-deux de son âge. Il laissa plusieurs Eleves, entr'autres Giacomo d'a Pontormo, Andrea Squazella, qui travailla en France*, Giacomo Sandro, Francesco Salviati, & Georges Vasari.

Le même Vasari raconte qu'André del Sarte copioit si parfaitement, qu'un jour Octavien de Medicis lui aïant fait faire une Copie du Portrait de Leon X. avec quelques Cardinaux, pour envoyer au Duc de Mantoue, au lieu de l'Original que le Pape Clement VII. avoit promis à ce Prince, il le fit avec tant de justesse, que Jules Romain, qui, sous la conduite de Raphaël en avoit fait les habits, la prît toujours pour l'Original, & dit à Vasari, qui l'en vouloit desabuser : *Ne vois-je pas les propres coups que j'y ai donné moi-même ?* Cependant Vasari lui aïant fait voir la toile par derriere, Jules Romain fut convaincu de la verité.

J'ai rapporté cet endroit plus au long dans le Chapitre 27. de la Connoissance des Tableaux.

JACQUES DE PONTORME

DE la Toscane, à l'âge de treize ans se mit sous la discipline de Leonard de Vinci, puis sous celle de Mariotto Albertinelli, qu'il quitta pour Pierre de Cosimo, & celui-ci pour André del Sarte, d'où il se retira n'aïant encore que dix-neuf ans. Il se mit donc en son particulier, quoique pauvre, & s'adonna tellement à l'étude, que ses premiers Ouvrages publics firent dire à Michelange que ce jeune homme éleveroit la Peinture jusqu'au Ciel. Pontorme n'étoit jamais content de ce qu'il faisoit : mais les louanges qu'on lui donnoit soûtenoient son courage. Il fit beaucoup d'Ouvrages à Florence, qui lui donnerent de la réputation. Aïant entrepris de peindre la Chapelle de S. Laurent pour le Duc de Florence, & voulant dans cet Ouvrage, qui dura douze ans, se montrer supérieur à tous les autres, il fit voir au contraire qu'il étoit devenu inférieur à lui-même. Il étoit fort honnête homme & fort humble : mais ce qu'on ne peut assez louer, c'est que parmi ces bonnes qualités, il ne pouvoit souffrir qu'on dît du mal des absens, dont il prenoit toujours le parti. Tous ses Ouvrages ont été faits à Florence, où il est mort d'hydropisie en 1556. âgé de 63. ans.

BACCIO BANDINELLI

De Florence. Son nom est Barthelemi, dont on a fait le diminutif Baccio. Son Pere étoit Orfévre, & son Maître s'appelloit Jean-Francesco Rustico, habile Sculpteur, chez lequel Leonard de Vinci alloit fort souvent ; car Rustico & Leonard étoient tous deux éleves d'André Verrochio, qui étoit Sculpteur, Peintre & Architecte, & qui avoit beaucoup de connoissance dans les Mathématiques. Quoique Baccio Bandinelli ait fait avec d'extrêmes soins toutes les études nécessaires pour devenir un savant Peintre, ses Tableaux n'ont jamais été bien reçûs, à cause du Coloris qui n'en valoit rien. Ce mauvais succès lui fit abandonner la Peinture, & l'obligea de ne songer plus qu'à la Sculpture, dans laquelle il a été un fort habile homme. Il avoit une grande estime de ses propres Ouvrages jusqu'à les mettre en parallele avec ceux de Michelange, dont il supportoit la réputation avec peine. Ses Ouvrages sont à Rome & à Florence, où il est mort en 1559. âgé de 72. ans.

POLIDORE DE CARAVAGE

NAtif du Bourg de Caravage dans le Milanois, vint à Rome dans le tems que le Pape Leon X. faisoit travailler à quelques Edifices du Vatican,& ne sachant à quoi s'occuper pour gagner sa vie, car il étoit fort jeune, il se mit à servir de manœuvre & à porter le mortier aux Massons qui travailloient à ce Bâtiment. Il exerça ce pénible & bas emploi jusqu'à l'âge de 18. ans. Raphaël emploïoit alors dans le même lieu plusieurs jeunes Peintres, qui executoient ses Desseins. Polidore, qui portoit souvent le mortier dont on faisoit l'enduit de leur fresque, fut touché par la vûe des Peintures,& sollicité par son Génie de se faire Peintre. Il s'attacha d'abord aux Ouvrages de Jean d'Udiné, & le plaisir qu'il avoit de voir travailler ce Peintre, commença à déveloper le talent qu'il avoit pour la Peinture. Il se rendit assidu & complaisant auprès de ces jeunes hommes qu'il voïoit travailler; il fit amitié avec eux, & leur aïant communiqué son dessein, il en reçût des leçons qui augmenterent son courage. Il se mit à dessiner avec ardeur, & il avança si prodigieusement, que Raphaël en fut étonné, & qu'à quelque tems de là il l'emploïa parmi les autres : mais il se distingua si fort dans la suite, que comme il eut plus de part à l'execution des Loges de Raphaël, il en eut la principale gloire. Les soins qu'il savoit que son Maître avoit pris de dessiner les Sculptures Antiques, lui firent prendre le même chemin ; il passa les jours & les nuits à dessiner ces belles choses, & à faire une Etude exacte de l'Antiquité. Les Ouvrages infinis qu'il a faits à Rome, & dont il a enrichi les Façades de plusieurs Bâtimens le font assez connoître.

Il a fait peu de Tableaux de chevalet, & presque tous ses Ouvrages sont à fresque & d'une même couleur, à l'imitation des Bas-reliefs. Il s'est quelquefois servi dans ces sortes d'Ouvrages de la maniere qu'on appelle Egratignée, laquelle consiste dans la préparation d'un fond noir sur lequel on applique un enduit blanc ; & en ôtant cet enduit avec une pointe de fer, on découvre par hachûre ce noir qui fait les ombres. Cette maniere résiste davantage aux injures du tems, mais elle fait moins de plaisir à la vûe, car elle est fort dure. L'amour que Polidore avoit pour l'Antique ne lui a point fait oublier les recherches qu'un

Peintre doit faire du Naturel, car il étoit habile par l'un & par l'autre.

Il fit dans les commencemens une étroite amitié avec Mathurin de Florence, & la conformité de leur Génie les fit Compagnons d'Etude & d'Emplois, ce qui dura jusqu'à la mort de Mathurin, laquelle arriva par la peste en 1526. Polidore, après avoir conjointement avec Mathurin, rempli Rome de ses Ouvrages, songeoit à jouir tranquillement du fruit de ses travaux, lorsqu'en 1527. Rome fut assiegée par les Espagnols, & que les habiles gens se virent forcés de succomber aux malheurs de la Guerre, ou de s'enfuir. Polidore prit le parti d'aller à Naples, où il fut contraint de travailler avec des Peintres médiocres sans pouvoir se faire distinguer; car la Noblesse du Païs étoit alors plus curieuse de beaux Chevaux que de Peinture. Se voïant donc sans Emploi, & contraint de dépenser ce qu'il avoit gagné à Rome, il passa en Sicile; & comme il étoit aussi bon Architecte que bon Peintre, ceux de Messine lui donnerent la conduite des Arcs de Triomphe qu'on dressa à l'Empereur Charles-Quint, lorsqu'il retourna de l'expédition de Tunis. Cet Ouvrage fini, Polidore ne trouvant plus à Messine d'emploi proportionné à la grandeur de son Génie, & n'y étant plus retenu que par les caresses d'une femme qu'il aimoit, il prit la résolution de retourner à Rome, & retira dans ce dessein l'argent qu'il avoit à la Banque : mais comme il étoit à la veille de son départ, son valet, qui épioit depuis long-tems l'occasion de le voler, s'étant associé avec quelques gens de sa trempe, ils le surprirent dans son lit, où ils l'étranglerent, & le percerent de coups de poignards. Après avoir commis cette horrible assassinat, ils porterent le corps de Polidore près la porte de la femme qu'il aimoit, pour faire croire que quelque rival l'avoit tué dans cette maison : mais Dieu permit que le crime fût découvert. Les Assassins s'étant sauvés, on ne songeoit plus qu'à plaindre la triste destinée de Polidore, lorsque le valet, feignant de la plaindre aussi en présence d'un Homme de qualité, ami de son Maître, le faisoit d'une maniere si peu naturelle, que le Gentilhomme s'en apperçût, & le fit arrêter. Le valet se défendit mal, il fut appliqué à la question, il avoua tout, & fut condamné à être écartelé. Polidore fut extrêmement regretté des Habitans de Messine, qui lui firent d'honorables Obseques dans l'Eglise Cathédrale, où il fut enterré en 1543.

REFLEXIONS

Sur les Ouvrages de Polidore.

DAns l'avidité que Polidore avoit d'apprendre, il crût qu'il ne pouvoit mieux faire que de ſuivre les traces de ſon Maître : & ſachant que Raphaël avoit formé ſon Goût de Deſſein ſur les Sculptures Antiques, il ſe mit à les étudier fort aſſiduement, il s'y attacha avec tant d'amour, que la principale occupation de ſa vie a été de les imiter. On en voit encore de beaux reſtes aux Façades de pluſieurs Maiſons à Rome, ſur leſquelles il a peint des Bas-reliefs de ſon Invention.

Son Génie qui étoit extrêmement vif & fertile, & l'Etude qu'il avoit faite ſur les Bas-reliefs, le porterent à repreſenter des Combats & des Sacrifices, des Vaſes antiques, des Trophées d'Armes, & des ornemens compoſés de tout ce que l'Antiquité nous a laiſſé de plus remarquable en cette matiere.

Mais ce qui eſt tout-à-fait ſurprenant, c'eſt que nonobſtant l'extrême application qu'il donnoit aux Sculptures Antiques, il ait reconnu la néceſſité du Clair-obſcur dans la Peinture, & qu'il ait été le ſeul de l'Ecole

Romaine qui s'en soit fait des principes, qui l'ait pratiqué. En effet les grandes masses de lumiere & d'ombre qu'il a observée font bien voir qu'il étoit persuadé que le yeux avoient besoin de ces repos pour jou des Tableaux plus à leur aise. C'est en vû de ce principe que dans les Frises qu'il peintes de blanc & de noir, il a ramassé se objets dont il a composé des Groupes ave tant d'intelligence, qu'il n'est pas possible d'en voir de plus beaux ailleurs.

L'amour qu'il avoit pour l'Antique, ne l'a point empêché d'étudier le naturel, & son Goût de dessein, qui est très-grand & très-correct, est un mélange de l'un & de l'autre : il en avoit une pratique facile & excellente, & ses airs de Têtes sont fiers, nobles & expressifs.

Ses pensées sont élevées, ses dispositions remplies d'attitudes bien choisies ; ses Draperies bien jettées, & ses Païsages d'un bon Goût.

Son Pinceau étoit leger & moéleux: mais depuis la mort de Raphaël, qui l'emploïa dans les grands Ouvrages du Vatican, il a très-rarement colorié, ne s'appliquant plus qu'à des Ouvrages à fresque de Clair-obscur.

Le Génie de Polidore a beaucoup de rapport à celui de Jules Romain ; leurs Conceptions

ceptions étoient vives & formées sur le goût de l'Antique ; leur Dessein grand & severe, & la voie qu'ils ont tenue étoit nouvelle & extraordinaire : la difference qui est entr'eux, c'est que Jules Romain animoit ses Compositions Poëtiques par la seule impetuosité de sa veine ; & que Polidore avoit une attention particuliere à se servir du contraste, comme du plus puissant moyen pour donner de l'ame & du mouvement à ses Ouvrages. Il paroît encore que le génie de Polidore a été plus naturel, plus pur & mieux reglé que celui de Jules Romain.

ANDREA COSIMO,
ET
MORTUO D'A FELTRO

ONt été les premiers qui ont mis les Ornemens en usage dans les Ouvrages de Peinture moderne, l'un & l'autre s'y sont rendus fort habiles, & ont travaillé de Clair-obscur de la maniére qu'on appelle Egratignée, en Italien *Sgrafitti*. André a vêcu 64. ans, & Mortuo s'étant mis dans les Armes, faute d'Ouvrage, fut tué à 45. ans dans un combat qui se donna entre les Venitiens & les Turcs.

MAISTRE ROUX

NE' à Florence, n'a point eu de Maître dans la Peinture; il s'est attaché aux Ouvrages de Michelange, & a voulu se faire une maniere particuliere; son genie étoit fécond, & sa maniere de dessiner un peu sauvage, quoique savante. Il a beaucoup travaillé à Rome & à Perouse du tems de Raphaël; les malheurs qui agiterent sa vie, lui donnerent occasion de venir en France, où François I. lui donna une pension & la direction des Ouvrages qui se faisoient alors à Fontainebleau; Sa Majesté lui donna aussi une Chanoinie de la Sainte Chapelle, de sorte que l'affection du Roi, & son propre mérite le mirent en grande réputation. On peut juger de son habileté par la grande Galerie de Fontainebleau, qui est de sa main.

Maître Roux étoit bien fait, & il avoit cultivé son esprit par plusieurs connoissances: mais il ternit toutes ses belles qualités, par la mort honteuse qu'il se procura à lui-même, car ayant fait arrêter François Pellegrin son intime ami, sur le soupçon que celui-ci lui avoit volé une somme considerable, il le mit entre les mains de la Justice, qui après l'avoir appliqué à la Questtion, le déclara innocent. Pellegrin étant en liberté publia un Libelle contre Maître Roux, qui ne croyant pas se pouvoir montrer jamais avec honneur, envoya querir à Melun du poison, sous prétexte d'en faire du Vernis, & le prit à Fontainebleau, dont il mourut en 1541.

FRANÇOIS MAZZOLI,
DIT
LE PARMESAN,

NAquit à Parme l'an 1504. il apprit la Peinture de deux de ses cousins, & s'avança fort en peu de tems par la vivacité & la facilité d'esprit dont la nature l'avoit pourvû. La réputation des Ouvrages de Raphaël & de Michelange l'attirerent à Rome, n'ayant encore que vingt ans; il y étudia avec beaucoup d'assiduité d'après les bonnes choses, & sur-tout d'après Raphaël; il y peignit plusieurs Tableaux, qui le firent estimer, & qui lui acquirent l'affection du Pape Clement VII. Il étoit si appliqué à son Ouvrage, que le même jour que les Espagnols entrerent dans Rome, & qu'ils en firent le pillage, les Soldats trouverent le Parmesan qui travailloit avec tranquillité, comme autrefois Protogene dans Rhodes; cette securité surprit les premiers Espagnols, qui entrerent chez lui : la beauté de sa Peinture les surprit & les toucha de telle sorte qu'ils se retirerent sans lui faire aucun mal ; mais après ceux-là, il en vint d'autres qui lui prirent tout ce qu'il avoit. Il s'en retourna en sa Patrie, & passant par Bologne, il trouva l'occasion de faire beaucoup d'Ouvrages, qui l'y arrêterent assez long-tems, après quoi il se rendit à Parme, où il peignit encore beaucoup. Il jouoit bien du Luth, & y donnoit quelquefois plus de tems qu'à sa Peinture. Ce qu'on lui peut reprocher avec fondement, est de s'être tellement abandonné à la Chimie, qu'il en quitta non seulement la Peinture, mais le soin de sa propre personne, & qu'il en devint tout sauvage. Il a gravé en bois de Clair-obscur, quelques-uns de ses Desseins, & plusieurs à l'eau forte, ayant été le premier qui ait mis en usage cette sorte de Gravûre, du moins en Italie. Il entretenoit chez lui un Graveur appellé Antonio Frentano, qui lui vola à Bologne toutes ses planches de bois & de cuivre, & tous ses Desseins : & bien qu'on en eût recouvert une bonne partie, ce vol mit le Parmesan comme au désespoir : Enfin s'étant opiniâtré à la Chimie, il y perdit son tems, son argent, & sa santé, & mourut dans un état miserable d'une diarée, accompagnée de fievre, en 1540. n'ayant que trente-six ans.

REFLEXIONS sur les Ouvrages du Parmesan.

LE genie du Parmesan étoit entierement tourné du côté de l'agrément & de la gentillesse ; & quoiqu'il imaginât avec facilité, il ne songeoit pas tant à remplir ses Compositions d'objets convenables, qu'à dessiner ses figures d'un air gracieux, & à leur donner des Attitudes qui fissent voir de belles parties, & qui donnassent de la vie & de l'action. Mais comme il n'avoit pas l'esprit d'une grande étendue, l'attention qu'il donnoit à ses Figures en particulier diminuoit beaucoup celle qu'il devoit à l'expression de ses figures en general. Ses pensées d'ailleurs étoient assez communes, & l'on ne voit pas qu'il ait penetré bien avant dans le cœur de l'homme, ni dans les passions de l'ame : mais bien que la Grace, qui est dans ses Ouvrages, ne soit pour ainsi dire que superficielle, elle ne laisse pas de surprendre les yeux par beaucoup de charmes.

Il inventoit facilement, & donnoit beaucoup de Grace à ses Attitudes, aussi bien qu'à ses têtes ; & l'on peut juger par ses Ouvrages, qu'il cherchoit plûtôt à plaire par cet endroit, qu'il n'étoit occupé de la veritable expression de son Sujet. Il consultoit peu la nature, qui est la mere de la diversité, ou il la réduisoit à l'habitude qu'il avoit contractée, gracieuse, à la vérité; mais qui tomboit en ce qu'on appelle maniere. Le Peintre, qui regarde la Nature comme son objet, la doit considerer dans la varieté comme dans le nombre de ses effets : & si l'on pardonne au Peintre la réïtération dans un même Ouvrage, ce ne doit être qu'à l'égard de ses Desseins pour lesquels il ne doit pas consulter si exactement la Nature, ni prendre les mêmes soins qui sont reservés pour les Tableaux. Je sai d'ailleurs, que quelques Etudes que les Peintres fassent d'après le Naturel, leur Goût particulier les détermine toujours à de certains choix qui les rappellent, & dans lequel ils tombent insensiblement. Il est certain que le Parmesan a souvent réïteré les mêmes airs & les mêmes proportions : mais son choix est si beau, que ce qui a fait plaisir une fois dans ses Ouvrages, le fait encore par tout où il se retrouve.

Son Goût de Dessein est svelte & savant mais idéal & maniere. Il affectoit de faire les extrêmités des membres délicates, & un peu décharnées. Ses Attitudes sont nobles, vives, & agréablement contrastées; ses airs de Têtes gracieux, plûtôt que de grand Gout; ses Expressions, generales & sans caractere; ses Draperies legeres, & bien contrastées; elles sont à la verité d'une même étoffe, & les plis en sont fort indécis: mais comme ils sont en petit nombre, ils donnent un Gout de grandeur aux parties qu'elles couvrent. Il en a fait souvent de volantes, qui donnent beaucoup de mouvement à ses Figures, mais dont la cause n'est pas toujours fort juste.

Malgré la vivacité de son Esprit & la facilité de son Pinceau il a fait peu de Tableaux, ayant employé la plus grande partie de son tems à faire des Desseins & à graver des Planches. Le peu que j'ai vû de sa Peinture me donne une idée d'un assez bon Clair-obscur: mais sa Couleur locale est fort ordinaire & peu recherchée. C'est le Parmesan, qui le premier a trouvé le secret, par le moyen de deux Planches de cuivre, d'imprimer sur un papier de demiteinte le blanc & le noir, & de donner ainsi plus de rondeur aux Estampes: mais il n'a pas continué de se servir de cette Invention, qui demande trop de soin; voyant d'ailleurs que ses Estampes, toutes simples, étoient recherchées de tout le monde, & qu'elles servoient même de modele à plusieurs habiles Peintres de son tems.

PERRIN DEL VAGA

NE' dans la Toscane, où il fut élevé, dans une grande pauvreté, n'avoit que deux mois quand sa Mere mourut. Son Pere étoit soldat, & une Chevre fut sa nourrice. Etant venu jeune à Florence, on le mit chez un Epicier, où il s'attacha particulierement à porter aux Peintres les Couleurs & les Pinceaux dont ils avoient besoin. Il prit de-là occasion de dessiner, & se rendit en peu de tems le plus habile des jeunes Peintres de Florence. Un Peintre mediocre, nommé Vaga, s'en allant à Rome le mena avec lui, d'où vient qu'on l'a toujours depuis appellé del Vaga; car son nom est Buonacorsi. A Rome il travailloit la moitié de la semaine pour les Peintres, & il employoit l'autre moitié avec les Dimanches & les Fêtes à dessiner pour son Etude. Il faisoit un mélange de toutes les bonnes choses : tantôt on le trouvoit parmi les ruines à rechercher les Ornemens Antiques, ou à dessiner les bas-reliefs, tantôt dans la Chapelle de Michelange, & tantôt dans les Sales du Vatican, s'attachant aussi en même tems à l'Anatomie & aux autres Etudes qui sont necessaires pour faire un grand Peintre. Les fruits de cette conduite le firent bientôt connoître des plus habiles ; en sorte que Raphaël le prit avec Jean d'Udiné pour l'aider dans l'exécution de ses Desseins.

De tous ceux qui travailloient de son tems, il n'y en avoit point qui entendît si bien les ornemens, ni qui donnât dans le Gout de Raphaël avec plus d'assurance, de Grace & de hardiesse, ainsi qu'on en peut juger entr'autres choses par les Tableaux des Loges qu'il a exécutés ; savoir, le passage du Jourdain, la chute des murs de Jerico, le combat où Josué fit arrêter le Soleil, la Nativité de Notre-Seigneur, le Batême & la Céne. L'affection qu'avoit pour lui Raphaël lui procura d'autres Ouvrages considerables dans le Vatican, & Perrin lui en vouloit marquer sa reconnoissance, par une attache particuliere : mais la peste le fit sortir de Rome, & retourner à Florence, où aprés avoir fait quelques Ouvrages il revint à Rome, parce que la maladie y avoit cessé. Raphaël étant mort Perrin s'associa avec Jules Romain & Francesco il Fattore, pour les Ouvrages qui restoient à faire dans le Vatican ; & pour cimenter leur amitié, il épousa dans le même tems la Sœur de Francesco en 1525. Mais en 1527. le Siege que les Espagnols mirent devant Rome les sépara. Perrin y fut pris, & racheté d'une grosse rançon. Il s'en alla à Genes, où il eut occasion de peindre un Palais que le Prince Doria venoit d'y faire bâtir. Il se servit dans cet Ouvrage de cartons dont il fit voir publiquement l'usage à un Peintre nommé Jerôme Trevisan qui s'en étoit raillé, & à plusieurs autres qui y étoient accourus dans l'esprit d'en profiter. De là il passa à Pise pour s'y établir, à la sollicitation de sa femme : mais après y avoir fait quelques Ouvrages, il retourna à Genes, & y travailla encore pour le même Prince Doria. Ensuite il alla une seconde fois à Pise, & de-là à Rome, où le Pape Paul III. & le Cardinal Farnese lui donnerent tant d'ouvrage, qu'il fut contraint d'en commettre l'exécution à d'autres, se contentant d'en faire les Desseins.

En ce même tems le Pape fit venir le Titien à Rome pour y faire quelques Portraits, & Perrin en conçût tant de chagrin & de jalousie, qu'il mit tout en usage pour l'obliger de n'y faire que peu de séjour, & de s'en retourner à Venise, ce qui lui réussit : le grand nombre des Ouvrages de Perrin, & la vivacité avec laquelle il y travailloit épuiserent ses Esprits dans la fleur de son âge ; de sorte qu'à quarante-deux ans il ne passoit plus le tems qu'à voir ses Amis, & il vivoit ainsi doucement lorsqu'une apoplexie l'emporta l'an 1547. le quarante-septiéme de son âge.

REFLEXIONS

Sur les Ouvrages de Perrin del Vaga.

DE tous les Disciples de Raphaël il n'y en a point qui ait conservé plus longtems le caractere de son Maître que Perrin del Vague; j'entends le caractere exterieur; & comme on dit, la maniere de dessiner : car il s'en faut beaucoup qu'il ait pensé aussi finement que lui. Il avoir un Genie singulier pour décorer les lieux selon leur usage. Ses inventions en ce genre de Peinture sont très-ingenieuses, il y a par tout de l'Ordre & de la Grace, & les Dispositions qui sont mediocres dans ses Tableaux sont merveilleuses dans ses Ornemens. Il les a composés de grandes, de petites & de moyennes parties, qui sont placées avec tant d'intelligence, qu'elles se font valoir l'une l'autre par la comparaison & par le contraste : les Figures qu'il y a fait entrer sont disposées & dessinées du Gout de Raphaël ; & si Raphaël lui a donné dans les commencemens, comme il faisoit à Jean d'Udiné, de legers Esquisses d'Ornemens, il les a executés dans un détail admirable; & par l'habitude qu'il y a contractée, & par la vivacité de son Esprit, il s'est acquis en ce genre une réputation universelle. La Tapisserie des sept Planettes en sept pieces, dont Perrin fit les Desseins pour Diane de Poitiers, & qui est aujourd'hui chez Monsieur le Premier President, est une preuve suffisante pour confirmer ce que je viens de dire.

JEAN DUDINE',

AInsi appellé, à cause de la Ville d'Udiné dans le Frioul, dans laquelle il nâquit en 1494. alla fort jeune à Venise, & son inclination le portant à la Peinture, il se mit sous la Discipline du Giorgion où il passa quelques années. De-là il alla à Rome, où Balthazar Castilioni, Secretaire du Duc de Mantoue, le donna à Raphaël. Jean d'Udiné faisoit bien les Figures, mais comme il s'étoit appliqué particulierement à l'Etude des Animaux, & sur-tout des Oiseaux, dont il avoit fait un livre; que d'ailleurs il avoit étudié avec soin les Ornemens Antiques, & qu'il se plaisoit à peindre d'après Nature les objets inanimés qui ſervent aux ajuſtemens & aux décorations des Ouvrages, toutes ces choſes lui étoient plus faciles à faire & plus avantageuſes pour acquerir de la gloire. Cela fit que Raphaël l'employa à exécuter les Ornemens qui entroient dans la Compoſition de ſes Tableaux, ou qui les accompagnoient. Il lui fit faire auſſi les Ornemens de Stuc, qu'il entendoit fort bien, le tout ſur les Deſſeins de Raphaël, ou du moins ſur ſes Eſquiſſes. Les Inſtrumens deMuſique qui ſont dans le Tableau de la ſainte Cecile de Bologne, par exemple, ſont de la main de Jean d'Udiné, auſſi-bien que tous les Ornemens des Loges, & ceux de la Vigne Madame. C'eſt à lui que nous devons le renouvellement du Stuc & la façon de l'employer. C'eſt lui qui a trouvé la véritable matiére dont les Anciens ſe ſervoient pour cette ſorte de travail, qui étoient de la chaux & de la poudre de marbre très-fine : ce qui a toujours été pratiqué depuis par les Ouvriers modernes. Jean d'Udiné avoit toujours eſperé quelque récompenſe du Pape Leon X. qui étoit fort content de ſes Ouvrages : mais s'en voyant fruſtré par la mort de ce Pontiſe, il ſe dégoûta de la Peinture, & ſe retira à Udiné. Quelque tems après avoir quitté ſa Profeſſion, qui fut en 1550. il lui reprit envie de retourner à Rome par un motif de dévotion, & quoiqu'il se fût mis en habit de Pélerin, & que déguisé de cette sorte il se mêlât parmi le bas peuple, Vasari l'ayant rencontré par hazard à la Porte Pauline, le reconnut, & le fit résoudre de travailler pour le Pape Pie IV. pour lequel Jean d'Udiné fit ensuite plusieurs Ouvrages d'Ornemens. Il étoit si fort attaché au plaisir de la Chasse, qu'on le croit inventeur de la Vache artificielle dont on se sert pour approcher des Oiseaux sauvages. Il mourut en 1564. âgé de soixante-dix ans, & fut enterré dans l'Eglise de la Rotonde, auprès de Raphaël son Maître, comme il l'avoit desiré.

PELLEGRIN DE MODENE

A Travaillé avec les autres Disciples de Raphaël aux Ouvrages du Vatican, & a fait de son chef plusieurs Tableaux dans Rome. Après la mort de son Maître il s'en retourna à Modene, où il a beaucoup travaillé. Il mourut des blessures qu'il reçût en voulant sauver son Fils, qui venoit de commettre un meurtre dans une Place publique de la Ville de Modene.

DOMINIQUE BECCAFUMI,

Autrement appellé,

MICARIN DE SIENNE,

NE' dans un Village près de Sienne, étoit Fils d'un Paysan * dont il gardoit les moutons. Un Bourgeois de Sienne appellé Beccafumi, passant par hazard auprès de lui s'apperçût qu'il traçoit avec un bâton des Figures sur le sable d'un ruisseau ; cela lui en donna bonne opinion & excita sa bienveillance ; il le prit à son service, & le fit apprendre à dessiner. Comme le Génie de Dominique le portoit du côté de la Peinture, il s'y rendit habile ; il copia d'abord quelques Tableaux d'après le Pérugin ; ensuite il alla à Rome, où il se fortifia extrêmement d'après les Ouvrages des bons Maîtres, surtout d'après ceux de Raphaël & de Michelange. Se sentant en état de se soûtenir par lui-même, il s'en retourna à Sienne, il fit beaucoup de Tableaux à huile & à détrempe, & de grands Ouvrages à fresque, qui le mirent en crédit. Mais ce qui soûtiendra longtems sa réputation, c'est l'Ouvrage du Pavé de la grande Eglise

* Ce Paysan s'appelloit Pacio, & avoit accoutumé d'appeller son Fils Mécarino.

de Sienne : Cet Ouvrage eſt de Clair-obſcur, & ſe fait par le moyen de deux ſortes de pierres de rapport, l'une blanche pour les jours, l'autre de demi-teinte, pour en former les ombres : & ces pierres étant ainſi jointes dans les dimenſions convenables au Clair-obſcur des objets que l'on y veut repréſenter, on y donne le trait, l'union, la rondeur & les forces par des hachures aſſez profondes pour recevoir la poix noire dont on les remplit. J'ai un Deſſein en forme de Friſe, de la longueur de trois aunes, que Beccafumi a fait dans la derniere exactitude pour l'exécution de ce Pavé. Un Peintre de Sienne nommé Duccio inventa cette maniére de travail en 1356. mais Beccafumi l'a beaucoup perfectionnée. Il a gravé pluſieurs choſes en Bois ſur ſes Deſſeins. Il travailloit auſſi fort bien de Sculpture, & ſavoit couler les métaux. Il en donna des preuves dans la Ville de Genes, où il alla ſur la fin de ſa vie ; & après y avoir fait voir d'autres marques de ſa capacité & de ſon induſtrie ; il y mourut en 1549. âgé de ſoixante-cinq ans.

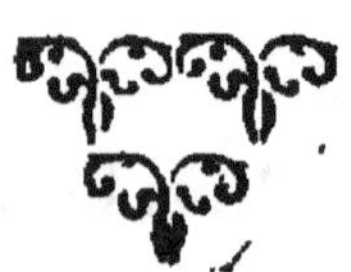

BALTHAZAR PERUZZI,

DE la même Ville de Sienne, étoit en réputation dans le même tems. Il a peint au Palais Ghiſi, dans les Egliſes, & ſur les Façades de beaucoup de Maiſons de Rome. Il ſavoit fort bien les Mathématiques, & entendoit l'Architecture parfaitement : c'eſt lui qui a renouvellé les anciennes décorations de Théâtres, comme il le fit paroître du tems de Leon X.

Quand le Cardinal Bernard de Bibienne fit repréſenter devant ce Pape la Comedie intitulée, *La Calandra*, qui eſt une des premieres Comedies Italiennes qui aient paru ſur le Théâtre, Balthazar en compoſa les Scenes, & les orna de tant de places, de rues & de diverſes ſortes de Bâtimens, que la choſe fut admirée de tout le monde. Auſſi doit-il être conſideré comme celui qui a ouvert le chemin aux Ingenieurs & aux Machiniſtes en ce genre-là. Il fut employé en divers Ouvrages, tant à Saint Pierre qu'ailleurs ; & c'eſt lui qui prépara le magnifique Appareil du Couronnement de Clement VII. Mais il eut le malheur de ſe trouver à Rome en 1527. que cette Ville fut ſaccagée par l'Armée de l'Empereur

Charles-Quint : les Soldats qui le pillerent le maltraiterent extrémement, & il ne se retira de leurs mains, qu'en faisant le Portrait de Charles de Bourbon. Si-tôt qu'il fut en liberté, il alla s'embarquer à Porto-Hercolé pour passer à Sienne, où il arriva en chemise après avoir été volé. Ceux de Sienne l'employerent aux Fortifications de leur Ville. Il retourna à Rome, où il fit les Desseins de quelques Palais. Il y commença son Livre des Antiquités de Rome, & un Commentaire sur Vitruve, dont il faisoit les Figures à mesure qu'il travailloit sur cet Auteur : mais sa mort arrêta cet Ouvrage en 1536. étant âgé seulement de trente-six ans. On croit qu'il fut empoisonné par ses envieux. Sebastien Serlio hérita de ses Ecrits & de ses Desseins, dont il s'est beaucoup servi dans les Livres d'Architecture qu'il a donnés au Public.

MICHELANGE BONAROTTI,

FIls de Louis Bonarotti Simoni, de l'ancienne Maison des Comtes de Canosses, naquit en 1474. dans le château de Chiusi, qui est du territoire d'Arezzo en Toscane, dans lequel son Pere & sa Mere demeuroient alors ; ils le mirent en nourrice dans un Village appellé Settiniano, où il y avoit plusieurs Sculpteurs; le Mari de sa Nourrice l'étoit aussi : ce qui fit dire à Michelange, qu'avec le lait, il avoit sucé l'Art de la Sculpture. La violente inclination qu'il avoit pour le Dessein, obligérent ses parens de le mettre sous la discipline de Dominique Ghirlandaï; le progrès qu'il y faisoit excitoit tellement l'envie de ses Camarades qu'il y en eut un entre autres nommé Torrigiano qui lui donna un coup de poing dans le nés, dont il a porté les marques toute sa vie. Il crut que le meilleur moïen de se venger, étoit de vaincre, comme il fit par ses Etudes & par ses Ouvrages, la jalousie de ses Competiteurs, & de s'acquerir l'estime des Grands.

Il se servit de l'amour que Laurent de Médicis avoit pour les beaux Arts, & il érigea dans Florence une Academie de Peinture & de Sculpture. Il y donnoit ses soins avec application & avec succès, lorsque les troubles de la Maison de Médicis le firent aller à Bologne & à Venise, d'où il retourna bientôt à Florence. Ce fut en ce tems-là, qu'aïant fait la Figure d'un Cupidon, il la porta à Rome, & lui aïant cassé un bras qu'il retint, il enterra le reste dans un lieu où il savoit qu'on devoit fouiller : cette Figure y aïant été trouvée, fut vendue pour Antique au

Cardinal de saint Gregoire, à qui Michelange découvrit la chose, en lui montrant le bras qu'il en avoit reservé.

Les Ouvrages qu'il fit à Rome, mais beaucoup plus les avis de Bramante suscité par Raphaël, determinerent le Pape à lui faire peindre sa Chapelle. Michelange pour se faire aider dans cette Peinture, fit venir plusieurs Florentins, & entr'autres Grannaccio Bugiardino, & Juliano di san Gallo; ce dernier entendoit fort bien la Fresque, où Michelange avoit peu de pratique. Cet Ouvrage étant achevé trompa l'attente de bien des Peintres, & surtout de Raphaël, qui dans la vûe de le faire échouer le lui avoit fait procurer par Bramante. Celui-ci à qui, comme nous l'avons déja remarqué dans la vie de Raphaël, Michelange avoit toujours confié la clef de la Chapelle pendant qu'on y travailloit, avec défense de laisser voir son Ouvrage; y fit un jour entrer Raphaël, qui trouva cette Peinture d'un si grand Gout de Dessein, qu'il résolut d'en profiter. En effet, dans le premier Tableau que Raphaël peignit depuis, qui est le Prophete Isaïe, qu'on exposa aussi-tôt dans l'Eglise saint Augustin, Michelange reconnut sans hésiter l'infidelité de Bramante. Ce Trait est la plus grande louange qu'on puisse jamais donner aux Ouvrages de Mihelange, & une preuve en même tems de la bonne-foi de Raphaël, qui en cela voulut profiter de ce qu'il trouvoit de bon dans les Ouvrages de ses ennemis, bien moins pour sa propre gloire, que pour celle de sa profession.

Après la mort de Jules II. Michelange alla à Florence, où il fit cet Ouvrage admirable de la Sépulture des Ducs de Toscane; il fut interrompu par les Guerres; car on l'obligea de travailler aux Fortifications de la Ville, & prévoïant que ces précautions qu'on avoit prises trop tard seroient inutiles, il sortit de Florence pour aller à Ferrare, & de-là à Venise. Le Doge Gritti tâcha de le retenir pour le faire travailler; mais tout ce qu'il en put tirer, ce fut un dessein pour le Pont de Rialto; car Michelange étoit encore excellent Architecte, comme on le peut voir par le Palais Farnese, par sa Maison, & par le Capitole, qui est un Edifice d'un grand Goût.

Etant retourné à Florence, il y peignit pour le Duc de Ferrare la Fable de Léda avec Jupiter en Cigne: mais comme on ne faisoit pas assez d'estime de cet Ouvrage, Michelange l'envoïa en France par Minio son Disciple avec deux boëtes de Desseins, qui étoient la meilleure partie des pensées qu'il avoit faites. Le Roi François Premier acheta la Léda qu'il fit mettre à Fontaine-bleau, & le reste fut dissipé par la mort inopinée de Minio. Cette Léda étoit représentée dans une passion d'Amour si vive & si lascive, que M. des Noyers Ministre d'Etat sous LOUIS XIII. l'a depuis fait brûler par principe de conscience.

Michelange fit par ordre de Paul III. la Peinture du Jugement Universel, qui est une source inépuisable pour ceux qui cherchent une profondeur de Science, & un grand Goût dans le Dessein. Michelange s'est donné des soins incroïables pour la perfection de son Art. Il aimoit fort la solitude, & disoit que la Peinture étoit jalouse & demandoit un homme tout seul & tout entier. Sur la demande qu'on lui fit; pourquoi il ne se marioit pas? il répondit, que la Peinture étoit sa femme, que ses Ouvrages étoient ses Enfans.

Michelange avoit de grandes idées, qu'il ne devoit point à ses Maîtres. La vûe des Ouvrages de l'Antiquité, & l'élévation de son Génie les lui avoient inspirées. Il étoit savant & correct dans son Dessein, & le goût en est terrible, pour me servir de ce mot. Ceux qui n'y trouvent pas toute l'élégance de l'Antique, seront toujours contraints d'avouer, que c'est un puissant remède contre la pauvreté de la Nature ordinaire. Raphaël, comme nous l'avons remarqué lui est obligé du changement, que la vûe de la Chapelle Sixte apporta à sa maniére, qui tenoit encore beaucoup de Piétre Perrugin. Plusieurs néanmoins qui demeurent d'accord de la grandeur des pensées de Michelange, les trouvent peu naturelles, & quelquefois extravagantes. Ils disent aussi que son Dessein est chargé, quoique savant; qu'il a pris trop de licences contre les régles de la Perspective; & qu'il n'a point entendu la partie de Coloris: On en parlera dans les Réflexions sur ses Ouvrages; il suffit de dire que ce grand Homme a non seulement été aimé & estimé de tous les Souverains de son tems, mais qu'il sera encore l'admiration de toute la posterité. Il mourut à Rome en 1564, âgé de 90. ans. Le Duc Côme de Médicis le fit déterrer la nuit en secret, & fit porter son corps à Florence, où il fut enterré une seconde fois dans l'Eglise de Sainte Croix, dans laquelle on lui fit des obseques magnifiques, & où l'on voit sa sépulture en marbre, qui consiste en trois Figures admirables; La Peinture, la Sculpture, & l'Architecture, toutes trois de sa main.

REFLEXIONS

Sur les Ouvrages de Michelange.

MICHELANGE est un des premiers qui ait banni de l'Italie la petite maniére & les restes du Gottique. Son Génie étoit d'une vaste étendue, & son temperament avoit déterminé son Goût à la severité & à la bizarrerie; En sorte néanmoins que parmi ses imaginations bizarres, s'il y avoit des choses extravagantes, il y en avoit aussi d'une beauté singuliere, mais de quelque genre que fussent ses pensées, elles avoient toujours du Grand.

Comme les habiles gens de ce tems-là faisoient consister tout le mérite de la Peinture dans l'excellence du Dessein, Michelange fit en cette partie des Etudes incroïables, & s'y rendit très-profond, comme on le voit par ses Ouvrages de Peinture & de Sculpture: mais il ne pût jamais joindre à son grand Goût, la pureté ni l'Elegance des contours: parce qu'aïant regardé le corps humain dans sa plus grande force, & aïant peut-être poussé trop loin son imagination là-dessus, il a fait les membres de ses Figures trop puissans, & a chargé, comme on dit, son Dessein. Ce n'est pas qu'il ait négligé

négligé l'Antique, mais c'eſt que ne voulant être redevable qu'à lui-même de la connoiſſance de ſon Art, il a encore plus examiné la Nature qu'il regardoit comme ſon objet, que les Statues anciennes dont il ne vouloit point être copiſte.

Il entendoit parfaitement l'emboiture des os, l'emmanchement des membres, l'origine, l'inſertion, & l'office des muſcles : mais il paroît qu'il avoit peur qu'on ne s'apperçût pas combien il étoit profond en cette Science, car il a prononcé ſi fortement les parties du Corps, qu'il ſemble avoir ignoré que par-deſſus les Muſcles il y a une peau qui les adoucit. Il a néanmoins gardé en cela plus de meſure dans ſa Sculpture que dans ſa Peinture.

Ses Attitudes ſont la plûpart deſagréables, ſes airs de Tête fiers, ſes Draperies trop adherentes, & ſes Expreſſions peu naturelles ; mais parmi tout le ſauvage de ſes productions, on y trouve aſſez ſouvent de l'élévation dans les penſées, & de la nobleſſe dans les Figures. Enfin la grandeur de ſon Goût eſt proprement un remede contre la baſſeſſe du Goût Flamand : il ſervit même à Raphaël, comme nous avons dit, pour le irer de la ſechereſſe de Piétre Pérugin.

Michelange ignoroit tout ce qui dépend u Coloris, & ſes Carnations donnent entierement dans la brique pour les Clairs, & dans le noir pour les Ombres, soit qu'il ait peint ses Tableaux, ou qu'il y ait fait travailler les Peintres Florentins qu'il avoit appellés pour l'aider dans ses grands Ouvrages. Il n'en est pas de même des Tableaux que Fra-Bastian del Piombo a faits d'après les Desseins de Michelange : la Couleur en est meilleure & tient beaucoup du goût Venitien.

Mais pour revenir au Dessein de Michelange, qui est le plus grand merite de ses productions ; si ce Peintre ne l'a pas rendu parfait de tout point, il y a fait remarquer du moins tant de profondeur, que ses Ouvrages peuvent contribuer beaucoup à rendre habiles les jeunes Etudians, qui auront assez de discernement pour en faire un bon usage. Cependant il y auroit lieu d'être surpris, que la réputation de Michelange se fût conservée jusqu'à nous dans un si grand éclat, s'il n'avoit été encore plus celebre par la connoissance parfaite qu'il avoit de la Sculpture & de l'Architecture Civile & Militaire, que par celle de la Peinture.

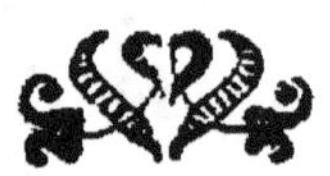

SEBASTIEN DE VENISE,

Appellé communément

FRA-BASTIAN DEL PIOMBO,

AINSI nommé à cause d'un Office de Fratel del Piombo, que le Pape Clement VII. lui donna. Il étoit de Venise, son premier Maître fut Jean Bélin, qu'il quitta à cause du grand âge de ce Peintre, pour se mettre chez le Giorgion, où il prit un bon goût de couleur qu'il n'a jamais quitté. Il étoit déja en réputation à Venise, lorsque Augustin Ghisi le mena à Rome, où il s'attacha à Michelange. Celui-ci lui en sut si bon gré, qu'il prit un soin extraordinaire de l'avancer dans le Dessein, & de justifier par là le choix que ce Disciple avoit fait en s'attachant à lui, au préjudice de Raphaël son competiteur. Car alors les Peintres de Rome étoient partagés, les uns pour Raphaël, & les autres pour Michelange. Non seulement Fra-Bastian ne choisit point Raphaël pour son Maître, mais il en voulut faire son Emule, c'est dans ce Dessein qu'il fit un Tableau en concurrence de celui de la Transfiguration que Raphaël faisoit alors pour François Premier, & dans ce Tableau Fra-Bastian représenta la Résurrection du Lazare; cette Peinture est dans l'Eglise Cathedrale de Narbonne.

Après la mort de Raphaël, Fra-Bastian par son propre merite & par la puissante protection de Michelange se fût vû à la Tête des Peintres de Rome, si Jules Romain n'eût pas balancé son crédit. Il est vrai qu'il peignoit d'une grande maniere, & il suffit de dire que ses Ouvrages tenoient beaucoup de Michelange pour le Dessein, & du Giorgion pour le Coloris; mais il étoit fort long à ce qu'il faisoit, ce qui l'a obligé de laisser plusieurs Ouvrages imparfaits. Il y en a un très-beau de lui dans la Chapelle du Roi à Fontainebleau; il répresente la Visitation de la Vierge.

Fra-Bastian se brouilla néanmoins avec Michelange, sur ce qu'il entreprit de faire un Ouvrage à huile contre son sentiment; ce Maître lui disant que cette sorte de Peinture étoit propre à une femme, & que la fresque étoit veritablement l'Ouvrage d'un homme. Comme son Office du Plomb lui donnoit de quoi subsister honnêtement, & que d'ailleurs son temperament le portoit au repos, il ne songea plus qu'à passer doucement la vie, s'exerçant tantôt à la Poësie,

& tantôt à la Musique, car il jouoit fort bien du Luth. Il trouva le moyen de peindre à huile sur les Murailles, sans que les Couleurs en fussent alterées; c'étoit par un enduit composé de Poix, de Mastic & de Chaux vive; il mourut en 1547. âgé de soixante-deux ans.

DANIEL RICCIARELLI

De Volterre.

CE dernier nom qui est le plus commun lui a été donné à cause de Volterre Ville de la Toscane. où il a pris naissance en 1509. Il fut Disciple, premierement d'Antoine de Verceil, & puis de Baltazar de Sienne: Mais dans la suite il s'attacha entierement à la maniere de Michelange qui le protegea dans les occasions; ses plus beaux ouvrages sont à Rome à la Trinité du Mont. Il quitta la Peinture pour se faire Sculpteur, & c'est de lui que nous avons le Cheval de Bronze qui est à la Place Royale de Paris; ce Cheval devoit servir pour porter la Statue d'Heuri II. Mais, Daniel n'eut pas le tems d'achever cet Ouvrage, prévenu par la mort qu'une trop grande application à son travail & son humeur mélancholique lui avoit avancée en 1566. dans la cinquante-septiéme année de son âge.

FRANÇOIS PRIMATICE.

NE' à Bologne de parens Nobles, qui lui voyant une forte inclination au Dessein, le laissérent aller à Mantoue, où il fut six ans sous la discipline de Jules Romain; il se rendit si habile en cet espace tems, que sur le Dessein de Jules, il faisoit des Batailles de Stuc en Bas-reliefs, & surpassoit en cela & en Peinture les autres Eleves qui étoient à Mantoue.

Il travailloit ainsi à aider Jules Romain dans l'exécution de ses Desseins, lorsque le Roi François Premier ayant fait demander en 1531. un jeune homme qui entendît bien les Ouvrages de Stuc, on lui envoya le Primatice. La confiance que le Roi avoit en l'habileté de ce Peintre, fit que Sa Majesté l'envoya à Rome, en 1540. pour acheter des Antiques. Il en rapporta cent vingt-quatre Statues avec quantité de Bustes, & fit mouler par Jacques Baroches de Vignole la Colonne Trajane, & les Statues de Venus, de Laocoon, de Commode, du Tibre, du Nil, & de la Cléopatre de Belvedere, afin de les jetter en Bronze,

Après la mort de Maître Roux, le Primatice fut pourvû de la Charge d'Intendant des Bâtimens, & acheva en peu de tems la Gallerie que ce Peintre avoit commencée. Il fit porter à Fontainebleau tant de Statües, ou de Marbre, ou de Bronze, que ce lieu paroissoit une autre Rome. Dans les Ouvrages qu'il y fit de Peinture & de Stuc, il se servit de Roger de Bologne, de Prospero Fontana, de Jean-Baptiste Bagnacavallo, & surtout de Nicolas de Modene qu'on appella Messer Nicolo, dont l'habileté & la diligence surpassoit celle des autres.

L'estime que toute la France conçut pour le Primatice alla à tel point, qu'on n'entreprenoit aucun Ouvrage considerable sans l'avoir consulté, & qu'il ordonnoit tout ce qui se faisoit dans les Fêtes, dans les Tournois, & dans les Mascarades. Il fut pourvû de l'Abbaye de saint Martin de Troyes, & vivant d'une maniere liberale & distinguée, il n'étoit pas seulement regardé comme un habile Peintre, mais comme un des Grands de la Cour. C'est lui & le Maître Roux qui ont apporté le bon Goût en France; car avant eux, tout ce qui se faisoit dans les Arts étoit peu considerable, & donnoit dans le Gottique; le Primatice, mourut fort âgé.

PELLEGRIN TIBALDI, DIT PELL. DE BOLOGNE,

NE' à Bologne, fils d'un Architecte Milanois, eut tant de Genie pour les beaux Arts, que s'étant mis de lui-même à dessiner les belles choses, à Bologne & à Rome, il devint l'un des plus habiles de son tems en Peinture & en Architecture Civile & Militaire. Ce fut dans la Ville de Rome qu'il donna les premieres preuves de sa capacité, & que l'on rendit justice à son merite. Mais quelque bon succès qu'eussent ses Ouvrages, l'Ouvrier n'en étoit pas plus heureux; soit qu'il n'eût pas le talent de se faire valoir, ou qu'il n'eût pas celui de se contenter. De sorte qu'un jour le Pape Gregoire XIII. étant sorti par la Porte Angelique pour prendre l'air, & s'étant détourné du grand chemin, il entendit une voix plaintive qui lui paroissoit venir de derriere un Buisson : il la suivit peu à peu, & vit un homme couché par terre au pied d'une haie : le Pape s'en approcha, & ayant reconnu Pellegrin, il lui demanda ce qu'il avoit à se plaindre. *Vous voyez*, répondit

Pellegrin, *un homme au désespoir. J'aime ma Profession, il n'y a point de peines que je ne me sois données pour m'y rendre habile; je travaille avec assiduité, je tâche à perfectionner mon Ouvrage jusqu'à ne le pouvoir quitter ni me contenter moi-même, & tous ces soins sont si peu récompensés, que je ne puis vivre de mon travail. Ne pouvant donc soutenir cet état cruel, je suis venu ici à l'écart, résolu d'y mourir de faim pour me délivrer des miseres de ce monde.*

Le Pape lui fit une grosse réprimande sur cette étrange résolution; & lui ayant ensuite remis l'esprit& fait reprendre courage, il lui promit toutes sortes de secours. Comme la Peinture avoit été jusques-là fort ingrate à Pellegrin, Sa Sainteté lui conseilla de s'appliquer à l'Architecture, dans laquelle il avoit fait voir beaucoup d'habileté, & l'assura qu'il l'employeroit dans ses Bâtimens. Pellegrin profita de ce conseil. Il devint grand Architecte, & grand Ingenieur, & bâtit de superbes Edifices, qui devoient lui donner les moyens d'être content.

Etant retourné en son Païs le Cardinal Borromée lui fit faire à Pavie le Palais de la Sapience, & il fut choisi par les Milanois pour avoir l'Intendance du Bâtiment qui se faisoit alors de leur Eglise Cathédrale. De là il fut appellé en Espagne par Philippe II. pour travailler de Peinture & d'Architecture au Palais de l'Escurial. Il y fit quantité d'Ouvrages, qui plûrent tellement à ce Roi, qu'après lui avoir fait compter cent mille Ecus, il l'honora du Titre de Marquis. Pellegrin chargé d'honneurs & de biens s'en retourna à Milan, où il mourut au commencement du Pontificat de Clement VIII. âgé d'environ soixante-dix ans.

FRANÇOIS SALVIATI

DE Florence, se mit d'abord à dessiner chez André del Sarte, où il fit amitié avec Vasari, qui étoit aussi Disciple du même Maître. Ils le quitterent l'un & l'autre pour Baccio Bandinelli, où ils profiterent plus en deux mois qu'ils n'avoient fait ailleurs en deux ans. François s'étant rendu très-habile, le Cardinal Salviati l'attacha à son service, & c'est de-là que lui vient le nom de Salviati. Sa maniere de dessiner approcha fort de celle de Raphaël. Il travailloit également bien à fresque, à huile & à détrempe. Il vint en France en 1554. & y fit quelques Ouvrages à fresque pour le Cardinal de Lorraine, qui n'en fut pas fort satisfait; ce qui dégouta Salviati aussi-bien que la faveur & la réputation de Maître Roux, des Ouvrages duquel il avoit fait trop de railleries pour n'en pas apprehender les ſuites. Enfin étant retourné en Italie, & y ayant peint divers tableaux à Rome, à Florence & à Veniſe, ſon humeur inquiete, chagrine & irréſolue lui cauſa la maladie dont il mourut en 1563. âgé de cinquante-trois ans.

TADEE' ZUCCRE

NAtif d'Agnolo in Vado dans le Territoire d'Urbin, étoit Fils d'un Peintre mediocre, qui, connoiſſant ſa foibleſſe, & préferant l'éducation de ſon Fils, à ſa propre utilité, le mena à Rome à l'âge de quatorze ans pour profiter des avis des bons Peintres: mais il s'adreſſa mal. Il le mit chez un certain Pierre Calabrois, dont la femme faiſoit mourir de faim Tadée, & le contraignit par ſon avarice de chercher un nouveau Maître. Il n'en prit point d'autre néanmoins que les Ouvrages de Raphaël & les Sculptures Antiques; ce qui étant fortifié de la beauté de ſon Genie, le rendit habile en peu de tems. Il étoit facile, abondant & gracieux dans ce qu'il faiſoit: & moderoit la vivacité de ſon Eſprit par une grande prudence, Il n'a pas travaillé hors de l'Italie, mais seulement à Rome & à Caprarole. Il mourut en 1566. âgé de trente sept ans. Cette mort prématurée lui fit laisser beaucoup d'Ouvrages imparfaits, que son frere Frederic acheva.

GEORGES VASARI

Natif d'Arezzo en Toscane, fut premierement Disciple de Guillaume de Marseille, Peintre sur Verre; ensuite d'André del Sarte, & enfin de Michelange. On ne peut pas dire de lui comme de beaucoup d'autres Peintres que son inclination pour la Peinture l'a violenté: mais l'on peut dire avec plus de vraisemblance, que ses Réflexions & son bon Esprit l'y ont déterminé, & l'y ont conduit plûtôt que son Genie. Après les troubles de Florence il s'en retourna en son Païs, où ayant trouvé que son Pere étoit mort de la Peste, il se vit chargé de deux Freres & de trois Sœurs, qu'il étoit contraint de faire subsister du gain de son travail. Il peignoit à fresque dans les Villages de côté & d'autre : mais ne croyant pas pouvoir gagner assez par la Peinture, pour soutenir la charge de sa famille, il quitta sa Profession pour se faire

Orfévre, à quoi il ne trouva pas mieux son compte.

Il se remit donc à la Peinture, avec une grande envie de devenir habile; il dessina avec ardeur & avec perseverance toutes les Sculptures Antiques & tous les Ouvrages de Peinture qui étoient de quelque merite: & quoiqu'il se fût beaucoup fortifié dans la partie du Dessein, en copiant toute la Chapelle de Michelange, il ne laissa pas néanmoins de dessiner avec le Salviati tous les Ouvrages de Raphaël & de Balthazar de Sienne; & non content d'avoir dessiné tout le jour, il employoit une partie de la nuit à copier ce qu'avoit dessiné son Camarade. Il se persuada qu'après toutes ces fatigues il étoit en état d'entreprendre toutes sortes d'Ouvrages, & d'en sortir avec succès. Il ne comptoit que pour peu de chose la partie du Coloris, parce qu'il n'en avoit pas une juste idée: aussi s'est-il bien trompé dans son calcul; car quoiqu'il fût un fort bon Dessinateur, ses Ouvrages ne lui ont point attiré jusqu'ici toute l'estime qu'il s'en étoit promise, ce qui vient ou de ce qu'il a ignoré l'intelligence des Couleurs, ou du moins de ce qu'il a negligé la molesse du Pinceau. Cependant la grande pratique qu'il avoit dans le Dessein lui donnoit une merveilleuse facilité, & lui faisoit produire quantité d'Ouvrages. Il étoit bon Architecte, & entendoit fort bien les Ornemens. Les Ouvrages qu'il fit à Florence, tant d'Architecture que de Peinture le mirent en credit dans la Maison des Médicis, où il gagna quelque argent, dont il maria deux de ses Sœurs. Il avoit beaucoup de vertus morales, qui, jointes à sa politesse, lui attirerent l'estime des Cardinaux de son tems. Celui de Medicis qui le protegeoit particulierement, l'engagea à travailler sur les Vies des Peintres. Il nous en a laissé trois volumes, dont Annibal Caro fait l'éloge, en disant qu'elles sont écrites poliment & judicieusement. On lui reproche néanmoins d'y avoir trop loué les Peintres de son Pays; c'est-à-dire les Florentins. Quoiqu'il en soit, la Peinture lui doit un monument éternel, pour avoir transmis à la Posterité la mémoire de tant d'habiles Hommes, dont la plûpart des noms seroient déja ensevelis dans l'oubli, sans les soins qu'il a pris de les éterniser. Outre ces Vies de Peintres, il a fait imprimer des Raisonnemens sur les Ouvrages qu'il a peints, dont les principaux sont à Rome, à Florence & à Bologne. Il mourut à Florence en 1578. âgé de soixante-quatre ans. Son Corps fut transporté à Arezzo, où il fut enterré dans une Chapelle ornée d'Architecture, qu'il avoit fait bâtir pendant sa vie.

FREDERIC ZUCCRE

NE' dans un Village du Duché d'Urbin appellé *Agnolo in Vado*, fut amené par ses parens à Rome à l'occasion du Jubilé de 1550. On le donna à son Frere Tadée, qui étoit déja un des celebres Peintres d'Italie. Il fut son Disciple, & dans la suite sentant un peu ses forces, il porta impatiemment les corrections de son Frere. Ils ont beaucoup travaillé tous deux à Caprarole; & Frederic acheva les Ouvrages que Tadée avoit laissé imparfaits dans Rome, où il mourut, n'ayant que trente-sept ans. Frederic fut employé par le Pape Gregoire XIII. pour quelques Ouvrages qui lui attirerent des differends avec les Officiers de Sa Sainteté; & pour se venger de leurs mauvais offices, il fit le Tableau de la Calomnie, qui a depuis été gravé par Corneille Cort, où il représenta avec des oreilles d'âne tous ceux qui l'avoient offensé. Il l'exposa publiquement sur la porte de l'Eglise de S. Luc le jour de la Fête de ce Saint, & sortit de Rome pour éviter la colere du Pape.

Il travailla en France pour le Cardinal de Lorraine, & à l'Escurial pour Philippe II.

ſans que, ni l'un, ni l'autre fuſſent contens de ſon Ouvrage. Il fut plus heureux en Angleterre, où il fit le Portrait de la Reine Elizabeth, & quelques autres Ouvrages qui furent applaudis. Enfin après être retourné en Italie, & avoir travaillé quelque tems à Veniſe, Gregoire XIII. le rappella, & lui pardonna. Ce fut en ce tems-là que ſe prévalant de la protection du Pape, il mit à execution le Bref que Sa Sainteté avoit donné pour l'érection d'une Académie de Peinture. Il y fut élu Prince, & l'affection qu'il portoit à ſon Art, lui fit bâtir à ſes frais une Maiſon où ſe tenoit l'Aſſemblée des Peintres. Il alla enſuite à Veniſe pour y faire imprimer les Livres qu'il a compoſés ſur la Peinture. De-là il paſſa à la Cour de Savoie, & dans un voyage qu'il fit à Lorette, il mourut à Ancone âgé de ſoixante-ſix ans, environ l'an 1602.

RAPHAEL D'A REGIO,

FIls d'un Païſan, qui lui faiſoit garder des Oies, ſe déroba de ſon Pere & s'en alla à Rome, où il ſuivit le mouvement du Genie extraordinaire qu'il avoit pour la Peinture; & s'étant mis ſous la Diſcipline de Frederic Zuccre, où il ne fut qu'un an, il y fit un ſi merveilleux progrès, qu'il étoit preſque égal à ſon Maître. Il a fait pluſieurs belles choſes dans le Vatican, à Sainte Marie Majeure, & en d'autres lieux de Rome. Il étoit beau & bien fait, & l'on dit qu'étant devenu amoureux d'une jeune fille, ſa paſſion fut ſi violente qu'il en mourut. Il avoit un Camarade nommé Paris, qui l'aidoit dans ſes Ouvrages.

RICHARD

NAtif de Breſſe, étoit un de ceux dont Raphaël ſe ſervoit dans ſes Ouvrages du Vatican, & qui d'ailleurs n'a pas fait beaucoup parler de lui. Un jour ayant fait pour l'Egliſe des Florentins un Tableau de ſon Invention, où il avoit repréſenté Pilate qui montroit JESUS-CHRIST au Peuple, il demanda à Raphaël laquelle des Têtes lui ſembloit la meilleure, croyant qu'on jugeroit en faveur de celle du Chriſt; mais Raphaël lui répondit que la meilleure en étoit une qui ne ſe voyoit que par derriere, voulant dire par-là que toutes ſes Expreſſions n'étoient pas juſtes au ſujet qu'il repréſentoit, quoique les Têtes fuſſent bonnes d'ailleurs.

FREDERIC BAROCHE

NE' à Urbin vint à Rome dans sa jeunesse, & n'a point eu d'autre Maître, à proprement parler, que les belles choses qu'il y étudia avec beaucoup de soin. Il y peignit beaucoup de choses à fresque du tems de Paul III. & s'en étant retourné à Urbin, il y passa le reste de sa vie. Mais fort incommodé d'un vomissement & d'une foiblesse d'estomach, qui ne lui permettoit pas de travailler plus de deux heures par jour. Il a néanmoins vécu très-long-tems avec ce mal, qui lui venoit (à ce que l'on a cru) d'avoir été empoisonné dans une salade qu'un Peintre envieux de sa réputation lui prépara dans un repas qu'il lui donna, de sorte que les remedes qui ne le guerirent pas entierement, l'empêcherent néanmoins de mourir. C'est un des plus gracieux, des plus judicieux, & des plus habiles Peintres qui ayent jamais été. Il a fait quantité de Portraits & de Tableaux d'Histoires, & son Génie étoit particulierement pour les sujets de dévotion.

On reconnoît dans ses Ouvrages un grand penchant pour la maniere du Correge: & quoiqu'il dessinât plus correctement que ce

Peintre, ses contours n'étoient, ni d'un si grand Goût, ni si naturels. Il prononçoit trop les parties du corps, & dessinoit les pieds d'un petit enfant, du même caractere qu'il auroit fait ceux d'un homme. Il faisoit ses Etudes au Pastel, & les réduisoit ordinairement à sa maniere.

Il se servoit pour faire ses Vierges, d'une Sœur qu'il avoit, & pour le petit Christ, d'un enfant de cette même Sœur. Il a gravé lui-même à l'eau-forte quelques-uns de ses Tableaux. Il est mort à Urbin en 1612. âgé de quatre-vingt-quatre ans. Vanius a été son Disciple.

FRANÇOIS VANIUS

DE Sienne, a été Disciple du Baroche sans lui être inferieur. Il avoit un talent extraordinaire pour les sujets de dévotion. Il est mort en 1615. âgé de quarante sept ans.

JOSEPIN,

AInsi appellé par contraction de Joseph d'Arpin, qui est un Château dans la Terre de Labour au Royaume de Naples.

où il naquit en 1570. Il étoit Fils de Mutio Polidoro, Peintre si mediocre, qu'il n'étoit employé qu'à faire des *Ex Voto* de Village. Joseph vint à Rome, où il contracta une maniere de dessiner legere & agréable, qui dégenera dans une pratique qui ne tenoit, ni de l'Antique, ni de la Nature recherchée. Comme il avoit beaucoup d'esprit & de Genie, il se fit valoir auprès des Papes & des Cardinaux, qui lui procurerent beaucoup d'emploi. Il eut un violent Competiteur en la personne du Caravage, dont la maniere étoit entierement opposée à la sienne. Ce qu'il a fait de plus digne d'éstime, sont les Batailles qu'il a peintes au Capitole, du reste il n'a fait qu'éfleurer la Peinture, sans en approfondir aucune partie. Il mourut en 1640. âgé de quatre-vingts ans. La plûpart des Peintres de son tems suivoient sa maniere, & les autres celle du Caravage.

PASQUALIN DELLA MARCA

N'Est ici nommé, que parce que en un an il fit un progrès dans la Peinture, qui passe pour un prodige. Il y a des Tableaux de lui dans l'Eglise des Chartreux ux termes de Diocletian.

Cet exemple doit encourager ceux qui, ien qu'avancés en âge, se sentent assez de enie, assez d'ordre dans l'esprit, & assez e santé pour courir en peu de tems la Lie de la Peinture.

PIETRE TESTE

Atif de Luques, porté dès sa jeunesse au Dessein, fut excité de voir Rome ar la renommée des Peintures & des Peinres qu'on y voyoit alors. Il y alla en habit e Pellerin, & n'étant pas assez instruit de e qui regardoit la Profession qu'il vouloit uivre, il vivoit dans la derniere misere, & assoit comme il pouvoit le tems à dessiner s Ruines, les Statues & les Peintures de ome. Sandrart dit qu'un jour entr'autres 'ayant trouvé dans un pitoyable état, & omme à demi brute, dessinant des Ruines utour de Rome, il eut pitié de sa pauvreé, l'emmena chez lui, pourvût à ses vêemens & à sa nourriture, l'employa à desiner plusieurs choses de la Galerie Justiniae, & le recommanda ensuite à d'autres ersonnes qui le firent travailler. Il étoit si auvage, & si misantrope, qu'à peine Sanart pouvoit-il jouir de sa conversation. Il avoit deſſiné les Antiques tant de fois, qu'' les ſavoit par cœur : mais il y avoit en cel tant de fougue & de libertinage de genie qu'il n'a tiré pour ſon Art aucun avantag raiſonnable de toutes ſes peines : celle qu'il a priſes dans ſes Ouvrages de Peintu re lui ont encore moins réuſſi, comme on le voit par le petit nombre de ſes Tableaux, par le peu de cas qu'on en fait, par ſes mauvaiſes Couleurs, & par la dureté de ſon Pinceau. Ainſi ce qu'il a fait de plus louable, ſont ſes Deſſeins & ſes Eſtampes, dont une petite partie a été gravée par lui, l'autre par Ceſar Teſte, & quelques-unes encore par d'autres Graveurs. On y voit beaucoup d'imagination, de gentilleſſe, & de pratique : mais peu d'intelligence dans le Clair-obſcur, peu de raiſon, & peu de juſteſſe. Etant un jour aſſis ſur le bord du Tibre pour deſſiner quelque Vûe, un coup de vent enleva ſon chapeau, & en voulant le retenir, l'extenſion de ſon bras emporta ſon corps. Il tomba dans l'eau, & ſe noya ainſi malheureuſement environ l'an 1648.

PIETRE BERETIN

DE Cortone dans la Toſcane, élevé & protegé dans la Maiſon de Sachetti à ome, a été l'un des plus agréables Peinres qui aïent jamais paru. Son génie étoit écond, ses pensées fleuries, & son exécuon facile. Comme son talent étoit pour es grands Ouvrages, & que son imaginaion étoit vive, il ne pouvoit se contrainre à finir un Tableau de tout point; ce ui fait que ses petits Tableaux, quand on es voit de près, paroissent fort éloignés du érite de ceux qu'il a fait en grands.

Il étoit peu correct dans le Dessein, peu expressif dans les passions, peu régulier dans es plis de ses Draperies, & maniére par tout. Mais partout aussi on voit de la Grandeur, de la Noblesse, & de la Grace. Non pas de cette Grace particuliere que Raphaël & le Corrége avoient en partage, & qui touche vivement le cœur des gens d'esprit: mais une grace génerale qui plaît à tout le monde, & qui consiste plûtôt dans l'habitude qu'il avoit de faire partout des airs de Têtes agréables, que dans un choix singulier d'Expressions convenables à chaque objet. Car, comme je l'ai déja dit, il avoit de la peine à retourner sur lui-même, & à descendre dans le détail de chaque chose. Il ne cherchoit qu'un beau Tout-ensemble, & les Platfons des Eglises, des Galeries, des Palais des Grands; bien loin de l'étonner, étoient la pâture la plus convenable à son génie. Il en a donné des preuves autentiques à Rome, dans l'Eglise neuve des Peres de l'Oratoire, dans le Palais des Barberins, dans le Palais Pamphile, & dans plusieurs autres lieux de Rome & de Florence.

Son Coloris n'avoit rien de mauvais, surtout dans ses carnations, qui auroient encore été meilleures, si elles avoient été plus variées & plus recherchées. Pour les autres Couleurs locales, il ne s'est écarté de l'Ecole Romaine, qu'en leur donnant de l'union entr'elles, & cet agrément que les Italiens appellent *Vagezza*. Les Ornemens qui accompagnoient ses Ouvrages étoient d'une grande Idée : il faisoit le Païsage d'un bon goût, & il a mieux entendu la Peinture à fresque, que tous ceux qui l'ont pratiquée avant lui.

Pietre de Cortone étoit d'un naturel doux, d'un entretien agréable, de mœurs integres, charitable, officieux, bon ami, & disant du bien de tout le monde. Il étoit si laborieux, que la goute dont il étoit fort travaillé, ne l'empêchoit pas de peindre: mais la vie trop sédentaire, & l'excès de son application augmentant ce mal peu à peu, firent mourir cet excellent Homme à l'âge de soixante ans, en 1669.

LIVRE IV.

ABREGE' DE LA VIE DES PEINTRES VENITIENS.

JACQUES BELLIN

DE Venise, eut pour Maître Gentillé d'a Fabriano, & fut Concurrent de ce Dominique qui fut assassiné par André del Castagno. Il n'est pas si connu par ses Ouvrages, que par la bonne éducation qu'il donna à ses Fils Gentil & Jean, qui ont été les Sources de l'Ecole Vénitienne. Il mourut environ l'an mil quatre cent soixante & dix.

GENTIL BELLIN

DE Venise, Fils aîné de Jacques dont on vient de parler, étant le plus habile des Peintres Vénitiens de son tems, fut

L

emploïé par le Senat avec ſon Frere Jean à peindre dans la Sale du Grand Conſeil, & fit beaucoup d'autres Ouvrages à Veniſe, la plûpart à détrempe, parce que la Peinture à huile n'étoit pas encore bien en uſage. Mahomet II. Empereur des Turcs aïant vû un de ſes plus beaux Tableaux l'admira, & deſira d'en avoir l'Auteur pour le faire travailler. Il en écrivit à la République, qui le lui envoïa. Gentil fut bien reçû du Grand Seigneur, il fit quelques Ouvrages qui plurent à Sa Hauteſſe, principalement des Portraits : Et comme les Turcs ont de la vénération pour Saint Jean-Baptiſte, Gentil en peignit la Décolation, & la fit voir à Mahomet, pour en avoir l'approbation, comme de ſes autres Tableaux. Mais le Grand Seigneur trouva à redire que la peau du cou, dont la tête venoit d'être ſéparée, étoit trop haute ; & pour confirmer ſa critique, il envoïa querir ſur le champ un Eſclave, à qui il fit couper la Tête en préſence de Bellin, afin qu'il fût convaincu, qu'incontinent après la ſéparation de la tête, la peau ſe retire en bas, le Peintre fut ſi effraïé de cette cruelle démonſtration, qu'il ne crût pas pouvoir demeurer en repos ni en ſûreté à Conſtantinople : il demanda ſon congé ſous quelque prétexte, & il l'obtint. Le Grand Seigneur lui fit des présens, lui mit une Chaîne d'or au cou, & écrivit à la République des Lettres de recommandation en sa faveur: ce qui fut cause que la République lui assigna une pension considérable pour toute sa vie, & le fit Chevalier de Saint Marc. Il mourut en 1501. âgé de quatre-vingt ans.

JEAN BELLIN

FRere & Disciple de Gentil Bellin, a établi les fondemens de l'Ecole Vénitienne par la pratique de l'huile, & par le soin qu'il prit de peindre toutes choses d'après Nature. On voit beaucoup de ses Tableaux à Venise: le dernier où il a travaillé est une Baccanale qu'il fit pour Alphonse I. Duc de Ferrare, & la mort l'aïant surpris sur cet Ouvrage, Titien l'acheva, & y fit un beau Paysage. Ce Disciple habile, mais respectueux, pour laisser la gloire du Tableau à son Maître, y écrivit ces mots: (Joannes Bellinus M. CCCCCXIV.) Giorgion fut son Disciple avec le Titien. Bellin mourut en 1512. âgé de quatre-vingt-dix ans: son Portrait & celui de son Frere sont dans le Cabinet du Roi.

REFLEXIONS

Sur les Ouvrages de Jean Bellin.

JACQUES & Gentil Bellin ont dessiné de méchant Goût, & ont peint fort sechement : mais Jean Bellin aïant eu le secret de peindre à huile, a manié le Pinceau plus tendrement, quoiqu'il paroisse encore beaucoup de secheresse dans ses Ouvrages. Cependant il mérite qu'on le distingue de ceux qui l'ont précedé ; c'est lui qui a transmis libéralement aux Peintres qui l'ont suivi la pratique de peindre à l'huile, qu'il avoit tirée par adresse d'Antoine de Messine ; & il a travaillé le premier à joindre l'union à la vivacité des Couleurs, laquelle faisoit avant lui le plus grand mérite des Peintres Vénitiens ; ainsi l'on voit tout ensemble dans les Tableaux de Jean Bellin une grande proprecté dans ses Couleurs, & un commencement d'harmonie qui a pû reveiller le talent du Giorgion.

Les progrès étonnans de ce Disciple, & ceux du Titien ont même ouvert les yeux de leur Maître, car les Tableaux de la premiere maniére de Jean Bellin sont très-secs, & ceux de la derniere sont assez soûtenus de Dessein & de Coloris, pour trouver quelque place dans les Cabinets des Curieux, & l'on en voit quelques-uns chez l'Empereur, qui tiennent du Giorgion pour la fierté de la Couleur & de la Lumiére.

Le goût de ſon Deſſein eſt un peu Gottique, & ſes attitudes ne ſont pas d'un bon choix, mais ſes airs de tête ſont aſſez Nobles.

On ne voit point de vives expreſſions dans ſes Tableaux, & les Sujets qu'il a traités n'y ont guéres donné d'occaſion, car la plûpart ſont des Vierges. Il a néanmoins fait tous ſes efforts pour copier exactement la Nature, & il a terminé plus ſervilement ſes Ouvrages, qu'il ne s'eſt utilement attaché à leur donner un grand caractére.

LES DOSSES

DE Ferrare ſe ſont rendus recommandables par leur bon Goût de couleur, & ſurtout dans les Païſages qu'ils faiſoient très-bien; Alphonſe Duc de Ferrare les emploïa beaucoup, & les honora de ſa bienveillance. Ils ne furent pas ſi heureux auprès du Duc d'Urbin François Marie, qui les fit travailler à Freſque dans ſon nouveau Palais, que l'Architecte Genga venoit de bâtir, car ce Duc n'étant pas ſatisfait de cette Peinture la fit détruire. Il est vrai que malgré tous les soins qu'ils y avoient aportés, ils n'ont jamais rien fait qui méritât moins de louange, tant il est vrai que les soins sont fort inutiles dans l'exécution, quand une fois l'Ouvrage est mal conçû. Ils soûtinrent pourtant leur réputation après cette disgrace; car ils firent depuis ce tems-là de fort belles choses. L'Aîné ne pouvant plus travailler à cause de son grand âge, subsista le reste de ses jours d'une Pension que le Duc Alphonse lui donna, & mourut fort vieil. Son Cadet nommé Baptiste lui survéquit, & fit encore beaucoup d'Ouvrages.

LE GIORGION

AInsi appellé à cause de son courage & de sa taille avantageuse nâquit en 1478. dans le Bourg de Castel Franco de la Marche Trévisane. Et quoiqu'il fût d'une naissance médiocre, il avoit l'esprit fort élevé, il étoit Galant, il aimoit la Musique, il avoit la voix agréable, & jouoit bien des Instrumens. Il s'exerça d'abord à dessiner avec soin d'après les Ouvrages de Leonard de Vinci; & il se mit ensuite sous Jean Bellin pour apprendre à peindre: Mais son génie lui aïant formé un Goût ſupérieur à celui de ce dernier Maître, il le cultiva par la vûe, & par la conſidération du Naturel, qui dans la ſuite lui ſervit toujours de témoin fidéle dans tous ſes Ouvrages. Son Goût fier & terrible plût extrêmement au Titien, qui dans la vûe d'en profiter étoit ſouvent chez lui, & cultivoit ſoigneuſement l'amitié qu'ils avoient contractée chez Jean Bellin leur commun Maître; mais le Giorgion, qui étoit jaloux de la nouvelle maniére qu'il avoit trouvée, ne manqua pas de moïens honnêtes pour interdire ſa maiſon au Titien; de ſorte que dans la ſuite celui-ci devint ſon Concurrent par le ſoin qu'il prit de copier la Nâture, & par ſes réflexions, il paſſa même le Giorgion dans la recherche des délicateſſes du Naturel; mais ce même Giorgion s'eſt conſervé dans la poſſeſſion d'un Goût où perſonne n'eſt encore arrivé. Les Ouvrages du Giorgion ſont la plûpart à Veniſe; & comme il a beaucoup peint à freſque & qu'il a peu vécu, ſes Tableaux de Cabinet ſont extrêmement rares. Il mourut en 1511. âgé ſeulement de trente-deux ans.

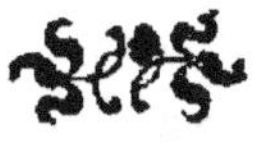

REFLEXIONS

Sur les Ouvrages du Giorgion.

COmme le Giorgion n'a vécu que trente-deux ans, & qu'il a fait peu de grands Ouvrages, on ne fauroit bien juger de la grandeur de fon Génie. La plus grande compofition qu'il ait faite, eft à Venife fur la Façade de la Maifon où s'affemblent les Marchands Allemands du côté qui regarde le grand Canal. Il fit cette Peinture en concurrence du Titien, qui peignit un autre côté de ce Bâtiment; mais ces deux Ouvrages étant prefque entiérement ruinés par le tems, il eft difficile d'en tirer une conjecture bien folide: ainfi il faut fe renfermer dans un petit nombre de Tableaux de Chevalet, & dans plufieurs Portraits qu'il a faits: Et comme on fe peint toujours dans fes Ouvrages de quelque Nature qu'ils puiffent être, l'on voit par ceux que le Giorgion nous a laiffés, que ce Peintre avoit de la facilité dans l'efprit & de la vivacité dans l'imagination.

Son Goût de Deffein eft délicat, & a quelque chofe de l'Ecole Romaine, quoiqu'il ne foit pas autant prononcé qu'il feroit néceffaire pour la perfection de fon rt; car le Giorgion avoit encore plus de oin de donner à ſes Figures de la rondeur ue de la correction.

Son Goût étoit grand, piquant, & ſon ravail facile; c'eſt lui qui le premier a emloïé les Couleurs fiéres, & l'on peut rearder comme une choſe étonnante le ſaut qu'il a fait tout d'un coup, de la maniére de Jean Bellin au degré ſuprême où il a porté le Coloris, en joignant à une extrêe force une extrême ſuavité.

Il entendoit très-bien le Clair-obſcur, & l'harmonie du tout enſemble; il ne ſe ſervoit pour ſes Carnations que de quatre Couleurs capitales, dont le judicieux mélange faiſoit toute la différence des âges & des ſexes. Mais dans ces quatre Couleurs, on ne doit vraiſemblablement y comprendre ni le blanc qui tient lieu de la lumiere, ni le noir qui en eſt la privation.

Il paroit que les Principes qu'il avoit trouvés étoient ſimples, qu'il les poſſedoit parfaitement, & que ſon plus grand artifice étoit de faire valoir les choſes par la comparaiſon.

Ses Païſages ſont d'un goût exquis pour les Couleurs & pour les oppoſitions, & il avoit joint à ſon Art le ſecret de faire monter la force de ſes Couleurs, & d'en conſerver la fraîcheur, ſurtout dans les verds.

Titien aïant connu le dégré où le Giorgion avoit élevé son Art, s'imagina que ce Peintre avoit passé les bornes de la verité; il voulut, pour ainsi dire, apprivoiser cette fierté de Coloris qu'il trouvoit trop sauvage; il lá modera par une varieté de teintes, afin de rendre les Objets plus naturels & plus palpables; mais quelques efforts qu'il ait fait pour surpasser son Emule, il est vrai de dire que le Giorgion s'est toujours maintenu dans un poste d'où personne n'a pû encore jusqu'ici le déposseder; & il est certain que si le Titien a fait courir quelques Peintres dans la carriere du bon Coloris, c'est Giorgion qui la leur a ouverte.

TITIEN VECELLI

D'Extraction Noble, nâquit à Cador dans le Frioul, l'année 1477. il n'avoir que dix ans quand ses parens le donnerent à un de ses oncles, qui demeuroit à Venise, lequel voïant l'inclination que ce jeune homme avoit pour la Peinture, le mit chez Jean Bellin, où il demeura fort longtems. Il ne faisoit ses études que sur le Naturel qu'il copioit servilement, sans rien ajoûter ni retrancher. Mais en 1507. aïant reconnu le grand effet des Ouvrages du

Giorgion, il ſuivit ſa maniére, en ſorte que ſans faire de lignes il imitoit les vérités de la Nature qu'il regardoit avec d'autres yeux qu'auparavant, & qu'il étudioit avec une extrême application. Cela n'empêchoit pas qu'il ne s'exerçât d'ailleurs à deſſiner ſoigneuſement, & qu'il ne ſe rendît habile dans la partie du Deſſein.

Giorgion s'étant aperçû du progrès que le Titien avoit fait pour avoir conſideré ſa maniére, rompit tout commerce avec lui. Ils vécurent depuis en jalouſie juſqu'à ce que la mort qui enleva Giorgion à trente-deux ans, laiſſât le champ libre au Titien. A l'âge de vingt-huit ans il mit au jour l'Eſtampe en bois du Triomphe de la Foi, où ſont les Patriarches, les Prophétes, les Apôtres, les Evangeliſtes & les Martyrs; & cet Ouvrage donna une grande opinion de ce qu'il devoit être un jour, & fit dire, que s'il avoit vû les Antiques, il paſſeroit Raphaël & Michelange.

Il a peint à Freſque dans Vicence, un Portique où il a repréſenté l'Hiſtoire de Salomon; à Veniſe le Palais Grimani; à Padoue quelques Hiſtoires de Saint Antoine. Les trois Baccanales qui ſont tombées dans la poſſeſſion du Cardinal Aldobrandin, ont été faites à Ferrare pour le Duc Alfonſe; celle de ces Baccanales où il y a une femme nue, qui dort sur le devant du Tableau, avoit été commencée par Jean Bellin. Titien en peignant ces trois Baccanales, se servit pour modéle de sa Maîtresse appellée Violente; il fit aussi le Portrait du Duc & de la Duchesse qui ont été gravés par G. Sadeler.

En 1546. il fut appellé à Rome par le Cardinal Farnese, pour faire le Portrait du Pape; il y en fit aussi d'autres, & quelques Tableaux de peu d'Ouvrage, qui furent admirés par Michelange & par Vasari, lesquels ne purent néanmoins s'empêcher de plaindre les Peintres Vénitiens de s'attacher si peu au Dessein. Titien a fait quantité d'Ouvrages publics & particuliers, tant à fresque qu'à huile, sans compter une infinité de Portraits. Il a fait trois fois celui de Charles-Quint. Cet Empereur pour s'en exprimer, disoit qu'il avoit reçû trois fois l'immortalité des mains du Titien: Aussi le fit-il Chevalier & Comte Palatin, en lui assignant en même tems une grosse pension. Henri III. ne crut pas devoir sortir de Venise, sans visiter ce Peintre, & tous les Poëtes de son tems ont célébré ses louanges. Ses Tableaux de Chevalet se sont répandus par toute l'Europe; les plus beaux sont à Venise, en France & en Espagne. Il n'y a point de Peintre qui ait vécu si long-tems que le Titien, ni qui ait mené une vie si tranquille & si heureuse; si l'on en retranche la jalousie du Pordemon, laquelle néanmoins ne tourna qu'à l'avantage du Titien; Du reste il fut aimé & estimé de tout le monde, & comblé d'honneurs & de biens. Il mourut de la peste en 1576. âgé de quatre vingt-dix-neuf ans.

Il a eu beaucoup de Disciples, dont les principaux sont François Vecelli son Frere, Horace Vecelli son fils, le Tintoret & d'autres Vénitiens.

Mais outre ces Italiens, il y avoit trois Flamans, dont le Titien faisoit grand cas, Jean Calcar, Diteric Barent, & Lambert Zustrus, qui tous trois sont morts jeunes.

REFLEXIONS

Sur les Ouvrages du Titien.

QUoique le Titien n'eût pas un Génie brillant & élevé, il l'avoit néanmoins assez fécond pour traiter de grands sujets de toutes natures: il n'y a pas eu de Peintre plus universel, ni qui ait sû mieux imprimer le véritable caractére à chaque objet qu'il a voulu représenter. Sa premiere éducation sous Jean Bellin, la fréquentation qu'il a eue avec le Giorgion, l'Etude opiniâtrée de dix années à copier le Naturel avec la derniere exactitude; mais pardessus toutes choses la solidité de son esprit & de ses Réflexions, lui ont découvert les Mysteres de son Art, & l'ont fait pénetrer dans l'essence de la Peinture plus avant qu'aucun autre Peintre; & si le Giorgion lui a montré le but où il devoit tendre, il en a fraïé le chemin sur un fond solide où tous ceux qui l'y ont suivi, se sont maintenus dans une estime particuliere; de sorte que s'il n'y avoit jamais eu de Titien, il n'y auroit peut-être jamais eu de Bassan, de Tintoret, de Paul Veronese, ni quantité d'autres Maîtres, qui ont donné dans l'Europe de glorieuses marques de leur capacité.

Mais si le Titien a été fidéle dans l'imitation de la Nature, il l'a été très-peu dans la représentation de l'Histoire, n'aïant presque point fait de Tableaux où il n'ait été en cela repréhensible.

Quoique l'on ne voie pas un grand feu dans ses dispositions, elles ne laissent pas d'être bien remplies & bien entendues, & il étoit fort régulier à donner à ses Figures des Attitudes qui fissent voir de belles parties.

Le soin qu'il prenoit de concerter judicieusement le Tout-ensemble de ses Ouvrages, lui a fait réperer plusieurs fois les mêmes compoſitions pour éviter de nouvelles peines ; & l'on voit de ſa main pluſieurs Tableaux de Magdeléne, & de Venus & Adonis de ſa main, où il a ſeulement changé le fond, afin qu'on ne pût douter qu'ils ne fuſſent tous Originaux. Ce n'eſt pas qu'il ne ſoit à préſumer qu'il ſe prévaloit du ſecours de ſes Eleves, & ſurtout de trois Flamans, qui étoient d'excellens Peintres, entre leſquels Diteric Barent étoit le Diſciple favori du Titien. Après que de tels Eleves ont épuiſé leurs induſtries à rendre leurs Copies équivoques, & que leur Maître avec des yeux frais les a retouchées, & y a répandu ſon eſprit ; qui doute qu'elles ne doivent être eſtimées de ſa propre main, auſſi-bien que le premier Original ?

Le Titien a formé ſon Goût de Deſſein ſur la Nature ; il a fait comme Policléte, il en a recherché le beau, & il y a réuſſi dans les Femmes & dans les Enfans ; il a deſſiné celles-là d'un Goût délicat, il leur a imprimé un air Noble, & les a accompagnées de certaines coëffures & de certains ajuſtemens particuliers qui ne plaiſent pas moins par leur ſimplicité & par leur négligence que par le bon tour qu'il leur a donné ; il n'a pas été tout-à-fait ſi heureux dans les Figures d'Hommes, elles ne ſont pas toujours correctes ni deſſinées avec élegance.

Cependant il a fait en cela comme Michel-ange, il s'est proposé dans son goût de Dessein de suivre la Nature dans sa plus grande vigueur, il a tenu les Muscles puissans, & il a donné par-là un grand caractere à ses Figures : la difference qui se trouve entre lui & Michelange, c'est que celui-ci étoit plus profond dans le Dessein, & qu'il a mêlé au goût de l'Antique une prononciation sensible des Muscles; au lieu que le Titien a négligé l'Antique, & s'est contenté de charger ses Figures d'hommes en augmentant plûtôt qu'en diminuant la tendresse du naturel auquel il s'est uniquement attaché.

On ne voit point d'exageration dans ses attitudes, elles sont simples & naturelles, & il paroît que dans ses Têtes, il a été plus occupé d'une fidelle imitation de la Nature exterieure, pour ainsi dire, que d'une vive expression des passions de l'ame.

Le Titien n'a pas toujours peint de belles Draperies, & s'il a parfaitement imité les Etoffes, il les a souvent mal disposées, & leurs plis tiennent plûtôt du hazard que d'un bon ordre & d'un bon principe.

Il passe pour très-constant dans l'esprit de tous les Peintres, qu'il a fait le Païsage mieux qu'aucun autre de sa Profession. Ses Sites sont composés de peu d'objets, mais bien choisis ; les formes de ses arbres bien variées, leurs touches légeres, moëleuses & sans maniére : mais ce qu'il a observé assez régulierement, est de faire voir dans ses Païsages quelque effet extraordinaire de la nature, lequel fait une sensation piquante, & remue le cœur par sa singularité & par sa vérité.

Tout ce qui dépend du Coloris est merveilleux dans le Titien, & s'il n'a pas été aussi fier que le Giorgion en cette Partie, il a été plus exact & plus délicat. Ses Couleurs locales sont recherchées avec une savante fidelité, & toujours placées d'une maniére à faire valoir un objet par la comparaison d'un autre, ensorte qu'il supplée autant qu'il est possible par la force de son Art, à la foiblesse des Couleurs qui d'elles-mêmes ne peuvent atteindre à tous les effets de la Nature. La vérité qui se trouve dans ses mêmes Couleurs locales est si grande qu'elles ne laissent aucune idée des Couleurs qui sont sur la Palette. Il semble qu'on ne sauroit dire que les Carnations du Titien, par exemple, soient faites avec telles & telles Couleurs ; mais plûtôt, que c'est véritablement de la chair, & que ses Draperies sont de véritables étoffes: Ainsi chaque chose y conserve son caractére, sans qu'aucune des Couleurs qui en font la composition s'y fasse distinguer.

On ne peut nier que le Titien n'ait eu l'intelligence du Clair-obſcur, & quand il ne l'a pas fait paroître par le principe des Groupes de lumieres & d'ombres qu'il comparoit à la Grape de raiſin, il l'a fait ſuffiſamment connoître par la nature des Couleurs qu'il ſavoit donner aux Draperies, & par la diſtribution des objets, dont la couleur naturelle convenoit à la place qu'il lui donnoit, ou pour venir ſur le devant, ou pour reſter ſur le derriere, ou pour contribuer aux tournans, ou enfin pour faire l'effet qu'il en vouloit tirer.

Ses oppoſitions ſont fieres & ſuaves tout-enſemble, & il a tiré l'harmonie de ſes Couleurs de la connoiſſance qu'il avoit de leur nature, plûtôt que de la participation des Clairs & des Bruns, comme a fait Paul Véroneſe.

Il a extrêmement terminé ſes Ouvrages, & n'a point eu de maniére bien ſenſible dans le maniement de ſon Pinceau; parce que l'exactitude de ſes recherches & le ſoin qu'il prenoit de moderer une Couleur par une autre a effacé les apparences d'une main libre quoiqu'elle y fût en effet. Il eſt vrai que les marques ſenſibles de cette liberté ne ſont pas ſans mérite, elles égaïent l'Ouvrage, & réjouiſſent les yeux, quand elles procedent d'une habitude épurée, & du feu de l'imagination ; mais il y a dans les Ouvrages du Titien des touches si spirituelles & si conformes au caractere des Objets, qu'elles picquent le goût des veritables Connoisseurs beaucoup plus que les coups fort sensibles d'une main hardie.

Le Titien a eu quatre manieres, celle de Jean Bellin son Maître, celle de Giorgion son compétiteur, une troisiéme qui étoit fort étudiée, mais qui lui étoit propre, & la quatriéme qui avoit dégéneré en habitude, mais toujours solide ; la premiere étoit un peu seche ; la seconde étoit d'une extrême fierté ; comme on le peut voir par le Tableau de saint Marc, qui est à Venise dans la Sacristie de la Saluté, par celui des cinq Saints, qui est dans la petite Eglise de S. Nicolas, & par quelques-autres : la troisiéme consistoit dans une juste & belle imitation de la Nature : elle étoit extrêmement travaillée par les exactes recherches qu'il faisoit en retouchant par-ci par-là, tantôt avec des Teintes vierges dans les Clairs, & tantôt avec des glacis dans les ombres, & qui à cause de ces minuties en paroît moins libre, mais qui est pourtant & plus forte, & plus finie.

La quatriéme étoit une maniere libre qu'il a mise en usage sur la fin de sa vie, ne pouvant plus se donner tant de fatigues, ou croïant avoir trouvé le moïen de les surmonter : c'est de cette derniere maniere qu'ont été peints les Tableaux de l'Annonciation & de la Transfiguration qui sont San Salvator, le saint Jacques de san Lio, le saint Laurent des Jesuites, le saint Jerôme de sancta Maria Nova, la Pentecôte de la Saluté, & plusieurs autres de cette nature. Ainsi l'on peut voir à Venise cinquante Tableaux exposés en public, dans lesquel le Titien a donné à connoître toutes les manieres dont je viens de parler.

Au reste si les Peintres de l'Ecole Romaine ont surpassé le Titien en vivacité de génie dans les grandes Compositions & dans le goût du Dessein, personne ne lui dispute l'excellence du Coloris, & il a toujours été en cela la Boussole des veritables Peintres.

FRANÇOIS VECELLI,

Frere de Titien,

SUivit d'abord les Armes : mais la Paix s'étant faite en Italie, il vint trouver son frere à Venise, où s'étant adonné à la Peinture, il y prenoit un si grand vol, que le Titien étoit allarmé du goût excellent dont il peignoit: & craignant qu'il ne devînt plus habile que lui, il le dégoûta de la Peintue, & le porta à prendre une autre profesſon. Il choiſit celle de faire des Cabinets 'Ebene ornés de Figures & d'Architecure : ce qui ne l'empêcha pas de peindre uelquefois pour ſes amis. Les Tableaux u'il fit d'abord, & qui exciterent la jaouſie du Titien, ſont dans le goût du Giorion, & paſſent pour être de ce Peintre ans l'eſprit de la plûpart des gens.

HORACE VECELLI,

Fils du Titien,

Aiſoit des Portraits dans la maniere de ſon Pere. Il n'a fait que peu d'autres uvrages, car la Chimie l'occupoit plus ue la Peinture. Il mourut de la Peſte à la eur de ſon âge, la même année que ſon ere, qui fut celle de 1576.

JACQUES ROBUSTI,

ſurnommé

LE TINTORET,

AInſi appellé, parce qu'il étoit fils d'un Teinturier. La vivacité de ſon eſprit le fit occuper à pluſieurs choſes dans ſa jeunesse, principalement à la Musique & à la Peinture. Mais s'étant entierement déterminé à celle-ci, il se proposa Michelange pour Guide dans le Dessein, & se mit sous la discipline du Titien pour le Coloris. Il n'y perdit pas son tems; car il sût pénetrer si avant dans les principes de son Maître, qu'il lui en donna de la jalousie : l'Ecolier s'en apperçût, & s'étant retiré chez lui, il se fit par un exercice assidu une maniere particuliere, qui tendoit néanmoins toûjours à Michelange & au Titien. Tintoret continuant ainsi de s'exercer avec beaucoup d'ardeur & d'application, devint comme un prodige de Peinture, tant à cause de l'abondance de ses pensées tout extraordinaires, que par son bon goût, & par la promptitude dont il faisoit ses Tableaux, il laissoit peu de choses à peindre aux autres, parce qu'il sollicitoit puissamment les Ouvrages, & les faisoit pour le prix que l'on vouloit : aussi a-t-il rempli tout Venise de ses Peintures: & si parmi cette grande quantité il y en a beaucoup de médiocres, & comme on dit, de strapassées, il faut avouer qu'il y en a aussi beaucoup d'excellentes. Il a fait un nombre infini de Portraits, qu'il a finis ou croqués selon l'argent dont il étoit convenu. Comme il y avoit encore une place à remplir dans la même chambre de l'Ecole de saint Roch, où il a fait ce beau Crucifix, plusieurs Peintres se présenterent, & offrirent de faire chacun un Dessein, afin qu'on préferât celui qui seroit trouvé le meilleur. Les Concurrens étoient Joseph Salviati, Frederic Zuccre, Paul Veronese, & le Tintoret. Les Confreres de saint Roch accepterent la proposition, & fixerent un jour pour recevoir les Desseins. Mais le Tintoret au lieu de Dessein, apporta le Tableau tout fait, & sans autre façon le mit en la place dont il étoit question. Les autres Peintres eurent beau s'en plaindre, & dire que ce n'étoit point un Tableau qu'on avoit demandé, mais un Dessein, le Tableau demeura en sa place. Les Confreres, qui auroient bien voulu un Ouvrage d'une autre maniere que de celle du Tintoret, pour le plaisir de la varieté, dirent à ce Peintre, que s'il n'ôtoit son Tableau d'où il l'avoit mis, il n'en seroit pas païé : *He bien*, leur dit-il, *je vous en fais présent*. Et le Tableau est encore aujourd'hui dans le même lieu. Il est étonnant que Tintoret aïant fait tant d'Ouvrages avec une extrême vivacité, ait pû vivre 82. ans, qui est l'âge où il mourut d'un mal d'estomac, qu'une trop grande application lui avoit causée. Il fut enterré dans l'Eglise de la Madonna dell Horto, en l'année 1594.

REFLEXIONS

Sur les Ouvrages du Tintoret.

DE tous les Peintres Venitiens, je n'en trouve point dont le génie ait été si fecond & si facile que celui du Tintoret. Ce Peintre eut assez de pénetration pour bien comprendre tous les principes du Titien, ausquels il s'étoit attaché : mais il avoit trop de feu pour les executer exactement ; & de l'inégalité de son esprit est venue l'inégalité de ses Ouvrages. C'est ce qui fit qu'Annibal Carrache, étant à Venise, écrivit à Louis Carrache son Cousin, qu'il avoit trouvé le Tintoret quelquefois égal au Titien, & quelquefois bien au-dessous du Tintoret.

L'amour qu'il avoit pour sa Profession lui a fait recherher néanmoins tout ce qui pouvoit le rendre habile. Les soins qu'il a pris de dessiner d'après les bonnes choses, & entr'autres d'après Michelange, lui ont fait prendre un bon goût de Dessein : mais la vivacité de son imagination a souvent empêché qu'il ne fût correct. Ses Attitudes sont presque toutes contrastées à l'excès, & quelquefois extravagantes : j'en excepte les femmes, qu'il a peintes assez gracieuses.

Il

Il a diſpoſé ſes Figures, plûtôt par rapport au mouvement qu'il vouloit donner par tout, qu'à la nature & à la vraiſemblance, ce qui lui a pourtant réuſſi en quelques occaſions. Il a aſſez bien caracteriſé la plûpart de ſes Sujets. Ses Têtes ſont deſſinées d'un grand goût : mais il eſt rare d'en voir dont les expreſſions ſoient fines & piquantes.

Il a compris la néceſſité du Clair-obſcur, & il l'a executé ordinairement par de grandes gliſſades de lumieres & d'ombres, qui ſe débrouillent en ſe pouſſant l'une l'autre par leur oppoſition, & dont la cauſe eſt ſuppoſée hors du Tableau, ce qui eſt d'un grand ſecours dans les grandes ordonnances, pourvû que le paſſage des oppoſés ſoit menagé avec eſprit, & que leurs extrémités ne ſoient point trenchantes.

Ses couleurs locales ſont bonnes, & ſes carnations dans ſes meilleurs Ouvrages approchent fort de celles du Titien : elles ſont à mon avis d'un caractere meilleur que celle de Paul Veroneſe; j'entends plus vraies & plus ſanguines.

Il a fait quantité de Portraits de differens mérites, ſelon le tems qu'il y emploïoit, & ſelon l'argent qu'il en recevoit; les meilleurs approchent fort de ceux du Titien. Son Pinceau eſt très-ferme & très-vigoureux ; son labeur facile, & ses touches spirituelles. Enfin Tintoret est un modele des plus capables de donner de l'ardeur à un jeune homme qui veut prendre avec un bon goût de couleur une maniere expéditive.

MARIA TINTORETTA,

Fille du Tintoret,

INstruite par son Pere, a fait quantité de Portraits d'hommes & de femmes. Elle se plaisoit à la Musique, & jouoit fort bien de divers Instrumens. Son Pere l'aïant mariée à un Allemand, la voulut avoir toujours dans sa maison, à cause de la tendresse qu'il avoit pour elle : mais il eut le chagrin de la voir mourir à trente ans en 1590.

PAUL CALIARI VERONESE

NAquit à Verone en 1537. Son Pere nommé Gabriel Caliari étoit Sculpteur ; son Maître a été un de ses Oncles nommé Badile, dont la maniere n'étoit pas mauvaise. Les premiers Ouvrages publics de Paul ont été faits à Mantoue, & dans quelques autres Villes d'Italie, mais aïant trouvé beaucoup d'emploi à Venise, il s'y établit.

Il s'eſt fort attaché à la nature, & il a fait tout ſon poſſible pour la voir par les yeux du Titien.

Comme il ſavoit où prendre ſes Modeles quand il en avoit beſoin pour ſes Carnations, il avoit auſſi des étoffes de differentes natures, dont il ſe ſervoit ſelon l'occaſion. Ses ouvrages publics ont preſque tous été faits en concurrence du Tintoret, qui travailloit en même-tems d'un autre côté : & quand leurs Ouvrages étoient faits, les ſentimens des Connoiſſeurs ſe trouvoient partagés. Cependant on a toujours trouvé plus de force dans les Ouvrages du Tintoret, & plus de grace & de magnificence dans ceux de Paul Veroneſe. On voit de ſes Tableaux par toute l'Europe, parce qu'il en a fait une quantité prodigieuſe.

Il n'y a preſque pas d'Egliſe à Veniſe qui ne conſerve quelque Ouvrage de ſa main : mais les principales marques de ſa grande capacité ſont dans le Palais de S. Marc, à S. Georges, & à S. Sebaſtien. Il fit un voïage à Rome, à l'occaſion de Jerôme Grimani, Procurateur de S. Marc, que la République envoïoit auprès du Pape : mais il n'y demeura pas long-tems, aïant laiſſé à Veniſe beaucoup d'Ouvrages commencés.

Paul Veronese étoit homme de bien, pieux, civil, officieux, religieux dans ses promesses, soigneux dans l'éducation de ses enfans, magnifique dans ses manieres d'agir, aussi-bien que dans ses habits : & quoiqu'il eût amassé du bien, il n'avoit pas d'autre ambition que celle de devenir habile dans la Peinture. Le Titien l'aimoit & l'estimoit beaucoup. Le Roi d'Espagne Philippe II. le vouloit avoir pour peindre à l'Escurial : mais Paul s'en dispensa à cause qu'il étoit occupé aux Ouvrages du Palais de S. Marc, & Frederic Zuccre fut envoyé en sa place.

Il avoit une grande idée de sa profession, & disoit que la Peinture étoit un don du Ciel, que pour en bien juger il falloit en avoir de grandes connoissances, qu'un Peintre sans le secours de la Nature présente ne feroit jamais rien de parfait, qu'on ne devoit point mettre dans les Eglises de peintures qui ne fussent d'un habile homme, parce que l'admiration excitoit la dévotion : & qu'enfin la partie qui couronnoit toutes celles de la Peinture consistoit dans la probité & dans l'intégrité des mœurs. Il est mort d'une fiévre en 1588. âgé de 58. ans. Sa sépulture est à S. Sebastien, où l'on voit son portrait en bronze.

REFLEXIONS

Sur les Ouvrages de Paul Veronese.

QUelque beau que ſoit le génie d'un Peintre, quelque abondante que ſoit ſa veine, quelque facilité qu'il ait dans l'exécution de ſes penſées, s'il ne réflechit ſerieuſement ſur le ſujet qu'il a à traiter, & s'il n'échauffe ſon imagination par la lecture des bons auteurs, il ne produira ſouvent que des choſes communes, & tombera quelquefois juſques dans l'ineprie. Paul Veroneſe en eſt un exemple aſſez ſenſible : ſon talent étoit merveilleux, il travailloit facilement, & ſon génie lui auroit fait produire toujours de belles choſes ſi ſes ſoins avoient toujours ſecondé ſon génie. Il a fait une infinité de Tableaux : & ſelon les lieux, & les perſonnes pour qui il travailloit, il méditoit plus ou moins ſes Compoſitions. Le Palais de S. Marc à Veniſe, les Autels principaux des principales Egliſes, & quelques maiſons de Nobles conſervent encore aujourd'hui ce qu'il a fait de plus beau. Mais pour les differens Autels des Egliſes communes, & pour les particuliers, qui ſur ſa réputation, voulurent avoir des Tableaux de ce grand Peintre, il ſemble qu'au lieu de prendre toute les peines néceſſaires pour ſoûtenir ſa réputation, il ait travaillé ſeulement de pratique, plus occupé de l'envie d'expédie ſon ouvrage, que du ſoin de le bien fair De ſorte que ſes inventions ſont tant plates, & tantôt ingénieuſes.

Son talent étoit pour les grandes Ordonnances, il les rempliſſoit agréablement. I y mettoit beaucoup d'eſprit, de verité de mouvement : mais le choix des objet n'en étoit pas judicieux. Il faiſoit entre dans ſa Compoſition tout ce que ſon imagination lui fourniſſoit de grand, de ſurprenant, de nouveau & d'extraordinaire : & enfin il ſongeoit plûtôt à orner la ſcene de ſon Tableau, qu'à le rendre convenable aux tems, aux coûtumes & aux lieux : il y introduiſoit ſouvent de l'Architecture que ſon frere Bénédetto lui peignoit ordinairement, & la magnificence de ces Bâtimens donnoit de la grandeur à ſes ouvrages.

Ses diſpoſitions n'ont pas été des mieux entendues par rapport au Clair-obſcur, il n'en avoit aucun principe, & il réuſſiſſoit en cela, tantôt bien, tantôt mal, ſelon les differens mouvemens de ſon génie. On en peut dire autant de ſes Attitudes, dont la plûpart ſont ſans choix.

Cependant il y a beaucoup de feu & de

fracas dans ses grands Ouvrages ; mais à les examiner de près, on trouve peu de finesse dans ses expressions, soit pour le sujet en géneral, ou pour les passions en particulier : & il est rare d'en voir de lui qui soient bien touchantes. Il a eu cela de commun avec tous les Venitiens, qui consumoient toute leur application à imiter l'exterieur de la nature.

Ses Draperies sont toutes modernes, selon le tems où il vivoit, & selon la rencontre des étrangers Levantins, dont il y a toujours un grand nombre à Venise, & dont il se servoit pour les airs de tête, aussi bien que pour les habillemens. Comme ses Draperies sont la plûpart d'étoffes de differentes especes, & que les plis en sont grands & bien entendus, elles font une grande partie des beautés qui se trouvent dans les Tableaux de Paul Veronese. On ne s'en étonnera pas, quand on saura qu'il avoit chez lui quantité de ces belles étoffes differentes, & qu'il en fut vendu à son inventaire pour quatre mille livres.

Le soin qu'il prenoit souvent d'imiter les étoffes d'après le naturel lui a acquis une telle habitude en cela, qu'il a fait plusieurs riches Draperies de pratique, qu'on croiroit être faites d'après le vrai.

Quoiqu'il ait eu de l'inclination pour

le Deſſein du Parmeſan, le ſien eſt néanmoins de mauvais goût, ſi l'on en excepte les Têtes, qui ont du grand, du noble, & quelquefois du gracieux. Ses Figures ſont pourtant bien-enſemble ſous leurs habits: mais les Contours du nud ont peu de goût & de correction, & ſur-tout les pieds. Il paroît neanmoins qu'il a pris ſoin de deſſiner les femmes avec quelque élegance, ſelon l'idée qu'il s'étoit fait du beau Naturel; car pour l'Antique, il ne l'a jamais connu.

Je n'ai jamais vû de Païſages conſiderables de Paul Veroneſe: il a fait des Ciels dans quelques-unes de ſes grandes Compoſitions qui ſont merveilleux: mais ſes Lointains & ſes Terraſſes ont un air de détrempe.

Il n'a jamais compris l'artifice du Clair-obſcur, & ce qui s'en trouve dans quelques-uns de ſes Tableaux, n'eſt que l'effet d'un bon mouvement de ſon génie, indépendamment du principe: mais pour les Couleurs locales, il les a bien entendues, ſe ſervant pour les faire valoir, du principe de la comparaiſon. Quoique ſon inclination le portât à une maniere vague & lumineuſe, qu'il ait emploïé quelquefois des couleurs fortes & obſcures, & que ſes Carnations ſoient vraies & recherchées avec des teintes vierges, elles ne ſont pourtant, ni si fraîches que celles du Titien, ni si vigoureuses & sanguines que celles du Tintoret ; il me paroît même qu'il y en a beaucoup qui tiennent un peu du plombé, ce qui n'empêche pas néanmoins qu'il n'ait mis dans le géneral de ses Couleurs un accord admirable, principalement dans ses Draperies, ausquelles il a donné un brillant, une varieté & une magnificence qui lui sont singulieres. L'harmonie qui s'y trouve vient ordinairement des glacis & des couleurs rompues qu'il a employées, lesquelles participant l'une de l'autre, ont infailliblement de l'union. Cependant on voit des Tableaux, qu'on dit être de lui, où les Couleurs sont aigres & discordantes : mais je ne voudrois pas garantir que tous les Tableaux qu'on attribue à Paul Veronese, soient pour cela de sa main ; car il avoit un frere & un fils qui ont suivi sa maniere.

On voit dans ses Ouvrages un grand faire par tout ; son execution est ferme, son pinceau leger, & sa réputation soutenue d'assez de parties pour le conserver dans le rang des Peintres du premier ordre.

Je n'omettrai pas ici que le Tableau des Nôces de Cana, qu'il a fait à S. Georges Major de Venise, est très-distingué de ses autres Ouvrages, & qu'il est non-seulement le triomphe de Paul Veronese; mais que peu s'en faut qu'il ne soit le triomphe de la Peintnre.

BENOIST CALIARI

Peintre & Sculpteur,

ETToit frere de Paul Veronese, & l'aidoit considerablement dans ses Ouvrages, car c'étoit un homme très-laborieux, sa maniere de peindre étoit semblable à celle de son frere, & comme il étoit éloigné de toute ambition, ses Ouvrages ont été confondus avec ceux de Paul. Il mourut en 1598. âgé de 60. ans.

CHARLES ET GABRIEL CALIARI,

ETToient fils de Paul Veronese, le premier avoit un très-beau génie pour la Peinture, & dès l'âge de dix-huit ans il faisoit de belles choses. On croit qu'il auroit surpassé son Pere s'il eût vécu longtems : mais comme il étoit extrêmement délicat, & qu'il travailloit avec une grande application, il se gâta la Poitrine, & mourut en 1596. en la vingt-ſixiéme année de ſon âge. Gabriel ſon frere s'exerça auſſi dans la peinture, mais comme il n'y avoit pas grand talent, il la quitta pour ſe mettre dans le négoce, où il peignit, néanmoins par intervalle. Il mourut de la peſte en 1631. âgé de 63. ans.

JEAN-ANTOINE REGILLO, *dit* PORDENON,

ETоit de Pordenon, qui eſt un Bourg du Frioul à vingt milles d'Udiné. Il étoit iſſu de l'ancienne maiſon des Sacchi, & le veritable nom de ſa branche étoit Licinio; mais l'Empereur l'aïant fait Chevalier, il prit de-là occaſion de changer ſon nom, à cauſe de la haine qu'il avoit pour un de ſes freres qui l'avoit voulu aſſaſſiner, & prit celui de Regillo. Il n'a point eu d'autres Maîtres dans la Peinture, que le grand amour qu'il avoit pour elle, & pour les Ouvrages du Giorgion ſon ami & ſon émule: & après avoir pénetré les principes de celui-ci, il s'attacha comme lui à imiter les beaux effets de la Nature; cela joint à la force de ſon génie & à l'ambition de ſe faire habile l'a rendu un des plus célebres Peintres du monde.

Il ne le cédoit point au Titien, & il y avoit entr'eux une si grande jalousie, que Pordenon, craignant quelque insulte de la part de son Compétiteur, étoit toujours sur ses gardes; & lorsqu'il peignoit le Cloître de S. Etienne de Venise, il travailloit l'épée au côté avec une rondache auprès de lui, selon l'usage des braves de ce tems-la. Il avoit une veine feconde, il dessinoit d'un bon goût, & n'étoit guéres inferieur au Titien dans le Coloris: il a beaucoup travaillé à fresque, il la faisoit avec facilité & y donnoit une grande force. Ses principaux Ouvrages publics sont à Venise, à Udiné, à Mantoue, à Vicence, à Genes, & dans le Frioul.

Il alla à Ferrare par ordre du Duc Hercules II. pour y achever des Desseins de Tapisserie qu'il avoit commencés à Venise: mais à peine fut-il arrivé qu'il tomba malade & mourut sans avoir achevé cet Ouvrage qui contenoit les Travaux d'Ulisse. Ce fut en l'année 1540. en la cinquante-sixiéme de son âge, non sans quelque soupçon de poison. Le Duc Hercules lui fit faire de somptueuses funerailles. Pordenon avoit un Neveu nommé Pordenon comme lui, & qui étoit son Disciple: on en parlera dans ſon lieu. Il eut encore un autre Diſciple appellé Pomponio Amalteo, qui fut ſon Gendre.

JEROME MUTIAN

NE' à Breſſe en Lombardie, étudia quelque tems ſous le Romanini, qu'il quitta pour s'attacher à la maniere du Titien : mais cherchant à ſe fortifier dans le Deſſein, il alla à Rome où il travailla avec Tadée Zuccre. Il y deſſina beaucoup d'aprés l'Antique, & d'aprés les bons Tableaux, & y fit quantité de Portraits. Il acheva les Deſſeins des Bas-reliefs de la Colonne Trajane, que Jules Romain avoit commencés ; il les fit graver, & Ciaconius y a joint ſes explications. Le Pape Gregoire XIII. fit travailler Mutian, & ce fut en ſa conſideration que ce Pontife fonda à Rome l'Academie de S. Luc par un Bref que Sixte V. confirma.

Quoique le Mutian fût habile dans l'Hiſtoire, il faiſoit encore plus volontiers le Païſage qu'il entendoit fort bien ; ſa maniere avoit quelque choſe de la Flamande dans la touche des arbres que les Italiens n'ont pas ſi fort recherchée, & qui eſt néanmoins d'un grand Ornement dans les Païſages ; il accompagnoit ſes tiges d'arbres, de tout ce qu'il croïoit les devoir rendre agréables, & qui leur apportoit de la varieté : il imitoit ordinairement des Châtaigniers, & disoit qu'il n'y avoit point d'arbres plus propres à être peints. Corneille Cort a gravé d'après lui sept grands Païsages, qui sont fort beaux. Le Mutian mourut en 1590. âgé de 62. ans. Il laissa par son Testament deux maisons à l'Academie de S. Luc de Rome, & ordonna que si ses héritiers mouroient sans enfans, tous ses biens tourneroient au profit de la même Academie, pour bâtir un Hospice, où pourroient se retirer les jeunes Etudians qui viendroient à Rome, & qui auroient besoin de ce secours.

JACQUES PALME,
dit
LE VIEUX PALME,

NE' dans le Territoire de Bergame en 1548. a peint d'une grande force de couleurs soutenue d'un assez bon Dessein; Comme il étoit Disciple du Titien, j'ai crû qu'il étoit plus convenable de le placer dans l'Ecole Venitienne que dans celle de Lombardie où il a pris naissance. Sa maniere étoit si conforme à celle de son Maître, que celui-ci aïant commencé une descente de Croix, que la mort l'empêcha d'achever, le Palme fut choisi pour y mettre la derniere main, ce qu'il fit avec respect pour la mémoire du Titien, comme il voulut le témoigner par les paroles suivantes qu'on lit encore aujourd'hui dans ce Tableau.

Quod Titianus inchoatum reliquit,
Palma reverenter perfecit,
Deoque dicavit opus.

Entre ses Ouvrages que l'on voit à Venise, la sainte Barbe qui est dans l'Eglise de sainte Marie Formose, est son plus beau. Il mourut en 1596. âgé de 48. ans, ce qui fait voir qu'on ne l'appelle vieux, que parce qu'il a précedé celui qu'on appelle le jeune Palme, qui étoit son Neveu, & disciple du Tintoret, & qui a peint dans la maniere de son Maître. Il a fait quantité d'Ouvrages à Venise, où il est mort en 1623.

JACQUES DU PONT, dit LE BASSAN,

ETοit fils d'un Peintre médiocre nommé François du Pont, lequel de Vicence s'étoit venu établir à Baſſan charmé par la ſituation du lieu, & qui eut un grand ſoin de l'éducation de Jacques, dont nous parlons. Ce Fils après avoir reçû de ſon Pere les premieres Inſtructions de la Peinture, alla à Veniſe, où il étudia ſous Boniface Venitien, & enſuite d'après les Tableaux du Titien & du Parmeſan. Etant retourné à Baſſan, il y ſuivit la pente de ſon génie qui le portoit à peindre toutes choſes d'après le Naturel qu'il eut depuis toujours préſent dans l'execution de ſes Ouvrages. Quoiqu'il deſſinât fort bien les Figures, il s'attacha plus particulierement à l'imitation des Animaux & du Païſage, à cauſe que ces choſes étoient plus communes & plus avantageuſes dans le lieu de ſa demeure ; auſſi y a-t'il parfaitement réuſſi. Enfin c'étoit un excellent Peintre, ſur-tout dans les ſujets de Campagne : & ſi dans les Hiſtoires ſérieuſes, qu'il n'a pas ſi ſouvent traitées, on n'y voit pas toute la noblesse & toute l'élegance qui seroit à souhaiter, on y trouve du moins beaucoup de force, de fraîcheur & de verité.

L'amour qu'il avoit pour son Art, & la facilité qu'il trouvoit dans l'execution, lui ont fait faire une prodigieuse quantité de Tableaux qui sont dispersés par toute l'Europe; car il travailloit ordinairement pour des Marchands, qui les transportoient en differens lieux. Il mourut en 1592. âgé de quatre-vingt-deux ans. Il laissa quatre Fils, François, Léandre, Jean-Baptiste & Jérôme.

FRANÇOIS BASSAN

QUi étoit l'aîné se retira à Venise, & surpassa ses autres freres dans sa Profession. Il étoit fort rêveur, & sa mélancolie le jetta insensiblement dans une manie si étrange, qu'il s'imaginoit souvent que les Sergens le poursuivoient. Un jour entendant heurter un peu fort à sa porte, il crut qu'on le venoit prendre, & s'étant jetté par la fenêtre de sa Chambre il se cassa la tête contre le pavé: ce fut en l'année 1594. la 44e. de son âge.

LE CHEVALIER LEANDR

SOn Frere suivit comme lui la maniere de Jacques leur Pere, mais il ne donnoit pas à ses Tableaux tant de force qu François. Il s'attacha plus particulierement aux Portraits. Celui qu'il fit du Doge Marin Grimani, lui attira le Colier de saint Marc. Il étoit toujours vêtu fort proprement, il aimoit la dépense, & fréquentoit les honnêtes gens ; mais il s'étoit mis fortement dans la tête qu'on le vouloit empoisonner. On dit que ces foiblesses étoient naturelles aux quatre Fils de Jacques du Pont, parce que leur Mere avoit du penchant à la folie. Le Chevalier Leandre, mourut à Venise en 1623.

Les deux autres Freres ne se sont guéres occupés qu'à copier les Ouvrages de leur Pere. Jean-Baptiste mourut en 1613. & Jérôme, qui de Médecin s'étoit fait Peintre, mourut en 1622.

REFLEXIONS

Sur les Ouvrages des Baßans.

JAcques Bassan qui étoit le Pere des trois autres, est le seul dont je prétens parler ici ; parce que je ne regarde ſes Fils que comme ſes Copiſtes, n'aïant employé dans leurs Tableaux, que les études de leur Pere, & s'il y avoit quelque choſe de plus, ils l'ont produit par réminiſcence, plûtôt que par génie ; en un mot s'ils ont quelque mérite, c'eſt une émanation de celui de leur Pere.

Jacques Baſſan étoit véritablement né pour la Peinture ; car de tous les Peintres je n'en vois point qui aïent moins ſuivi la maniére de leurs Maîtres que celui-ci ; il le quitta pour ſe jetter entre les bras de la nature, qui lui aïant donné ce qu'il avoit de génie lui donna auſſi dans ſa Patrie les productions les plus propres à le cultiver. Le Baſſan conſidera d'abord cette Maîtreſſe des Arts par les caracteres qui la rendent plus ſenſible & plus reconnoiſſable ; il en écarta le faux, & après l'avoir étudiée quelque tems avec application dans des objets particuliers, il en compoſa des Tableaux d'un mérite ſingulier.

Si ſon talent n'étoit pas pour le genre héroïque ni pour les Hiſtoires, qui demandent de la dignité, il a bien traité les ſujets Champêtres, & ceux qui étoient proportionnés à la meſure de ſon génie ; car de quelque maniere que fuſſent ſes objets, il les ſavoit diſpoſer avantageuſement pour l'effet du tout-ensemble ; & s'il a mal ajusté, & mal tourné certaines choses particulieres, il les a du moins rendues vraies & palpables.

Son Dessein n'étoit ni noble ni élegant, parce que la plûpart de ses sujets ne l'exigeoient pas ainsi, mais il étoit correct dans son genre. Ses Draperies étoient tristes, & il y entroit bien autant de pratique que de vérité dans leur exécution.

Ses couleurs locales conservoient très-bien leur caractere, ses carnations sont d'une grande fraîcheur & d'une grande vérité. Ses couleurs se lient admirablement bien avec celles de la nature. Son Païsage est d'un très-bon goût, les Sites en sont bien choisis, le Clair-obscur bien entendu, les touches spirituelles, & les couleurs toujours vraies dans les Lointains, mais souvent trop noires dans les proches, quoiqu'il semble qu'il eût voulu par-là conserver le caractere des objets lumineux. Il a fait beaucoup de sujets de nuit, & l'habitude qu'il avoit prise à faire des Ombres fortes, peut aussi avoir contribué à celles qu'il a emploïées quelquefois hors de propos dans des sujets de jour.

Son Pinceau qui est ferme & pâteux est conduit avec une telle justesse que personne n'a touché les animaux avec tant d'Art &

e précision. Je ne sai pas s'il y a beaucoup de ses Tableaux en France, mais je i bien que ceux que j'ai vûs dans les glises de Bassan, ont une fraîcheur & un rillant qui m'ont paru extraordinaire, & ue je n'ai vû nulle part ailleurs.

JULE LICINIO,

dit

PORDENON LE JEUNE,

DE Venise, Disciple du grand Pordenon son Oncle, étoit bon Dessinateur & avoit une grande intelligence de la fresque. La conformité des noms a fait que l'on a confondu les Ouvrages du Neveu avec ceux de l'Oncle. Cependant il a travaillé en beaucoup d'endroits. Il a peint à fresque la façade d'une maison à Augsbourg, dans laquelle demeure présentement M. Chanterel. Cet Ouvrage s'est très-bien conservé, & pour honorer la mémoire de son Auteur, les Magistrats de la Ville y ont fait mettre cette inscription. *Julius Licinius Civis Venetus & Augustanus hoc Ædificium his picturis insignivit, hiceque ultimam manum posuit, an.* 1561. c'est-à-dire, *Jule Licinio Citoïen de Venise & d'Augsbourg a rendu cette maiſon célebre par cet Onvrage de Peinture qu'il acheva en 1561.* Il vivoit dans le même tems que le Baſſan. On n'en ſait pas davantage, Vaſarini Rodolfi n'en aïant point parlé, peut-être à cauſe de la reſſemblance des noms & du mérite.

On auroit dû trouver parmi les Peintres Vénitiens Jean d'Udiné, qui eſt à la page 204. & Fra-Baſtian del Piombo page 219. Mais comme les Vies de ces deux Peintres ont beaucoup de rélation avec celles de Raphaël & de Michelange, on a crû que l'on devoit les y joindre.

Je renouvelle ici l'avertiſſement que j'ai donné au Lecteur dans ma Préface, que les jugemens que j'ai faits dans mes réflexions ſur les Ouvrages des Peintres ne ſont pas ſur un nombre choiſi de leurs Tableaux, mais ſur le géneral de leurs productions.

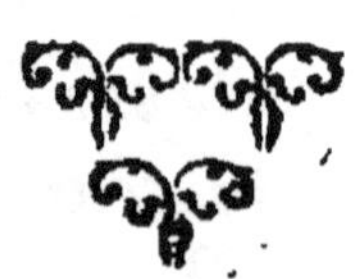

LIVRE V.

ABREGE' DE LA VIE DES PEINTRES LOMBARS.

ANTOINE CORREGE,

AInsi appellé, de la Ville de Corrége dans le Modénois, où il nâquit en 1472. Depuis le renouvellement de la Peinture en Italie, c'est-à-dire, depuis Cimabué jusqu'au tems de Raphaël : cet Art qui n'avoit eu que de foibles commencemens n'est arrivé dans un si grand dégré de perfection, que peu à peu. Les Disciples ajoûtoient toujours quelque progrés à ce qu'ils avoient reçû de leurs Maîtres ; & il n'y a rien en cela que ce qui arrive ordinairement à tous les Arts. Mais il faut ici admirer & respecter un Genie, qui contre le cours ordinaire, sans avoir vû, ni Rome, ni les Antiques, ni les Ouvrages des habiles Gens; sans Maître, sans protection, sans sortir de son Païs, au milieu de la pauvreté & san autre secours que l'étude de la nature, l'affection qu'il avoit au travail, a produi des Ouvrages d'un genre sublime, & dan les pensées, & dans l'exécution. Ses prin cipaux Ouvrages sont à Parme & à Mo déne, & ses Tableaux de cabinet sont très rares.

La renommée de Raphaël donna envie a Correge de voir Rome; il y considera at tentivement les Tableaux de ce grand Pein tre; & le long silence qu'il avoit gardé e les voïant fut interrompu par ces mots *Anchio son Pittore. Encore suis-je Peintre.* Cependant tous les beaux Ouvrages qu' avoit faits jusques-là n'avoient pû le tire de l'extrême misere où il se trouvoit, parc que le poids de sa famille étoit grand, & récompense de ses travaux fort petite.

Etant un jour allé à Parme recevoir un païement de deux cens livres, on le lui fit tout en monnoïe de Cuivre qu'on appelle des quadrins. La joie qu'il avoit de porte cet argent à sa femme l'empêcha de faire attention au poids dont il se chargeoit dans un tems de chaleurs, & pendant douze milles de chemin qu'il faisoit à pied, de sorte que s'étant trop échauffé de cette char ge, il gagna une Pleuresie, dont il mou rut en 1513. âgé de quarante ans.

REFLEXIONS

REFLEXIONS

Sur les Ouvrages du Correge.

NOus ne voyons pas que le Correge ait rien emprunté des autres. Tout est nouveau dans ses Ouvrages : ses conceptions, son dessein, sa couleur, son pinceau. Et cette nouveauté ne va qu'au bien, car ses pensées sont très-élevées, sa couleur délicate & naturelle, & son pinceau paroît manié par la main d'un Ange. Ses contours ne sont pas corrects à la verité, mais ils sont d'un grand Goût ; ses airs de tête gracieux & d'un choix singulier, principalement des femmes & des petits enfans. Et si l'on joint à tout cela l'union qui paroît dans son travail, & le talent qu'il avoit de remuer les cœurs par la finesse de ses expressions, on n'aura pas de peine à croire que la connoissance de son Art lui venoit plûtôt du Ciel que de ses études.

FRANCESCO FRANCIA, qui devroit être ici, a été mis parmi les Peintres Romains à la page 153. tout de même ue Polidore de Caravage à la page 187. e Parmesan à la page 195. Pellegrin de Moene à la page 206. & le Primatice à la page 222. Cela a été fait ainsi, parce qu' a été plûtôt emporté par la maniere qu'il ont suivie, qu'on n'a pris garde au païs o ils sont nés. Peut-être aussi que le Lecteu n'aura pas été fâché de trouver les Disci ples de Raphaël à la suite de leur Maître.

LES CARACHES,

LOUIS, AUGUSTIN, & ANNIBAL

LEs Caraches qui ont acquis par leurs Ouvrages tant de gloire & de réputation, étoient Louis, Augustin, & Annibal, tous trois de Bologne.

LOUIS vint au monde en 1555. Il étoi Cousin-Germain d'Augustin & d'Annibal; & comme il étoit plus âgé qu'eux, & qu'il s'avança de bonne heure dans sa profession, il fut aussi leur Maître. Le sien fut au commencement Prosper Fontaine, qui ne lui croyant pas un esprit assez plein de feu, tâcha de le détourner de la Peinture, & le rebuta de maniere que Louis quitta son Ecole. Mais son talent releva son courage, & lui fit prendre la résolution de n'avoir point d'autre Maître que les Ouvrages des grands Peintres. Il alla d'abord à Venise, où le Tintoret ayant vû de son Ouvrage, l'enouragea, & lui prédit qu'il seroit un jour es premiers de sa profession : ce qui lui fit oursuivre le dessein qu'il avoit formé de erendre habile. Il étudia donc le Titien, e Tintoret, & Paul Veronese à Venise : e Passignant, & André del Sarte à Florene : le Parmesan & le Correge à Parme : & ules Romain à Mantoue. Mais de tous ces aîtres, celui qui lui toucha le cœur plus ivement, fut le Correge, dont il a depuis oujours suivi la maniere.

AUGUSTIN naquit en 1557. & ANNIBAL n 1560. Leur Pere s'appelloit ANTOINE, ' étoit Tailleur d'habits. Il tâcha de les 'lever avec soin. Il fit étudier Augustin, ont l'inclination sembloit le porter aux ettres : mais comme son Génie l'emportoit encore plus fortement du côté des Arts, n le mit chez un Orfevre, qu'Augustin uitta bientôt pour retourner chez son Pee, où il s'occupa de plusieurs connoissans indifferemment. Il s'adonnoit à tout ce ui lui venoit en fantaisie : à la Peinture, à a Gravûre, à la Poësie, aux Mathématiues, à jouer des Instrumens, à la Danse, à d'autres Exercices louables qui oroient, mais qui partageoient son esprit.

ANNIBAL au contraire n'avoit attention u'à la Peinture. Cet Art qui le lia avec son rere, les obligea tous deux de l'étudier ensemble : mais la diversité de leur temperament faisoit qu'ils se pointilloient sans cesse, & empêchoit tout le fruit de leurs études. Augustin étoit timide & studieux ; Annibal courageux & entreprenant : Augustin recherchoit l'amitié & la conversation des gens d'esprit & de naissance, Annibal n'aimoit que ses égaux, & fuyoit les gens de qualité ; Augustin vouloit se prévaloir de son droit d'aînesse, & de la diversité de ses connoissances, Annibal les méprisoit, & ne songeoit qu'à dessiner ; Augustin étoit pointilleux sur la méthode d'étudier avec profit, & Annibal plus vif, se faisoit partout un chemin facile. Ainsi dans l'impossibilité apparente de les accorder, leur Pere les sépara & envoya l'aîné chez Louis Carache, qui voulut bientôt après les avoir tous deux, & qui trouva par sa douceur & par sa prudence le moyen de moderer cette antipathie qui étoit entr'eux naturellement. Il se servit pour cela de l'ardeur qu'il avoit pour son Art, il leur en inspira le même amour, & leur promit de leur communiquer les connoissances qu'il y avoit acquises ; car il passoit déja pour habile. Enfin le zele qu'ils avoient pour leur profession s'augmentant tous les jours par les progrés étonnans qu'ils y faisoient, les lia tous trois d'amitié, & leur fit oublier toute autre chose que le soin de se rendre habiles.

AUGUSTIN néanmoins interrompoit souvent ses études de Peinture par celles de la Gravûre, qu'il apprenoit de Corneille Cort, ne voulant pas quitter un exercice pour lequel il avoit fait paroître beaucoup de génie dès l'âge de quatorze ans. Mais quoiqu'il se soit rendu très-savant en cette partie, l'amour & le talent qu'il avoit pour la Peinture, le rappelloient toujours à cet Art, comme à son centre.

ANNIBAL, qui ne s'écarta jamais de sa Profession, fit pour s'y fortifier un voyage dans la Lombardie & à Venise. Il fut enthousiasmé dans Parme à la vûe des Ouvrages du Correge : il en écrivit à Louis, & le pria d'exciter Augustin de l'y aller joindre, disant qu'ils ne pourroient jamais trouver une meilleure école pour devenir habiles ; que, ni Tibaldi, ni Colini, ni Raphaël même de la sainte Cecile n'avoient rien fait de comparable aux merveilles qu'il voyoit dans les Tableaux du Correge ; que tout y étoit grand & gracieux, qu'Augustin & lui étudieroient ensemble ces belles choses avec plaisir, & qu'ils vivroient en bonne intelligence.

De la Lombardie, Annibal alla à Venise, où les nouveaux charmes qu'il trouva dans les Oeuvres du Titien, du Tintoret, & de

Paul Veronese, lui firent copier avec soin des Tableaux de ces grands hommes.

Enfin après que chacun des trois eût mis à profit les réflexions qu'ils avoient faites sur les Ouvrages des autres, ils s'unirent si parfaitement ensemble, que depuis ce tems-là ils ne se quitterent point. Louis continua de faire part de ses lumieres à ses Cousins, & ceux-ci les reçûrent avec toute l'avidité & la reconnoissance possible. Il leur proposa ensuite d'unir leurs sentimens & leur maniere, & sur la difficulté qu'ils lui représentoient de pouvoir penetrer tous les principes d'un Art si profond, & d'en éclaircir tous les doutes, il leur répondit qu'il n'y avoit point d'apparence que trois personnes qui ne cherchoient que la vérité, & qui avoient bien vû & bien examiné les differentes manieres, pûssent se tromper.

Ils se résolurent donc de poursuivre & d'augmenter la méthode qu'ils avoient commencée : ils firent en divers endroits quelques Ouvrages, qui malgré toutes les traverses des envieux, leur acquirent du crédit & des amis. Ainsi se voyant établis dans une réputation considerable, ils jetterent les premiers fondemens de cette célebre Académie, qu'ils établirent à Bologne, & qui a passé depuis sous le nom des Caraches.

C'eſt-là que tout ce qu'il y avoit de jeunes Etudians, qui donnoient de grandes eſperances, venoient prendre des Leçons; & c'eſt-là que les Caraches enſeignoient liberalement & avec bonté les choſes qui étoient proportionnées à la portée de leurs Diſciples. Ils y établirent des modeles bien choiſis d'hommes & de femmes: Louis eut le ſoin d'y faire apporter des Statues & des Bas-reliefs Antiques. Ils y avoient des Deſſeins des meilleurs Maîtres, & des Livres curieux ſur toute matiere. Un certain Antoine de la Tour, grand Anatomiſte, y enſeignoit ce qui regarde la liaiſon & le mouvement des muſcles par rapport à la Peinture. On y faiſoit ſouvent des Conferences, & non ſeulement les Peintres, mais les Savans y propoſoient des difficultés; les doutes qui en réſultoient étoient toûjours éclaircis par les déciſions de Louis, à qui on avoit recours comme à l'Oracle. Tout le monde y étoit bien reçû, & les jeunes gens y étant excités par l'émulation, paſſoient les jours & les nuits à étudier: car, bien que les heures y fuſſent reglées pour les differentes matieres que l'on y traitoit; l'on pouvoit néanmoins profiter en tout tems des Antiques, & des Deſſeins que l'on y voyoit. Le Comte Malvaſie dit, que ce qui a ſoutenu cette Academie, c'eſt les principes de Louis, les soins d'Augustin, & le zele d'Annibal.

La réputation des Caraches s'étant répandue jusqu'à Rome, le Cardinal Odoard Farnese, qui vouloit faire peindre la Galerie de son Palais, fit venir Annibal à Rome pour l'éxecution de son Dessein, & ce Peintre fit ce voyage d'autant plus volontiers, qu'il avoit une très-grande envie de voir les Ouvrages de Raphaël, les Statues & les bas-reliefs Antiques.

Le goût qu'il prit aux Sculptures des Anciens lui fit changer sa maniere Bolognese, qui tenoit beaucoup de celle du Correge, pour suivre une méthode plus savante, plus recherchée, & plus prononcée, mais plus séche & moins naturelle dans le dessein & dans la couleur. Il eut occasion de la mettre en usage en plusieurs Ouvrages qu'il y fit, & entre autres dans celui de la Gallerie du Palais Farnese, où Augustin qui l'étoit venu trouver l'aida, & pour l'ordonnance & pour l'execution. Mais soit qu'Augustin voulût trop régenter dans cet Ouvrage, soit qu'Annibal en voulût avoir toute la gloire, ce dernier ne pût souffrir que son frere continuât d'y travailler, quelques soûmissions & quelques offres qu'Augustin lui fît pour l'adoucir.

Le Cardinal Farnese voyant cette mesntelligence, envoya Auguſtin à Parme ans le deſſein de le faire travailler pour le duc Ranuccio ſon frere. Il y peignit une hambre ; mais on lui ſuſcita pendant cet Ouvrage tant de ſujets de chagrin, que ne pouvant le ſurmonter, il ſe retira dans un Couvent de Capucins pour ſe préparer à ne mort qu'il ſentoit prochaine. Elle arriva en 1605. étant âgé ſeulement de quarante-cinq ans.

Il laiſſa un fils naturel nommé Antoine, dont Annibal prit ſoin, le fit étudier, & l'inſtruiſit dans la Peinture. Cet Antoine a donné tant de preuves de ſa capacité, même dans le peu d'Ouvrages qu'il a laiſſé dans Rome, qu'on croit qu'il auroit ſurpaſſé ſon Oncle Annibal s'il avoit vécu plus long-tems. Il mourut à l'âge de trente-cinq ans, en 1618.

Le Comte Malvaſie, dit qu'Annibal eut tout ſujet de ſe repentir de la dureté avec laquelle il avoit traité ſon frere à Rome, & qu'ayant eu dans la ſuite des Tableaux à faire où les conſeils & l'érudition d'Auguſtin lui étoient néceſſaires, il auroit été aſſez embaraſſé ſans le ſecours de Louis Carache. Mais il n'y a gueres de vraiſemblance à cela, puiſque Agucchi qui avoit toûjours aſſiſté Annibal de ſes avis dans les compoſitions qu'il avoit faites, ne lui auroit pas manqué dans le besoin, & qu nous voïons d'ailleurs par ses desseins l fertilité & la beauté de son genie.

On fit à Augustin de celebres obseques à Bologne, dont on peut voir les circonstances dans la description que nous en a laissée le Comte Malvasie.

Cependant Annibal continua la Galerie du Cardinal Farnese, il y prit des soins incroïables, & quoiqu'il fût consommé dans sa profession, il n'a pas fait la moindre chose dans cet ouvrage qu'il n'ait consulté la nature, ni peint la moindre partie de ses Figures, pour laquelle il n'ait fait monter un modele sur l'échaffaut, & n'ait ainsi dessiné exactement toutes les Attitudes.

Bonconti l'un de ses disciples, étonné de tous les soins qu'il prenoit, & du peu d'égard qu'on y avoit, écrivant à son Pere, lui dit entr'autres choses, qu'Annibal n'avoit que dix écus par mois, quoiqu'il fît des Ouvrages qui en méritoient mille, qu'il fût à l'ouvrage depuis le matin jusqu'au soir, & qu'il se tuât à force de travailler : Voici les propres termes de la Lettre rapportée par le Comte Malvasie. *Voglio ch ègli sappia che Messer Annibale Carazzi non altro ha dal suo che scuti dieci di moneta il mese & parte per lui e servitore, & una Stanzietta alli tetti, e lavora & tira la cazetta tutto il di come un Cavallo, & fa loge camare e sale, quadri & ancone e lavori da mille scuti, e stenta, e crepa & ha poco gusto ancora di tal servitú ma questo di gratia non si dica ad alcuno.* Enfin après des soins inconcevables, aïant mis cette Galerie dans le dégré de perfection où nous la voïons, il esperoit que le Cardinal Farnese lui donneroit une récompense proportionnée à la qualité de l'Ouvrage, & à l'espace de huit années qu'il avoit travaillé pour lui, mais un Espagnol nommé Don Jean de Castro qui gouvernoit l'esprit de ce Cardinal, lui persuada que selon la supputation qu'il avoit faite, Annibal seroit bien payé de la somme de cinq cens écus d'or; on les lui porta, & il fut tellement frappé de cette injustice qu'il ne put dire un seul mot à celui qu'on lui envoïa.

Ce procedé fit une terrible impression sur son esprit; le chagrin qu'il en eut le rendit tout languissant, & abregea de beaucoup sa vie. De sorte que peu après son retour de Naples où il étoit allé pour rétablir sa santé que la débauche des femmes avoit d'ailleurs un peu ruinée, il mourut à Rome en 1606. âgé de quarante-neuf ans.

Pendant qu'Annibal travailloit à Rome, Louis étoit recherché de tous les côtés dans la Lombardie, principalement pour des Tableaux d'Eglise, où l'on peut juger de sa capacité & de sa facilité par le grand nombre qu'il en a fait, & par la préference qu'on lui donnoit sur tous les autres Peintres.

Dans le tems qu'il y étoit le plus occupé; Annibal le sollicita si puissamment d'aller à Rome pour l'aider de ses conseils dans l'Ouvrage de la Galerie Farnese, qu'il ne put se dispenser de faire ce voïage; & après avoir corrigé plusieurs choses dans cette Galerie, & avoir peint lui-même une de ces Figures nues, qui soûtiennent le Médaillon de Sirinx, il s'en retourna à Bologne, n'aïant été que très-peu de tems à Rome. Enfin après avoir établi & soûtenu la réputation des Caraches, il mourut dans le lieu de sa naissance en 1618. âgé de soixante-trois ans.

Louis né en 1555. *& mort en* 1618.
Augustin né en 1557. *& mort en* 1605.
Annibal né en 1560. *& mort en* 1609.

Les Caraches ont eu quantité de disciples, dont les plus célebres sont le Guide, le Dominiqüin, Lanfranc, Siste Badalocchi, l'Albane, le Güerchin, Antoine Carache, le Mastelletta, le Panico, Baptiste, Bonconti, le Cavédon, le Taccone, &c. Quand les Caraches n'auroient pas toute la réputation qu'ils se sont acquise par eux-mêmes l'excellence de leurs Disciples auroit rendu leur nom celebre à la posterité.

REFLEXIONS

Sur les Ouvrages des Caraches.

LOrsque Michelange de Caravage & le Chevalier Josepin tenoient à Rome le timon de la Peinture, que le premier qui dessinoit d'un très-méchant goût s'attiroit beaucoup d'éleves, parce qu'il étoit grand Coloriste, & que Josepin s'étoit jetté dans une maniére expeditive, sans goût, & sans exactitude, le bon genie de la Peinture suscita l'Ecole des Caraches pour soutenir ce bel Art, qui couroit risque de tomber en décadence du côté de la composition, & du dessein.

La nature en pourvoïant les Caraches d'un beau genie, leur donna une ardeur incroïable pour leur profession : ils l'ont suivie par leur talent, & l'ont perfectionnée par l'assiduité de leurs études, par l'opiniâtreté de leur travail & par la docilité de leur esprit. Les mêmes principes sur lesquels ils avoient établi cette célebre Ecole, qui portoit leur nom, leur servoient de guide dans l'éxécution de leurs Ouvrages. Leurs manieres sont assez semblables, &

toute la difference qui s'y rencontre ne vient que de la diversité de leur temperament. Louis avoit moins de feu, plus de grandeur, plus de grace & plus d'onction: Augustin plus de gentillesse, & Annibal plus de fierté & de singularité dans ses pensées, plus de profondeur dans le dessein, plus de vivacité dans les expressions, & plus de fermeté dans l'execution.

Les Caraches ont tiré des Sculptures Antiques, & de tous les meilleurs Maîtres, ce qu'ils ont pû en tirer pour se faire une bonne maniere, mais ils n'ont point tari les sources; car s'ils ont puisé dans l'antiquité, dans Raphaël, dans le Titien, & dans le Correge beaucoup de choses, ils en ont encore plus laissé qu'ils n'en ont pris.

Quoique le caractere d'Annibal ait été plûtôt pour des sujets prophanes, que pour ceux de dévotion, il en a traité néanmoins quelques-uns de ces derniers fort pathétiquement, & sur-tout de l'histoire de saint François. Mais Louis en ce genre surpassoit Annibal, en ce qu'il donnoit à ses Vierges des airs gracieux à la maniere du Correge, le genie d'Annibal le portant plus volontiers à la fierté qu'à la délicatesse, & à l'enjouement qu'à la modestie. Pour Augustin il a souvent interrompu l'exercice de la Peinture par la Gravûre qu'il entendoit parfaitement, & par d'autres exercices: ainsi aïant fait peu de Tableaux, on les a confondus la plus grande partie avec ceux de son frere.

Comme Annibal n'avoit point étudié, & qu'il donnoit toute son attention à la Peinture; souvent dans ses grandes Compositions il se servoit du secours de son frere Augustin, & de celui de Monsignor Agucchi, en faisant toûjours passer leurs lumieres par celles de son genie.

Les Caraches ont tous trois dessiné d'un grand goût. Celui d'Annibal s'est encore augmenté dans le sejour qu'il fit à Rome, comme on le peut voir par les ouvrages qu'il a faits au Palais Farnese. Ce dessein est chargé à la vérité: mais cette charge est néanmoins si belle & si savante, qu'elle fait plaisir à ceux mêmes qui la censurent; car son goût de dessiner est un composé de l'Antique, de Michelange & de la nature. Mais comme l'affection qu'il prenoit pour les beautés nouvelles lui faisoit oublier les anciennes, la maniere Romaine lui fit quitter la Bolognese, qui étoit molle & pâteuse; & à mesure qu'il voulut augmenter dans le goût du Dessein, il diminua dans celui du Coloris. Ainsi ses derniers Ouvrages sont d'un Dessein plus prononcé, mais d'un Pinceau moins tendre, moins fondu, & moins agréable.

Ce défaut est commun presque à tous ceux qui ont correctement dessiné. Ils ont crû qu'ils perdroient le fruit de leurs travaux, s'ils laissoient ignorer au monde à quel point ils possedoient cette partie, & qu'on leur pardonneroit assez tout ce qui leur manque d'ailleurs, quand on seroit content dela régularité de leurs desseins. Ils ont eu si peur qu'elle n'échapât aux yeux, qu'ils n'ont point eu de scrupule de les offenser par la crudité de leurs Contours.

Annibal a eu un excellent goût pour le Païsage. Ses Arbres sont d'une forme exquise, & d'une touche très-legere. Les desseins qu'il en a faits à la plume ont un caractere & un esprit merveilleux. Ses touches sont choisies, & elles consistent en peu de traits, mais elles expriment beaucoup, & ce que je dis de ses Païsages convient encore à tous ses autres desseins. Dans tous les objets visibles de la nature il y a un caractere qui les specifie, & qui les fait paroître plus sensiblement ce qu'ils sont. Annibal a sû prendre ce caractere, & s'en est servi dans ses desseins avec beaucoup d'esprit & de justesse.

Malgré l'estime qu'il avoit pour les Ouvrages du Titien & du Correge, son Coloris n'est gueres sorti de la voie commune: il n'a pas pénetré dans l'artifice du Clair-obscur, & ses Couleurs locales ne sont pas ien précieuses. Ainsi ce qui se trouve de bon dans ses Tableaux touchant le Coloris n'est pas tant l'effet des principes de l'Art, que des bons momens de son genie, ou des réminiscences du Titien & du Correge.

Cependant nous ne voïons point de Peintre qui ait été plus universel, plus facile, ni plus assuré dans tout ce qu'il faisoit, ni qui ait eu une approbation plus generale qu'Annibal.

Je ne veux pas omettre ce que j'ai oui dire à un grand Ministre d'un merite singulier sur la difference qu'il trouvoit entre Raphaël & Annibal Carache : Il semble, me dit-il, que Raphaël ait choisi ses principaux modeles parmi les gens de la Cour, & Annibal dans la bourgeoisie.

GUIDO RENI.

NE' à Bologne en 1574. étoit fils de Daniel Reni, excellent Musicien. Il étudia les principes de son art chez Denys Calvart Flamand, qui étoit alors en reputation : mais l'Académie des Caraches faisant parler d'elle à Bologne, le Guide quitta son Maître pour travailler sous eux ; il s'y appliqua avec tant de soin, que ses premiers ouvrages étoient entierement dans le maniere de ces nouveaux Maîtres, entre lesquels il eut une prédilection pour Louis, parce qu'il trouvoit beaucoup de grace & de grandeur dans ce qu'il faisoit. Il chercha, ensuite une maniere à laquelle il pût s'arrêter. Il alla à Rome où il en copia de toutes sortes, il étoit charmé des Tableaux de Raphaël d'un côté, & la force de ceux de Caravage lui plaisoit d'un autre. Il essaya de tout, & s'arrêta enfin à une maniere qui pût plaire à tout le monde. En effet, celle qu'il s'est formée est si grande, si facile, & si gracieuse, qu'elle lui a acquis beaucoup de bien & de réputation.

Michelange de Caravage, qui se croyoit offensé par le changement subit que le Guide fit d'une maniere forte & brune à une autre toute opposée, parla des Ouvrages de ce Peintre d'une façon insultante, & qui auroit eu de grandes suites, si le Guide par sa prudence, n'avoit évité de se commettre avec un homme d'un temperament impetueux.

Le Guide étant retourné à Bologne y acquit beaucoup de gloire par le soin dont il travailloit ses Tableaux : & comme il se voyoit recherché de tous côtés par les grands Seigneurs, qui vouloient avoir de ses ouvrages, il fixa un prix à ses Tableaux selon le nombre des Figures qui les compoſoient, pour chacune deſquelles il ſe faiſoit payer cent écus Romains.

Le Guide ſe voyoit ainſi fort à ſon aiſe, & vivoit honorablement quand la paſſion du jeu s'empara de ſon eſprit. Il y fût malheureux, & les pertes qu'il fit, le réduiſirent enfin dans la neceſſité. Ses amis prirent ſoin de lui faire enviſager ſon état : mais il ne lui fut pas poſſible de ſe corriger. Il envoïoit vendre ſous main à vil prix des Tableaux dont il avoit refuſé beaucoup d'argent, & il n'avoit pas plûtôt reçû ce petit ſecours, qu'il alloit chercher ſes joueurs pour avoir ſa revanche. Enfin, comme une paſſion en affoiblit une autre, celle qu'il avoit pour ſon Art diminua à tel point, qu'en travaillant il ne ſongeoit plus comme auparavant à ſa gloire : mais ſeulement à expedier ſes tableaux pour avoir de quoi ſubſiſter. Ses principaux Ouvrages ſont dans les Cabinets des Grands. Il travailloit également bien à huile & à freſque. Celui de ſes Tableaux qui a fait le plus de bruit dans Rome, eſt celui qu'il peignit en concurrence du Dominiquin dans l'Egliſe de S. Gregoire. Au reſte le Guide étoit de ſi bonnes mœurs, qu'à la paſſion du jeu près, c'étoit un homme accompli. Il mourut à Bologne en 1642. âgé de ſoixante-ſept ans.

REFLEXIONS
Sur les Ouvrages du Guide.

QUoiqu'il n'y ait pas une grande vivacité dans les productions du Guide, l'on voit néanmoins que s'il n'a pas fait beaucoup de grandes compositions, c'étoit plûtôt faute d'occasion, que de fertilité de veine. Il faut avouer pourtant que son genie n'étoit pas également propre à traiter toutes sortes de sujets. Les matieres pathétiques & celles de dévotion étoient les plus conformes à son temperament: la grandeur, la noblesse, la douceur & la grace étoient le vrai caractere de son esprit; & il les a tellement répandues dans tous ses Ouvrages, qu'elles sont les principales marques qui le distinguent d'avec les autres Peintres.

Il pensoit assez finement, & ses objets sont ordinairement bien disposés en general, & les figures en particulier.

Comme le Guide a été le premier & le plus affectionné de tous les éleves des Caraches, il se conforma d'abord à leur Goût de dessein, & à leur maniere. Il s'en fit une dans la suite qui n'étoit pas si ferme, si prononcée, ni si savante que celle d'Annibal; mais qui approche plus du caractere de la nature, sur-tout dans les extrémités, les têtes, les pieds & les mains. Il y observoit certaines tendresses, & y dessinoit certaines parties d'une façon particuliere : comme les yeux grands, la bouche petite, les narines un peu serrées, les mains & les pieds plûtôt potelés, que sensiblement articulés, sur-tout les pieds un peu courts, & les orteils serrés : Et enfin il est vraisemblable, que s'il n'a pas prononcé si exactement l'articulation des membres, ce n'est pas tant pour avoir oublié ce qu'il en savoit, que pour fuir une espece de pédanterie, qu'il y a, disoit-il, à les trop marquer. Mais l'excès qu'on doit éviter, ne dispense pas du milieu que l'on doit suivre.

Pour les Têtes elles sont du merite de celles de Raphaël, soit dans la correction du dessein, soit dans la finesse des expressions, sur-tout celles qui regardent en haut. Il faut dire aussi qu'il a traité peu de sujets qui fussent capables de lui fournir une assez grande diversité d'expressions pour être entierement comparé en ce genre à Raphaël : cette beauté touchante, qui fait le mérite des Têtes du Guide, consiste à mon avis, non seulement dans la régularité des traits, mais encore dans un air précieux qu'il a donné aux bouches, lequel tient un milieu délicat entre le rire & le mélancolique ; &

dans un accord de ces mêmes bouches avec une certaine modestie qu'il a mise dans les yeux.

Ses Draperies sont bien jettées, & d'un grand Goût ; les plis en sont amples, & quelquefois cassés : il s'en servoit ingénieusement pour remplir les vuides, & pour grouper les membres & les lumieres de ses Figures, principalement quand elles étoient seules. Enfin personne n'a mieux entendu les ajustemens de draperies, ni personne n'a plus noblement habillé, sans qu'il y paroisse aucune affectation.

On ne voit point de païsage de sa main, & quand il traitoit quelque sujet qui en demandoit, de quelque étendue, il se servoit d'une main étrangere.

Son Coloris étoit semblable à celui des Caraches dans les Tableaux de sa premiere maniere. Il en fit même quelques-uns dans la maniere du Caravage, mais le trop grand travail qu'il y trouva, & le moyen qu'il cherchoit de plaire à tout le monde, le détermina à une maniere claire, que les Italiens appellent *Vague*. Il fit dans cette pratique plusieurs Tableaux très-agréables, & dans une grande union de couleurs, quoique plus foibles : mais s'étant accoûtumé peu à peu à cette foiblesse : il négligea ses carnations, ou peut-être les voulant faire plus délicates, il donna dans un gris, qui alla souvent jusqu'au livide.

Pour le Clair-obscur il l'a absolument ignoré, comme a fait toute l'Ecole des Caraches, si ce n'est qu'à l'imitation de Louis Carache son principal Maître, il ne l'ait pratiqué souvent par la grandeur de son Goût plûtôt que par principe, en retranchant de tous ses objets les minuties qui partagent la vûe.

Le Pinceau du Guide étoit leger & coulant, & ce Peintre étoit tellement persuadé que la liberté de la main étoit nécessaire pour plaire, qu'après avoir quelquefois peiné son Ouvrage, il donnoit par dessus des coups hardis, pour ôter l'idée du tems & du grand travail qu'il avoit coûté.

L'état où le jeu l'avoit réduit sur la fin de sa vie ne lui permit pas de se servir de cet artifice, il fallut travailler promptement pour avoir de quoi vivre, & cette promptitude laissa sur ces dernieres Peintures, qui n'étoient pas fort finies, une liberté naturelle.

Enfin, de quelque maniere, & en quelque tems qu'il ait peint ses Tableaux, il y a mis une finesse dans les pensées, une noblesse dans les figures, une douceur dans les expressions, une richesse dans les ajustemens, & par tout une grace, qui lui ont attiré une admiration universelle.

DOMINIQUE ZAMPIER DIT LE DOMINIQUIN,

NE' à Bologne en 1581. d'une famil honnête, a été long-tems disciple d Caraches. Il avoit l'esprit tardif, mais excellent ; ce qu'il dessinoit pour ses étude étoit fait avec tant de peine, & tant de circonspection que les autres disciples ses camarades le regardoient comme un hom qui perdoit son tems ; ils disoient que se ouvrages étoient labourés à la charue, & il l'appelloient le bœuf : mais Annibal qu connoissoit son caractere, leur dit que ce bœuf à force de labourer rendroit son champ si fertile qu'un jour il nourriroit la Peinture ; Prophétie si veritable, que les Tableaux du Dominiquin sont aujourd'hui une source où il y a d'excellentes choses à puiser, & que les ouvrages publics que ce savant Peintre a fait, à Rome, à Naples & à Grotta Ferrata, sont des témoignages éternels de sa grande capacité. Le Tableau de la Communion de saint Jerôme, qu'il fit à Rome pour l'Eglise de ce Saint plut tellement au Poussin, que ce fameux Peintre contoit

ontoit la Transfiguration de Raphaël, la escente de Croix de Daniel de Volterre, & le saint Jerôme du Dominiquin, pour es trois plus beaux Tableaux de Rome. Il joûtoit qu'il ne connoissoit point d'autre Peintre pour les expressions que le Dominiquin. Comme il a beaucoup travaillé à fresque, ses Tableaux à huile sont peints avec quelque sécheresse.

Il étoit bon Architecte, & le Pape Grégoire XV. lui donna l'intendance des Palais & des Bâtimens Apostoliques. Il aimoit la solitude, & lorsqu'il alloit par les rues, on remarquoit qu'il avoit attention aux actions des particuliers qu'il rencontroit en chemin, & qu'il en dessinoit souvent quelque chose sur ses tablettes. Il étoit d'un temperament doux & avoit un procedé fort honnête; cependant il experimenta une cruelle persécution de la part de ses envieux, & principalement à Naples; ce qui lui causa un extrême chagrin dont il mourut en 1641. âgé de soixante ans.

REFLEXIONS

Sur les Ouvrages du Dominiquin.

JE ne ſai que dire du génie du Dominiquin ; je ne ſai pas même s'il y avoit quelque choſe dans l'ame de ce Peintre qui méritât ce nom, ou ſi la bonté de ſon eſprit & la ſolidité de ſes réflexions lui ont tenu lieu de génie & lui ont fait produire des Ouvrages dignes de la poſterité. Car il avoit apporté en naiſſant une humeur taciturne, & fort éloignée de cette activité que demande la Peinture. Les études de ſa jeuneſſe ont été obſcures, ſes premiers travaux mépriſés, ſa perſeverance traitée de tems perdu, & ſon ſilence de ſtupidité. La ſeule opiniâtreté dans le travail, malgré les conſeils & la riſée de ſes camarades, lui amaſſoit peu à peu en ſecret un tréſor de ſcience qui devoit être découvert en ſon tems. Enfin ſon eſprit envelopé comme un Ver-à-ſoie dans ſa coque, après avoir longtems travaillé dans une eſpece de ſolitude, ſe ſentant dévelopé des filets de l'ignorance, & échauffé par l'activité de ſes penſées, prit l'eſſor & ſe fit admirer non-ſeulement des Caraches qui l'avoient ſoûtenu, mais encore de leurs disciples qui avoient tâché de le rebuter.

Dès les commencemens ses pensées étoient judicieuses, elles s'éleverent beaucoup dans la suite, & peu s'en faut qu'elles ne soient arrivées jusqu'au sublime ; si l'on ne veut dire qu'il y ait porté quelques-uns de ses Ouvrages, comme les Angles du Dôme de Saint André à Rome, la Communion de saint Jerôme, le David, l'Adam & l'Eve, qui sont chez le Roi ; Notre-Seigneur qui porte sa Croix, qui est chez Monsieur l'Abbé de Camps, & quelques autres.

Il a eu un assez bon choix d'attitudes, mais il a très-mal entendu la collocation des Figures & la disposition du tout-ensemble. D'ailleurs pour le goût & la correction du dessein, pour l'expression du sujet en géneral, & des passions en particulier ; pour la varieté & la simplicité des airs de têtes, il n'est gueres inferieur à Raphaël. Il a été comme lui très-jaloux de ses contours, & il les a marqués encore plus séchement ; & quoiqu'il n'ait pas eu tant de noblesse & de grace, il n'en a pourtant pas manqué.

Ses draperies sont très-mauvaises, très-mal jettées, & d'une dureté extrême. Son Païsage est du goût des Caraches, mais exécuté d'une main pesante. Ses carnations donnent dans le gris & tiennent peu du caractere de la vérité : mais son clair-obscur est encore plus mauvais. Son pinceau est pesant & son ouvrage fort sec.

Comme les progrès qu'il faisoit dans la Peinture ne s'augmentoient que par le travail & par les réflexions, ses ouvrages ont acquis avec l'âge un accroissement de mérite, & ce sont les derniers qui lui ont attiré plus de louanges. Ainsi il est vraisemblable de dire que les parties de la Peinture que le Dominiquin possedoit, étoient une récompense de ses fatigues, plûtôt qu'un effet de son génie. Mais fatigues ou génie, ce qu'il a produit de bon est d'une nature à servir de modele à tous les Peintres qui le suivront.

JEAN LANFRANC

NE' à Parme le même jour que le Dominiquin en 1581. de parens pauvres, qui pour s'en décharger le menerent à Plaisance, & le firent entrer au service du Comte Horace Scotti. Il n'y faisoit que charbonner les murailles, & trouvoit le papier trop petit pour y grifonner ses idées. Le Comte voïant les dispositions de ce jeune homme, le mit chez Augustin Carache, après la mort duquel il alla à Rome où il étudia ſous Annibal. Celui-ci le fit travailler à S. Jacques des Eſpagnols, & le trouva aſſez capable pour lui confier l'exécution de ſes deſſeins en des ouvrages où il a laiſſé de quoi douter s'ils ſont du Maître ou du Diſciple.

Son génie étoit de peindre à freſque dans des lieux ſpacieux, comme on le peut remarquer par ſes grands ouvrages, & ſur tout par la Coupole de ſaint André de Laval, où il a beaucoup mieux réuſſi que dans ſes Tableaux de médiocre grandeur; il deſſinoit du goût d'Annibal Carache, & tant qu'il demeura ſous la conduite de cet illuſtre Maître, il fut toujours correct : mais après la mort d'Annibal il ſe laiſſa aller à l'impetuoſité de ſon génie, ſans prendre autrement garde à la régularité de ſon Art. Il a gravé à l'eau-forte les Loges de Raphaël, conjointement avec Siſto Badalocchi, & l'un & l'autre dedierent cet ouvrage à Annibal leur Maître. Lanfranc peignit pour Urbain VIII. l'Hiſtoire de ſaint Pierre, qui a été gravée par PietroSanti, & d'autres ouvrages dans l'Egliſe de ſaint Pierre. Ce Pape en fut ſi content qu'il le fit Chevalier.

Lanfranc fut heureux dans ſa famille ; ſa femme qui étoit fort aimable lui donna des enfans qui de ſa maiſon faiſoient une eſpece de Parnaſſe, par les talens qu'ils avoient pour la Poësie & pour la Musique ; sa fille aînée, qui chantoit & qui jouoit très-bien de divers instrumens y contribua plus que les autres. Il mourut en 1647. âgé de soixante-six ans.

REFLEXIONS

Sur les Ouvrages de Lanfranc.

LE génie de Lanfranc, échauffé par le études qu'il fit d'après les ouvrages du Correge, & surtout d'après la Coupole de Parme, le porta dans un enthousiasme d vastes pensées. Il chercha avidement les moïens de faire de semblables productions ; & celles que l'on voit de lui à Rome & à Naples persuadent facilement qu'il étoit capable de grandes entreprises. Aussi avoit-il un talent particulier pour les executer. Rien ne l'étonnoit, & il a fait des Figures de plus de vingt pieds de haut dans l Coupole de saint André de Laval, qui font un très-bon effet, & qui ne paroissent d'en bas que d'une proportion naturelle & convenable. On voit dans ses grands Ouvrages qu'il vouloit joindre la fermeté du dessein d'Annibal au grand goût & à la suavité du Correge. Il tâcha même d'en imiter tout la grace : mais il ne ſavoit pas que la nature, qui en fait preſent à qui elle veut, ne lui en avoit accordé qu'une petite meſure. Ses idées étoient capables à la verité d'embraſſer de grands Ouvrages, & ſon génie n'étoit pas aſſez ſouple pour retourner ſur lui-même, & pour s'appliquer à les terminer ; c'eſt ce qui fait que ſes Tableaux de chevalet ne ſont pas ſi eſtimables que ce qu'il a peint à freſque : la vivacité d'eſprit, & la liberté de main étant très-propres à ce genre de Peinture.

Lanfranc eut un goût de deſſein ſemblable à celui de ſon Maître ; c'eſt-à-dire toûjours grand & toûjours ferme : mais il n'en conſerva pas la correction juſqu'à la fin. Ses grandes compoſitions font un grand fracas, cependant ſi on en veut examiner le détail, on n'y trouvera aucune expreſſion qui intereſſe.

Son coloris n'eſt pas ſi recherché que celui d'Annibal ; les teintes de ſes carnations ſont triviales, & les ombres en ſont un peu noires. Il a ignoré, comme ſon Maître, l'artifice du Clair-obſcur. Il l'a quelquefois mis en uſage comme lui par un bon mouvement de ſon eſprit, & non par principe.

Les Ouvrages de Lanfranc partent d'une veine bien opposée à celle du Dominiquin. Ce dernier s'eſt fait Peintre en dépit de

Minerve; celui-là étoit né avec un géni heureux; Dominiquin inventoit avec peine, & digeroit ensuite ses compositions avec un jugement solide, & Lanfranc laissoit tout faire à son genie, dont les productions couloient de source: Dominiquin s'est étudié à exprimer les passions particulieres, & à surpasser son maître dans la régularité des contours, & Lanfranc s'est contenté d'une expression generale, & de suivre Annibal dans le goût du dessein: Dominiquin, qui dans ses études avoit toûjours fait agir sa raison, augmenta sa capacité jusqu'à la mort; & Lanfranc, qui n'étoit appuyé que sur une pratique exterieure de la maniere d'Annibal, diminua toûjours après la mort de ce Maître: Dominiquin executoit ses Ouvrages d'une main pesante & tardive, & Lanfranc l'avoit prompte & legere. Enfin il est difficile de voir deux éleves nourris dans la même école, & nés sous la même planette, qui soient plus opposés l'un à l'autre, & qui aient des temperamens si contraires: mais cette opposition n'empêche pas qu'on ne puisse les admirer tous deux en les regardant par leurs bons côtés.

FRANÇOIS ALBANE,

NE' à Bologne en 1578. eut pour pere un Marchand de soie qui le voulut faire inutilement de sa profession; car le penchant de son fils le portant à la Peinture, il se mit d'abord chez Denys Calvart où étoit le Guide: celui-ci étant déja fort avancé, enseigna à son camarade les principes du dessein; & étant sorti de chez son Maître pour se mettre sous les Caraches, il l'y attira aussi. Après que l'Albane y eut fait un progrès considerable, il s'en alla à Rome, où l'étude des belles choses le fortifia tellement dans son Art, que ç'a été un des plus savans & des plus agréables Peintres d'Italie.

Etant de retour à Bologne il épousa en secondes nôces une femme qui lui apporta en dot une grande beauté, & beaucoup de complaisance; ainsi il trouva en elle le repos de sa maison, & un modele parfait pour les femmes, qu'il auroit à peindre. Elle eut de beaux enfans dans la suite, & l'Albane prit autant de plaisir à les peindre, que sa femme en avoit à les tenir, ou dans ses mains, ou suspendus avec des bandelettes, selon l'attitude dont il avoit besoin;

c'eſt ce qui lui a donné occaſion de peind
tant de ſujets où Venus, les Amours, l
Nymphes, & les Déeſſes avoient toujour
beaucoup de part. Il ſe ſervoit utilement
ingenieuſement des lumieres qu'il avoit r
çûes des belles Lettres, pour enrichir ſe
inventions des fictions de la poëſie; on l
reproche ſeulement de n'avoir pas aſſez va
rié ſes figures, & d'avoir donné preſque p
tout le même air & la même reſſemblanc
Ce qui vient de ce qu'il ſe ſervoit toujour
des mêmes modeles, & qu'il en avoit l'idé
remplie. On voit fort peu de grandes figu
res de ſa main; & comme il a peint ordi
nairement en petit, ſes Tableaux ſe ſont diſ
perſés comme des pierres précieuſes par
toute l'Europe. Ils ont été payés d'un gran
prix, ſur-tout dans ces derniers tems. Il
ſont devenus fort à la mode, & étant ſavans & agréables, ils plaiſent à tout le monde. Ce Peintre à paſſé quatre-vingt-deux
ans dans une vie paiſible, qu'il change
pour une meilleure en 1660. Franceſco
Mola & Jean-Baptiſte Mola ont été ſ
Diſciples.

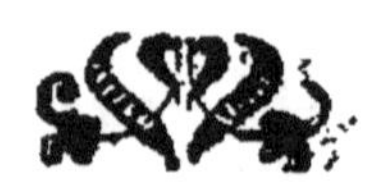

REFLEXIONS

Sur les Ouvrages de l'Albane.

COmme la joie plaît à la plûpart du monde, les Tableaux de l'Albane, qui inspirent cette passion, sont d'autant mieux reçûs, qu'ils sont soûtenus par des pensées ingenieuses. Son génie reveillé par l'étude des belles Lettres, le porta à enrichir ses inventions des ornemens de la Poësie. Sa Veine étoit abondante & facile, & il a fait un grand nombre de compositions remplies de figures. Il étoit savant dans le dessein ; & comme il se servoit toujours des mêmes modeles, il tomboit aisément dans la répetition, principalement dans celle des mêmes airs de têtes qu'il rendoit fort gracieux ; ce qui fait que de toutes les manieres, il n'y en a point de plus facile à connoître que celle de l'Albane.

Les sujets qu'il a traités ne sont pas d'une nature à faire juger s'il savoit entrer dans les differentes passions, & celles qu'il a exprimées tendent presque toutes à la joie, & ne sont pas fort fines. Ainsi l'on peut dire que la grace qui paroît dans ses ouvrages ne vient pas si précisement de son génie, que de l'habitude de sa main.

Ses attitudes & ses draperies sont d'un assez bon choix. Il étoit universel; & son Païsage, qui est plus agréable que savant, est comme ses têtes, d'un même dessein & d'une même touche.

Son coloris est frais, & ses carnations sont de teintes sanguines, mais peu recherchées. Il a été fort inégal dans la force de ses couleurs, ayant fait des sujets en pleine campagne, les uns forts de couleurs, les autres foibles. Quant au Clair-obscur & à l'union des couleurs, quoiqu'il n'en ait pas connu le principe, le bon sens ou le hazard l'y ont quelquefois conduit.

Son travail paroît extrêmement fini; & bien que ses Tableaux soient peints avec facilité, on y voit fort peu de touches libres.

FRANÇOIS BARBIERI,

surnommé

LE GUERCHIN DA CENTO.

QUantitéde Peintres ont conservé toute leur vie le nom qui leur a été donné dans leur jeunesse en Italie, & qui vient quelquefois d'un défaut corporel; comme *il Gobbo, il Bamboccio, &c.* C'est ainsi que François Barbieri n'a été nommé Guercino que parce qu'il étoit louche. Ce Peintre nâquit à Bologne en 1597. Il apprit les principes de son Art chez des Peintres de Bologne d'une médiocre capacité. Il les quitta pour l'Academie des Caraches où il dessina d'une grande maniere & d'une grande facilité, mais d'un goût naturel plûtôt qu'idéal. Lorsqu'il voulut se former une maniere de dessiner, il examina celles des Peintres de son tems. Celle du Guide & de l'Albane lui semblerent trop foibles ; & sans les blâmer, il se détermina à donner à ses Tableaux beaucoup plus de force, & s'approcha de la façon de faire du Caravage qui lui plaisoit assez ; étant persuadé qu'on ne pouvoit bien imiter le relief de la nature, qu'en prenant les avantages que les ombres & les couleurs fortes peuvent donner. Il étoit néanmoins fort ami du Guide, pendant la vie duquel il demeura toûjours à Cento, qui est auprès de Bologne, & ne rentra dans la Ville qu'après la mort de ce Peintre. Il a toûjours suivi cette façon de peindre forte, si ce n'est sur la fin, contre son sentiment, & seulement, disoit-il, pour gagner de l'argent & pour plaire aux ignorans, que la réputation du Guide & de l'Albane avoit entraînés ; c'est ainsi qu'il parloit. La verité est que de tous les éleves des Caraches, il n'y en a point eu de moins agréables. Il inventoit facilement; mais il eût été à souhaiter qu'il eût joint à la fierté de sa maniere plus de noblesse dans les airs de têtes & plus de verité dans les couleurs locales. Ses carnations donnent un peu dans le plombé, quoique dans le general elles ne manquent pas d'harmonie, & que ce qui est à desirer dans ses Tableaux ne puisse pas empêcher qu'il ne passe dans l'esprit des Connoisseurs pour un grand Peintre.

Au reste, s'il est recommandable par sa Peinture, il ne l'est pas moins par ses vertus morales. Il aimoit le travail & la solitude; il étoit sincere dans ses paroles, ennemi de la raillerie, humble, civil, charitable, dévot, & d'une chasteté reconnue. Quand il sortoit de chez-lui, il étoit presque toûjours accompagné de plusieurs Peintres, qui le suivoient comme leur Maître, & le respectoient comme leur Pere : car il les assistoit de son conseil, de son crédit, & de sa bourse même, quand ils en avoient besoin. Quoiqu'il fût fort humble, il n'avoit rien de bas dans ses manieres, & il joignit à la droiture de ses mœurs une hardiesse honnête, qui le fit aimer des Grands. Comme il étoit laborieux, il amassa beaucoup de bien, qu'il employoit à faire plaisir à tout le monde. Il donna de grandes sommes pour faire bâtir des Chapelles, & fit de belles fondations à Bologne & ailleurs. Il mourut en 1667. âgé de soixante dix ans, & fit deux neveux ses heritiers, n'ayant point été marié, & ayant toûjours vécu dans une grande pureté.

REFLEXIONS

Sur les Ouvrages du Guerchin.

LE Guerchin a étudié quelque tems dans l'Ecole des Caraches; cependant il ne paroît pas qu'il en ait le caractere, & son goût est singulier. Son genie étoit facile, & non pas élevée, ni ses pensées fines. On voit rarement de la noblesse dans ses figures, & ses expressions n'interessent que médiocrement.

Son goût de dessein est grand & naturel, il n'est pas néanmoins fort élégant. Son inclination a toujours été pour un coloris fort; car ayant voulu dans les commencemens suivre le Guide son ami, & voïant que ce Peintre quittoit sa premiere maniere pour en prendre une plus claire, & comme disent les Italiens, plus vague, il se jetta sans hesiter dans celle du Caravage, qu'il a moderée selon son choix.

Il a donné de l'union à ses couleurs par l'uniformité de ses ombres rousses : mais peu de fraicheur à ses carnations. Son goût se portoit néanmoins à imiter le vrai , & il l'a fait souvent avec succès , & quelquefois servilement & sans choix. Il tiroit ses lumieres de fort haut, & il affectoit de faire des ombres fortes pour attirer les yeux, & pour donner une grande force à ses Ouvrages ; ce qui se remarque encore plus sensiblement dans ses desseins que dans ses Tableaux. Ces derniers se soûtiendront toujours par la force des ombres, par l'accord des couleurs, par ce qu'il y a de grand dans le goût du dessein , par la molesse du Pinceau , & par un certain caractere de verité.

MICHELANGE MERIGI,

dit communement

MICHELANGE DE CARAVAGE,

NE' dans un Bourg du Milanois appellé Caravage , s'est rendu très-célebre par une maniere extrêmement forte, vraie , & d'un grand effet, de laquelle il est Auteur. Il peignoit tout d'après nature dans une chambre où la lumiere venoit de fort haut. Comme il a exactement suivi ses modeles, il en a imité les défauts comme les beautés, car il n'avoit point d'autre idée que l'effet du naturel present. Il disoit que les Tableaux qui n'étoient pas faits d'après nature, n'étoient que de la guenille, & que les figures qui les composoient n'étoient que de la carte peinte.

Sa maniere qui étoit nouvelle fut suivie de beaucoup de Peintres de son tems, & ntr'autres du Manfréde & du Valentin. On ne peut nier que cette maniere ne soit une verité surprenante, & qu'elle n'ait beaucoup de pouvoir sur les yeux même les plus éclairés. Elle a presque entraîné l'Ecole des Caraches, car sans parler du Guerchin, qui ne l'a jamais abandonnée, le Guide & le Dominiquin ont été tentés de la uivre: mais le goût du dessein qui s'y troue attaché, & le choix de sa lumiere, toûjours le même dans toutes sortes de sujets, les en a dégoûtés. Ses Tableaux sont dispersés dans les Cabinets de l'Europe; il y en a plusieurs à Rome & à Naples: il y en un aux Dominicains d'Anvers, que Rubens appelloit son Maître.

Le mépris avec lequel il parloit des ouvrages d'autrui, lui attira des querelles, & sur-tout avec Josepin, dont il se moquoit ouvertement. Un jour la dispute s'échauffa tellement entr'eux, que Michel-

ange, par un effet d'emportement, ti
l'épée contre son Competiteur, & il en c
ta la vie à un jeune homme nommé T
massin, qui tenant pour Josepin, voulo
les séparer. Michelange après cette acti
fut contraint de chercher un azile chez
Marquis Justiniani, chez lequel il peign
l'incredulité de saint Thomas, & un Cup
don, qui sont deux morceaux admirabl

Justiniani lui obtint sa grace, & lui
des reprimandes de son emportement: m
Michelange se voyant en liberté ne pût p
moderer sa bile, il alla trouver Josepin,
lui fit un appel. Celui-ci lui répondit qu
étoit chevalier, & qu'il ne tiroit l'épée qu
avec ses pareils. Le Caravage piqué
cette réponse s'en alla à Malte, fit ses Ca
ravanes, & reçût l'Ordre de Chevalerie
qualité de Frere servant. C'est-là qu'il fit l
Tableau de la Decolation de saint Je
pour l'Eglise de Malte, & le Portrait d
grand Maître de Vignacourt, qui est au
jourd'hui dans le Cabinet du Roi.

Etant ainsi revêtu de l'Ordre de Ma
te, il revint à Rome, dans le dessein
d'obliger Josepin de se battre contre lui
mais une grosse fievre vint au secours d
Josepin, & fit mourir le Caravage en 1609

REFLEXIONS

sur les Ouvrages de Michelange de Caravage.

LEs idées du Caravage ressemblent à son temperament ; elles étoient fort inégales, & jamais fort élevées. Ses dispositions étoient bonnes, son dessein d'un méchant goût, & il n'en savoit pas assez pour bien choisir, ou pour bien corriger la nature : toute son application étoit dans le Coloris, & il y a merveilleusement réussi. Ses couleurs locales sont extrêmement recherchées, & par une belle intelligence de lumiere, jointe à une exacte varieté de teintes fondues les unes dans les autres, sans être corrompues ni tourmentées, comme on dit, par le Pinceau, il a sû donner une étonnante vérité à ses ouvrages.

Ses attitudes paroissent sans choix. Ses draperies sont vraies, mais mal jettées, & ses Figures ne sont pas accompagnées de l'ajustement qui leur seroit convenable. Il n'a connu, ni les graces, ni la noblesse : & si l'on en trouve dans ses Tableaux, ce n'est point par choix, ni pour avoir fait obéir le naturel à son idée ; c'est parce que ce même naturel, dont il étoit esclave, se trouvoit ainsi par hazard.

Cependant il a fait des Tableaux d'u assez grande composition, qu'il a finis av une extrême exactitude; & s'il y manq quelque chose dans quelque partie de Peinture, on peut dire que les Portrai qu'il a faits sont sans reproche.

Ses expressions ne sont pas bien sensi bles. Il semble que ne faisant que peu, point du tout d'attention à ce qui pe contribuer à l'agrément d'un Tableau, n'ait songé qu'à rendre ses objets palpable Il l'a fait par un bon Clair-obscur, par u excellent goût de couleur, par une for terrible, par une agréable suavité, & pa un Pinceau le plus moëleux qui fut jamais

BARTHOLOMEO MANFREDI

DE Mantoue, disciple du Caravage, a imité sa maniere de fort près. Ses Tableaux sont presque tous des sujets de joueurs de cartes ou de dés. Il est mort jeune.

JOSEPH RIBERA, dit L'ESPAGNOLET,

Atif de Valence en Espagne, disciple du Caravage, peignoit comme son aître d'une maniere forte, & s'attachoit naturel; mais son Pinceau n'étoit pas si oëleux que celui de Michelange. L'Espaolet se plaisoit à peindre des sujets méncoliques. Ses Ouvrages sont dispersés ar toute l'Europe. Naples, où il a fait un ng séjour, en conserve beaucoup, & de eaux.

LIVRE VI.

ABREGE' DE LA VIE DES PEINTRES ALLEMAN ET FLAMANS.

HUBERT & JEAN VAN-EIK

FRERES, natifs de Masseyk sur la Meuse ont été les premiers qui dans les Païs bas aïent fait quelque chose digne d'attention : Aussi doit-on les regarder comme les Fondateurs de l'Ecole Flamande. Hube étoit l'aîné, & Jean qui étoit son éleve, travailla avec tant d'assiduité, qu'il devint bientôt son égal. Ils avoient tous deux de l'esprit & du génie. Ils travaillerent de concert, & se rendirent fort célebres par leurs ouvrages. Ils peignirent plusieurs sujet pour Philippe le Bon Duc de Bourgogne Le Tableau qu'ils firent pour l'Eglise de S. Jean de Gand, attira l'admiration du Public, & Philippe I. Roi d'Espagne n'en

ant pû obtenir l'original, en fit faire une
pie qu'il emporta en Espagne. Le sujet en
tiré de l'Apocalypse, où les Vieillards
orent l'Agneau. Ce tableau est encore
jourd'hui regardé comme une merveille:
est fort frais, parce que l'on a eu soin de
conserver; il est couvert, & il ne se
ontre qu'aux jours de Fêtes, ou à la
iere de quelque grand Seigneur.

Après la mort d'Hubert, qui arriva en
426. Jean son frere se retira à Bruges, ce
ui lui donna dans la suite le nom de Jean
Bruges. C'est lui, qui en cherchant des
rnis pour donner plus de force à ses ou-
rages, trouva que l'huile de lin mêlée avec
es couleurs, faisoit un assez grand effet,
ans qu'il fût besoin même d'aucun vernis.
'est à lui que la Peinture est redevable de
a perfection où elle est parvenue depuis
ar le moïen de cette nouvelle invention.
insi les ouvrages de Jean de Bruges aïant
ugmenté de beauté, se répandirent dans
es Cabinets des Grands.

Le Tableau qu'il envoïa à Alphonse Roi
e Naples, fut cause que le secret de pein-
re à huile entra en Italie, comme on l'a
ait voir dans la vie d'Antoine de Messine.
ean de Bruges se fit estimer, non seulement par sa peinture, mais aussi par la so-
idité de son esprit. En sorte que le Duc de

Bourgogne lui donna une place dans ſ[illegible] Conſeil. Il mourut à Bruges où il fut e[illegible] terré dans l'Egliſe de ſaint Donat. Il avo[illegible] une ſœur nommée Marguerite qui renon[illegible] au mariage, pour exercer avec plus de li[illegible] berté la Peinture qu'elle aimoit paſſio[illegible] nément.

ALBERT DURE

A Cela de commun avec Raphaël d'Ur bin, qu'il vint au monde le jour d[illegible] Vendredi Saint; ce fut à Nuremberg, en 1471. Il eut pour pere Albert Dure très habile Orfevre, de qui notre Albert apprit en même tems l'Orfevrerie & la Gravûre. A quinze ans il ſe mit ſous la diſcipline d[illegible] Michel Wolgemut habile Peintre à Nuremberg. En quoi Van-Mander n'a pas été bien informé, puiſqu'il le fait diſciple de Martin Schon. Il eſt vrai qu'Albert avoit envie d'en faire ſon Maître; mais la mort de Martin Schon ne lui donna pas le tems d'exécuter ſon deſſein.

Après avoir paſſé trois ans chez ſon Maître, il en emploïa quatre à voïager en Flandre, en Allemagne & à Veniſe; & à ſon retour, il ſe maria à vingt-trois ans. C'eſt environ ce tems-là qu'il commença à met-

tre

re en lumiere quelques Estampes de sa façon. Il grava les trois Graces, & des Têtes e mort, avec d'autres Ossemens; un Enr avec des Spectres diaboliques dans la aniere d'Israël de Malines; au-dessus de es trois femmes, il y a un Globe sur lequel n voit ces trois Lettres, *O. G. H.* qui eulent dire en Allemand, O Gott Hüte! *Dieu, gardez-nous des enchantemens*! Il voit pour lors 26. ans, car c'étoit en 1497. Aïant mis ainsi son génie en mouveent, il s'attacha de lui-même à l'étude du ssein, & y devint si habile qu'il servoit regle à tous ceux de son tems, & que lusieurs Italiens même tiroient de ses stampes un grand avantage: ce qu'ils ont ncore fait long-tems depuis, mais avec lus d'adresse & de déguisement.

Il a eu soin dans toutes ses Planches, de ettre l'année qu'elles ont été gravées, qui st une chose dont les curieux ont sujet de e louer, car ils peuvent juger par-là à quel ge il les a travaillées. Dans la grande Passon de Notre-Seigneur qu'il a gravée, il disposé la Céne selon l'opinion d'Æcoampade. La mélancolie est sa plus belle iece, & les choses qui entrent dans la omposition de ce sujet, sont une preuve e l'habileté d'Albert: ses Vierges sont ncore d'une beauté singuliere.

Albert marquoit aussi sur ses Tableaux, l'année qu'ils avoient été peints, & Sandrart qui en a vû plus que personne, n'en remarque point avant l'année 1504. Cela voudroit dire qu'Albert n'en a point fait avant l'âge de 33. ans, du moins de considerables.

L'Empereur Maximilien donna à Albert pour les Armoiries de la Peinture trois écussons, deux en chef & un en pointe.

La réputation d'honnête homme, dans laquelle il vivoit, son bon esprit & son éloquence naturelle, le firent élire membre du Conseil de la Ville de Nuremberg. Son Génie universel le faisoit travailler avec facilité aux affaires de la République & à celles de sa maison ; il étoit laborieux, d'un tempérament doux, & dans un établissement qui auroit dû lui procurer du repos, si sa femme ne s'y étoit point opposée : elle étoit de si mauvaise humeur, qu quoiqu'ils n'eussent point d'enfans, & qu'ils eussent fait une fortune considerable, elle le tourmentoit jour & nuit pour l'augmenter : ce qui l'obligea pour s'en séparer de faire un voïage au Païs-bas, où fit grande amitié avec Lucas de Leyde L'inquiétude de cette femme, ses larmes & les promesses de mieux vivre à l'avenir, obligérent les amis d'Albert de lui écrir les diſpoſitions où elle étoit. Il ſe laiſſa perſuader ; il revint : mais elle ne pût jamais tenir ſa promeſſe, & malgré la prudence & la douceur de ſon mari, elle le traita comme auparavant, & le fit mourir de déplaiſir à l'âge de 57. ans, en 1528.

Albert a écrit lui-même la vie de ſon pere en 1524. Sandrart la rapporte après celle du fils. Albert y écrit la plûpart des choſes que l'on vient de dire de lui-même. Il y parle avec une ſincerité fort humble de la peine que ſon pere avoit à vivre dans ſa profeſſion, & la miſere où il a été lui-même dans ſa premiere jeuneſſe. Ce qui eſt de ſurprenant en ſa vie, c'eſt d'avoir travaillé avec tant d'aſſiduité à un ſi grand nombre d'ouvrages, dans des tems fort difficiles, & avec une femme extraordinairement fâcheuſe. Il a écrit de la Géometrie, de la Perſpective, des Fortifications & de la proportion des Figures humaines. Pluſieurs Auteurs parlent de lui avec éloge, & entr'autres Eraſme & Vaſari.

RE'FLEXIONS

Sur les Ouvrages d'Albert Dure.

NOus n'avons perſonne qui ait fait voir dans les Arts un Génie plus étendu & plus univerſel qu'Albert Dure, Après les avoir tentés preſque tous & s'y être exercé quelque tems, il s'eſt enfin déterminé à la Peinture & à la Gravûre. Quoique le tems qu'il donnoit à l'une & à l'autre ait dû partager ſon application & affoiblir la bonté de ſes ouvrages, il les a néanmoins pouſſées toutes deux à une telle perfection qu'on ne peut ſouhaiter dans l'une ni dans l'autre une plus grande exactitude, ni une plus grande fermeté que celles qu'il a eues. Mais comme l'exemple & les premieres choſes qui ſe préſentent aux yeux dans les commencemens que l'on s'attache à une profeſſion, déterminent le goût, & font prendre un certain tour aux penſées : il ne manquoit à celles d'Albert pour être miſes dans un beau jour, que d'être dirigées, ou par une bonne éducation, ou par la vûe des ouvrages antiques. Sa veine étoit fertile, ſes compoſitions grandes, & malgré le goût Gottique qui regnoit de ſon tems, ſes productions étoient une ſource, où non-ſeulement les Peintres de ſon païs, mais pluſieurs d'entre les Italiens alloient aſſez ſouvent puiſer.

Il étoit ferme dans ſon exécution ; il y faiſoit ce qu'il y vouloit faire, & la propreté jointe à l'exactitude qu'il emploïoit dans ſon travail, ſont une preuve qu'il poſſédoit parfaitement les principes qu'il s'étoit établis, & qui ne rouloient que ſur le deſſein : cependant il eſt étonnant qu'après les ſoins extrêmes qu'il avoit pris pour connoître la ſtructure du corps humain, & après avoir trouvé une belle proportion entre toutes celles qu'il a données au public, il s'en ſoit ſi peu ſervi dans ſes ouvrages : car à l'exception de ſes Vierges & des Vertus, qui accompagnent le triomphe de l'Empereur Maximilien, tout ce qu'il a fait eſt d'un Goût de deſſein tout-à-fait pauvre : il s'eſt attaché uniquement à la nature ſelon l'idée qu'il en avoit, & bien loin d'en relever les beautés & d'en rechercher les graces, il en a rarement imité les beaux endroits que le hazard fournit aſſez ſouvent : il a été plus heureux dans le choix de ſes païſages : on trouve ſouvent parmi ceux qu'il a faits, des Sites agréables & extraordinaires.

Enfin ſes Ouvrages qui ont été dans ſon

tems & dans son païs les plus estimés, ne méritent pas aujourd'hui qu'on entre dans un plus grand détail des parties de la Peinture : car pour y trouver un bon endroit il en faut essuïer beaucoup de mauvais. Néanmoins on ne peut nier qu'au Goût près, Albert n'ait été savant dans le dessein, & que la nouveauté de ses Estampes ne lui ait acquis par tout beaucoup de réputation, & n'ait fait dire à Vasari, que, *Si cet homme si rare, si exact, & si universel, avoit eu la Toscane pour patrie, comme il a eu la Flandre, & qu'il eût pû étudier d'après les belles choses que l'on voit dans Rome, comme nous avons fait nous autres, il auroit été le meilleur Peintre de toute l'Italie, de même qu'il a été le genie le plus rare & le plus célebre qu'aient jamais eu les Flamans.*

GEORGES PENS

DE Nuremberg a beaucoup étudié les Ouvrages de Raphaël, & a joint à la Peinture l'art de graver en Taille-douce. Marc Antoine s'est servi de lui dans les Planches qu'il a mises au jour. Etant de retour en son païs, il a peint & gravé plusieurs choses de son invention, qui sont autant de preuves de la beauté de son Génie

& de ſon habileté, il marquoit ſon nom par ces deux Lettres ainſi diſpoſées P. G.

PIERRE CANDITO

DE Munic étoit habile homme. Il a peint preſque tout le Palais de Maximilien Duc de Baviere, au ſervice duquel il étoit. C'eſt lui qui a fait les deſſeins des Hermites de Baviere, que Raphaël & Jean Sadeler ont gravés auſſi-bien que pluſieurs autres choſes de ſon deſſein. On voit encore de lui quatre Docteurs de l'Egliſe, gravés par Gilles Sadeler.

Dans le même tems vivoit Matthieu Grunewalt, fort eſtimé dans ſon tems & qui peignoit dans la maniere d'Albert.

CORNEILLE ENGLEBERT

DE Leyde vivoit auſſi dans le même tems : on voit de lui de fort bonnes choſes à Leyde & à Utrecht. Il a eu deux fils qui ont fort imité ſa maniere, Cornelius Cornelii, & Lucas Cornelii : celui-ci, dans l'état miſérable où étoit la Peintute ſe fit Cuiſinier ; mais forcé par ſon Génie, il reprit ſa premiere profeſſion, & devint habile Peintre.

Il passa en Angleterre où le Roi Henri VIII. lui donna de l'emploi, & le prit en affection.

BERNARD VAN-ORLAY

DE Bruxelles étoit au service de Marguerite Gouvernante des Païs-bas; pour laquelle il fit beaucoup d'ouvrages; il en fit aussi plusieurs, pour les Eglises de son païs. Quand il avoit quelque Tableau de consequence à faire, il couchoit des feuilles d'or sur son impression, & peignoit dessus, ce qui a conservé ses couleurs fraîches & leur a donné en certains endroits beaucoup d'éclat; principalement dans une lumiere céleste, qu'il a peinte au Tableau du Jugement universel qui est à Anvers, dans la Chapelle des Aumônes. Il a fait quantité de desseins de Tapisseries pour l'Empereur Charles V. & a eu le principal soin de faire exécuter celles du Pape, & des Souverains de ce tems-là, sur les desseins de Raphaël dont il avoit été disciple.

MICHEL COXIS

DE Malines, apprit les principes de son Art sous Bernard Van-Orlay, après quoi il alla en Italie où il fut disciple de Raphaël, des idées duquel il se servoit ordinairement pour faire des Tableaux : car il avoit de la peine à produire quelque chose de lui-même ; il dessinoit & colorioit dans le goût de Raphaël. Etant de retour en Flandre, il conduisit les Tapisseries qui se faisoient sur les desseins du même Raphaël, & mourut à Anvers en 1592. âgé de 95. ans.

LUCAS DE LEYDE

EUt son Pere pour Maître : mais la nature l'avoit déja pourvû de tant de dispositions avantageuses, qu'il a commencé à graver dès l'âge de neuf ans, & qu'à quatorze il a fait des planches considerables, par la quantité & par la beauté du travail qui s'y rencontre. Sa Peinture alloit de pair avec sa gravûre, & l'une & l'autre étoient faites avec un soin & une propreté admirables. Il avoit une extrême ardeur pour l'étude de sa profession ; & si le tem qu'il a passé dans la recherche des effets d la nature de son païs avoit été emploïé considerer l'antique, on pourroit dire lui ce qu'on a dit d'Albert Dure en pareill occasion, que ses ouvrages auroient ét admirés de tous les siécles. Il étoit magnifique dans sa dépense & dans ses habits.

Il y avoit entre Lucas & Albert un commerce d'amitié très-sincere, & une émulation sans jalousie : ensorte que quand Albert mettoit au jour quelque planche, Lucas en produisoit une autre ; & pendant qu'ils en laissoient le jugement au public, ils se donnoient des louanges l'un à l'autre. Cette amitié s'augmenta beaucoup dans leur entrevûe, lorsqu'Albert fit un voïage en Hollande.

Quelque tems après Lucas en fit un pour visiter les Peintres de Zelande & de Brabant : mais outre qu'il y dépensa beaucoup pour satisfaire sa génerosité, il lui en coûta la vie ; car on prétend que dans un repas qu'on lui donna à Flessingue, il fut empoisonné par la jalousie de quelqu'un de sa profession. Etant de retour chez lui, il passa six années dans une vie languissante, & presque toujours couché. Ce qui lui faisoit plus de peine en cet état d'infirmité, c'étoit de ne pouvoir travailler à son aise :

mais il avoit tant d'amour pour ſon Art, que malgré ſon indiſpoſition, il ne pouvoit s'empêcher de travailler ſur ſon lit; & ſur ce qu'on lui repréſentoit que cette application avanceroit ſa mort : *Hé bien*, dit-il, *je veux que mon lit me ſoit un lit d'honneur.* Il mourut à l'âge de trente-neuf ans, en 1533. Il n'eſt pas hors de la vraiſemblance que le véritable poiſon dont il eſt mort ne ſoit la trop grande application qu'il avoit au travail dans un âge trop tendre, où la nature auroit formé de meilleurs principes de ſanté, ſi elle n'en avoit point été détournée.

QUINTIN MESSIS, *dit* *LE MARECHAL D'ANVERS*,

APrès avoir exercé près de vingt ans le métier de Maréchal, tomba malade d'une langueur qui ne lui permettoit pas de travailler aſſez pour gagner ſa vie : il ſe retira chez ſa mere pour y trouver ſa ſubſiſtance : mais elle étoit ſi vieille & ſi pauvre qu'elle avoit beaucoup de peine elle-même à s'entretenit. Dans ces tems-là un de ſes amis l'étant allé voir, lui montra par hazard une Image qu'un Religieux lui venoit de donner : il se sentit à la vûe de cette Estampe violemment poussé à la copier; ce qu'aïant fait avec quelque succès, l'envie de se faire Peintre lui vint dans la pensée. Il suivit cette inclination, & se trouvant dans la Peinture comme dans son élement, il guérit de sa langueur. L'amour qu'il eut pour la fille d'un Peintre, qui étoit fort belle, & qui étoit en même tems aimée d'un Peintre plus habile que lui, fut un puissant aiguillon pour le faire étudier, & pour lui faire rechercher avec soin tout ce qui pouvoit contribuer à le rendre habile, & à supplanter son Rival.

D'autres contentcette histoire autrement, & veulent que l'amour lui ait ôté le marteau de la main pour y mettre le pinceau, c'est l'opinion la plus commune : c'est ainsi que son Epitaphe le dit, & l'on voit quelques Epigrammes sur ce pied-là. On trouve beaucoup de ses Tableaux à Anvers, & entr'autres une descente de Croix dans l'Eglise de Notre-Dame. Il ne faisoit ordinairement que des demi-Figures & des Portraits. Ainsi ses Ouvrages aïant été faciles à transporter, se sont dispersés de tous côtés dans les Cabinets de l'Europe. Sa maniere, qui n'avoit rien de celle des autres Peintres, étoit fort finie, & forte de ouleurs. Il vêquit fort long-tems, & il mourut l'an 1529.

JEAN DE CALCAR, OU CALKER,

NAtif de la Ville de Calcar dans le Duché de Cleves, a été un excellent homme : mais une mort prématurée ne lui a pas donné le tems de se montrer au monde. En 1536. il entra chez le Titien, où il fit un si grand progrès, que beaucoup de Tableaux & de desseins, à la plume de la main de ce Disciple, passent pour être de Titien même : en quoi beaucoup d'habiles Connoisseurs sont tous les jours trompés. De Venise il alla à Rome, où après s'être rendu la maniere de Raphaël très-familiere, il passa à Naples, & y mourut en 1546. C'est lui qui a dessiné les Figures anatomiques du Livre de Vésal, & les Portraits des Peintres qui sont à la tête des vies que Vasari en a écrites. Cela seul suffiroit pour faire son éloge. Il a fait un Tableau entr'autres d'une Nativité accompagnée d'Anges, où la lumiere vient du petit Christ : cet Ouvrage est admirable ;

Rubens qui en étoit possesseur, l'a voulu garder jusqu'à la mort, & à son inventaire Sandrart l'acheta, & le revendit à l'Empereur Ferdinand, qui en faisoit beaucoup d'estime.

PIERRE KOUC

ETOIT d'Alost, & Disciple de Bernard Van Orlay, qui l'avoit été de Raphaël. Il alla à Rome où la disposition qu'il avoit à profiter des bonnes choses lui fit prendre un très-bon Goût, & lui acquit par l'exercice une grande correction dans le dessein. Etant de retour en son païs, il se chargea de la conduite de quelques Tapisseries qu'on faisoit sur les desseins de Raphaël : & se voyant sans enfans, & veuf après deux ans de mariage, il se laissa aller à la persuasion de quelques Marchands de Bruxelles, qui l'engagerent au voyage de Constantinople : mais ne trouvant rien à faire dans ce païs-là que des desseins de Tapis, à cause que la Religion du païs ne permet pas de représenter des Figures, il s'occupa à dessiner en son particulier des Vues des environs de Constantinople, & les façons de vivre des Turcs, dont il nous a laissé les Estampes en bois, qui seules peuvent faire juger de ſon mérite. Dans cet Ouvrage il a fait ſon Portrait ſous la figure d'un Turc qui eſt debout, & qui montre au doigt un autre Turc qui tient une pique. Après ſon voyage de Conſtantinople il alla s'établir à Anvers, il y fit beaucoup de Tableaux pour l'Empereur Charles-Quint; & ſur la fin de ſa vie il écrivit de la Sculpture, de la Géometrie, & de la Perſpective, & traduiſit en Flamand Vitruve & Serlio; car il étoit bon Architecte. Il mourut en 1550.

ALBERT ALDEGRAF,

DE la Ville de Souſt en Weſtphalie, où il a peint dans l'Egliſe de ce lieu-là pluſieurs choſes, & entr'autres une Nativité digne d'admiration. Il a fait peu de choſes ailleurs, s'étant occupé beaucoup plus à graver, ainſi qu'on le peut voir par le grand nombre de ſes Eſtampes, par leſquelles on peut juger qu'il étoit correct dans ſon deſſein, gracieux dans ſes expreſſions, & né pour être un grand Peintre, s'il eût vû l'Italie.

JEAN DE MABUSE

NAtif d'un Village de Hongrie appellé Mabuse, étoit contemporain de Lucas de Leyde. Après avoir beaucoup travaillé dans sa jeunesse, & voyagé en Italie & ailleurs, il vint en Flandre, où il fit connoître le premier la maniere de composer les Histoires, & d'y faire entrer du nud, ce qui ne s'y étoit point pratiqué jusqu'alors. On voit de ses Ouvrages en plusieurs lieux des Païs-bas, & en Angleterre. Il fut fort sage & fort studieux dans sa jeunesse, mais dans la suite il s'adonna au vin.

Il a été assez long-tems au service du Marquis de Vérens, qui étant averti que l'Empereur Charles-Quint devoit loger chez lui, voulut pour le recevoir, que tous ses domestiques fussent habillés de Damas blanc, & Mabuse comme les autres. Mabuse, au lieu de laisser prendre sa mesure pour lui faire une espece de robe, avec laquelle il devoit figurer selon le projet qu'on en avoit fait, voulut qu'on lui donnât l'étoffe, sous prétexte d'imaginer quelque bizare ajustement : mais c'étoit en effet pour la vendre, & pour en porter l'argent au cabaret, comme il fit ; car sahant que l'Empereur ne devoit arriver ue le soir, il crut qu'il lui seroit facile de e tirer d'affaire. Comme le jour de l'arrivée de l'Empereur approchoit, Mabuse au ieu d'étoffe, colla du papier blanc ensem-e, y peignit un Damas à grandes fleurs, t lui-même sa robe, & parut dans le Cortége. On le plaça entre un Poëte & un Muicien, qui étoient pareillement Domestiues du Marquis.

L'Empereur trouva ce Cortége si galant, uoiqu'il ne l'eût vû qu'aux flambeaux, qu'il voulut le lendemain matin le voir passer encore une fois avec plus d'attention, il se mit pour cela à une fenêtre, & le Marquis auprès de lui; & quand Mabuse passa au milieu de ses deux camarades, l'Empereur remarqua l'étoffe du Peintre, & dit qu'il n'avoit jamais vû de si beau Damas. Le Marquis le fit venir, & la fourberie que l'on reconnut fit extrêmement rire l'Empereur; cependant le Marquis fort en colere de ce que Mabuse avoit donné lieu au monde de croire que pour faire honneur à l'Empereur il faisoit habiller ses gens de papier, le fit mettre en prison, où il demeura assez long-tems: il ne laissa pas de travailler dans la prison, & d'y faire quantité de beaux desseins. Il mourut en 1562.

JEAN SCHOREL.

ETtoit d'un Village auprès d'Alcmar en Hollande appellé Schorel; il a été disciple de Mabuse, & a travaillé aussi quelque tems chez Albert Dure. Après avoir fait quelques tours en Allemagne, il rencontra un Religieux fort curieux de Peinture qui s'en alloit à Jerusalem, & qui lui donna envie de faire aussi ce voyage. Il dessina dans Jerusalem & sur les bords du Jourdain, comme dans les autres lieux qui avoient été sanctifiés par la présence de Jesus-Christ, tout ce que la pieté & la curiosité peuvent suggerer. Il s'est utilement servi de ces desseins dans les Tableaux qu'il a faits depuis. A son retour il alla à Venise où il travailla quelque tems, & de-là à Rome, où il dessina d'après Raphaël & Michelange, & d'après les Sculptures antiques & les ruines des anciens édifices. Le Pape Adrien VI. qui monta pour lors sur la Chaire de S. Pierre lui donna l'intendance des Ouvrages du bâtiment de Belvédere: mais après la mort d'Adrien, qui ne tint le Pontificat qu'un an & huit mois, il s'en retourna dans les Païs-bas. Il s'arrêta à Utrecht où il a beaucoup travaillé.

ans ce voyage il passa par la France, où 'amour de la vie tranquille lui fit refuser 'offre que le Roi François I. lui fit de le rendre à son service. Il étoit doué de pluieurs vertus & de plusieurs sciences : il étoit Musicien, Poëte & Orateur : il savoit e Latin, le François, l'Italien & l'Alleand. La douceur de sa conversation joine à tant de bonnes qualités, le faisoit aier de tous ceux qui le connoissoient. Il ourut en 1562. âgé de soixante-sept ans. eux ans avant son décès, Antoine More on disciple fit son Portrait.

LAMBERT LOMBARD

E Liege, rechercha avec grand soin tout ce qu'il crut pouvoir l'avancer dans sa profession, il étudia fort d'après les Antiques, & fut le premier qui apporta en son païs une méthode éloignée du Gout Gottique & Barbare qui y régnoit. Il forma chez lui une espece d'Académie, où il eut pour disciples entr'autres Hubert Goltius, Franc Flore, & Guillaume Caye. On voit quelques Estampes d'après ses Ouvrages qui font juger de son Goût ; Sandrart prétend avec quelques autres que Suavius & Lombard ne sont qu'une même personne ; il dit que Lombard dans sa jeunesse s'appelloit Lambert Suterman, qui en Allemand signifie doux, & qu'il a voulu exprimer dans la suite ce surnom par le m Latin *Suavius*, & que sur ce principe il marqué ses Estampes de cette sorte, *L Suavius inventor* : Il ajoute que Van-Mander s'est trompé en faisant deux homm de Lombard & de Suavius ; les Curieu peuvent en cela exercer leur critique par l comparaison des Estampes, marquées d ces deux noms, que Sandrart attribue à un même homme en differens tems. Dominique Lampson Secretaire de l'Evêque de Liége assez connu par son érudition, a écrit la vie de Lombard qui étoit son intime ami.

Le même Lampson a fait des Vers à la louange de Lucas Gassel, très-bon Païsagiste de ce tems-là, mais paresseux, qui a vécu & est mort à Bruxelles.

JEAN HOLBEIN

ETOit fils de Jean Holbein, Peintre assez habile, qui quitta Augsbourg lieu de sa naissance & où il avoit travaillé long-tems, pour s'aller établir à Basle : c'est dans cette derniere Ville que naquit notre Holbein

n 1498. Il apprit de ſon pere, avec une ex-
rême avidité, ce qui regardoit la Peinture:
ais l'élévation de ſon génie le mit bien-
ôt au-deſſus de ſon Maître, & lui fit faire
ans la ſuite des Ouvrages d'une grande
orce & d'un grand caractere. Il a fait à Baſ-
e, dans la Maiſon de Ville un Tableau de
uit compartimens, où ſont autant de ſu-
ts de la Paſſion de Notre-Seigneur; &
ans le marché au Poiſſon, il a peint une
anſe de Païſans, & les Danſes de la mort;
s deux Ouvrages ont été gravés en bois.

Eraſme dont il avoit fait le Portrait plu-
eurs fois, & qui étoit de ſes amis, jugeant
ien que le païs des Suiſſes n'étoit pas pro-
re à faire juſtice au talent de Holbein, lui
ropoſa de paſſer en Angleterre, promet-
ant de lui préparer les voies pour être bien
eçû du Roi, par le moyen de Thomas
Morus. Holbein s'y réſolut d'autant plus
olontiers qu'il avoit une femme dont la
auvaiſe humeur troubloit tout le repos
e ſa vie. Il fit en Angleterre, un très-
grand nombre de Portraits admirables,
ntr'autres celui du Roi Henri VIII. & de
ſes enfans, Marie, Edouard, & Elizabeth;
l y a peint des Tableaux d'hiſtoires en di-
ers lieux; il y en a deux ſur-tout qui ſont
d'une grande compoſition, l'un eſt le triom-
he des Richeſſes, & l'autre l'état de la

Pauvreté. Frederic Zuccre que le Roi d'A gletere avoit fait venir d'Italie, fut extre mement surpris en voyant les Ouvrages d Holbein, & dit qu'ils n'étoient inferieur ni à Raphaël, ni au Titien. Holbein pei gnoit également bien en toute sorte de ma niere, à fresque, à guazzo, à huile & e miniature; il dessinoit au craïon & à l plume, avec une merveilleuse facilité, la quantité de ses desseins est innombrable

Il lui arriva en Angleterre une affaire qui sans la protection du Roi l'auroit fai périr. Sur le bruit de la réputation d'Hol bein, un Comte de la premiere qualité all pour le voir: mais comme il étoit occup à peindre quelque figure d'après le naturel, il le fit prier de remettre à un autre jour l'honneur qu'il lui vouloit faire. Le Comte traitant la chose de hauteur voulut entrer, força la porte & monta brusquement l'es calier, au haut duquel il trouva Holbein, qui fort en colere le poussa rudement, le culbuta du haut en bas, & le blessa extré mement. La vûe de ce spectacle attira beau coup de monde, & les Gens de la suite du Comte étant en fureur voulurent venger l'affront que leur Maître venoit de rece voir: mais Holbein après avoir barricadé sa porte eut le tems de se sauver par dessus la couverture de la maison, & d'aller prévenir le Roi, sur ce qui lui étoit arrivé. Sa Majesté lui promit sa protection ; le Comte arriva quelque tems de là pour se montrer tout meurtri de ses blessures : mais le Roi lui défendit de rien attenter contre Holbein. Ce Peintre mourut de peste à Londres en 1554. âgé de cinquante six ans. Il est étonnant qu'un homme né en Suisse, & qui n'avoit jamais vû l'Italie, ait eu un aussi bon goût & un aussi beau génie pour la Peinture. Il est à remarquer que Holbein peignoit de la main gauche, comme faisoit Turpilius cet ancien Peintre Romain.

Sandrart raconte que Rubens étant un jour venu voir Hontorst à Utrecht, & poursuivant son chemin à Amsterdam, il fut accompagné de plusieurs Peintres, entre lesquels étoit Sandrart. Comme on parloit en chemin des Ouvrages des habiles gens, & que l'on tomba sur Holbein, Rubens en fit l'éloge & conseilla de bien regarder la Danse des Morts de ce Peintre, disant qu'il y avoit beaucoup à profiter aussi-bien que dans les Estampes en bois de Stimmer ; & que lui Rubens en avoit dessiné beaucoup de choses dans sa jeunesse. Il eut un très-bon disciple en la personne de Christophle Amberger d'Auasbourg, qui a fait quantité d'Ouvrages à fresque dans l'Allemagne.

TOBIE STIMMER

DE Schaffouſe a été un fort bon Peintre; il en a donné des preuves dans les Ouvrages à freſque qu'il a faits ſur les façades de quelques maiſons qu'il a peintes à Francfort, & dans ſa patrie, auſſi bien que par pluſieurs Tableaux qu'il a faits à Straſbourg, & pour le Marquis de Bade. Entre un grand nombre d'Eſtampes en bois que l'on voit de lui, celles de la Bible, qui parurent en 1586. ont un mérite particulier; & c'eſt d'elles que Rubens diſoit un jour à Sandrart, qu'il avoit beaucoup profité. Sandrart appelle lui-même ce livre un tréſor de ſcience pour la Peinture. Bernard Jobius Imprimeur à Straſbourg a mis au jour beaucoup de ſes Eſtampes. Stimmer eſt mort jeune; il avoit deux freres, dont l'aîné peignoit ſur le verre, & le plus jeune gravoit en bois merveilleuſement bien; je n'en ai que cette notion generale.

JEAN CORNEILLE VERMEYEN

NE dans un Village près d'Harlem, étoit attaché auprès de l'Empereur Charles-

Charles-Quint & le suivit dans plusieurs voïages, & entr'autres dans celui de Tunis, dont il a peint l'expédition en plusieurs sujets qui ont étéexécutés en Tapisseries magnifiques que Philippe II. laissa en Portugal & qui s'y voient encore aujourd'hui. Il a beaucoup travaillé à Arras dans le Monastere de saint Gervais, à Bruxelles & dans plusieurs autres Villes des Païs-bas. L'Empereur Charles-Quint, prenoit plaisir à le voir: car outre qu'il étoit beau & bien-fait, il avoit une barbe si longue, qu'encore qu'il fût debout elle traînoit jusqu'à terre; ce qui le fit appeller Jean le Barbu. Il mourut à Bruxelles en 1559. âgé de cinquante-neuf ans; sa sépulture est à saint Georges, où il a fait lui-même son Epitaphe.

ANTOINE MORE

NAtif d'Utrecht, disciple de Jean Schorel, a été un grand imitateur de la nature & d'une maniere forte, vraie & résolue. Il a fait dans les Cours d'Espagne, de Portugal & de l'Empereur Charles V. quantité de Portraits qu'on lui païoit extrêmement cher, outre les présens qu'on lui faisoit; de sorte qu'il devint fort riche. Il a aussi voïagé en Italie. Quoique son principal emploi fût de faire des Portraits, il ne laissoit pas de faire quelquefois des Tableaux d'histoire par intervalle. Il y en a un dans le Cabinet de M. le Prince de Condé, où est représenté Notre-Seigneur ressuscité, entre S. Pierre & S. Paul. Le marchand qui vendit le Tableau à ce Prince, avoit beaucoup gagné cette année-là à le montrer dans la Foire S. Germain. C'est un morceau d'une grande force & d'une grande verité. Antoine More mourut à Anvers âgé de cinquante-six ans.

PIERRE BRUGLE,

appellé

LE VIEUX BRUGLE.

A Pris son nom du Village de sa naissance appellé Brugle, auprès de Breda. Il étoit fils d'un Païsan & disciple de Pierre Kouc, dont il épousa la fille. Il travailla ensuite chez Jerôme Kouc, dans la maniere duquel il a fait beaucoup de choses; passa en France & de-là en Italie, qu'il toute parcourue.

Quoiqu'il ait traité toutes sortes de sujets, ceux néanmoins qui lui plaisoient davantage étoient des Jeux, des Dans des Nôces, ou d'autres Assemblées de Païsans; parmi lesquels il se mêloit souvent pour remarquer plus précisement leurs actions, & ce qui se passoit parmi eux dans ces rencontres; aussi, personne n'a rien fait de mieux en ce genre-là. Il a étudié le Païsage dans les montagnes du Frioul; il étoit fort studieux & fort particulier, n'occupant son esprit que de ce qui pouvoit contribuer à l'avancer dans sa profession, où il s'est rendu très-célebre: il y a beaucoup de ses Tableaux dans le Cabinet de l'Empereur, & le reste de ses ouvrages est dispersé en plusieurs autres lieux, principalement dans les Païs-bas. On voit qu'il s'est fait agréger dans l'Académie des Peintres Anvers en 1551.

FRANC FLORE

Ils d'un bon Sculpteur d'Anvers, s'est exercé dans la profession de son pere usqu'à l'âge de vingt ans qu'il alla à iege pour étudier la Peinture sous Lamert Lombard. Delà il alla en Italie, où il 'appliqua extrêmement à dessiner ce qu'il rouvoit à son goût, & surtout les ouvrages e Michelange. Etant de retour en son païs, l y acquit une grande réputation & beaucoup de bien, par la bonté & par le grand nombre de ses ouvrages; mais quoiqu'il eût un fort bon esprit & qu'il fût agréable dans la conversation, il se laissa tellement aller à l'amour du vin, qu'il se rendit insuportable à ses amis même. Cependant il n'aimoit pas moins le travail que le vin. Il peignoit tous les jours sept heures avec attache & avec plaisir, & trouvoit ensuite assez de tems pour voir ses amis. Il ne jouoit que par contrainte, & il avoit coutume de dire, Le travail est ma vie, & le jeu est ma mort. On l'appelloit dans son tems, le Raphaël de la Flandre. Il mourut en 1570. âgé de cinquante ans.

CHRISTOPHLE SCHOUART.

NATif d'Ingolstad, fut Peintre du [illegible] de Baviere. Il a fait quantité d'ouvrages à Munik, tant à fresque qu'à huile. Sandrart en parle très-avantageusement & comme du plus habile de son tems, surtout à fresque. Il mourut en 1594.

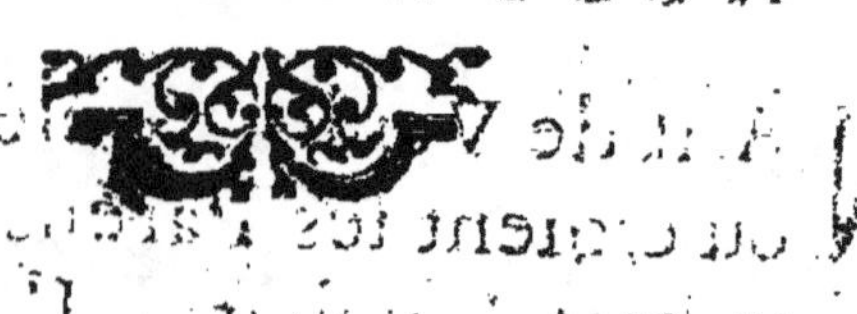

GUILLAUME KAY

De Breda avoit étudié à Liege avec Franc Flore, sous Lambert Lombard. Sandrart après l'avoir loué comme un habile Peintre, en fait l'éloge comme d'un très-honnête homme : il demeuroit à Anvers où il vivoit d'une maniere magnifique en toutes choses ; il a fait un grand nombre de Portraits peu inferieurs à ceux d'Antoine More.

Un jour qu'il faisoit le Portrait du Duc d'Albe, & qu'il avoit feint qu'il n'entendoit pas l'Espagnol, un Officier de la Justice criminelle vint demander à ce Duc ses ordres touchant le Comte d'Egmont, à quoi il répondit qu'on l'exécutât sans perdre de tems. Cet ordre fit tant d'impression sur l'esprit du Peintre, qui aimoit la Noblesse de son païs, qu'étant retourné chez lui, il tomba malade, & en mourut en 1568.

HUBERT GOLTIUS

Natif de Venlo, & élevé à Wirtbourg où étoient ses Parens, a été disciple de Lambert Lombard. Il a eu un génie particulier pour l'antiquité, & c'est lui qui a mis au jour de si gros & de si beaux Volumes de l'Histoire des Médailles. Il a fait peu de choses de Peinture. Il a été marié deux fois, & la mauvaise humeur de sa seconde femme le fit mourir de chagrin.

PIERRE & FRANÇOIS POURBUS.

PEre & Fils : le premier natif de Gouda & celui-ci de Bruges, chacun a laissé dans les Eglises du lieu de sa naissance de grands Tableaux, qui sont encore aujourd'hui des marques de leur capacité. François après avoir été disciple de son pere le fut aussi de Franc Flore, qu'il surpassa quant à l'intelligence des couleurs. François a été plus habile que son pere, & c'est de lui dont on voit dans l'Hôtel de Ville de Paris de fort beaux Portraits. Le pere mourut en 1583. & le fils en 1622.

DITERIC BARENT.

D'Amsterdam, fils d'un assez mauvais Peintre, mais disciple cheri du Titien;

chez lequel il demeura assez long-tems, & de qui il fit le Portrait qui se voit encore à Amsterdam, chez Pierre Isaac Peintre. Il avoit beaucoup d'esprit, de politesse & d'érudition. Depuis son retour il fixa sa demeure à Amsterdam, où il a fait de belles choses, & y mourut en 1582. âgé de quarante-huit ans.

JEAN BOL

De Malines, né en 1534. a été un fort habile homme, il a presque toûjours travaillé en petit, tant à huile qu'en miniature, & à detrempe. Il a été emploïé deux ans pour l'Electeur Palatin à Heydelberg, de là à Mons; & enfin à Amsterdam, où il est mort en 1593. âgé de cinquante-neuf ans. Goltius a gravé l'Epitaphe de Bol, où il a fait entrer le Portrait de ce Peintre, Jacques & Roland Saveri ont été ses disciples.

MARTIN HEMSKERC

Fils d'un Païsan du Village d'Hemskerc dans la Hollande, parut si grossier & si lourd au Maître chez qui on le mit à Harlem, qu'il le renvoya chez son pere Hemskerc. A quelque tems de-là, sollicité par son genie, il entra chez un autre Maître où il profita beaucoup par son application. (C'étoit en effet un fruit de l'arriere-saison.) Il se mit ensuite sous la discipline de Schorel, dont il avoit oüi parler; son génie s'y dévelopa peu à peu; & il devint un Peintre corect, facile & abondant en inventions. Il alla à Rome où il ne fut que trois ans contre le dessein qu'il avoit formé d'y rester beaucoup plus long-tems, s'il n'en avoit point été empêché par quelque accident, qui le contraignit de partir. Il retourna dans les Païs-bas, & s'arrêta à Harlem, où il a demeuré le reste de sa vie; la plûpart de ses ouvrages se voient en Estampes; & Vasari qui les rapporte presque toutes en détail, en parle avec éloge: & dit, que Michelange en voulut colorier une qu'il trouva à son goût. Il paroît néanmoins par ces Estampes, que Hemskerc n'avoit aucune intelligence du Clair-obscur, & que sa maniere de dessiner est séche. Il mourut en 1574. âgé de soixante-seize ans.

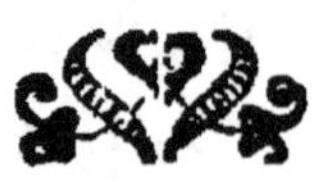

CHARLES VER-MANDER

ETOit né Gentilhomme dans une Terre noble de Flandres appellée Meulebrac, dont ſon pere étoit Seigneur. Ce pere le fit élever avec ſoin ; & comme ſon fils fit voir un grand penchant pour la Peinture, il le mit ſous la diſcipline de Lucas de Heer, Peintre fort celebre en ce tems-là ; & puis enſuite chez Pierre Udalric, où il fit pluſieurs Tableaux de l'Hiſtoire ſainte. Il s'exerçoit en même tems à compoſer des Comedies ; car la poëſie étoit encore un de ſes talens. A vingt-ſix ans il alla à Rome, où après avoir travaillé trois ans, il paſſa en Allemagne, & fit à Vienne pluſieurs Arcs de Triomphe pour l'entrée de l'Empereur Rodolphe ; enſuite de quoi il retourna à Meulebrac ſa patrie.

Les Guerres de la religion qui s'augmenterent, le contraignirent de ſe retirer dans Courtrai, où il a peint des Tableaux d'Egliſe, & ſur-tout à ſainte Catherine.

Comme il s'en retournoit à ſa Terre de Meulebrac, il fut volé & dépouillé tout nud. Se voyant réduit à cette extrêmité, il s'embarqua ſur un vaiſſeau qui le mena à Harlem, où il ſe rétablit dans l'abondan-

Q v

ce, & s'occupa à la Peinture & à la Poësie. Il y fit entr'autres choses l'Histoire de la Passion, qu'un nommé de Geyen a gravée. Il établit dans la même Ville d'Harlem, avec Goltius & les Corneilles, une Académie pour y dessiner d'après nature, & pour y exercer les jeunes Peintres. Ses ouvrages en Prose & en Poësie sont en si grand nombre, qu'il seroit trop long de les rapporter ici. Outre un Traité de Peinture, il a mis au jour la Vie des Peintres Flamans. L'ignorance d'un Medecin le tua en 1607. à l'âge de cinquante-huit ans. Il fut enterré à Amsterdam dans la vieille Eglise.

Il eut un fils aussi appellé Charles, qui hérita de son pere l'esprit, l'humeur, & la science. Le Roi de Danemarc l'attira à Coppenhague, où il a toûjours demeuré en réputation d'habile homme.

MARTIN DE VOS

D'Anvers, a voyagé par toute l'Italie. Il étoit correct dans son dessein, & facile dans ses inventions : mais l'on ne trouve rien de bien piquant dans ses ouvrages ; ils sont néanmoins en grand nombre, & la plûpart ont été gravés, & se voient en Estampes. C'est d'après ses desseins que les Sadelers ont gravé les hermites. Il a fait aussi les desseins de la Vie de J. C. que Vierx a gravés pour les Evangiles de Natalis. Il étoit fort gros, & après avoir vécu fort vieil, il mourut en 1604.

JEAN STRADAN

NE' à Bruges en 1527. de la célebre famille des Stradans, laquelle après la mort de Charles de Goude treiziéme Comte de Flandre, qu'elle fit assassiner comme Tyran, dans l'Eglise de saint Donaes de Bruges, fut presque tout-à-fait éteinte, ou du moins dispersée de côté d'autre. Le Peintre dont nous parlons alla en Italie, & s'arrêta à Florence, où il fit quantité d'ouvrages à fresque & à huile pour le grand Duc. Vasari le fit travailler aux Peintures qui ont été faites dans la Chambre de ce Prince. Il dessinoit fort bien les Chevaux, & son génie le portoit à peindre des Chasses. Il mourut en 1604. âgé de soixante quatorze ans. Tempeste a été son disciple.

BARTHELEMI SPRANGER

NE' en 1546. fils d'un Marchand d'Anvers, apprit les principes de son Art de plusieurs maîtres, & s'en alla à Rome, où il fut domestique du Cardinal Farnese. Ce Cardinal l'ayant pris en sa protection, le donna à Pie V. qui l'emploïa à Belvedere, où Spranger fit un Tableau du Jugement dernier en trente-huit mois, & ce Tableau est encore aujourd'hui au dessus du Tombeau de ce même Pape. Pendant qu'il y travailloit, Vasari dit à sa Sainteté, que ce que Spranger faisoit étoit autant de tems perdu, soit que l'envie le fît parler, ou que la maniere de Spranger lui déplût, ce qui est plus vraisemblable; car il est étonnant que Spranger, qui a formé sa maniere en Italie, l'ait faite si contraire aux belles choses qu'il avoit devant les yeux, & se soit laissé emporter au feu d'une imagination si peu reglée: ce que je dis, sans vouloir diminuer l'esprit de ses ouvrages & le merite qui s'y trouve d'ailleurs; car ils plûrent à bien des gens, & sur-tout au Pape, qui lui donna ordre de les continuer, avec cette condition néanmoins, que Spranger, avant que de commencer les Tableaux qu'il auroit entrepris pour sa sainteté, en feroit voir les desseins, pour y corriger ce qu'on trouveroit à propos, ce qui donna lieu à Spranger de finir ses pensées, qu'il n'avoit jusques-là qu'esquissées très-legerement, selon la vivacité de son imagination. Surquoi l'on peut faire cette reflexion; que ce n'est pas le goût du dessein qui a plû au Pape, & à ceux des Romains, qui donnoient leur approbation aux Tableaux de Spranger, & qu'il faut par consequent qu'il y ait quelque partie dans la maniere de ce Peintre, laquelle étant inconnue à Vasari, n'a pas laissé de faire son effet sur les yeux non prevenus & de soûtenir l'ouvrage de ce Peintre.

Spranger, après avoir fait quantité de Tableaux en divers lieux de Rome, fut choisi par Jean de Bologne, Sculpteur du Duc de Florence, pour être envoyé à l'Empereur Maximilien II. qui lui avoit demandé un habile Peintre. Spranger fit pour cet Empereur, & pour Rodolphe qui lui succeda une grande quantité d'ouvrages à Vienne & à Prague.

L'amour de la Patrie lui fit faire un voïage dans les Villes des Païs bas, d'où il étoit absent depuis trente-sept ans; & après y avoir été reçu avec de grands honneurs, il retourna à Prague, où il s'étoit établi. Il y mourut fort âgé.

HENRI GOLTIUS,

FIls de Jean Goltius, habile Peintre sur Verre, est né en 1558. dans un Village du Duché de Juliers, appellé Mulbrec. Il apprit à Harlem sa profession, & s'y maria. Il épousa une veuve qui avoit un fils appellé Mathan, à qui Goltius apprit à graver. Les chagrins que lui causerent quelques affaires domestiques le jetterent dans une phtysie & dans un crachement de sang, qui après lui avoir duré trois ans sans qu'il y trouvât de remede, le firent résoudre, comme par désespoir, d'aller en Italie. Ses amis, qui trouverent son dessein bizarre, n'oublierent rien pour l'en détourner, & lui faire voir le danger où il exposoit une vie aussi attaquée qu'étoit la sienne. Il leur répondit, qu'il aimoit mieux mourir en apprenant quelque chose, qne de vivre dans la langueur où il étoit dans son païs. Il passa par les principales Villes d'Allemagne, il y visitoit les Peintres & les Curieux; & n'y voulant pas être connu, de son Valet il fit son Maître, au service duquel il feignoit d'être attaché en qualité de Peintre. Il eut par ce moyen le plaisir d'entendre ce que les uns & les autres disoient de ses ouvrages ſans le connoître. Ce déguiſement, l'exercice du voiage, & l'air different des païs par où il paſſoit, changerent tellement la ſituation de ſon eſprit, & la diſpoſition de ſon corps, qu'il ſe trouva délivré de tous ſes maux, & qu'il reprit ſa premiere ſanté.

Il deſſina une infinité de choſes dans Rome & dans Naples, tant d'après l'Antique, que d'après Raphaël, Polidore, & les autres bons Maîtres. Il y fit peu d'ouvrages de Peinture; & ſon mal l'y ayant repris, il en guérit par l'uſage du lait que les Médecins lui ordonnerent. Ils lui conſeillerent auſſi de retourner à ſon air natal. Il revint donc à Harlem, où il grava pluſieurs choſes en divers manieres, & enfin s'en étant fait une particuliere, il mit au jour quantité de belles Eſtampes d'après les deſſeins qu'il avoit apportés d'Italie.

On peut juger par les Eſtampes qui ſont de ſon invention, que ſon goût de deſſein n'étoit pas bien naturel, & que ſa maniere avoit quelque choſe de ſauvage: mais qu'il conduiſoit ſon Burin avec une fermeté & une legereté incomparable. Il eſt mort à Harlem en 1617. âgé de cinquante-neuf ans.

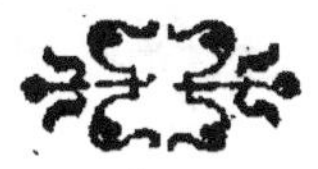

JEAN DAC.

APpellé ainsi, à cause que son pere étoit d'Aix la Chapelle; car pour lui, il étoit né à Cologne en 1556. Après avoir été quelque tems sous la discipline de Spranger, il alla étudier sa profession dans les principales Villes d'Italie; de-là il repassa en Allemagne, où l'Empereur Rodolphe le prit en affection & le renvoya à Rome pour y dessiner les Antiques. Il ne faut pas s'étonner des soins où descendoit ce Prince, pour avancer les ouvriers, en qui il voïoit du génie; car il aimoit passionnément les beaux Arts, & s'y connoissoit très-bien. Jean Dac, à son retour fit beaucoup d'ouvrages pour l'Empereur, qui sont très-dignes de louange, & qui le firent passer pour le plus habile de son tems. Sa prudence le mit en grande consideration auprès de ce Prince: mais il ne se servit de son credit que pour obliger plusieurs personnes de mérite. Il mourut à la Cour Imperiale, comblé d'honneurs & de biens.

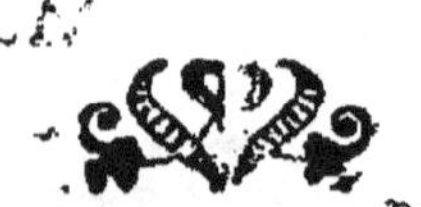

JOSEPP HAINS

DE Berne, étoit entretenu par l'Empereur Rodolphe en même tems que Jean Dac, Spranger, Hufnagle, Brugle, Roland Savary, Jean & Gilles Sadeler, & quelques autres. Il fut envoïé en Italie par l'Empereur, non seulement pour y dessiner les plus belles statues, mais aussi les plus beaux Tableaux, & la réussite de son voyage lui attira une singuliere protection de ce Prince. Il a fait beaucoup d'ouvrages pour l'Empereur, qui ont été la plûpart gravés par les Sadelers, par Lucas Kilian, & par Isaac Mayer de Francfort, il est mort à Prague fort regretté des honnêtes gens, parce qu'il étoit lui-même fort honnête homme; il en a eu un fils qui étoit aussi Peintre.

MATHIEU & PAUL BRIL freres

D'Anvers ont été bons Païsagistes, & bons Topographes. Mathieu étoit déja établi dans les ouvrages du Vatican, lorsque Paul son frere l'y alla trouver : ils y ont beaucoup travaillé à fresque. Mathieu mourut en 1584. & Paul son puîné qui a vécu soixante-douze ans, & qui n'est mort qu'en 1622. a fait quantité de Tableaux. Ils sont aujourd'hui dispersés dan les Cabinets des curieux, & sont en grande estime.

CORNEILLE CORNEILLE

D'Harlem fils de Pierre Corneille, habile Peintre, est né en 1562. & bien qu'il n'ait jamais été en Italie, il a néanmoins fait de fort belles choses & de bons disciples; il établit avec Charles Van-Mandre, une Académie de Peinture à Harlem environ l'an 1595.

ADAM VAN ORT

D'Anvers, fils de Lambert Van Ort dont il avoit aussi été disciple, peignoit en grand, & étoit en réputation de son tems: les emplois continuels qu'on lui donna, l'empêcherent de sortir de son païs. Il fut le premier maître de Rubens, & mourut à Anvers âgé de quatre-vingt-quatre ans en 1641.

OTHO VENIUS

HOllandois, d'une famille considerable de la Ville de Leyde, né en 1556. fut élevé par ses parens dans les belles Lettres. Il apprit en même tems à dessiner d'Isaac Nicolas. Il n'avoit que quinze ans lorsque les guerres civiles l'obligerent de quitter son païs; & s'étant retiré à Liege, il y acheva ses études, & y donna des marques de la beauté de son esprit. Il y fut particulierement connu du Cardinal Groosbek, qui lui donna des Lettres de recommandation pour aller à Rome, où il fut reçû dans la maison du Cardinal Maducio. Son génie actif le fit appliquer en même tems à la Philosophie, à la Poësie, aux Mathématiques & à la Peinture. Il fit un grand progrès dans le dessein sous la discipline de Frederic Zuccre, & d'après les bonnes choses, à quoi il joignit une belle intelligence du Clair obscur. De sorte qu'il passa en Italie pour un homme des plus universels & des plus ingénieux de son tems. Venius demeura sept ans à Rome, pendant lesquels il fit plusieurs beaux ouvrages de son Pinceau; & étant passé de-là en Allemagne, il fut reçû au service de l'Empereur, & ensuite à celui du Duc de Baviere, & de l'Electeur de Cologne : mais tous les avantages qu'on lui proposa dans ces Cours étrangeres, ne furent pas capables de l'y arrêter longtems, il vint offrir son service au Prince de Parme, qui gouvernoit alors les Païs-bas, & fit son Portrait armé de toutes pieces d'une maniere qui confirma l'estime qu'on avoit conçûe de son habileté. Après la mort du Prince de Parme, Venius se retira à Anvers, où il fit quantité d'excellens ouvrages de peinture, que l'on voit encore dans les principales Eglises. Quelque tems après, l'Archiduc Albert, qui avoit succedé au Prince de Parme, le fit aller à Bruxelles, & lui donna l'intendance des monnoïes. Parmi ces occupations embarrassantes, Venius ne laissa pas de travailler du Pinceau; il fit les Portraits de l'Archiduc & de l'Infante Isabelle, en grand, qui furent envoïés à Jacques Roi de la Grande Bretagne; & pour signaler son érudition aussi bien que son pinceau, il mit en lumiere plusieurs ouvrages, qu'il a enrichis de figures de son dessein. Ceux qui sont venus à ma connoissance, & dans lesquels je trouve beaucoup d'Art & de grace, sont les emblêmes d'Horace, la vie de saint Thomas d'Aquin, & les emblêmes d'amour. Vénius dédia ceux de l'Amour profane à l'Infante Isabelle, qui l'obligea d'en faire de pareils sur l'Amour divin. Le Roi Louis XIII. lui fit faire de belles offres pour l'attirer ; mais il ne pût jamais se résoudre à quitter son païs, ni le service de son Prince. C'a été le premier qui depuis Polidore de Caravage, a réduit le Clair-obscur en un principe que Rubens a perfectionné & répandu par tous les Païs-bas. Il mourut à Bruxelles en 1634. âgé de soixante-dix-huit ans. Il eut deux freres, Gilbert qui fut Graveur, & Pierre qui fut Peintre. Il a eu aussi la gloire d'élever dans son Art, le célebre Rubens.

JEAN ROTENAMER

EST né à Munic en 1564. Il apprit de son pere les commencemens de la peinture; mais ce fut en Italie qu'il forma sa maniere sur les ouvrages du Tintoret, dont il fut disciple. Il a peint à fresque & à huile ; il inventoit facilement & agréablement. Il a peint à fresque beaucoup de maisons à Munic & à Augsbourg, qui sont encore des marques de sa capacité. Rotenamer gagnoit beaucoup par ses ouvrages : mais comme il aimoit la dépense, il est mort pauvre.

PIERRE CORNEILLE DERYK

DE la Ville de Delft, a tellement imité la maniere du Bassan, qu'on y a souvent été trompé.

PIERRE-PAUL RUBENS

QU'on peut nommer en quelque maniere l'honneur de la peinture, étoit originaire d'Anvers, où son pere Jean Rubens, noble d'extraction exerçoit la charge de Conseiller dans le Senat, lorsque les guerres civiles l'obligerent d'abandonner sa patrie, & de se retirer à Cologne. Ce fut en cette derniere Ville, & en 1577. que naquit Pierre-Paul Rubens. Le soin que ses parens prirent de son éducation, & la vivacité de son esprit lui rendirent facile tout ce qu'on lui voulut faire apprendre; de sorte qu'on le regardoit comme un sujet digne de succeder à la charge de son pere. Mais il ne s'étoit encore déterminé à aucune profession, quand la mort de son pere & le ralentissement des armes fit retourner sa famille à Anvers. Il y continua ses études des belles Lettres; & par intervalle, il se divertissoit à dessiner, se sentant porté à cet exercice ar la nature qui en avoit jetté de profondes racines dans son esprit. En effet la violente inclination qu'il témoigna pour la Peinture, fit résoudre sa mere à lui permettre d'aller dessiner chez Adam Van-Oort, qui étoit pour lors un Peintre de reputation: mais après y avoir été assez de tems pour sentir ce que son génie demandoit de lui, il quitta ce Maître & s'attacha à Otho Venius. Celui-ci étoit non seulement un bon Peintre, mais un bel esprit; qui savoit son Art par principes, & qui étoit savant dans les belles Lettres. Toutes ces qualités firent une si étroite liaison entre le maître & le disciple, que Rubens qui d'abord n'avoit eu dessein que de s'instruire de la peinture pour son plaisir, s'y donna entierement, y étant porté d'ailleurs par les pertes que les guerres lui avoient causées.

La facilité qu'il avoit d'apprendre, & son assiduité dans le travail, l'aïant rendu en peu de tems égal à son maître, il crût qu'il ne lui restoit plus que de voïager pour profiter des belles choses. Il alla d'abord à Venise, où il se fit dans l'Ecole du Titien des Principes solides pour le Coloris.

Ce fut en cette Ville, qu'aïant fait amitié avec un Gentilhomme du Duc de Mantoue, celui-ci lui proposa de la part de son maître d'entrer au service de ce Prince

en la même qualité de Gentilhomme. L
peintures excellentes qui sont à Mantoue
desquelles Rubens avoit oüi parler, furen
le seul motif qui l'engagea d'accepter c
parti. Il s'y attira une consideration parti
culiere du Duc; & aprés y avoir étudié soi
gneusement les ouvrages de Jules Romain
il passa à Rome, où il s'appliqua fortemen
aux recherches que demandoit son Art. I
mettoit à profit les choses qui étoient d
son goût; tantôt en les copiant, & tantô
en faisant des réflexions, qu'il mettoit p
écrit, & qu'il accompagnoit ordinairemen
d'un dessein leger à la plume, portant tou
jours sur lui un caïer de papier à cette in
tention. Il eut occasion pendant cet exer
cice de faire des Tableaux d'Autel dan
l'Eglise de sainte Croix, & dans l'Eglis
neuve des Peres de l'Oratoire.

Il y avoit sept ans qu'il continuoit en Ita
lie les études de sa profession, quand il ap
prit que sa mere étoit dangereusement ma
lade. Cette nouvelle le contraignit de re
tourner à Anvers; & quoiqu'il eût pris la p
ste, il trouva sa mere morte en arrivant, ce
la l'obligea de songer au mariage. Il épousa
Catherine de Brentes, avec laquelle il vé
cut quatre années. Il l'aimoit extrêmement;
& pour apporter quelque remede à l'afflic
tion que sa mort lui causa, il quitta Anvers
pour

pour quelque tems, fit un voïage en Hollande; & passant par Utrecht, visita Huntorst, qu'il estimoit beaucoup. Sandrart, qui demeuroit chez ce Peintre comme son disciple, accompagna Rubens dans toutes les Villes de Hollande; & dit que dans le chemin, Rubens (en parlant des ouvrages de Peinture, qu'il avoit vûs dans son voïage) estimoit sur-tout la maniere de peindre de Huntorst, & les compositions de Blomart; & que les petits Tableaux de Corneille Polembourg lui plaisoient si fort, qu'il pria ce Peintre de lui en faire quelques-uns. Rubens épousa en secondes nôces Helene Forman, qui étoit une Helene en beauté, & qui lui fut d'un grand secours dans les figures de femmes qu'il avoit à peindre.

La réputation de Rubens s'étant étenue par toute l'Europe, il n'y eut pas un Peintre qui ne voulût avoir un morceau de a main: & comme il étoit extrêmement ollicité de toutes parts, il fit faire sur ses esseins coloriés, & par d'habiles disciles, un grand nombre de Tableaux, qu'il etouchoit ensuite avec des yeux frais, avec ne intelligence vive, & avec une promptitude de main qui y répandoit entierement son esprit, ce qui lui acquit beaucoup e biens en peu de tems: mais la difference de ces sortes de Tableaux, qui passoient pour être de lui, d'avec ceux qui étoient véritablement de sa main, fit du tort à sa réputation ; car ils étoient la plûpart mal dessinés, & legerement peints.

La Reine Marie de Médicis aïant souhaité que Rubens peignît les deux Galeries de son Palais de Luxembourg, il vint à Paris pour voir les lieux, & pour en fair ses desseins. L'une de ces Galeries étoi destinée pour l'Histoire de la vie de cett Reine, & l'autre pour la vie du Roi Henri IV. Rubens commença par l'Histoire d la Reine, & l'acheva : mais la mort du Roi qui arriva incontinent après, ne lui permit pas d'achever l'Histoire de ce Prince de laquelle il avoit commencé beaucou de Tableaux. La Reine, qui aimoit l peinture, & qui dessinoit fort proprement voulut que Rubens fît deux Tableaux d son Histoire en sa présence, pour avoir l plaisir de le voir peindre.

Dans le tems que Rubens étoit à Paris, l Duc de Buquingam eut occasion de fair connoissance avec lui. Il goûta son esprit & lui aïant trouvé beaucoup de pénetration & de solidité, il en parla à l'Infant Isabelle, qui le fit nommer Ambassade par son Neveu Philippe IV. pour aller e Angleterre traiter la Paix, qu'il conclut en ſuite entre Philippe IV. Roi d'Eſpagne, & Charles premier Roi de la Grande Bretagne. Charles, en reconnoiſſance de cet heureux ſuccès, lui fit preſent en plein Parlement d'une Epée & d'un Cordon, l'une & l'autre enrichis de diamans, de la valeur de douze mille écus. Et étant allé en Eſpagne rendre compte à Philippe IV. de la Commiſſion, il y reçût auſſi des préſens conſiderables. Il y fit les Portraits de la Maiſon Roïale, & en copia pour lui-même quelques-uns du Titien.

Pendant le ſéjour que Rubens fit en Eſpagne, dom Jean Duc de Bragance, (qui fut enſuite Roi de Portugal) lequel aimoit la Peinture, & aïant oui parler de Rubens, écrivit à quelques Seigneurs de ſes amis qui étoient à la Cour de Madrid, pour les prier de faire enſorte que Rubens l'allât voir à Villa-Vizoſa, qui étoit le lieu de ſa réſidence. Rubens entreprit ce voïage avec plaiſir; mais comme les amis de ce Duc lui avoient donné avis que Rubens étoit parti avec un train magnifique; cela l'épouvanta tellement, qu'il envoïa un Gentilhomme à ſa rencontre, pour lui dire que le Duc ſon Maître, aïant été contraint de partir pour une affaire importante, le prioit de n'aller pas plus avant, & d'accepter un préſent de cinquante Piſtoles, pour le dédommager de la dépense qu'il avoit faite sur le chemin. Rubens réfusa les cinquante Pistoles, & répondit qu'il n'avoit pas besoin de ce petit secours, & qu'il en avoit apporté deux mille pour dépenser à la Cour de ce Duc en quinze jours de tems qu'il avoit résolu d'y demeurer.

Rubens étant de retour en Flandres, y exerça la charge de Secretaire d'Etat, dont le Roi d'Espagne l'avoit pourvû ; mais il ne quitta point pour cela la Peinture ; la vaste étendue de son esprit suffisoit à l'une & à l'autre. Enfin, comblé d'honneurs & de biens, il mourut à Anvers d'une goute remontée en 1640. âgé de 63. ans. Il a laissé deux fils de sa seconde femme ; & il obtint pour l'aîné la charge de Secretaire d'Etat en survivance.

Il étoit d'un naturel doux & bien faisant, d'un génie de feu, & d'un esprit élevé, qu'il avoit cultivé par beaucoup de connoissances. Ses manieres polies, & ses mœurs reglées lui attirerent l'estime & l'amitié des personnes de consideration. Il savoit six Langues, & se servoit de la Latine pour écrire aux Savans, & pour faire ses observations sur la Peinture.

Jamais Peintre n'a fait, ni un si grand nombre, ni de si grands Ouvrages que Rubens : les Palais des Princes, & les Eglises de Flandres en rendent de bons témoignages. Il eſt difficile de dire où ſont ſes plus beaux Tableaux : toute l'Europe conſerve des gages de ſa capacité : il ſemble néanmoins que les Villes d'Anvers & de Paris ſoient les dépoſitaires de ſes Peintures les plus précieuſes : les habiles Connoiſſeurs, & les ſavans Peintres qui les examineront avec ſoin, n'auront pas de peine à ſe perſuader que Rubens a porté non-ſeulement la Peinture dans un haut degré, mais qu'il a ouvert un chemin qui conduit facilement à la perfection de cet Art.

Il a eu quantité de bons diſciples : comme, David Teniers, Vandeik, Jordans, Juſte, Soutmans, Diepembeck, Van-Tulden, Van-Mol, Van-Houk, Eraſme Quillinius, & pluſieurs autres : mais entre tous ceux qui ont été ſous ſa diſcipline, celui qui lui a fait le plus d'honneur, & qui s'eſt le plus diſtingué, a été Vandeik.

Rubens s'étoit propoſé au commencement de ſuivre la maniere de peindre de Michelange de Caravage; mais la trouvant trop remplie de travail, il s'en fit une plus expéditive & plus conforme à ſon génie.

Un Peintre Chimiſte nommé Brendel, l'étant venu voir, lui demanda s'il vouloit s'aſſocier avec lui pour le grand Oeuvre; qu'il avoit peu de choſe à faire pour y arriver, & qu'il l'assuroit par-là d'une fortune considerable. Rubens lui répondit qu'il étoit venu trop tard de vingt ans, aïant trouvé lui-même la Pierre Philosophale par le moïen de ses pinceaux & de ses couleurs.

Un habile Peintre d'Anvers, mais paresseux & débauché, appellé Janson se plaignant de la fortune, & jaloux de celle de Rubens, le défia, & lui proposa de faire chacun un Tableau en concurrence, dont certains Connoisseurs seroient les Juges. Rubens, sans accepter le défi, se contenta de lui répondre, qu'il lui cedoit volontiers, qu'il n'avoit qu'à continuer à bien faire, que pour lui il continueroit aussi de son côté à faire du mieux qu'il pourroit, & que le Public leur rendroit justice.

REFLEXIONS

Sur les Ouvrages de Rubens.

IL est aisé de voir par les ouvrages de Rubens, que ce Peintre avoit un génie du premier ordre : & comme il l'avoit cultivé par une érudition profonde dans toute sorte de litterature, par une recherche très-exacte des choses qui regardent sa profession, & par un travail très-assidu, ses inventions sont ingénieuses, & accompagnées de toutes les circonstances, qui peuvent dignement remplir un sujet : il en a peint de toutes sortes, & plusieurs fois les mêmes, mais très-differemment. Aucun Peintre n'a traité si doctement, ni si clairement que Rubens les sujets Allegoriques : & comme l'Allegorie est une espece de langage, que par conséquent l'usage doit l'autoriser, & qu'elle doit aussi être entendue de plusieurs : il y a introduit seulement les symboles que les Médailles & les autres monumens de l'Antiquité ont rendus familiers, du moins entre les Savans.

Si ce Peintre a sû inventer d'une maniere ingénieuse les objets qu'il faisoit entrer dans ses compositions, il avoit encore l'art de les disposer si avantageusement, que non-seulement chaque objet en particulier fait plaisir à voir, mais qu'il contribue encore à l'effet du tout ensemble.

Quoique Rubens ait passé sept années en Italie, qu'il ait fait un Recueil considerable de Médailles, de Statues, & de Pierres gravées ; qu'il ait examiné, connu & loué la beauté de l'Antique, comme on le peut voir dans un manuscrit de ce Peintre, dont l'Original est entre mes mains, sa premiere éducation, & le naturel de son païs dont il se servoit, l'ont fait tomber malgré lui dans un caractere Flamand, & lui ont quelquefois fait faire un mauvais choix, qui donne atteinte à la régularité de son dessein. Mais si l'on blâme, comme il est juste, cette foiblesse par tout où elle se rencontre, aussi-bien que certains emmenchemens outrés, il est juste aussi que les personnes éclairées reconnoissent, que bien-loin d'avoir ignoré la partie du dessein, il a fait paroître dans le géneral de ses ouvrages, qu'il y avoit beaucoup de pénétration. L'on voit dans la Ville de Gand un Tableau de sa main, représentant la chûte des Damnés, où il y a près de deux cens figures, dessinées d'un bon goût, & d'une grande correction. Cela fait voir que les fautes où Rubens est tombé contre le dessein, ne viennent que de la rapidité de ses productions.

Nous avons à Paris quantité de Tableaux de Rubens, & sur-tout dans la Galerie du Palais de Luxembourg. J'y renvois les Juges desintereſſés, & l'on y trouvera du moins dans les Divinités & dans les Figures principales dequoi se satisfaire en cette matiere.

Il a exprimé ses sujets avec beaucoup d'énergie & de netteté, il y a fait entrer beaucoup de grandeur & de noblesse. Ses expressions particulieres sont justes au sujet ; il n'y en a point qui n'interessent le spectateur, & l'on en trouvera beaucoup qui vont même jusqu'au sublime.

Ses attitudes sont simples, naturelles, sans froideur, contrastées & animées sans exagération, & variées avec prudence.

Les ajustemens de ses figures sont de bon goût, & ses draperies jettées avec art : elles sont diversifiées & convenables, selon le sexe, l'âge & la dignité des personnes : les plis en sont grands, bien placés, & marquent le nud sans affectation.

Ses païsages sont faits avec la même intelligence que ses figures ; & quand il a voulu représenter des Sites naturellement ingrats & insipides, comme sont ceux de Flandre, il les a rendus piquants par l'artifice du Clair-obscur, & par les accidens qu'il y a introduits ; la forme des arbres n'y est pas fort élegante, elle suit celle de son païs, & les touches n'en sont pas si précieuses que celles du Titien.

Son Architecture est pesante & tient du Gottique : il a souvent pris des licences, mais elles sont judicieuses, avantageuses & imperceptibles.

Tout ce qui dépend du Coloris est admirable dans Rubens : il a porté la science du Clair-obscur plus loin qu'aucun Peintre,

& il en a fait sentir la nécessité.

Il a réduit en précepte par ses exemples le moïen de plaire aux yeux. Il rassembloit ingénieusement ses objets à la maniere d'une grappe de Raisin, dont les grains éclairés ne sont tous ensemble qu'une masse de lumiere, & dont ceux qui sont dans l'ombre ne font qu'une masse d'obscurité : ensorte que tous ces grains ne faisant qu'un seul objet, sont embrassés par les yeux sans distraction, & peuvent être en même tems distingués sans confusion. C'est cet assemblage d'objets & de lumiere qu'on appelle groupe ; & quelque grand que fut le nombre de figures qui entroient dans la composition de son Tableau, on n'y voïoit jamais plus de trois groupes, afin que la vûe ne fût point dissipée par une multiplicité d'objets détachés & sensibles : mais il a toujours eu dans cet artifice l'industrie de le cacher, & il n'y a que ceux qui sont instruits de ses principes qui puissent s'en appercevoir.

Ses carnations sont très-fraîches, chacune dans son caractere : ses teintes sont justes & emploïées d'une main libre sans les trop agiter par le mélange, de peur que venant à se corrompte, elles ne perdent trop de leur éclat, & de la verité qu'elles font d'abord paroître dans les premiers jours de l'ouvrage. Rubens observoit d'autant plus cette maxime, que la plûpart de ses ouvrages étant grands & par conséquent vûs d'une distance un peu éloignée, il vouloit y conserver le caractere des objets & la fraîcheur des carnations.

C'est dans cette vûe que non-seulement il a menagé la fleur & la virginité de ses teintes, mais qu'il s'est servi des couleurs les plus vives pour en tirer l'effet de son intention ; il y a réussi, & c'est le seul qui ait sû joindre à cet éclat un grand caractere de verité, & conserver parmi tant de brillant une harmonie, & une force surprenante. Ainsi l'on peut regarder ce suprême degré, où Rubens a monté ses couleurs, comme un des plus estimables talens de ce Peintre.

Il étoit universel, & faisoit également bien l'Histoire, les Portraits, le Païsage & les Animaux, & tout ce qui peut entrer dans la composition d'un Tableau.

Son labeur est leger, son Pinceau moéleux, & ses Tableaux finis sans être, comme on dit, assommés de travail. Comme il avoit plusieurs disciples qui executoient ses desseins, on lui attribue souvent plusieurs choses qu'il n'a jamais faites : mais les ouvrages que Rubens a peints lui-même ont un caractere qui laisse peu de chose à souhaiter. L'heureuse facilité dans l'exécution,

& l'effet merveilleux qu'on y remarque ne viennent pas tant de son expérience consommée, que de la certitude de ses principes.

ADAM ELSEIMER.

NE' à Francfort en 1574. étoit fils d'un Tailleur d'habits, & disciple de Philippe Uffembacq homme d'esprit, & qui se mêlant de beaucoup de choses avoit une grande théorie, mais peu de pratique dans son art. Adam s'étant fortifié dans sa profession par l'exercice & par les leçons de son Maître, s'en alla à Rome, où il a passé le reste de sa vie. Il étoit fort studieux, & quoiqu'il ait peint en très-petit à huile, il a extrêmement fini toutes choses, avec une bonne intelligence du coloris, & une composition ingénieuse. Le Comte Gaude, d'Utrecht, a gravé d'après lui sept pieces d'une grande politesse & d'une grande force. On voit encore plusieurs Estampes gravées d'après ses Ouvrages, en partie par lui-même, à l'eau-forte, & en partie par Magdeléne du Pas, & par d'autres.

Il avoit une si grande mémoire, qu'il lui suffisoit de voir quelque chose sans la dessiner pour la retenir parfaitement & la peindre, à quelques jours de-là avec fidelité. Quoiqu'il fût en grande réputation dans Rome, & qu'il vendît cher ses Tableaux, le soin avec lequel il les finissoit, ne lui permettoit pas d'en faire assez pour fournir à la dépense de sa maison ; le chagrin qu'il en avoit retenoit encore sa main, & le réduisit à ne vivre quasi plus que d'emprunt. De sorte que ne pouvant satisfaire aux dettes qu'il avoit contractées de toutes parts, il fut mis en prison où il tomba malade ; & quoiqu'on l'en eût fait sortir, sa maladie continua, & ne pouvant survivre à sa disgrace, il mourut de douleur regretté des Italiens mêmes qui l'avoient en une estime particuliere. En effet, il avoit une si grande intelligence de sa profession, que ses études & son exactitude dans le travail ont rendu ses Ouvrages de la derniere curiosité. Il a eu un disciple nommé Jacques Erneste Thoman de Landau, qui a fait des Tableaux fort approchans de ceux d'Adam, & qu'on prendroit même pour être de ce Maître.

ABRAHAM BLOMART

NE à Gorcum en 1567. suivit son pere à Utrecht, où il fut élevé, & où il a toujours demeuré. Son pere étoit Architecte, & ses Maîtres ont été plusieurs Peintres mediocres, que le hazard lui avoit donnés; aussi compta-t-il pour perdu tout le tems qu'il avoit passé chez eux. Il se forma une maniere sur la nature même & sur le mouvement de son génie; il étoit facile, abondant, gracieux & universel: il entendoit bien le Clair-obscur, & faisoit ses draperies de grands plis, qui faisoient un bon effet; mais son goût de dessein tenoit de son païs. On voit quantité d'estampes faites d'après lui, par de fort bons Graveurs. Il est mort en 1647. âgé de quatre-vingts ans. Il a eu trois fils, dont Corneille Blomart, cet excellent Graveur étoit le plus jeune.

HENRI STENVIK.

STenvik étoit le lieu de sa naissance. Il étoit disciple de Jean Vriés, son inclination l'a porté à faire en petit des Perspectives des dedans d'Eglises, & il a fait en ce genre-là tout ce que l'on peut faire. Les guerres de Flandres le contraignirent de sortir de son païs pour aller à Francfort, où après avoir exercé long-tems sa profession, il y mourut en 1603. Il a laissé un fils qui a suivi le même genre de Peinture, & qui a beaucoup travaillé en Angleterre pour le Roi Charles, où il vivoit honorablement. Après sa mort sa Veuve alla s'établir à Amsterdam, où elle gagnoit sa vie à peindre aussi des perspectives.

ABRAHAM JANSON

D'Anvers, étoit né avec un génie merveilleux pour la Peinture, & dans sa jeunesse, il a fait des choses qui le mettoient bien au-dessus de tous les jeunes Peintres de son tems: mais l'amour s'empara tellement de son cœur, qu'il sacrifia sa profession à l'assiduité qu'il rendoit à une jeune fille d'Anvers, & l'ayant épousée; il ne songea plus qu'à dépenser le bien qu'il avoit, aux divertissemens & à la bonne chere. Cette vie épuisa bientôt ce qu'il avoit de bien; & au lieu de s'en prendre à sa paresse, il s'irrita contre le peu de justice que l'on rendoit, lui sembloit-il, à son merite. Et jaloux de celui de Rubens, il défia ce Peintre, & lui proposa certaines personnes pour juger de leurs Ouvrages quand ils seroient faits. Mais Rubens lui répondit sans accepter le défi, qu'il lui cédoit volontiers, & que le Public leur rendroit justice. On peut voir des ouvrages de

Janson dans quelques Eglises d'Anvers : il y a entr'autres une descente de Croix qu'il a faite pour la grande Eglise de Bosleduc, que l'on prenoit pour être de Rubens, & qui dans la verité n'est pas inferieure aux ouvrages de ce grand Peintre.

GERARD SEGRE

D'Anvers, alla à Rome, & après y avoir étudié quelque tems les principes de son art, il se jetta entierement dans la maniere de Manfrede : il l'a suivie très-long-tems & a dans la suite encheri, pour ainsi dire, sur la force & sur l'union des couleurs de ce Peintre, comme on le peut voir par les ouvrages qu'il a faits à Anvers : mais la maniere de Rubens, & celle de Vandyk s'étant emparées de l'approbation universelle ; Segre fut contraint de changer la sienne pour vendre ses Tableaux, en quoi il réussit fort bien, ayant l'esprit bon & flexible ; & étant d'ailleurs solidement fondé dans les regles de son art. Il est mort à Anvers en 1651. & a laissé un fils qui a suivi la même profession.

MICHEL JANSON MIREVELT

NÉ à Delft, en 1568. d'un pere Orfevre, étoit disciple d'Antoine de Monfort de Blocland, & apprit la Peinture avec beaucoup de facilité. Quoiqu'il ait fait plusieurs Tableaux d'histoires avec grand succès, les occasions le porterent peu-à-peu à se déterminer aux portraits qu'il faisoit très-bien & très-facilement ; la grande réputation qu'il s'y étoit acquise, lui en fit faire une prodigieuse quantité, & lui fit gagner beaucoup de bien ; car il les avoit fixés à 150. florins chacun. Guillaume Jacques Delft en a gravé d'après lui un fort grand nombre & d'une grande beauté.

CORNEILLE SCHUT

D'Anvers avoit apporté en naissant une vive imagination & un grand talent pour la Peinture, comme on le voit par ses ouvrages qu'il assaisonnoit d'idées Poëtiques. Il étoit peu employé ; & comme il en attribuoit la cause à la réputation de Rubens, il s'emporta contre ce Peintre & le traita d'avare : mais Rubens ne s'en vengea qu'en lui procurant de l'ouvrage.

GERARD HOMTORST

D'Utrecht, né en 1592. passoit pour un des premiers Peintres de son tems. Il a été disciple de Blomart. Il alla ensuite à Rome, où après ses études de dessein, il s'exerça à faire des sujets de nuit avec tant d'application & de succès que personne jusqu'ici ne les a mieux représentés. Etant de retour à Utrecht, il fit plusieurs Tableaux d'histoires. Il étoit si reglé dans ses mœurs, & si honnête dans ses manieres qu'il s'étoit attiré la plûpart des enfans de qualité d'Anvers, qui alloient apprendre à dessiner chez lui. Il montra aussi à dessiner & à peindre aux enfans de la Reine de Bohéme, Sœur de Charles Roi d'Angleterre, c'est-à-dire à deux fils; savoir, le Prince Palatin & le Prince Robert, & à quatre filles; entre lesquelles la Princesse Sophie, & l'Abbesse de Maubuisson se distinguérent par l'habileté de leur pinceau.

Le Roi d'Angleterre Charles premier attira Homtorst à Londres, où ce Peintre fit de grands ouvrages pour cette Majesté. Etant de retour en Hollande, il peignit dans les maisons de plaisance du Prince d'Orange quantité de grands sujets Poëtiques, tant à fresque qu'à huile, & entr'autres dans le Palais appellé la maison du Bois, à demi-lieue de la Haye.

ANTOINE VANDEIK

NE' à Anvers en 1599. a eu le plus heureux Pinceau qui ait paru jusqu'ici, si l'on en excepte celui du Correge, qui seul peut lui disputer. Vandeik a été premierement disciple de Jean Bale, puis de Rubens, qu'il aida dans ses ouvrages les plus considerables : il alla en Italie, & fut peu de tems à Rome : il s'arrêta davantage à Venise, où il écrêma, pour ainsi dire, le Titien & toute son Ecole, pour fortifier sa maniere. Il en donna des preuves dans la Ville de Gennes où il fit quantité de beaux Portraits, & où ses ouvrages triomphérent d'une cabale de jaloux qui s'étoient élevés contre lui. A son retour en Flandres, il fit plusieurs Tableaux d'histoire qui rendirent son nom célebre de toutes parts : mais comme il prévit qu'il seroit beaucoup plus emploïé dans les Cours des Princes, à faire des Portraits, & que ce genre de Peinture étoit plus propre à lui établir une grosse fortune, il voulut aussi se faire connoître par ce talent dont la nature l'avoit particulierement favorisé. C'est dans cett vûe qu'il fit les Portraits des plus célebre Peintres de son tems, & qu'il les travaill avec beaucoup de soin. Le Cardinal de Richelieu le voulut attirer en France : mai n'étant pas content de la réception qu'on lui fit, il passa en Angleterre, où le Roi Charles le demandoit, & il en fut reçû avec caresses. Les occasions continuelles d'y peindre les Personnes de la Maison Roïale & les Seigneurs de la Cour, ne lui donnerent pas le tems de s'occuper beaucoup à faire des Tableaux d'histoires. Il y fit une très-grande quantité de Portraits, qu'il travailla avec beaucoup de soin dans les commencemens : mais qu'il peignit sur la fin avec beaucoup de promptitude, le faisant fort legers d'ouvrages. Quelqu'un de ses amis lui en demandant la raison : il répondit, qu'après avoir travaillé longtems pour sa réputation, il étoit raisonnable de travailler aussi pour sa cuisine. Ce fut ainsi qu'il amassa beaucoup de bien, & qu'aïant épousé une femme de grande qualité, il soutint dans sa maison une dépense magnifique. Il est mort à Londres en 1641. âgé de 42. ans. Il est assez vraisemblable que cette mort prématurée vint d'un épuisement d'esprit que lui avoit causé l'activité dont il a travaillé à la prodigieuse quanté d'ouvrages qui sont sortis de ses mains. Hanneman & Remy, ont été ses meilleurs disciples.

REFLEXIONS

Sur les Ouvrages du Vandeik.

IL n'y a point de Peintre qui ait tant profité des enseignemens de son Maître que Vandeik a fait de ceux de Rubens; mais quoique cet illustre disciple soit venu au monde avec un beau génie, qu'il ait eu un jugement solide; que par une imagination très-vive il ait compris facilement, & qu'il ait pratiqué de bonne heure tous les principes de Rubens, il n'avoit pas néanmoins l'esprit d'une si grande étendue que son maître.

Ses compositions sont bien remplies & conduites par les mêmes maximes que celles de Rubens; mais ses inventions ne sont pas si savantes, ni si ingénieuses. Bien qu'il fut peu correct & peu fondé dans la partie du dessein: il a fait pourtant des choses en ce genre-là qui sont dignes d'estime, lorsqu'il a voulu observer la nature avec la délicatesse de son choix.

Il a fait les Portraits d'un genre sublime; il les a disposés d'une maniere qui leur donne une vie surprenante, & une grac infinie. Il les a toujours habillés selon l mode des tems. Il a tiré de cette mode to ce qui pouvoit être avantageux à sa peintu re : & il a fait voir par-là, que quand l Peintre joint à l'art un beau génie, il se fait jour partout, & qu'il trouve les moïen de répandre des beautés sur les choses le plus ingrates.

Vandeik a dessiné les têtes & les main dans la derniere perfection : & il a donn à celles-ci une délicatesse & une belle pro portion dont il s'étoit fait une habitude. I savoit choisir les attitudes convenables au personnes, & les momens les plus avanta geux des visages. Il en observoit tous le agrémens, il les conservoit dans sa mé moire, & il imitoit ainsi non-seulement c qu'il voïoit dans son modelle ; mais c qu'il croïoit possible & capable d'en soûte nir un bon caractere, sans alterer la resse blance. De sorte que parmi la verité d Portraits de Vandeik, on y voit un art qu les Peintres qui l'ont précedé ont raremen mis en usage. Il est si difficile de garder e cela une mesure bien juste, qu'il faut avo les yeux de Vandeik pour voir tout ce qu' y a à voir sur cette matiere, & pour point passer les bornes prescrites par la na ture. Je ne sai pas même si Vandeik, tou

Vandeik qu'il étoit, n'a pas abusé de cet artifice sur la fin de sa vie : mais je sai bien qu'il s'en faut beaucoup que ses derniers Portraits soient de la bonté de ceux qu'il a peints dans ses commencemens.

Ce Peintre a eu l'esprit formé de très-bonne heure ; car ce qu'il a fait de plus fort & de plus recherché, a été peint dans sa jeunesse, & dans un tems où il a voulu établir sa réputation. C'est ce qu'il a fait par les Portraits des plus habiles Peintres de ses amis, & par ceux qu'il a peints à Gennes, & dans les premieres années de sa résidence en Angleterre. On en voit beaucoup des derniers qui sont legers d'ouvrage, foibles de couleur, & qui donnent, comme on dit, dans le plombé : son pinceau néanmoins est heureux par tout, il est leger, il est coulant, il est moéleux, & ne contribue pas peu à la vie, que Vandeik a sû donner à tout ce qu'il a peint : mais si les ouvrages que ce Peintre a produits ne sont pas tous dans le dernier degré de perfection, ils portent néanmoins tous avec eux un grand caractere d'esprit, de noblesse, de grace, & de verité. De sorte que l'on peut dire, qu'à la réserve du Titien, Vandeik a surpassé tous ceux qui, jusqu'ici, ont fait des Portraits, & que ses Tableaux d'histoire tiennent rang parmi ceux des

Peintres de la premiere classe dans l'estime des bons Connoisseurs.

ADRIEN BRAUR

D'Oudenarde, né en 1608. peignoit en petit. Il se plaisoit à représenter ce qui se passoit entre les Païsans de sa nation, & ses sujets étoient bas d'ordinaire : mais il y avoit dans ses ouvrages une si vive expression, & une si grande intelligence de couleurs, que ses Tableaux se païoient au poids de l'or. Cependant, comme il aimoit la débauche, & qu'il n'avoit aucun soin de sa personne, ni de son menage, il vivoit dans la derniere pauvreté, dont il se railloit lui-même, étant d'ailleurs d'une humeur enjouée. Mais son déreglement ne lui permit pas de faire paroître long-tems sa belle humeur ; car il mourut à trente-deux ans, n'aïant pas laissé de quoi l'ensevelir. On l'enterra d'abord dans un Cimetiere commun : mais l'estime de ses ouvrages augmentant tous les jours, les Curieux & les Magistrats d'Anvers voulurent conserver sa mémoire par une sépulture plus honorable. On déterra son corps, & on l'inhuma de nouveau avec un grand concours de monde dans l'Eglise des Carmes.

Le Tombeau magnifique qu'on lui éleva est encore aujourd'hui une marque de la véneration que les Citoïens d'Anvers ont eue de tout tems pour le mérite.

CORNEILLE POLEMBOURG

D'Utrecht, né en 1586. a été disciple de Blomart. Il alla à Rome, & dessina quelque tems d'après Raphaël. Il s'attacha ensuite au païsage, se proposant Adam Elseimer pour modele. Enfin, après avoir étudié la nature même, il se fit une maniere particuliere, qui est vraie & agréable, suivant en cela son génie, qui le porta toujours à travailler en petit. Il retourna en son païs, où il se mit fortement à travailler pour se faire connoître par ses ouvrages. Le Roi d'Angleterre qui en vit quelques-uns, l'attira par une pension annuelle. Il retourna à Utrecht, d'où ses Tableaux, faciles à transporter, à cause de leur petitesse, répandirent bientôt sa renommée dans les Païs-bas. Rubens fut si touché de sa maniere, en passant par Utrecht, qu'il lui commanda quelques Tableaux, que Sandrart eut soin de lui faire tenir. Mais aujourd'hui ses ouvrages sont connus & estimés par toute l'Europe. Il mourut en 1660. âgé de soixante-quatorze ans.

ROLAND SAVERY

FLamand, fils d'un Peintre médiocre, s'attacha d'abord à imiter d'après nature des Animaux de toutes les especes, & il s'y rendit si habile, que l'Empereur Rodolphe, qui avoit bon goût, le fit travailler quelque tems, & l'envoïa ensuite dans le Frioul pour étudier le païsage d'après le vrai, ce qu'il fit avec soin. Ses desseins sont ordinairement faits à la plume, accompagnés de lavis de couleurs differentes, & approchantes de la nature qu'il dessinoit. Toutes ses études étoient ramassées dans un grand Livre, qu'il consultoit au besoin; & ce Livre demeura entre les mains de l'Empereur. Gilles Sadeler, & Isaac son Disciple ont gravé plusieurs de ses païsages. Le plus beau de tous est celui où se trouve représenté saint Jerôme, gravé par Isaac. Il est mort à Utrecht fort vieux.

JEAN TORRENTIUS

D'Amsterdam, peignoit ordinairement en petit, & quoiqu'il ne soit jamais sorti de son païs, il a fait des choses d'une grande force, & d'une grande verité. Il aimoit à peindre des nudités dissolues, & ses amis le lui reprocherent plus d'une fois : mais au lieu de profiter de leurs avis, il eut le malheur, pour excuser son mauvais penchant, de tomber dans une horrible héresie, qu'il répandit lui-même. Il en fut repris par la Justice ; & n'aïant point voulu confesser ce qu'on déposoit contre lui, il mourut dans les tourmens de la Question. Ses Tableaux lascifs furent publiquement brûlés par la main du Boureau en 1640.

FREDERIC BRENDEL

DE Strasbourg, peignoit à gomme avec beaucoup d'esprit & de facilité. Il a été maître de Guillaume Baur.

GUILLAUME BAUR

DE Strasbourg, disciple de Brendel, a été un Peintre d'un grand génie: mais la rapidité de son imagination l'a empêché de se purger du goût de son païs par l'étude des antiques & du beau naturel ; car le séjour qu'il fit à Rome lui servit plûtôt pour étudier le païsage & l'architecture, qu'il a faite d'un grand goût, que pour le nud, qu'il a très-mal dessiné. Il ne peignoit qu'en petit à gomme sur du velin, & assez legerement. Ses expressions génerales & ses compositions sont d'une beauté qui va souvent jusqu'au sublime. La Vigne Madame est le naturel dont il s'est servi pour étudier les arbres, comme les Palais de Rome & des environs pour l'architecture. Il a gravé lui-même à l'eau-forte les Métamorphoses d'Ovide, qui sont de son invention, & qui font un Volume; & il a fait graver d'après ses desseins plusieurs sujets de l'Histoire Sainte, & autres par Melchior Kussel, qui font un autre Volume. On peut juger par ces deux Livres de l'étendue du génie de Guillaume Baur. Il mourut à Vienne peu de tems après son mariage, en 1640.

HENRI GAUD COMTE PALATIN

NE' à Utrecht d'une famille illustre, se porta de lui-même au dessein avec tant d'affection, qu'il n'y avoit point de jeunes Peintres de son tems qui dessinassent mieux que lui. Il alla à Rome du tems qu'Adam Elsheimer y étoit, il fit avec lui grande amitié, & non ſeulement il acheta de ce Peintre ce qu'il trouva de fait de ſes ouvrages, & ce qu'il pût tirer de lui pendant ſon séjour à Rome : mais il le païa encore d'avance ſur ce qu'il devoit lui faire pendant quelques années. Henri étant de retour à Utrecht grava d'après les Tableaux d'Adam les ſept pieces, qui ſont admirées des curieux pour leur ſinguliere beauté. Une fille qui le vouloit épouſer lui donna en 1624. un Filtre, qui, au lieu de le rendre amoureux, lui fit perdre l'eſprit ; enſorte qu'il étoit tout hébété quand on lui parloit d'autre choſe que de peinture, de laquelle il raiſonna toujours d'un très-bon ſens juſqu'à la mort.

DAVID TENIERS

le Vieux,

D'Anvers, a été diſciple de Rubens dans ſon païs, & l'a été dans Rome d'Adam Elſeimer : de ſorte qu'étant de retour à Anvers, & voulant faire un mélange de Rubens & d'Adam, il ne s'occupa qu'à peindre des Tableaux de petites figures, qui lui ont donné beaucoup de réputation. Il mourut en 1649.

JEAN VAN-HOUC

D'Anvers, étoit un des bons disciples de Rubens. Il alla à Rome, où l'on admira l'intelligence qu'il avoit dans le coloris. En retournant dans son païs, il passa par Vienne, où l'Archiduc Leopold le retint, & le fit travailler jusqu'en 1650. qui est l'année où la mort surprit Van-Houc, étant encore jeune.

JACQUES FOUQUIER

Flamand, issu de bonne maison, disciple de Mompre, a été un des plus célebres & des plus savans païsagistes qui aient paru jusqu'ici. Ses Tableaux ne sont differens de ceux du Titien que par la diversité des païs qu'ils représentent; car pour les principes, ils sont les mêmes, & les couleurs également bonnes & bien entendues. Il a peint quelque tems pour Rubens, chez qui il apprit les principes les plus essentiels de son art; puis en Allemagne pour l'Electeur Palatin, & enfin en France, où après avoir travaillé longtems, & s'être bien fait païer de ses ouvrages, sa mauvaiſe conduite le fit mourir pauvre chez un Peintre appellé Silvain, qui demeuroit au Fauxbourg ſaint Jacques. Il a eu deux éleves, qui ſe ſont toûjours attachés à ſa maniere; Rendu & Bellin.

PIERRE DE LAER,

dit

BAMBOCHE,

D'Harlem, avoit un merveilleux génie pour la Peinture, quoiqu'il ne l'ait cultivée qu'à peindre en petit. Il étoit univerſel, & fort ſtudieux dans toutes les choſes qui regardoient ſa profeſſion. Il fit un grand ſéjour à Rome, où il s'attira l'amitié & l'eſtime des premiers Peintres. Sa maniere eſt fort ſuave & vraie. Le nom de Bambozo lui fut donné par les Italiens, à cauſe de ſa figure extraordinaire; il avoit les jambes fort longues, le corps fort court, & la tête enfoncée entre les épaules: mais cette difformité étoit bien réparée par la beauté de ſon eſprit, & par la bonté de ſes mœurs. Il mourut à Harlem âgé de ſoixante ans, s'étant laiſſé tomber dans un foſſé, où il ſe noya. Il ſemble que par ce genre de mort Dieu voulut tirer vengeance d'un crime dont Bamboche étoit coupable. Etant à Rome avec quatre autres Hollandois dans une maison qui étoit sur le bord du Tibre, ils furent tous cinq surpris plusieurs fois mangeans de la viande en Carême, sans aucune nécessité : un Ecclesiastique qui les avoit souvent avertis de ne le plus faire, les surprit encore une fois; & comme il vit que les voies de la douceur étoient inutiles, il les menaça un soir comme ils soupoient de les déferer à l'inquisition. La chose s'étant extrêmement aigrie, ces Protestans jetterent l'Ecclesiastique dans la Riviere. On a remarqué que ces cinq Hollandois ont tous peri par les eaux.

JEAN BOTH
& son Frere
HENRI

D'Utrecht, disciples de Blomart, l'un & l'autre fort studieux & fort attachés à leur profession. Etant à Rome, Henri s'adonna au païsage, & suivit la maniere de Claude le Lorrain; l'autre s'étudia à faire des Figures & des Animaux, & suivit la maniere de Bamboche, tous deux arriverent au but qu'ils s'étoient proposés; ils s'accorderent à travailler dans un même Tableau dont l'un faiſoit le païſage & l'autre les figures, & les animaux; en ſorte néanmoins que l'on auroit crû que tout l'ouvrage eût été peint de la même main. La grande facilité qu'ils s'étoient acquiſe dans le travail, & le prompt débit qu'ils avoient de leurs Tableaux, firent qu'ils continuerent à peindre de cette ſorte, juſqu'au malheur qui arriva à Henri, lequel étant à Veniſe & ſe retirant chez lui la nuit, tomba dans un canal où il périt; il étoit complice du crime de Bamboche. Jean retourna a Utrecht où il continua de travailler avec réputation.

DANIEL SEGRE

D'Anvers, Jeſuite, frere de Gerard Segre, s'adonna à peindre des Fleurs & s'y eſt mis en grand eſtime par la fraîcheur & la legereté dont il les faiſoit, la diſpoſition qu'il leur donnoit étoit ordinairement pour ſervir de bordure à quelque petit Tableau, dont il menageoit la place.

BALTAZAR GERBIER

D'Anvers, né en 1592. peignoit à Gomme en petit, & ses ouvrages plûrent tellement au Roi d'Angleterre Charles premier, que ce Prince l'attira à sa Cour. Le Duc de Bouquingam l'y ayant connu & lui ayant trouvé de la pénétration dans l'esprit, en parla sur ce pied au Roi, qui le fit Chevalier & l'envoïa à Bruxelles, où il a été long-tems en qualité d'Agent des affaires de sa Majesté Britannique.

HERMAN SUANEFELD

QU'on appelloit à Rome communément Hermite, non seulement parce qu'on le trouvoit toûjours seul dans les ruines des environs de Rome, à Tivoli, à Frescati & autres lieux; mais encore parce qu'il quittoit souvent la compagnie de ses camarades pour étudier le païsage d'après nature. Il s'est rendu habile en ce genre-là, sans négliger l'étude des figures qu'il dessinoit de fort bon goût.

GELDORP

EToit un Peintre dont il n'eſt ici parlé qu'à cauſe de l'induſtrie qu'il avoit pour gagner ſa vie. Comme il manioit paſſablement bien les couleurs, & qu'il avoit de la peine à deſſiner, il avoit fait faire par d'autres Peintres, pluſieurs têtes, pluſieurs pieds, & pluſieurs mains ſur du papier dont il avoit fait des Poncis pour lui ſervir dans ſes Tableaux, & vivoit ainſi aux dépens des ignorans.

OLIVIER

DE Londres, peignoit à gomme toutes ſortes de ſujets : mais il s'eſt occupé davantage à faire des Portraits. Il en a fait quantité dans les Cours des Rois d'Angleterre Jacques & Charles, & perſonne n'a mieux fait que lui en ce genre-là. Il a eu un diſciple nommé Couper, qui paſſa au ſervice de la Reine Chriſtine de Suede.

LELI Anglois a fort bien fait les Portraits dans la maniere de Vandeik, tant pour les têtes que pour les habits & les ajuſtemens.

CORNEILLE VAN HEEM

D'Anvers, a peint dans un haut degré de perfection, les fruits, les fleurs, & autres choses inanimées.

ABRAHAM DIPEMBEC

DE Bosleduc, s'est fort occupé dans sa jeunesse à peindre sur le verre, & s'étant mis ensuite dans l'Ecole de Rubens, y devint un de ses meilleurs disciples. Il inventoit facilement & ingenieusement : les Estampes qu'on a gravées d'après lui en sont de bons témoignages, & entr'autres celles qui sont dans le Livre intitulé le Temple des Muses, qui suffit seul pour faire l'éloge de ce Peintre.

DAVID TENIERS
le Jeune,

A Peint ordinairement en petit, il dessinoit bien, & sa maniere est ferme & d'un Pinceau leger, ç'a été un Prothée pour les copies, & il s'est transformé en autant de Tableaux qu'il en a voulu contrefaire ; en ſorte qu'on y eſt encore tous les jours trompé : c'eſt par ſes ſoins que la Gallerie de l'Archiduc Leopol a été gravée, aïant pour lors la direction des originaux.

RAMBRAN VAN REIN

LE ſurnom de Van Rein lui vient du lieu de ſa naiſſance qui eſt un Village ſitué ſur le bras du Rhin qui paſſe à Leyde ; il étoit fils d'un Meûnier, & diſciple d'un aſſez bon Peintre d'Amſterdam appellé Leſman : mais il ne devoit la connoiſſance qu'il a acquiſe dans ſa profeſſion qu'à la bonté de ſon eſprit & à ſes reflexions. Il ne faut néanmoins chercher dans ſes ouvrages, ni la correction du deſſein, ni le gout de l'antique. Il diſoit lui-même, que ſon but n'étoit que l'imitation de la nature vivante, ne faiſant conſiſter cette nature que dans les choſes créées, telles qu'elles ſe voient. Il avoit de vieilles armures, de vieux inſtrumens, de vieux ajuſtemens de tête, & quantité de vieilles étoffes ouvragées; & il diſoit que c'étoit-là ſes antiques. Il ne laiſſoit pas, malgré ſa maniere, d'être curieux de beaux deſſeins d'Italie, dont il avoit un grand nombre auſſi-bien que de belles Estampes, dont il n'avoit pas profité : tant il est vrai que l'éducation & l'habitude ont beaucoup de pouvoir sur nos esprits. Cependant il a fait quantité de Portraits, d'une force, d'une suavité & d'une verité surprenantes.

Sa gravure à l'eau forte tient beaucoup de sa maniere de peindre. Elle est expressive & spirituelle, principalement ses Portraits dont les touches sont si à propos, qu'elles expriment & la chair & la vie : le nombre des Estampes qui sont de sa main est d'environ deux cens quatre-vingt. On y voit son Portrait plusieurs fois, & l'on peut juger par l'année qui y est marquée qu'il est né avec le siécle ; & de toutes ces dates que l'on voit sur ses Estampes, il n'y en a point au de-là de 1628. ni après 1659. Il y en a quatre ou cinq qui font voir qu'il étoit à Venise en 1635. & 1636. Il se maria en Hollande, & il a gravé le Portrait de sa femme avec le sien, il a retouché plusieurs de ses Estampes jusqu'à quatre & cinq fois pour en changer le clair-obscur, & pour chercher un bon effet. Il paroît que le papier blanc n'étoit pas toûjours de son goût pour les impressions : car il a fait tirer quantité de ses épreuves sur du papier de demi-teinte, principalement sur du papier de la Chine, qui eſt d'une teinte rouſſe & dont les épreuves ſont recherchées des Curieux. Il y a dans ſa gravûre une façon de faire qui n'a pas encore été connue que je ſache ; elle a quelque choſe de la maniere noire, mais celle-ci n'eſt venue qu'après.

Il ſavoit fort bien qu'en Peinture on pouvoit, ſans beaucoup de peine, tromper la vûe en repreſentant des corps immobiles & inanimés ; & non content de cet artifice aſſez commun, il chercha avec une extrême application celui d'impoſer aux yeux par des figures vivantes. Il en fit entr'autres une épreuve par le portrait de ſa ſervante qu'il expoſa à ſa fenêtre, dont toute l'ouverture étoit occupée par la toile du Tableau. Tous ceux qui le virent y furent trompés, juſqu'à ce que le Tableau ayant été expoſé durant pluſieurs jours, & l'attitude de ſa ſervante étant toûjours la même, chacun vint enfin à s'appercevoir qu'il étoit trompé. Je conſerve aujourd'hui cet ouvrage dans mon cabinet.

Quoique Rambrant eût un bon eſprit, & qu'il eût gagné beaucoup de bien, ſon penchant le portoit à converſer avec des gens de baſſe naiſſance. Quelques perſonnes qui s'intereſſoient à ſa réputation, lui en voulurent parler : quand je veux délaſſer mon esprit, leur dit-il, ce n'est pas l'honneur que je cherche, c'est la liberté. Et comme on lui reprochoit un jour la singularité de sa maniere d'emploïer les couleurs qui rendoient ses Tableaux raboteux; il répondit, qu'il étoit Peintre, & non pas Teinturier. Il mourut à Amsterdam l'an 1668.

REFLEXIONS

Sur les Ouvrages de Rambrant.

LEs talens de la nature tirent leur plus grand prix de la façon de les cultiver, & l'exemple de Rambrant est une preuve très-sensible du pouvoir que l'habitude & l'éducation ont sur la naissance des hommes. Ce Prince étoit né avec un beau génie & un esprit solide; sa veine étoit fertile, ses pensées fines & singulieres, ses compositions expressives, & les mouvemens de son esprit fort vifs: mais parce qu'avec le lait il avoit sucé le goût de son païs, qu'il avoit été élevé dans une vûe continuelle d'un naturel pesant, & qu'il avoit connu trop tard une verité plus parfaite que celle qu'il avoit toûjours pratiquée, ses productions se tournerent du côté de son habitude, malgré les bonnes semences qui étoient dans son esprit; ainsi on ne verra point dans Rambrant, ni le goût de Raphaël, ni celui de l'antique, ni pensées Poëtiques, ni élegance de dessein; on y trouvera seulement, tout ce que le naturel de son Païs, conçû par une vive imagination, est capable de produire. Il en a quelquefois relevé la bassesse par un bon mouvement de son génie: mais comme il n'avoit aucune pratique de sa belle proportion, il retomboit facilement dans le mauvais goût auquel il étoit accoûtumé.

C'est la raison pour laquelle Rambrant n'a pas beaucoup peint de sujets d'histoires, quoiqu'il ait dessiné une infinité de pensées qui n'ont pas moins de sel & de piquant que les productions des meilleurs Peintres. Le grand nombre de ses desseins que j'ai entre mes mains en est une preuve convaincante à qui voudra leur rendre justice: Et bien que ses Estampes ne soient pas inventées avec le même esprit que les desseins dont je parle, on y voit néanmoins un Clair obscur & des expressions d'une beauté peu commune.

Il est vrai que le talent de Rambrant ne s'est pas tourné à faire un beau choix du naturel: mais il avoit un artifice merveilleux pour l'imitation des objets presens; l'on en peut juger par les differens Portraits qu'il a faits, & qui bien loin de craindre la comparaiſon d'aucun Peintre, mettent ſou vent à bas, par leur preſence, ceux de plus grands Maîtres.

Si ſes contours ne ſont pas correcte, le traits de ſon deſſein ſont pleins d'eſprits, l'on voit dans les Portraits qu'il a gravé que chaque trait de pointe, comme dans ſa Peinture chaque coup de Pinceau, donnen aux parties du viſage un caractere de vie de verité, qui fait admirer celui de ſo genie.

Il avoit une ſuprême intelligence du Clair obſcur, & ſes couleurs locales ſe prêten un mutuel ſecours l'une à l'autre, & ſe font valoir par la comparaiſon. Quoique Ram brant ait traité des ſujets ſous l'aparenc de toutes ſortes de lumieres; il ſemble néa moins qu'il ait affecté d'expoſer ſes mod les ſous une lumiere haute & reſſerrée, ou ſous une lumiere d'accident; afin qu les ombres étant plus fortes & les partie éclairées plus ramaſſées, les objets en pa ruſſent plus vrais & plus ſenſibles. C'eſt dans cette intention qu'il a peint la plûpart de ſes Portraits, & qu'il a choiſi plus vo- lontiers des ſujets ſuſceptibles de ces ſortes de lumieres. Ses carnations ne ſont pas moins vraies, moins fraîches, ni moins recherchées dans les ſujets qu'il a répre- ſentés, que celles du Titien. Ces deux

Peintres étoient convaincus qu'il y avoit des couleurs qui se détruisoient l'une l'autre par l'excès du mélange ; qu'ainsi il ne falloit les agiter par le mouvement du Pinceau que le moins qu'on pouvoit. Ils préparoient par des couleurs amies une premiere couche la plus approchante du naturel qu'il leur étoit possible. Ils donnoient sur cette pâte toute fraîche par des coups legers & par des teintes Vierges, la force & les fraîcheurs de la nature, & finissoient ainsi le travail qu'ils observoient dans leur modele. La difference qui est entre ces deux Peintres sur ce sujet, c'est que le Titien rendoit ses recherches plus imperceptibles & plus fondues, & qu'elles sont dans Rembrant très-distinguées à les regarder de près ; mais dans une distance convenable, elles paroissent très-unies par la justesse des coups, & par l'accord des couleurs. Cette pratique est singuliere à Rembrant, elle est une preuve convaincante que la capacité de ce Peintre est à couvert du hazard, qu'il étoit maître de ses couleurs, & qu'il en possedoit l'art en souverain.

GERARD DAU

De Leyde, a été disciple de Rambrant & quoique sa maniere d'operer soi fort éloignée de celle de son maître, lui devoit néanmoins l'intelligence & le principales regles de son art dans la parti du coloris ; il peignoit en petit à huile, ses figures qui pour l'ordinaire ne passen pas la hauteur d'un pied, sont aussi termi nées que si elles étoient grandes comme le naturel. Il ne faisoit rien que d'après le vrai qu'il regardoit dans un miroir convexe. Il a fait peu de Portraits de grands Sei gneurs & de Dames ; parce que ces sortes de personnes n'ont ordinairement ni l tems ni la patience de se tenir aussi long-tems que l'exigeoit ce Peintre. La femme d'un Résident de Dannemark, laquelle vou-loit avoir son Portrait de la main de Gi-rard Dau lui servit de modele cinq jours durant, pour une main seulement, sans parler de la tête. Aussi faut-il avouer que ses ouvrages sont terminés comme la natu-re même sans rien perdre de la fraîcheur, de l'union, ni de la force des couleurs, non plus que de l'intelligence du Clair-obscur.

La grandeur ordinaire de ses Tableaux ne
assoit pas un pied, & le prix qu'il s'en fai-
it païer étoit tantôt de six cens livres,
antôt de huit cens, & tantôt de mille li-
res, plus ou moins selon le tems qu'il y
voit emploïé : car pour regler son prix il
omptoit chaque heure à vingt sols. Son
abinet étoit percé d'une lumiere haute
our avoir des ombres avantageuses, & du
ôté d'un Canal pour éviter la poudre ; il
aisoit broïer ses couleurs sur une glace de
ristal : sa Palette & ses Pinceaux étoient
oigneusement enfermés dans une boëte
uand il ne travailloit pas ; & lorsqu'il se
ettoit au travail il demeuroit quelque
tems assis en repos pour laisser rassoir la
oussiere. Quand il voïoit un beau tems il
uittoit son ouvrage, & alloit prendre l'air
our réparer les esprits qu'il consumoit
ans un travail si attachant.

Il y a beaucoup de réflexions à faire sur cette maniere de peindre, & je ne sai si lle est aussi imitable qu'elle est admirable. Car le feu que demande la Peinture ne s'accorde gueres avec une patience si extraordinaire, & avec l'attention qu'il faut donner à un si grand détail. Il semble que la belle intelligence de l'Art consiste à faire avec peu d'ouvrage, que les Tableaux paroissent finis dans leur distance : mais Girard Dau étoit persuadé au contraire que le grand travail étant compatible avec la belle intelligence, il falloit faire tout ce que l'on découvroit sur le modele dans une distance raisonnable.

Ce que l'on peut dire à cela, c'est que les Tableaux de Girard Dau étant composés de peu de figures, fatiguoient peu l'imagination, & qu'il étoit né avec un talent particulier pour ses ouvrages.

FRANCOIS MIRIS

DE Leyde, disciple de Girard Dau, a suivi entierement la maniere de son Maître, si ce n'est qu'il avoit un meilleur goût de dessein, plus de gentillesse dans ses compositions, & plus de suavité encore dans ses couleurs. Il se servoit comme lui du miroir convexe. Comme il est mort fort jeune, il a fait peu de Tableaux. Il y en a un entr'autres de la grandeur de quinze pouces, où il a représenté une boutique d'étoffe, la Marchande & un Acheteur. Plusieurs étoffes y paroissent dévelopées les unes auprès des autres, & l'on y reconnoît leur diversité très-sensiblement. Les figures, & tout ce qui entre dans la composition du Tableau sont admirables. Il eut deux mille francs pour cet ouvrage : & tous ceux qu'on voit de lui, font regretter avec raison la mort précipitée d'un si habile homme. Miris vivoit sans souci, sans regle, sans œconomie, & dépensoit beaucoup : cette mauvaise conduite lui attira des dettes, pour lesquelles il fut mis plusieurs fois en prison. Une fois entr'autres qu'il y étoit retenu plus qu'à l'ordinaire, on lui proposa de peindre pour passer le tems, & que s'il vouloit faire quelque Tableau en païement, on lui procureroit sa liberté. Il répondit qu'il lui étoit impossible de travailler, que la vûe des grilles & le bruit des verroux lui troubloient l'imagination. Cette vie mal reglée le fit mourir à la fleur de son âge en 1683.

HANNEMAN

DE la Haye, a été disciple de Vandeik, & a toujours suivi la maniere de son Maître avec succès. Il a fait quantité de Portraits, qui sont répandus dans toute la Hollande ; & ceux qu'il a copiés d'après Vandeik, passent souvent pour originaux, aussi-bien que quelques autres qu'il a faits d'après nature.

JACQUES JORDANS

D'Anvers, né en 1594. apprit les prin cipes de son Art chez Adam Van-Ort: ce qui n'empêchoit pas qu'il n'allât chez le autres Peintres qui étoient à Anvers, des quels il examinoit les ouvrages; & faisan d'un autre côté des études particulieres su la nature même, il est devenu par ce moïe Auteur de sa maniere, & l'un des plus ha biles Peintres des Païs-Bas. Il ne lui m quoit que d'avoir vû l'Italie, ainsi qu'il l témoignoit lui-même par l'estime qu'il fai soit des Maîtres de ces païs-là, aussi-bie que par l'avidité avec laquelle il copioi les Titiens, les Paul Véronéses, les Bassans & les Caravages, quand il en pouvoit trou ver. Ce qui l'empêcha de faire ce voïag d'Italie, fut son mariage, qu'il contract trop jeune avec la fille d'Adam Van-Or son Maître. Son talent étoit pour les grand Tableaux, & sa maniere étoit forte, vrai & suave.

On a dit que Rubens, d'où il avoit puis ses meilleurs principes, & pour qui il tra vailloit, craignant qu'il ne le surpassât dan l'intelligence du coloris, l'occupa longte à faire en détrempe de grands patrons d Tapisserie

Tapisseries pour le Roi d'Espagne, d'après les esquisses coloriées que Rubens en avoit faites ; & qu'il affoiblit ainsi par une habitude contraire, cette maniere forte avec laquelle Jordans représentoit si sensiblement la verité. Il a fait quantité d'ouvrages pour la Ville d'Anvers, & pour toute la Flandre. Il en a fait aussi de considerables pour les Rois de Suéde & de Danemark. Il étoit infatigable dans le travail, & il réparoit ses esprits par la conversation de ses amis, qu'il visitoit le soir, & par une humeur enjouée, dont la nature l'avoit pourvû. Il mourut en 1678. âgé de 84. ans.

ERASME QUILLINUS

D'Anvers, né en 1607. après avoir professé la Philosophie, se laissa conduire à l'amour qu'il avoit pour la peinture, & s'étant mis sous la discipline de Rubens, il est devenu très-bon Peintre. Il a peint dans son païs & dans les lieux d'alentour plusieurs grands ouvrages pour les Eglises & pour les Palais, & a laissé en mourant une grande estime de lui, avec une merveilleuse réputation de son mérite, sans que de sa part il ait jamais cherché autre chose que le plaisir qu'il trouvoit dans l'exercice de la Peinture.

JOACHIM SANDRART

NE' à Francfort le 12e. de Mai 1606, fils de Laurent Sandrart, après avoir fait ses études de Grammaire, s'adonna à la Gravûre, & à l'âge de quinze ans il alla à pied jusqu'à Prague s'offrir pour disciple à Gilles Sadeler, qui le détourna de la gravûre, & lui conseilla de se mettre à la peinture. Il suivit cet avis, & passa à Utrecht, où il se mit sous la discipline de Gerard Hontorst, qui le mena avec lui en Angleterre, d'où il sortit en 1627. que le Du de Bouquingam fut tué. Parmi les belle choses qu'il vit en Angleterre, il est fai mention dans sa vie des douze Empereur du Titien, plus grands que nature, qu ont été gravés par G. Sadeler. Il y est di aussi qu'après la mort du Duc de Bouquin gam, l'Empereur Ferdinand III. fit ache ter les Tableaux du Cabinet de ce Duc dont il orna son Palais de Prague, & qui sont encore en partie.

Il fut à Venise, où il copia les plus beau Tableaux du Titien, & de Paul Véronese De-là il passa à Rome avec le Blond Gra veur, son Cousin-germain, où après quelque tems de séjour, il se rendit des plus considerables dans la peinture, en sorte que le Roi d'Espagne aïant souhaité douze Tableaux des douze plus habiles Peintres qui se trouvassent pour lors dans Rome, on lui en envoïa du Guide, du Guerchin, de Josepin, de Massimi, de Gentileschi, de Piétre de Corrone, du Valentin, d'André Sacchi, de Lanfranc, du Dominiquin, du Poussin, & de Sandrart. Le Marquis Justiniani l'aïant connu, souhaita de l'avoir chez lui, & lui donna la direction de la gravûre des Statues de sa Galerie.

Sandrart, après avoir fait un long séjour à Rome, alla à Naples, en Sicile, & à Malte : & s'en retournant à Francfort, il passa par la Lombardie. Après s'être marié à Francfort, il quitta l'Allemagne à cause de la famine, & s'en alla à Amsterdam, où il tint Assemblée de Curieux : ensuite il retourna en Allemagne, où il prit possession de la Terre de Stokau dans le Duché de Neubourg, de laquelle il avoit hérité, mais la trouvant un peu délabrée, il vendit tout ce qu'il avoit de beaux Tableaux, de desseins, & autres curiosités pour la rétablir. Cependant à peine fut-elle en état de lui donner du plaisir, que dans les guerres d'Allemagne, les François la brûlerent entierement. Il la rétablit plus belle qu'elle n'étoit ; & craignant une ſeconde invaſion, il la vendit, & s'alla établir à Auſbourg, où il ſe mit à travailler à divers ouvrages, & entr'autres à celui des douze mois de l'année en grand, leſquels ont été gravés en Hollande avec des Vers Latins, qui en font la deſcription.

Sa femme étant morte, il quitta Augſbourg, & alla demeurer à Nuremberg, où il érigea une Academie de Peinture, & où il a mis au jour pluſieurs volumes qui regardent ſa profeſſion, auſquels il a travaillé juſqu'à l'âge de 77. ans, ainſi qu'il le dit lui-même.

De tous ſes Livres, le plus conſiderable eſt celui de la Vie des Peintres, dans lequel il a abregé Vaſari & Ridolfi pour ce qui regarde les Peintres Italiens, Charles Ver-Mandre pour les Flamans du ſiécle paſſé ; & du reſte il a écrit ſur les Mémoires qu'il a pû recouvrer, & ſur ce qui étoit de ſa connoiſſance : & c'eſt-là que l'on a puiſé la plus grande partie de ce que l'on a dit dans cet Abregé-ci touchant les Peintres Flamans de ce ſiécle.

Cette vie de Sandrart eſt écrite fort au long à la fin du Livre dont je viens de parler. Celui qui en eſt l'auteur n'y a point mis le jour de la mort de ce Peintre. Il y fait mention d'un grand nombre de Tableaux fort grands & fort chargés d'ouvrage, & de quantité de Portraits, le tout de la main de Sandrart. Il parle enfin de Sandrart comme d'un très-habile Peintre. Comme je n'ai point vû de sa peinture, je ne puis porter aucun jugement de sa capacité : il semble néanmoins qu'on n'en devroit faire qu'un cas très-médiocre, si l'on en juge par les Estampes de ce Livre dans lesquelles il a fait mettre son nom. Ce qu'on peut sûrement louer de ses Livres, est l'amour qu'il avoit pour l'avantage de son Art, & l'intention qu'il a eûe de rendre service aux jeunes Peintres de sa Nation, en leur mettant devant les yeux les belles Statues, & les beaux édifices de Rome.

HENRI VERSCURE

Peintre Hollandois.

LA nature orne le monde par la varieté des génies, comme elle embellit la terre par la diversité de ses fruits ; & quoiqu'elle produise les uns & les autres, tantôt plûtôt & tantôt plus tard, elle sait donner à chacun son agrément & son mérite. Henri Verscure né à Gorcum en 1627. fils d'un Capitaine qui étoit au ſervice des Etats, étoit un fruit précoce que ſon pere prit ſoin de faire cultiver dès ſon bas âge; car s'étant apperçû de l'inclination que ſon fils fit paroître pour la Peinture, dans le tems que ce jeune homme commençoit à ſe ſervir de ſa raiſon, il le mit dès l'âge de huit ans chez un Peintre de Gorcum, qui ne faiſoit que des Portraits. Henri s'y occupa à deſſiner juſqu'à l'âge de treize ans, auquel il quitta ce Maître pour aller à Utrecht ſous la diſcipline de Jean Bot, qui étoit pour lors en réputation. Il y demeura ſix ans, après leſquels ſe ſentant aſſez fort dans la pratique de ſon Art pour profiter des belles choſes qui ſont en Italie, il en fit le voïage à vingt ans. Il alla d'abord à Rome, & s'y occupa dans les premieres années à deſſiner des figures, & à fréquenter les Academies: mais comme ſon Génie le portoit à peindre des Animaux, des Chaſſes & des Batailles, il fit une étude particuliere de tout ce qui pouvoit lui être utile dans ce talent. Il s'appliqua au païſage,& à deſſiner les fabriques qui ſont non-ſeulement aux environs de Rome, mais dans tout le reſte de l'Italie. Cet exercice lui donna du goût pour l'Architecture: il s'y rendit habile, & l'on voit par ſes Tableaux l'inclination qu'il avoit pour cet

Art, & le bon Goût qu'il y avoit contracté. Les Villes où il a fait le plus de séjour dans son voïage, sont Rome, Florence, & Venise. Il s'attira dans cette derniere Ville de la considération des personnes de qualité par ses ouvrages & par ses manieres. Enfin, après avoir demeuré dix ans en Italie, il se mit en chemin pour retourner en son Païs : il passa par la Suéde & par la France, & dans le séjour qu'il fit à Paris, il rencontra le fils du Bourgmestre Marsevin qui alloit en Italie, & qui le fit résoudre sans beaucoup de peine de l'y accompagner. Il y retourna donc, & y demeura encore trois ans, après lesquels il revint en Hollande, & arriva à Gorcum en 1662.

Ce fut alors que son talent pour les Batailles le sollicita puissamment de s'y occuper. Il s'abandonna entierement à son Génie ; & pour l'exercer avec succès, il étudia exactement tout ce qui se passe dans les Armées. Il suivit celle des Etats en 1672. Il y fit une étude particuliere des Chevaux de toute nature, & de toute usage : il y dessina les divers campemens, ce qui se passe dans les Combats, dans les Déroutes, & dans les Retraites : ce qui arrive après une victoire dans un champ de bataille parmi les morts & les mourans, pêle-mêle avec les chevaux & les armes abandonnées. Son Génie étoit beau & fertile, & quoiqu'il y eût un grand feu dans ses pensées & dans son travail, comme il avoit beaucoup étudié d'après nature, il s'étoit fait un Goût particulier qui ne dégeneroit point en ce qu'on appelle maniere, mais qui renfermoit une grande varieté dans les objets, & qui tenoit plus du Romain, que de celui de son Païs, excepté que les sujets qu'il a traités, sont presque tous modernes. Les Scenes de ses Tableaux sont ordinairement fort belles, & les Figures qu'il y fait entrer sont toujours pleines d'esprit. Son plus grand divertissement étoit l'étude de sa profession : il avoit toujours le craïon à la main, & il sortoit rarement d'un lieu qu'il n'en eût dessiné quelque chose de son Goût, ou d'après nature, ou d'après quelque bon Tableau; soit Figures, Bâtimens ou Animaux. C'est pour cela qu'il portoit toujours sur lui un cahier ou un Livre fort mince de papier blanc fait exprès, ainsi que j'en ai vû une vingtaine remplis de ses études. Ses plus beaux ouvrages sont à la Haye, à Amsterdam, & à Utrecht. La droiture de ses mœurs, & la bonté de son esprit lui donnerent part à la Magistrature de sa Ville : mais il n'accepta cet honneur, qu'à la charge de ne point quitter l'exercice de la peinture, qu'il aïmoit plus que sa vie. Il passoit ainsi tranquillement ses jours, honoré dans sa charge, estimé dans son Art, & aimé de tout le monde, lorsque s'étant mis sur mer pour faire un petit voïage, un coup de vent le fit perir à deux lieues de Dort, le 26. Avril 1690. à l'âge de 62. ans. J'ai entre mes mains un grand Volume plein de ses desseins, dont l'inspection en dit plus que je n'en viens d'écrire.

GASPAR NETSCHER

NE' à Prague en Bohéme, d'un pere qui mourut au service de la Pologne en qualité d'Ingenieur, & d'une mere qui fut contrainte, à cause de la Religion Catholique qu'elle professoit, de sortir brusquement de Prague avec trois fils qu'elle avoit, & dont Gaspar étoit le plus jeune. A quelques lieues de-là elle s'arrêta dans un Château, qui lorsqu'on y pensoit le moins, fut assiegé; & qui n'aïant jamais voulu se rendre, fut affamé de telle sorte, que les deux freres de Gaspar y moururent de faim.

La mere se voïant menacée du même sort, trouva moïen de sortir la nuit du Château, & de sauver avec elle le seul enfant qui lui reſtoit. Tout lui manquoit excepté le courage ; & s'étant miſe en chemin ſon fils entre ſes bras, le hazard la conduiſit à Arnhem, dans le païs de Gueldres, où elle trouva quelque ſecours pour ſa ſubſiſtance, & pour élever ſon fils.

Un Docteur en Médecine nommé Tulkens, homme riche & d'un grand mérite, prit le jeune Netſcher en amitié, & eut ſoin de ſes études, dans l'intention d'en faire un Médecin : mais la force du Génie de Netſcher l'entraîna du côté de la peinture. Dans ſes études il ne pouvoit s'empêcher de grifoner quelque deſſein ſur le même papier où il écrivoit ſes thêmes, & n'aïant pas été poſſible de lui faire ſurmonter cette inclination, on crût qu'il valoit mieux l'y abandonner entierement.

On le mit chez un Vitrier (qui étoit le ſeul homme dans Arnhem qui ſût un peu peindre) pour lui faire apprendre à deſſiner. Mais à quelque tems de-là, ſe ſentant plus fort que ſon Maître, il s'en alla à Deventer chez un nommé Terburg, qui étoit en même tems Bourgmeſtre de ſa Ville, & habile Peintre. Il faiſoit toutes choſes d'après nature, & il avoit un talent ſi particulier pour bien peindre les ſatins, que dans toutes les compoſitions de ſes Tableaux il ſe donnoit occaſion d'y faire entrer de cette étoffe, & de la disposer de telle sorte, qu'elle reçût la principale lumiere. Netscher a beaucoup retenu de cette inclination, & s'il ne l'a pas suivie dans tous ses sujets, comme a fait son maître, il s'en est servi dans plusieurs de ses Tableaux, mais toujours avec prudence.

Après avoir acquis chez Terburg une grande pratique du Pinceau, il retourna en Hollande, où il travailla long-tems pour des Marchands de Tableaux, qui, abusant de sa facilité, lui païoient très-peu ses ouvrages, & les vendoient fort cher. Cette rigueur le dégoûta, & lui fit prendre la résolution d'aller à Rome. Il s'embarqua sur un Vaisseau qui alloit à Bourdeaux, où étant arrivé, il se logea chez un Marchand, dont il épousa la parente. Ainsi un amour plus fort que celui qu'il avoit pour la peinture interrompit son voïage d'Italie, & le fit retourner en Hollande.

Il s'arrêta à la Haye, le bon succès de ses ouvrages l'y fit établir, & l'experience lui fit connoître que le meilleur parti qu'il eût à prendre pour faire subsister une famille qui devenoit nombreuse, étoit de se mettra dans les Portraits. Il s'acquit dans ce genre de Peinture tant d'habileté & de réputation, qu'il n'y a point de famille considerable en Hollande qui n'ait des Portraits de sa main, & que la plûpart des Ministres étrangers ne pouvoient se résoudre à quitter la Hollande sans emporter un Portrait de Netscher. Ce qui fait qu'on en voit dans tous les païs de l'Europe. Dom Francisco de Melo Ambassadeur de Portugal ne se contenta pas d'avoir le sien, mais il en emporta encore beaucoup d'autres, qui sont aujourd'hui à Lisbonne chez l'Archevêque de cette Ville-là.

Charles II. Roi d'Angleterre, charmé des ouvrages de Netscher, fit son possible pour l'attirer à son service par une forte pension : mais Netscher, qui avoit gagné assez de bien pour vivre heureux, préfera la tranquilité dont il jouissoit, à la vie tumultueuse d'une grande Cour. Cependant les douleurs qu'il souffroit pendant le cours de sa vie en troublerent souvent la douceur : la gravelle dont il avoit été tourmenté dès l'âge de vingt ans, avec la goute qui s'y joignit dans la suite le firent mourir à la Haye en 1684. à l'âge de 48. ans.

Netscher a été un des meilleurs Peintres des Païs-bas, de ceux au moins qui n'ont travaillé qu'en petit; son dessein étoit assez correct, mais son Goût en cette partie-là ne sortoit point de celui de son païs. Il entendoit fort bien le Clair-obscur, & entre ses couleurs locales, qui étoient toutes bonnes, il avoit un talent particulier pour bien faire le linge. Sa maniere de peindre étoit très-moéleuse, sans touches apparentes, finie néanmoins, sans être penée, ni comme on dit, estantée. Quand il vouloit donner la derniere main à quelque ouvrage, il y passoit un vernis, qui avant de secher, lui donnoit le tems d'y travailler deux ou trois jours de suite : il lui donnoit en même tems le moïen de remanier à son gré les couleurs, qui, n'étant, ni trop dures, ni trop liquides, pouvoient se lier facilement à celles qu'il y mettoit de nouveau, sans rien perdre de leur fraîcheur, ni de leur premiere qualité.

LIVRE VII.

ABREGE' DE LA VIE DES PEINTRES FRANÇOIS.

IL est difficile de marquer le tems auquel la Peinture a commencé en France : car lorsque François I. fit venir d'Italie le Roux & le Primatice, la France n'étoit pas dépourvûe de Peintres, qui se trouverent en état de travailler sous la conduite de ces deux Maîtres, avec quantité d'autres Italiens qui passerent en France. Ces François étoient Simon le Roi, Charles & Thomas Dorigni, Louis François, & Jean Lerambert ; Charles Charmoi, Jean & Guillaume Rondelet, Germain Mûnier, Jean du Breuil, Guillaume Hoey, Eustache du Bois, Antoine Fantose, Michel Rochetet, Jean Samson, Girard Michel, Jannet, Corneille de Lion, du Moutier le pere, & Jean Cousin.

Quoique de tous ces Peintres il y en eût

de plus habiles les uns que les autres, leurs ouvrages néanmoins n'ont rien d'assez considerable pour attirer l'attention des Curieux de notre siécle, si ce n'est qu'on en veuille excepter Jannet, Corneille de Lion, du Moutier, & Jean Cousin : de ceux-ci, les trois premiers ont fait une prodigieuse quantité de Portraits, parmi lesquels ils s'en trouve d'assez beaux.

JEAN COUSIN.

POur ce qui est de Jean Cousin, il mérite un éloge particulier. Il étoit de Soucy auprès de Sens, & l'attache qu'il eut pour les beaux Arts dans sa jeunesse, l'y rendirent profond, & sur-tout dans les parties de Mathématiques, qui conduisent à la régularité du dessein : aussi a-t-il été assez correct en cette partie de la peinture, & il en a donné un Livre au Public, qui s'est imprimé une infinité de fois, & qui seul, quoique très-petit & de peu d'apparence, conservera long-tems la mémoire de Jean Cousin. Il a aussi écrit de la Géometrie & de la Perspective. Comme de son tems la mode étoit de peindre sur le verre, il s'y est plus attaché qu'à faire des Tableaux. On en voit de beaux ouvrages dans les Eglises aux environs de Sens, & dans quelques-unes de Paris, & entr'autres dans celle de saint Gervais, où il a peint sur les vitres du Chœur le martyre de saint Laurent, la Samaritaine, & l'histoire du Paralytique. On voit dans la Ville de Sens quelques Tableaux de sa façon, & plusieurs Portraits : mais de tous ses ouvrages, le plus estimé est le Tableau du Jugement universel, qui est dans la Sacristie des Minimes du bois de Vincennes, & qui se voit gravé par Pierre de Jode Flamand, bon dessinateur. Ce Tableau fait voir la fertilité du Génie de son Auteur, par la quantité de figures dont il est composé : ce que l'on y pourroit souhaiter, ce seroit seulement un peu plus d'élegance dans son Goût de dessein.

Il épousa la fille du Lieutenant géneral de Sens, & l'emmena à Paris, où il passa le reste de ses jours. Son savoir & ses manieres agréables l'introduisirent à la Cour, & lui attirerent de la consideration pendant les regnes d'Henri II. de François II. de Charles IX. & d'Henri III.

Comme il travailloit aussi de Sculpture, il fit le Tombeau de l'Amiral Chabot, qui est aux Celestins de Paris, dans la Chapelle d'Orleans. On ne sait pas précisement combien Jean Cousin a vécu, mais on sait seulement qu'il vivoit en 1589. & qu'il est mort fort âgé.

DU BREUIL & BUNEL.

CEs deux Peintres après la mort du Primatice, furent chargés des ouvrages de Peinture les plus considerables. Le premier peignit à Fontainebleau quatorze Tableaux à fresque dans une des chambres qu'on appelle des Poëles, & fit avec Bunel la petite Galerie du Louvre, qui fut brûlée en 1660. Ils moururent sous le regne d'Henri IV.

MARTIN FRIMINET

DE Paris, eut pour maître son pere, qui étoit un assez mauvais Peintre : mais l'émulation que lui donnerent les jeunes gens, qui suivoient alors la même profession, lui fit faire le voïage d'Italie. Son principal séjour fut à Rome, où il demeura sept ans, & ses principales études furent d'après Michelange ; en sorte que tout ce qu'il a fait depuis, tient beaucoup de la maniere de ce grand Peintre. On peut en juger par la Chapelle de Fontainebleau, qui est peinte de sa main. Il commença cet ouvrage sous le regne d'Henri IV. qui lui donna des marques de son estime, & il le continua sous celui de Louis XIII. qui l'honora de l'Ordre de saint Michel. Mais il ne jouit pas long-tems de cet honneur, ni des faveurs de la Cour, car avant que cet ouvrage fût entierement achevé, il tomba malade, & mourut en 1619. âgé de 52. ans.

Il y eut beaucoup de Peintres qui succéderent à Friminet, mais qui, bien loin de perfectionner sa maniere, laisserent tomber encore une fois la Peinture en France dans un Goût fade, qui dura jusqu'au tems que Blanchard & Vouet arriverent d'Italie. Et comme ces Peintres ne laissoient pas de travailler dans les Maisons Roïales, je les nommerai ici pour ne point perdre le fil de l'Histoire ; ce sont du Perac, Jerôme Baullery, Henri Lerambert, Pasquier Tetelin, Jean de Brie, Gabriel Honnoit, Ambroise du Bois, & Guillaume du Mée.

FERDINAND ELLE,

QUoique natif de Malines, ne doit pas laisser de trouver place parmi les François, aïant presque toujours travaillé à Paris, où il a fait quantité de beaux Portraits, pendant que Louis, Henri, & Charles Baubrun, qui avoient des habitudes à la Cour, se faisoient beaucoup mieux païer que lui, quoiqu'ils fussent inferieurs dans leur Art. Il a laissé deux fils, qui ont suivi la même profession.

VARIN

NAtif d'Amiens, peignoit à Paris avec assez de succès, & c'est de sa main que nous avons le Tableau du grand Autel de l'Eglise des Carmes Déchaussés près le Palais de Luxembourg. Il est d'autant plus raisonnable d'en faire mention, qu'il a aidé le Poussin à s'acheminer dans la Carriere de la Peinture.

JACQUES BLANCHART

DE Paris, né en 1600. apprit les commencemens de la Peinture chez Nicolas Bollery son oncle, d'où il se retira à l'âge de vingt ans pour faire le voïage d'Italie. Etant à Lyon, quelques ouvrages qui lui offrirent le moïen d'augmenter la pratique qu'il avoit dans son Art, l'y retinrent quatre ans : il alla ensuite à Rome, il y passa dix-huit mois, après lesquels il se rendit à Vemise, où le coloris du Titien, & de l'Ecol Venitienne le charma si fort, qu'il se tour na entierement de ce côté-là. Il en fit sa principale étude avec tant de succès, qu'u Noble Venitien, qui vouloit avoir de ses ouvrages, l'engagea de travailler : mais le peu de satisfaction que ce Peintre en eut le dégoûta si fort, qu'il quitta Venise pour retourner en France. La nouveauté, la beauté, & la force de son pinceau attirerent les yeux de tout Paris; & il devint tellement à la mode, qu'il n'y eut pas un Curieux qui ne voulût avoir un morceau de sa main. Et c'est ainsi que ses Tableaux de chevalet se sont répandus de tous côtés.

Il a peint à Paris deux Galeries : la premiere est dans la maison qui appartenoit à M. le Président Perrault, & l'autre où il représenta les douze mois de l'année, étoit à M. de Bullion Surintendant des Finances. Mais de tous ses ouvrages, celui qui a le plus soûtenu sa réputation, c'est le Tableau qu'il fit à Notre-Dame pour le premier jour de Mai. Il représente la Descente du S. Esprit, & cette Eglise le conserve cherement, comme le plus beau de tous les Tableaux que l'on y voit.

Blanchart dans la fleur de son âge se voïoit ainsi en état d'établir une fortune considerable, lorsqu'une fiévre & une fluſion de poitrine l'emporterent à l'âge de trente-huit ans. Il fut marié deux fois, & eut de ſa premiere femme un fils & deux filles. Le fils, qui embraſſa de bonne heure la même profeſſion, ſoûtient encore avec honneur la réputation de ſon pere.

Il eſt aiſé de juger que de tous les Peintres François il n'y en a point eu qui ait ſi bien colorié que Blanchart. On ne voit pas qu'il ait beaucoup fait de grandes compoſitions: mais ce qu'on voit de lui dans les Galeries dont j'ai parlé, & ſon Tableau qui eſt dans l'Egliſe de Notre-Dame, font aſſez voir qu'il ne manquoit pas de Génie, & que s'il n'a pas fait de grandes compoſitions, c'eſt qu'on l'occupoit à des Tableaux de Vierges, qui lui ôtoient l'occaſion de traiter des ſujets d'une plus grande étendue.

SIMON VOUET

NE' à Paris en 1582. étoit fils & diſciple de Laurent Vouet Peintre médiocre. Il ſe rendit en peu de tems aſſez habile par les études qu'il faiſoit d'ailleurs, pour ſuivre à l'âge de vingt ans M. de Sancy, qui alloit Ambaſſadeur à Conſtantinople, & qui le choiſit pour être ſon Peintre. Il y peignit le Portrait du grand Seigneur : quoiqu'il lui fût impossible de le peindr autrement que de mémoire, & pour l'avoi vû seulement à l'Audience que ce Princ donna à l'Ambassadeur, il le fit néanmoin très-ressemblant : & après avoir peint quel ques autres Portraits à Constantinople, i en partit pour se rendre en Italie. Il y rest quatorze ans, il y fut Prince de l'Acade mie de saint Luc à Rome, & le Roi Loui XIII. qui en consideration de sa capacit' lui avoit donné une pension durant son sé jour en Italie, l'en fit revenir en 1627 pour travailler dans les maisons Roïales & sur-tout au Luxembourg.

La facilité que ce Peintre avoit de faire des Portraits au craïon & au pastel fut admirée du Roi, qui prenoit plaisir à le voir travailler, & qui voulût qu'il lui montrât à dessiner ; en quoi Sa Majesté fit en peu de tems de grands progrès, de maniere que le Roi fit des Portraits fort ressemblans de plusieurs personnes de sa Cour.

La réputation de Vouet s'augmenta de jour à autre, & lui attira quantité de grands ouvrages. Je n'en ferai point ici le détail, les Palais & les maisons considerables de Paris en sont remplies ; & d'ailleurs il a fait un grand nombre de Tableaux pour les Eglises, & pour divers particuliers.

Il avoit ſuivi à Rome la maniere du Caravage & du Valentin : mais ſa réputation lui aïant attiré une infinité d'ouvrages de toutes ſortes, il ſe fit une maniere beaucoup plus expéditive par de grandes ombres, & par des teintes generales peu recherchées, qu'il mit en pratique, en quoi il réuſſit, d'autant plus qu'il avoit une grande legereté de pinceau. Il y auroit lieu de s'étonner de la prodigieuſe quantité d'ouvrages qu'il a faits, ſi on ne ſavoit qu'un grand nombre de diſciples aſſez habiles, qu'il avoit élevés dans ſa maniere, exécutoient avec facilité ſes deſſeins, quoique très-peu terminés.

La France lui a obligation d'avoir détruit une maniere fade & barbare qui y regnoit, & d'avoir commencé d'y introduire le bon Goût, conjointement avec Blanchart, dont on vient de parler. La nouvelle maniere de Vouet, & le bon accueil qu'il faiſoit à tout le monde le firent ſuivre des Peintres de ſon tems, & lui attirerent des diſciples de toutes parts, & de ceux qui vouloient faire profeſſion de la Peinture, & de ceux qui ſuivoient d'autres Arts dépendans du deſſein. Ainſi tous les Peintres, qui dans ces derniers tems, ont donné au public des marques de leur capacité, ont été diſciples de Vouët : comme le Brun, Perrier, P. Mignard, Chaperon, Perſon, le Sueur, Corneille, Dorigny, Tortebat, Belli, du Fresnoy; & plusieurs autres qu'il emploïoi pour faire des ornemens & des desseins de Tapisseries: comme Juste d'Egmont, Vandrisse, Scalberge Fatel, Bellin, Van Boucle, Bellange, Cotelle, *&c.* sans compter un grand nombre de jeunes gens qui alloient dessiner chez lui. Dorigny qui étoit son gendre, aussi-bien que son éleve, a gravé à l'eau-forte la plus grande partie des ouvrages de son beau-pere. Vouet épuisé d'esprits par la prodigieuse quantité de ses Productions, plûtôt que chargé d'années, mourut en 1641. âgé de 59. ans. Il a eu un frere nommé Aubin Vouet, qui peignoit dans sa maniere, & qui étoit passablement habile.

Les ouvrages de Vouet étoient agréables par comparaison à ceux, qui jusqu'à lui avoient été faits en France, mais ils tomboient tous en ce qu'on appelle maniere, tant pour le dessein que pour le coloris: ce dernier principalement y étant par tout assez mauvais, l'on ne voit dans ses figures aucunes expressions des passions de l'ame, & il se contentoit de donner à ses têtes un certain agrément géneral qui ne vouloit rien dire. Le plus grand mérite de ses ouvrages vient de ses plafonds, qui ont donné à ses disciples l'idée d'en faire de plus beaux, que

que tout ce que les François avoient faits jusques-là.

Vouet a eu cet avantage par-dessus les autres Peintres, qu'il n'y en a jamais eu dont la maniere ait été si adherente dans le cœur & dans la main de ses éleves. Mais l'on peut dire, que si d'un côté cette maniere a relevé le goût fade qui regnoit en France lorsqu'il y arriva, d'un autre côté elle étoit si peu naturelle, si sauvage, & d'ailleurs si facile, & reçûe avec tant d'avidité, qu'elle a infecté l'idée de tous ses disciples, jusqu'à leur faire prendre une habitude, dont ils ont eu toutes les peines du monde à se défaire; & comme j'ai déja dit, cette maniere expeditive n'étoit pas tant celle de Vouet, que celle de son interêt.

NICOLAS POUSSIN

NAquit à Andely, petite Ville de Normandie, en 1594. Sa famille étoit néanmoins originaire de Soissons, où il y a des Officiers de son nom dans le Présidial. Son pere Jean Poussin étoit d'extraction noble, mais né avec peu de bien, en sorte que son fils, déterminé par l'état où se trouvoit sa famille, & par la violente inclination qu'il avoit pour la peinture, sortit de la maiſon de ſon pere à l'âge de dix-huit ans pour venir à Paris s'inſtruire des premiers élemens de cet Art.

Un Seigneur de Poitou qui l'avoit pris en affection le mit chez Ferdinand, Peintre de Portraits, que le Pouſſin quitta au bout de trois mois pour entrer chez un nommé Lallemant, où il ne fût qu'un mois; parce que ne croïant pas s'avancer aſſez ſous la diſcipline de tels Maîtres, il les abandonna, dans la vûe de tirer plus de profit de l'étude qu'il ſe propoſa de faire ſur les Tableaux des grands maîtres.

Il travailla quelque tems à détrempe, & il s'y exerçoit avec une grande facilité, lorſque le Cavalier Marin, qui ſe trouva pour-lors à Paris, & qui connût le génie du Pouſſin, voulut l'engager à faire avec lui le voïage d'Italie: mais ſoit que le Pouſſin, eût quelque ouvrage qui le retînt à Paris, ou qu'il fût rebuté de deux tentatives qu'il avoit faites inutilement pour aller à Rome, il ſe contenta de promettre au Cavalier qu'il le ſuivroit bientôt. En effet, après avoir peint à Paris quelques Tableaux, & entr'autres celui qui eſt à Notre-Dame, & qui repréſente la mort de la Vierge, il partit pour l'Italie, âgé pour lors de trente ans.

Il trouva à Rome le Cavalier Marin, qui lui fit mille careſſes, & qui dans la vûe de lui rendre ſervice, en parla avantageuſement au Cardinal Barberin, en lui diſant: *Vederete un giovanne che à une furia di diavolo.* Comme le Cavalier, de qui le Pouſſin attendoit beaucoup de ſecours & de protection, mourut peu de tems après l'arrivée de ce Peintre, & que le Cardinal Barberin, qui avoit envie de le connoître, n'en avoit point eu le tems, le Pouſſin ſe trouva à Rome ſans ſecours & ſans connoiſſance: il eut toutes les peines du monde d'y ſubſiſter; il étoit contraint de donner ſes ouvrages, ſon unique reſſource, pour un prix qui païoit à peine ſes couleurs. Néanmoins il ne perdit pas courage, & le parti qu'il prit, fut de travailler aſſiduement à ſe rendre habile. La néceſſité où il étoit de ſe paſſer de peu pour ſa nourriture & pour ſon entretien, fit qu'il demeura longtems retiré ſans fréquenter perſonne, s'occupant entierement à faire de ſerieuſes études ſur les belles choſes, qu'il deſſinoit avec ardeur.

Malgré la réſolution qu'il avoit faite de copier les Tableaux des grands maîtres, il s'y exerça fort peu. Il croïoit que c'étoit aſſez de les bien examiner, & d'y faire ſes réflexions, & que le ſurplus étoit un tems perdu: mais il n'en étoit pas de même des figures Antiques. Il les modeloit avec ſoin; & il en avoit conçû une ſi grande idée, qu'il en fit son principal objet, & qu'il s'y attacha entierement. Il étoit persuadé que la source de toutes les beautés & de toutes les graces venoit de ces excellens ouvrages, & que les anciens Sculpteurs avoient épuisé celles de la nature, pour rendre leurs figures l'admiration de la posterité. La grande liaison qu'il avoit avec deux habiles Sculpteurs, l'Algarde, & François Flamant, chez lequel il demeuroit, a pû fortifier, & peut-être susciter cette inclination. Quoiqu'il en soit, il ne s'en est jamais éloigné, & elle a toujours augmenté avec ses années, comme il est aisé de le voir par ses ouvrages.

Il copia, dit-on, dans ses commencemens quelques Tableaux du Titien, dont la couleur & la touche du païsage lui plaisoit fort, pour accompagner le bon goût de dessein qu'il avoit contracté sur l'Antique. L'on remarque en effet que ses premiers Tableaux sont peints d'un meilleur goût de couleur que les autres : mais il fit bientôt paroître par la suite de ses ouvrages, & à les regarder dans le general, que le coloris n'étoit dans son esprit que d'une médiocre considération, ou qu'il croïoit le posseder suffisamment pour ne rien ôter à ses Tableaux de la perfection qu'il y vouloit mettre.

Il est vrai qu'il avoit tellement étudié

toutes les beautés de l'Antique, l'élegance, le grand goût, la correction, & la diversité des proportions, les expressions, l'ordre des draperies, les ajustemens, la noblesse, le bon air, & la fierté des têtes; les manieres d'agir, la coutume des tems & des lieux: & enfin tout ce que l'on peut voir de beau dans ces restes de Sculpture antique, que l'on ne peut assez admirer l'exactitude avec laquelle il en a enrichi ses Tableaux. Il auroit pû, comme Michelange, surprendre le jugement du public. Celui-ci fit la Statue d'un Cupidon, & après en avoir cassé le bras, qu'il retint, il enterra le reste de la Figure dans un endroit où il savoit qu'on devoit fouiller; & cet ouvrage y aïant été trouvé, tout le monde le prit pour Antique: mais Michelange aïant présenté à son tronc le bras qu'il avoit reservé, convainquit de prévention tous ceux qu'il avoit trompés. On peut croire avec autant de raison, que si le Poussin avoit peint à fresque sur un morceau de muraille, & qu'il en eût retenu quelque partie, il auroit facilement laissé croire que sa peinture étoit l'ouvrage de quelque fameux Peintre de l'antiquité, tant elle a de conformité avec celles que l'on a ainsi découvertes, & qui sont véritablement antiques.

Il nourrissoit cet amour des Sculptures

antiques, en les allant examiner ſouvent dans les vignes qui ſont autour de Rome, où ſouvent il ſe retiroit ſeul pour y faire plus en repos ſes réflexions. C'eſt auſſi dans de ſemblables retraites qu'il conſideroit les effets extraordinaires de la nature, par rapport au païſage, & qu'il y deſſinoit des Terraſſes, des Lointains, des Arbres, & tout ce qui ſe rapportoit à ſon goût, qui étoit excellent.

Outre l'étude exacte que le Pouſſin a faite d'après l'antique, il s'eſt encore fort attaché à Raphaël & au Dominiquin, comme à ceux qu'il croïoit avoir le mieux inventé, le plus correctement deſſiné, & le plus vivement exprimé les paſſions de l'ame : trois choſes que le Pouſſin a toujours regardées comme les plus eſſentielles à la Peinture.

Enfin ce grand homme n'a rien négligé de toutes les connoiſſances qui pouvoient le rendre parfait dans ces parties, non plus que pour l'expreſſion de ſes ſujets en géneral, qu'il a enrichis de tout ce qui peut réveiller l'attention des Savans.

On ne voit point de grand ouvrage de lui, & la raiſon qu'on en peut donner, c'eſt que les occaſions ne s'en ſont pas préſentées. Ainſi l'on ne doit pas douter que ce ne ſoit le ſeul hazard qui a fait qu'il s'eſt attaché à peindre des Tableaux de chevalet d'une grandeur propre à pouvoir entrer dans les Cabinets, & tels que les curieux les lui demandoient.

Le Roi Louis XIII. & M. de Noyers, Ministre d'Etat, & Sur-intendant des bâtimens, lui écrivirent à Rome pour l'obliger de venir en France : il s'y resolut avec beaucoup de peine. On lui assigna une pension, & on lui donna aux Thuilleries un logement tout meublé. Le Poussin fit pour la Chapelle du Château de saint Germain le Tableau de la Céne, & celui qui est à Paris dans le Noviciat des Jesuites. Il commença dans la Galerie du Louvre les Travaux d'Hercule, dans le tems que la brigue de l'Ecole de Vouet le chagrinoit par les médisances & les mauvais discours qu'elle faisoit des Ouvrages dont on vient de parler : cela joint à la vie tumultueuse de Paris, dont il ne pouvoit s'accommoder, lui fit prendre la résolution secrette de retourner à Rome, sous pretexte de mettre ordre à ses affaires domestiques, & d'en emmener sa femme. Mais quand il fut à Rome, soit qu'il s'y trouvât comme dans son centre, soit que la mort du Cardinal de Richelieu & celle du Roi, qui arriverent pendant ce tems-là, le déterminassent, il ne voulut jamais revenir en France.

Il continua donc de travailler à ses Tableaux de chevalet ; car ils ont tous été faits à Rome pour envoïer à Paris, les François y ont même fait passer ceux qui étoient demeurés en Italie, & qu'ils ont pû avoir pour de l'argent, n'ayant pas moins d'estime pour ces excellens ouvrages que pour ceux de Raphaël. Félibien, qui a écrit la vie de ce Peintre fort soigneusement & fort amplement, rapporte tous ces Tableaux, & fait la description de ceux qui sont les plus estimés.

Le Poussin, après avoir fourni une heureuse carriere, mourut à moitié paralytique en 1665. âgé de soixante-onze ans. Il avoit épousé la sœur du Gaspre, de laquelle il n'eut point d'enfans. Et voici ce qui donna lieu à ce mariage. Le Poussin étant tombé dans une facheuse & dangereuse maladie, la sœur de Gaspre par une humeur officieuse, s'insinua auprès de lui, prit connoissance de son mal, le pensa jusqu'à ce qu'il fût entierement guéri. Le Poussin sensible aux soins extrêmes de cette fille à laquelle il se croyoit redevable de la vie, l'épousa par reconnoissance. Ses biens ne passoient pas soixante mille livres : mais il comptoit pour beaucoup son repos, & le sejour de Rome ; où il vivoit sans ambition.

Un jour le Prélat Massimi, qui a depuis

été Cardinal, l'étant allé voir, la conversation dura insensiblement jusqu'à la nuit: & comme le Prélat s'en alloit, le Poussin sa lampe à la main marcha devant, l'éclaira le long de l'escalier, & le conduisit ainsi jusqu'à son Carosse. Ce qui fit tant de peine à M. Massimi, qu'il ne pût s'empêcher de lui dire: *Je vous plains beaucoup, M. Poussin, de n'avoir pas seulement un Valet: Et moi*, répondit le Poussin, *je vous plains beaucoup plus, Monseigneur, d'en avoir un si grand nombre.*

Il ne faisoit jamais de marché pour le payement de ses Tableaux: mais il écrivoit sur le derriere de la toile le prix qu'il en vouloit, & on le lui envoyoit incontinent.

Le Poussin n'a fait aucun disciple, & la plûpart des Peintres l'estiment sans l'imiter, soit qu'ils trouvent sa maniere inaccessible, ou qu'y étant une fois entrés, ils n'en puissent assez dignement soutenir le caractere.

REFLEXIONS

Sur les Ouvrages du Pouſſin.

LE Pouſſin étoit né avec un beau & grand génie pour la peinture : l'amour qu'il eut d'abord pour les Figures antiques, les lui fit étudier avec tant de ſoin, qu'il en ſavoit toutes les beautés, & toutes les differences : qu'il en chercha la ſource dans l'étude de l'anatomie, & qu'enfin il s'acquit dans ce goût-là une habitude conſommée du deſſein. Mais dans cette partie-là-même au lieu de tourner ſes yeux ſur la nature, comme ſur l'origine des beautés, dont il étoit épris, il regarda cette maîtreſſe des Arts beaucoup au deſſous de la Sculpture, à laquelle il l'avoit aſſujettie : en ſorte que dans la plûpart de ſes Tableaux, le nud de ſes Figures tient beaucoup de la pierre peinte, & porte avec lui plûtôt la dureté des marbres, que la délicateſſe d'une chair pleine de ſang & de vie.

Ses inventions dans les Hiſtoires & dans les Fables qu'il a traitées, ſont ingenieuſes auſſi bien que ſes allegories. Il a bien choiſi ſes ſujets, & les a traités avec toutes leurs convenances, principalement les heroïques. Il y a introduit tout ce qui peut les rendre agréables & instructifs : il les a exprimés, selon leur veritable caractere en joignant les passions de l'ame en particulier à l'expression du sujet en general.

Ses païsages sont admirables par les sites, par la nouveauté des objets qui le composent, par la verité des terrasses, par la varieté des arbres & la legereté de leurs touches, & enfin par la singularité des sujets qu'il y fait entrer. Desorte qu'il les auroit rendus parfaits s'il les avoit un peu plus fortifiés par les couleurs locales, & par l'artifice du Clair-obscur.

Quand l'occasion s'en presentoit il ornoit d'Architecture ses Tableaux. Il la faisoit d'un excellent goût, & la réduisoit régulierement en Perspective qu'il savoit parfaitement.

Il n'a pas été toûjours heureux à disposer ses Figures ; on peut au contraire lui reprocher de les avoir souvent distribuées dans la plûpart de ses compositions trop en Bas-reliefs, & sur une même ligne, & de n'avoir pas donné assez de varieté & de contraste à ses attitudes.

Ses draperies sont ordinairement d'une même étoffe par tout, & les plis qui y sont en grand nombre ôtent une prétieuse simplicité qui auroit donné beaucoup de grandeur à ses ouvrages.

Quelque grand que fût son génie, il n
put suffire à toutes les parties de la pein
ture : car cet amour qu'il eut pour l'antiqu
fixa tellement son esprit, qu'il l'empêch
de bien considerer son Art de tous les côtés ; je veux dire qu'il en negligea le coloris : ainsi à regarder ses ouvrages en generale, on connoîtra facilement qu'il a ignoré cette partie soit dans les couleurs locales soit dans le Clair-obscur. De-là vient que la plus grande partie de ses Tableaux donnent dans le gris, & nous paroissent sans force & sans effet. On peut néanmoins en excepter les ouvrages de sa premiere maniere & quelques-uns de la seconde. Mais si l'on approfondit les choses, on trouvera que ce qu'il y a de bon du côté de la Couleur, vient plûtôt d'une reminiscence de Tableaux du Titien qu'il avoit copiés, que de l'intelligence des principes de ce Peintre Venitien. Enfin il paroît que le Poussin comptoit le coloris, pour très-peu de chose, & l'on voit dans sa vie écrite par Bellori & par Félibien, un aveu sincere qu'il ne le possedoit pas, & qu'il l'avoit comme abandonné : ce qui marque évidemment qu'il n'en avoit jamais eu la théorie. En effet ses couleurs telles qu'on les voit employées ne sont que des teintes generales, & non pas l'imitation de celles du naturel qu'il ne voïoit

que rarement : je parle de ſes Figures & non pas de ſon païſage, où il paroît avoir eu plus de ſoin de conſulter la nature ; la raiſon en eſt palpable ; c'eſt que n'ayant pas trouvé de païſage dans le marbre antique, il a été contraint de le chercher dans le naturel.

Pour le Clair-obſcur il n'en a jamais eu l'intelligence, & s'il s'en rencontre quelquefois dans ſes Tableaux, c'eſt un pur effet du hazard, puiſque s'il avoit connu cet artifice, comme un des plus eſſentiels à la peinture, tant pour repoſer la vûe, que pour donner de la force & de la verité à toute la compoſition du Tableau, il l'auroit toûjours pratiqué, il auroit cherché les moyens de grouper avantageuſement ſes objets & ſes lumieres, au lieu qu'elles ſont tellement diſperſées que l'œil ne ſait bien ſouvent où ſe jetter : mais ſa principale attention étoit de plaire aux yeux de l'eſprit, quoiqu'il ſoit très-conſtant que tout ce qui eſt d'inſtructif dans la peinture ne doit ſe communiquer à l'eſprit que par la ſatisfaction des yeux, c'eſt-à-dire, par une parfaite imitation du naturel, qui eſt la fin eſſentielle du Peintre.

Le peu d'attache qu'avoit le Pouſſin, à imiter la nature, qui eſt la ſource de la varieté, l'a fait tomber ſouvent dans des répetitions trop ſenſibles d'airs de têtes & d'expreſſions.

Son génie le portoit dans un caractere noble, mâle & severe plûtôt que gracieux; & c'est précisément dans les ouvrages de ce Peintre ou l'on s'aperçoit que la grace n'est pas toujours où se trouve la beauté.

Sa maniere est nouvelle & singuliere, il en est l'Auteur, & l'on ne peut nier que dans les parties qu'il possedoit, son style, comme nous avons dit, ne soit grand & heroïque : & qu'à tout prendre, le Poussin ne soit non seulement le plus habile de sa nation, mais qu'il n'aille de pair avec les plus grands Peintres d'Italie.

FRANCOIS PERRIER.

FIls d'un Orfevre de la Franche-Comté se débaucha & quitta ses parens pour aller à Rome, étant encore fort jeune; mais comme l'argent lui manqua bientôt, il se laissa aller aux persuasions d'un Aveugle qui ayant envie de faire le même voyage lui proposa de le conduire pendant le chemin. Perrier étant arrivé à Rome en cet équipage, fut assez embarrassé pour trouver quelque autre ressource qui lui donnât moyen de subsister. Il souffrit beaucoup dans les commencemens : mais la necessité où il se trouvoit & la facilité de son génie, le mirent bientôt en état de gagner sa vie. Il s'acquit dans le dessein une pratique aisée, agréable & de bon goût; ce qui fit que plusieurs jeunes gens s'adressoient à lui pour leur retoucher leurs desseins, & que quelques étrangers en achetoient des siens pour les envoyer à leurs parens, & s'attirer par là de l'estime, & des secours dans leur dépense.

Il se fit connoître du Lanfranc dont il tâcha de suivre la maniere, & il s'acquit au Pinceau la même facilité qu'il avoit au crayon. Se sentant animé par la promptitude avec laquelle il manioit les couleurs, il se résolut de retourner en France; & étant arrivé à Lyon, il s'y arrêta pour peindre le Cloître des Chartreux. Enfin étant arrivé à Paris, & ayant travaillé quelque tems pour Vouet qui étoit alors maître de tous les grands ouvrages, il fit un second voyage en Italie où après avoir demeuré dix ans, il revint à Paris en 1645. Ce fut en ce temslà qu'il peignit la Gallerie de l'Hôtel de la Vrilliere, & qu'il fit pour divers particuliers plusieurs Tableaux de chevalet. Il mourut Professeur de l'Academie.

Il a gravé plusieurs choses à l'eau forte qui sont pleines d'esprit, & entr'autres les plus beaux Bas-reliefs de Rome, cent des plus celebres antiques, & plusieurs choses d'après Raphaël.

Il grava auſſi de Clair-Obſcur quelques Antiques d'une maniere dont on lui attribue l'invention ; mais qui avoit été miſe en uſage par le Parmeſan, ainſi que je l'ai remarqué ailleurs. Cette maniere conſiſte en deux planches de cuivre qui s'impriment ſur un même papier de demi-teinte, dont l'une qui eſt gravée à l'ordinaire imprime le noir, & l'autre dans laquelle conſiſte tout le ſecret imprime le blanc.

JACQUES STELLA

NAquit en 1596. Il étoit fils de François Stella Flamand de nation, lequel à ſon retour d'Italie s'arrêta à Lyon, s'y établit, & y eut Jacques, dont nous parlons. Ce fils n'avoit que neuf ans lorſque ſon pere mourut ; & après s'être ſoigneuſement exercé dans la peinture, & s'être rendu capable de profiter des belles choſes que l'on voit en Italie, il en entreprit le voyage à l'âge de vingt ans. Son paſſage par Florence lui donna occaſion de ſe faire connoître du grand Duc Coſme de Medicis, qui voulant faire un ſuperbe appareil pour les nôces de ſon fils, l'arrêta & lui donna le moyen d'exercer ſon génie.

Ce Prince ayant d'abord reconnu l'habileté de Stella, le logea & lui donna une pension pareille à celle de Callot qui étoit pour lors à Florence. Après que Stella eut demeuré sept ans en cette Ville, & qu'il y eut fait plusieurs ouvrages de peinture, de desseins, & de gravûre, il passa à Rome où il demeura onze ans à faire de sérieuses études sur les Sculptures antiques & sur les peintures de Raphaël, & s'étant fait une habitude du bon goût, il peignit quantité de Tableaux qui ont été gravés, & s'acquit une grande réputation dans Rome, il prit la résolution de retourner en France, dans le dessein néanmoins de passer au service du Roi d'Espagne, qui l'avoit fait demander avec instance.

Il passa par Milan, où il refusa la direction de l'Academie de peinture que le Cardinal Albornos lui offrit. Etant arrivé à Paris il ne songea plus qu'à se préparer au voyage d'Espagne: mais le Cardinal de Richelieu qui en eut avis l'arrêta, par l'esperance qu'il lui donna d'un parti plus glorieux & plus utile. Il le presenta au Roi qui lui donna une pension de mille livres, & un logement dans les Galleries du Louvre.

Stella n'eut pas plûtôt donné des preuves de sa capacité que le Roi le fit Chevalier de Saint Michel, & après avoir reçû cet honneur, il peignit pour le Roi quantité de grands Tableaux dont la plûpart furent envoïés à Madrid. Il travailla aussi pour plusieurs Eglises, & pour divers particuliers.

Comme il étoit fort laborieux, & que les jours d'hiver sont fort courts, il emploïoit les soirées à faire des desseins de l'Histoire Sainte, de jeux champêtres, de jeux d'enfans, qui tous ont une suite de quantité de feuilles, car ils ont été gravés aussi bien que plusieurs Frontispices de Livres de l'impression du Louvre, & divers ornemens antiques avec une frise de Jules Romain, dont il avoit apporté les desseins d'Italie. L'amour qu'il avoit pour son Art, & sa trop grande attache au travail, le rendirent si delicat, que quelques années avant sa mort, il traîna une vie languissante, & qu'à l'âge de soixante-un ans, il mourut en 1647.

REFLEXIONS

Sur les Ouvrages de Stella.

STella étoit un beau génie, facile dans ses productions, propre à traiter toutes sortes de sujets: mais tourné du côté de l'enjoué, plûtôt que du grave & du terrible, noble dans ses inventions, moderé dans ses expressions, aisé & naturel dans ses attitudes, un peu froid dans ses dispositions, mais agréable partout.

Le long séjour que Stella fit en Italie lui donna un bon goût de dessein; son avidité pour apprendre, le rendit correct dans ses contours; & son assiduité au travail lui acquit une heureuse facilité. Son coloris étoit un peu crû, ses couleurs locales peu caracterisées, & ses carnations de pratique, & un peu alterées de vermillon. Comme son travail degenere en maniere, il est aisé de juger qu'il consultoit rarement la nature: mais à tout prendre, Stella étoit un Peintre qui avoit beaucoup de mérite, & qui n'avoit besoin que d'étudier un peu les manieres Vénitiennes pour rendre la sienne plus estimable.

MARTIN DE CHARMOIS,

Sieur de Lauré, a procuré tant d'avantages à la peinture Françoise, qu'on ne peut sans ingratitude le passer ici sous silence. La passion qu'il avoit pour la peinture & pour la Sculpture, le fit pénetrer assez avant dans la théorie de ces deux Arts pour s'y exercer avec facilité, & pour s'at tirer l'estime des Connoisseurs de son tems Il n'étoit ni Peintre ni Sculpteur de profe sion ; & le seul plaisir qu'il trouvoit à exer cer son génie, le portoit à manier tantôt l pinceau, & tantôt l'ébauchoir. L'idée qu' avoit conçûe de la Peinture, le fit joindr aux plus habiles d'entre les Peintres, pou les retirer de l'oppression des maîtres, pour leur faire exercer librement le plus li bre de tous les Arts. Il leur fit connoître l noblesse de leur profession, & après le avoir encouragés à exécuter le projet qu'ils avoient fait de secouer le joug de la maî trise, il emploïa ce qu'il avoit de crédit & d'amis pour retirer la peinture de l'état lan guissant où elle étoit parmi les métiers, & pour la remettre en honneur dans les Arts liberaux. Il assembla les plus habiles dont il fit un corps, que les douze plus anciens gouvernoient sous sa direction.

C'est ainsi qu'il jetta les premiers fondemens de la célebre Académie de peinture que le Roi a établie dans son Royaume, logée dans son Palais, soûtenue par des Officiers & des Professeurs, & animée par des pensions qu'elle distribue au corps de l'Académie, & aux particuliers qui les méritent.

De Charmois étoit Secretaire du Maréal de Schomberg Colonel du Regiment es Gardes Suiſſes. Et quoiqu'il fût obligé par ſon emploi à des aſſiduités indiſpenſables, il ſavoit ſi bien ménager ſon tems qu'il en donnoit une bonne partie au plaiſir qu'il prenoit à peindre. Je ne ſai ni le tems qu'il a vécu, ni celui de ſon Directorat dans l'Académie, mais il eſt conſtant qu'il exerça cette charge avec toute la prudence qu'on pouvoit attendre de ſon zele & de ſon mérite.

EUSTACHE LE SUEUR

NE' à Paris en 1617. diſciple de Vouet, avoit un ſi grand talent pour la peinture, qu'il ne lui manquoit pour s'y rendre accompli qu'une école plus heureuſe que celle de ſon maître. Il inventoit avec facilité, il a rempli dignement les ſujets qu'il a traités; & il étoit ingénieux, ſage, & délicat dans le choix des objets dont il compoſoit ſes Tableaux. Il cherchoit dans ſon deſſein le goût de l'antique: mais à force d'y vouloir paroître délicat, il a ſouvent donné une proportion trop ſvelte, & a fait quelquefois ſes figures d'une longueur demeſurée. Ses attitudes ſont ſimples & nobles, ſes expreſſions fines, ſingulieres &

très-propres au ſujet. Ses draperies jettées dans le goût des derniers ouvrages de Raphaël, & il a obſervé dans ſes plis l'ordre de l'antique & la nature des étoffes qu'il a emploïées.

Son coloris eſt de teintes génerales ſans choix & ſans recherches. Le peu de ſoin qu'il a pris de quitter en cela la maniere de Vouet, fait connoître qu'il ne l'a pas crue ſi mauvaiſe, ni que cette partie fût auſſi importante à ſon Art qu'elle l'eſt en effet, ou que remettant à un autre tems d'y faire plus d'attention & de l'acquerir, il ſe contentoit alors d'une pratique reçûe, & qui à la reſerve de celle de Blanchard, étoit génerale dans Paris. Quoiqu'il en ſoit, le Sueur a ignoré les couleurs locales & l'intelligence du Clair-obſcur; mais pour les autres parties il en étoit ſi fort occupé, qu'il y avoit lieu d'eſperer, que s'il avoit vécu plus longtems, il auroit achevé de ſecouer tous les mauvais reſtes qu'il avoit encore de ſon maître, & que s'il eût une fois goûté les manieres Vénitiennes, il les auroit ſuivies dans le coloris, comme il ſuivoit les Romaines dans le deſſein.

Car incontinent après la mort de Vouet il s'apperçût du mauvais chemin où ce maître l'avoit engagé, & par la conſideration des ouvrages antiques qui ſont en France,

& par la vûe des Desseins & des Estampes des bons maîtres Italiens, & surtout de Raphaël, il prit une route plus épurée, & fit voir que les belles choses que nous avons en France sont suffisantes pour prendre un bon goût de dessein sans aller à Rome, supposé une heureuse naissance & du génie pour la peinture. Les ouvrages de le Sueur nous en sont un bon témoignage, & entr'autres celui de la vie de saint Bruno qui est dans le Cloître des Chartreux de Paris, & qui à mon sens est le plus considérable qu'il ait fait. L'on peut juger par la maniere dont il en a traité les sujets & dont ils sont exécutés, que le Sueur en savoit assez pour disputer le rang aux premiers Peintres de sa nation.

LAURENT DE LA HIRE

ETtoit dans son tems en grande réputation. Il fut le seul de tous les Peintres ses compatriotes qui ne suivit point la maniere de Vouet. La sienne n'étoit pas d'un meilleur goût, elle étoit plus recherchée, plus finie, & plus naturelle, mais toujours insipide. Ses païsages sont plus estimés que ses Figures, il les finissoit fort & les peignoit proprement. Il étoit tellement attaché à la Perſpective Aërienne qu'il confondoit toujours ſes lointains dans l'exalaiſo ſelon la méthode qu'il avoit appriſe de Deſargues. Il en uſoit dans ſes Figures comme dans ſes lointains, car à la reſerve de celles qui étoient ſur les premieres lignes, toutes les autres ſe perdoient dans un brouillard à meſure qu'elles s'éloignoient. Son fils a quitté la peinture pour ſuivre la rapidité de ſon génie qui le portoit aux Mathématiques, dans leſquelles il s'eſt rendu un des plus célebres de nos jours.

AVIS.

Le Mémoire qui ſuit a été fourni par Monſieur de la Hire, de l'Academie des Sciences, & Profeſſeur au College Royal.

LAurent de la Hire nâquit à Paris en 1606 il n'eut point d'autre maître dans la peinture que ſon pere qui lui en donna les premiers principes : mais ſon inclination pour cet Art le fit avancer en fort peu de tems en s'attachant ſeulement à la nature, dans quantité de grands Tableaux d'hiſtoire qu'il peignoit pour ſes études. Il en fit un entr'autres qui repréſentoit le Martyre de ſaint

ſaint Barthelemi qui lui acquit beaucoup de réputation. On peut avoir ce Tableau dans l'Egliſe de ſaint Jacques du Haut-pas, ce Tableau eſt peint d'une grande maniere & d'une grande force. Mais l'eſtime qu'il s'étoit acquiſe dans un tems où il n'y avoit perſonne à Paris qui fût de ſa force, lui donna beaucoup d'ouvrage, ce qui le fit tomber dans une maniere qui étoit plus foible que celle qu'il avoit ſuivie d'abord.

Il faiſoit pluſieurs Tableaux de Cabinet qu'il finiſſoit avec un très-grand ſoin, & qu'il ornoit d'architecture & de païſage qu'il entendoit très-bien. Il ne laiſſoit pas de faire, ſuivant l'occaſion, pluſieurs grands Tableaux d'Egliſe, ſans ſortir de ſa maniere.

Vers ces tems-là, il fit tous les deſſeins des Tapiſſeries pour l'Egliſe de S. Etienne du Mont, qui étoient très-finis à la pierre noire, ſur du papier biſtré & lavés par deſſus, & rehauſſés de blanc, dont il n'y en a eu que quelques-uns d'executés. On attribue aujourd'hui ces deſſeins à Euſtache le Sueur, mais fauſſement, & ce qui a donné lieu à cette erreur entre les curieux, eſt qu'un des freres de le Sueur peignoit en grand d'après les deſſeins de la Hire les patrons pour ces Tapiſſeries.

Enfin les antiques qu'on apporta à Paris, & quelques Eſtampes d'après les plus grands maîtres d'Italie, lui firent ouvrir les yeux, & il fit alors un Tableau d'une Deſcente de Croix pour le grand Autel des Capucins de Rouen, qui eſt ſon dernier ouvrage de cette nature. Car quelques infirmités ſur la fin de ſes jours ne lui permirent que de faire des païſages en petit qu'il peignoit très-proprement, & qui étoient très-finis & fort recherchés : Il mourut en 1656.

Son fils Philippe avoit un grand amour pour la peinture ; & comme il étoit charmé de ce qu'on voïoit à Paris d'après Raphaël, il paſſa en Italie, & il s'arrêta dans Rome pendant quelques années à étudier avec aſſiduité d'après les Tableaux de ce grand Peintre : mais enfin, ſon inclination qui avoit été portée à la Géometrie dès ſon enfance, & l'étude qu'il en faiſoit comme par récréation, lui firent découvrir quelques nouveautés dans cette ſcience, qu'il fit imprimer en 1672. ce qui lui acquit une place dans l'Academie des Sciences entre les grands hommes qui compoſent cet illuſtre Corps, & une charge de Profeſſeur dans le College Roïal de France, qu'il poſſede encore à preſent.

MICHEL DORIGNY

NAtif de ſaint Quentin en Picardie, diſciple & Gendre de Vouet, a ſuivi de fort près la maniere de ſon beau-pere, dont il a gravé à l'eau-forte la plus grande partie des ouvrages, & leur a donné le véritable caractere de leur Auteur. Il mourut Profeſſeur de l'Academie en 1665. âgé de 48. ans.

CHARLES ALFONSE DU FRESNOY

NE' en 1611. fils d'un célebre Apoticaire de Paris, qui le fit élever avec tout le ſoin poſſible, dans la vûe d'en faire un Médecin. Les premieres années qu'il paſſa dans le College ſeconderent heureuſement le deſſein de ſon pere par les grands progrès qu'il y faiſoit : mais ſi-tôt qu'il fut dans les hautes Claſſes, & qu'il commença à goûter la Poëſie, le génie qu'il avoit pour elle ſe dévelopa, & il remporta en ce genre-là les prix dans les Claſſes où il ſe trouva. Son inclination ſe fortifia par l'exercice,

& à en juger par ces commencemens, il devoit être un jour un des plus grands Poëtes de son siécle, si l'amour de la peinture, dont il devint également épris, n'avoit partagé son talent.

Enfin, il ne fut plus question de Médecine, il se déclara tout-à-fait en faveur de la Peinture, malgré la résistance de ses parens, qui, sans avoir égard à la violente inclination de leur fils, se servirent de tous les mauvais traitemens dont ils purent s'aviser pour le détourner de la résolution qu'il avoit prise, parce qu'ils n'avoient qu'une idée basse de la Peinture, & qu'ils ne la regardoient que comme un vil métier, & non comme le plus noble de tous les Arts.

Cependant toute la résistance que l'on mit en usage, ne fit qu'accroître cette passion naissante, & sans perdre le tems à déliberer, du Fresnoy s'abandonna entierement au génie qui le sollicitoit. Il avoit environ vingt ans lorsqu'il commença à prendre le craïon, & qu'il alla dessiner chez Perrier & chez Vouet. Mais à peine eut-il été deux ans dans cet exercice, qu'il partit pour aller en Italie. Il y arriva en 1634. & Mignard l'y étant allé trouver en 1636. ils lierent ensemble une amitié, qui dura jusqu'à la mort.

Pendant les deux premieres années que du Fresnoy passa à Rome, il n'étoit point en état de gagner de quoi subsister : ses parens d'ailleurs, dont il avoit méprisé les avis sur sa profession, l'avoient abandonné, & le fond dont il s'étoit pourvû avant de partir, fut à peine suffisant pour faire son voïage. Ainsi n'aïant dans Rome ni amis, ni connoissances, il se vit réduit à une telle extrêmité, qu'il ne se nourrissoit la plûpart du tems que de pain & d'un peu de fromage. Cependant il étoit bien moins inquiet de cet état fâcheux, qu'occupé de ses études de peinture, qu'il continuoit avec chaleur, lorsque l'arrivée de Mignard le mit un peu plus au large.

Comme l'esprit de du Fresnoy étoit d'une trempe à ne se pas contenter d'une connoissance médiocre, il voulut fouiller son Art jusqu'à la racine, & en tirer toute la quintessence ; il étudia avec application Raphaël & l'Antique, & il dessinoit tous les soirs aux Academies avec une avidité extraordinaire : & à mesure qu'il pénétroit son Art, il en faisoit des remarques, qu'il écrivoit en vers Latins. Une lumiere lui en donnoit une autre, & son esprit s'étant peu-à-peu rempli de toutes les connoissances nécessaires à sa profession, il forma le dessein d'en composer un Poëme, qui lui coûta beaucoup de veilles & de réflexions. Il le communiqua à tous les habiles gens, dont il pouvoit tirer des lumieres, ou de l'approbation.

Il avoit un amour extraordinaire pour les ouvrages du Titien, auquel il donnoit la préference ſur tous les autres, à cauſe, diſoit-il, que de tous les Peintres, le Titien étoit le plus grand imitateur de la nature. Il en copia à Rome tout ce qu'il y a de plus beaux Tableaux avec un ſoin qui n'eſt pas croïable.

Il entendoit fort bien le Grec & les Poëtes: & le tems qu'il donnoit à la lecture & à parler de peinture aux gens d'eſprit qu'il trouvoit diſpoſés à l'entendre, lui en laiſſoit peu pour travailler; il paroiſſoit d'ailleurs qu'il avoit de la peine à peindre, ſoit que ſa profonde Théorie lui retînt la main, ou que n'aïant appris de perſonne à manier le pinceau, il eût contracté une maniere peu expéditive: quoi qu'il en ſoit, ſes ouvrages ſont en petit nombre.

Comme il avoit fort étudié les élemens d'Euclides, & qu'il avoit un excellent goût pour l'Architecture, il commença par peindre des reſtes d'Architecture qui ſont aux environs de Rome. Il les vendoit pour ſubſiſter, & les donnoit preſque pour rien. Tous ſes ouvrages ſe réduiſent environ à cinquante Tableaux d'Hiſtoires, & quelques païſages qu'il a peints pour des particuliers, ſans compter toutes les copies qu'il a faites d'après le Titien.

De tous ſes ouvrages, celui qu'il aimoit le plus, étoit ſon Poëme ſur la peinture. Quelque envie qu'il eût de le faire imprimer, comme il ſavoit bien qu'il étoit inutile de lui faire voir le jour, ſans une Verſion Françoiſe, & que la longue abſence de ſon païs lui avoit, pour ainſi dire, fait oublier ſa langue, il differa toujours de le rendre public.

Enfin je le mis en notre langue à ſa priere, & ſelon ſon intention. Il alloit, diſoit-il, travailler à un Commentaire pour éclaircir davantage ſes penſées, quand il fut ſurpris d'une paralyſie, dont il mourut chez un de ſes freres à quatre lieues de Paris, en 1665. âgé de 54. ans.

REFL XIONS

Sur les Ouvrages de du Freſnoy.

J'Ai connu du Freſnoy familierement: il m'avoit donné ſon amitié & ſa confiance: & il ſouffroit que je le viſſe travailler, (ce qu'il ne permettoit à perſonne, à cauſe de la peine qu'il avoit à peindre.) Le grand nombre de connoiſſances, dont il avoit l'esprit rempli, & sa mémoire qui les lui fournissoit facilement quand il en avoit la moindre occasion, faisoient que sa conversation, quoique très-utile, étoit si pleine de digressions, qu'il en perdoit souvent le sujet principal : ce qui a fait dire à plusieurs personnes que cela venoit d'une abondance de pensées que la vivacité de son imagination lui causoit. Pour moi, qui l'ai vû de près, & qui l'ai fort observé, il m'a parû que son imagination étoit très-belle à la verité, mais qu'elle n'étoit point vive, & que le feu dont elle étoit remplie, étoit assez moderé. Cela est si vrai, qu'il ne se contentoit jamais de ses premieres pensées ; mais qu'il les repassoit & les digeroit dans son esprit avec toute l'application imaginable. Il se servoit pour les embellir des convenances qu'il croïoit nécessaires, & des lumieres qu'il tiroit de son érudition.

Ce fut selon les principes qu'il avoit établis dans son poëme, qu'il tâcha d'executer ses pensées. Il travailloit avec beaucoup de lenteur, & je lui aurois souhaité cette grande vivacité qu'on lui attribuë, pour donner plus d'esprit à son pinceau, & pour mettre ses idées en plus beau jour. Cependant il ne laissoit pas d'aller à ses fins par la Théorie : & il y a lieu d'être étonné que cette même Théorie, qui devoit le rendre assuré de la bonté de son ouvrage, ne lui ait pas rendu la main plus hardie. Ce qu'on peut dire à cela, est, que la grande speculation a besoin d'une grande pratique, & que du Fresnoy n'avoit que celle qu'il s'étoit acquise de lui-même par le peu de Tableaux qu'il avoit faits.

Il est aisé de voir par ses ouvrages qu'il cherchoit le Carache dans le goût du dessein, & le Titien dans le coloris : ainsi qu'il s'en expliquoit souvent. Nous n'avons point eu de Peintre François qui ait tant approché du Titien que du Fresnoy, à en juger entr'autres par les deux Tableaux qu'il fit à Venise pour le noble Marc Paruta, dont l'un représente une Vierge à demi corps, & l'autre une Venus couchée. Ce qu'il a peint en France tient encore de ce goût-la, principalement ce qu'il a fait au Rinci pour M. Bordier Intendant des Finances : cette Peinture passant pour le plus beau de ses ouvrages au jugement des connoisseurs. Mais si le peu de Tableaux qu'il a faits ne sont pas suffisans pour répandre son nom en divers endroits de l'Europe, celui de son Poëme sur la peinture le fera vivre autant que cet Art sera en quelque estime dans le monde.

NICOLAS MIGNARD

DE Troyes en Champagne, frere aîné de Pierre Mignard, surnommé le Romain, n'a pas eu dans son tems la même réputation que celui-ci, mais il avoit assez de parties dans la peinture pour se tirer aussi-bien que lui du nombre des Peintres ordinaires. Leur pere qui s'appelloit Pierre, & qui avoit servi le Roi dans ses armées l'espace de vingt ans, laissa la liberté à ses deux fils de suivre l'inclination qu'ils avoient pour la peinture. Nicolas en apprit les commencemens chez le meilleur Peintre qui se trouvoit pour lors à Troyes : & pour se fortifier dans sa profession, il alla étudier à Fontainebleau d'après les Figures antiques qui s'y trouvent, & d'après les peintures du Primatice. Mais voïant que la source des beautés qu'il étudioit étoit en Italie, il en voulut faire le voïage. L'occasion de certains ouvrages l'arrêta quelque tems à Lyon : mais beaucoup plus à Avignon, où il devint amoureux d'une fille qu'il épousa à son retour d'Italie, (ce qui le fit appeller Mignard d'Avignon.) Après avoir passé deux ans à Rome, & quelques années à Avignon chez son beau-pere, il fut appellé à la Cour par le Roi, qui l'avoit connu lorſqu'il paſſa en Avignon, dans le tems de ſon mariage avec l'Infante d'Eſpagne en 1659.

Mignard étant arrivé à Paris, y fut emploïé pour la Cour & pour des particuliers en divers ouvrages, où il donna des preuves de ſa capacité. Il fit quantité de Portraits : mais ſon talent étoit plûtôt pour les Hiſtoires. Il inventoit ingénieuſement, & ſe plaiſoit à traiter des ſujets poëtiques. Le feu de ſon imagination étoit pourtant médiocre, & il compenſoit cela par une grande exactitude, & par une grande propreté dans ſon travail. La trop grande attache qu'il y avoit le fit mourir d'hydropiſie en 1668. au grand regret de tous ceux qui l'avoient connu ; car il n'étoit pas moins honnête homme, que bon Peintre. Il étoit pour lors Recteur de l'Academie, laquelle aſſiſta à ſes funerailles dans l'Egliſe des Feuillans, où il fut enterré.

CLAUDE VIGNON

NAtif de Tours, ſuivit d'abord la maniere de Michelange de Caravage, & fit dans ce goût-là des Tableaux d'une grande force. La promptitude avec laquelle il travailloit lui procura beaucoup d'emploi, & pour y satisfaire, il rendit sa maniere plus expéditive encore, mais beaucoup moins forte que ce qu'il avoit accoûtumé de faire. Il produisoit facilement, & sa façon d'emploïer ses teintes, étoit de les mettre en place sans les lier, & de peindre en ajoûtant toujours des couleurs, & non pas en les mêlant par le mouvement du pinceau; en sorte que la superficie de ses Tableaux en est très-raboteuse. Ainsi sa maniere, qui n'est qu'une pure pratique manuelle, est très-aisée à connoître. Comme il consultoit rarement la nature & l'antique, & que ses inventions & ses expressions n'avoient rien de particulier ni d'extraordinaire, ses Tableaux ne sont pas recherchés des curieux. Il étoit fort consulté pour la connoissance des manieres, & pour le prix des Tableaux. Il mourut en 1670. dans un âge fort avancé.

SEBASTIEN BOURDON

NAtif de Montpellier, avoit un génie de feu, qui ne lui a pas permis de réflechir beaucoup, ni de s'appliquer suffisamment aux parties les plus essentielles de son Art. Les études qu'il en fit en Italie, furent même interrompues par quelque querelle qui l'obligea d'en sortir après n'y avoir fait que peu de séjour. Cependant il avoit un génie facile, qui lui a fait produire dans ses premiers Ouvrages assez de bonnes choses, pour donner des esperances d'une habileté extraordinaire.

Les Guerres civiles de France qui y suspendirent les travaux des beaux Arts, lui firent faire le voïage de Suede, où la réputation de la Reine Christine l'avoit attiré. Mais cette Reine ne lui ayant donné pour tout emploi que son Portrait à peindre, il n'y fit pas grand séjour; & son génie de feu ne pouvant s'accommoder de l'inaction, le fit revenir bientôt en France chercher des occasions de s'exercer. S'il n'a pas rempli tout ce que l'on attendoit de lui, il a du moins soutenu sa réputation par des compositions extraordinaires, & par des expressions vives. Mais comme son génie n'étoit pas conduit par un jugement bien solide, il s'évaporoit souvent en des imaginations outrées; & qui après avoir fait plaisir au Spectateur par leurs bizarreries piquantes, tombent dans le sauvage pour peu qu'on les examine. Il n'en est pas de même de son païsage, il le faisoit très-bien; & j'en ai vû plusieurs, qui sont de beaux effets de son imagination, & que la bizarrerie ne rend que plus agréables, parce qu'il y entre certains effets extraordinaires, qu'il a étudiés d'après le naturel, & qu'il a exécutés d'une main prompte & facile. Il eſt vrai que les ſites qui en ſont peu communs, n'en ſont pas bien réguliers, & ne s'accordent pas ſouvent dans leur plan. Il finiſſoit peu ſes Ouvrages, & les plus finis même ne ſont pas toûjours les plus beaux.

Il paria une fois contre un de ſes amis, qu'il peindroit en un jour douze têtes d'après le naturel, & grandes comme le naturel, & gagna. Ces têtes ne ſont pas des moindres qui ſoient ſorties de ſon pinceau. Il ſe ſervoit ſouvent de l'impreſſion de la toile quand il avoit du poil à faire, non pas en laiſſant l'impreſſion découverte, mais en la découvrant avec l'ante de ſon pinceau.

Il a fait quantité d'ouvrages, dont les plus conſiderables ſont, la Gallerie de M. de Bretonvilliers dans l'Iſle de Notre-Dame, & les ſept Oeuvres de Miſericorde, qu'il a gravées lui-même à l'eau-forte. Celui de tous ſes Tableaux qu'on eſtime davantage, eſt le martyre de S. Pierre, qu'il fit pour le Mai de l'Egliſe de Notre-Dame, & que l'on y conſerve comme un des plus beaux de tous ceux qu'elle contient.

Il étoit Calviniſte de Religion, mais d'ailleurs de très-bonnes mœurs, & fort estimé dans l'Academie dont il étoit Recteur. Il travailloit pour le Roi dans l'appartement bas des Tuileries lorsque la mort le surprit en 1671. âgé d'environ soixante ans.

SIMON FRANÇOIS

NE' à Tours en 1606. se tourna dès son bas-âge du côté de la dévotion. Il voulut même se faire Capucin : mais ses parens l'en ayant empêché, il cherchoit une profession qui fût propre à tenir son cœur élevé à Dieu, lorsqu'il vit par hazard un Tableau de la Nativité de Notre-Seigneur qui le toucha tellement, que dans la vûe d'en pouvoir faire de semblables, il prit la résolution de se faire Peintre. Ainsi ce n'est point par une violente inclination qu'il embrassa la Peinture, mais par une vocation qui paroissoit avoir quelque chose d'extraordinaire ; car son génie étoit assez froid, quoiqu'il eût d'ailleurs l'esprit assez solide pour faire son chemin dans la route ordinaire de la Peinture.

Il n'eut point d'autre Maître que les bons Tableaux qu'il copia. Il fit d'abord quelques portraits ; & M. de Béthune son protecteur, qui s'en alloit Ambassadeur à Rome, le mena avec lui, & lui procura une pension du Roi. Il demeura en Italie jusqu'en 1638. & à son retour, passant par Bologne, il lia amitié avec le Guide qui lui fit son Portrait.

A son arrivée en France il fut assez heureux pour être le premier Peintre qui eût l'honneur de faire le Portrait du Dauphin que la Reine venoit de mettre au monde. Ce premier ouvrage lui réussit si bien, qu'il avoit lieu d'esperer que la Cour, qui en étoit contente, & qui lui promettoit de la protection, le porteroit dans la suite, & lui procureroit de grands Ouvrages : mais quelque disgrace qu'il n'avoit point méritée étant venue à la traverse, lui fit quitter la Cour pour mener une vie retirée & plus convenable à son dessein.

C'est-là qu'il songea tout de bon à ne s'occuper de sa Peinture que pour son salut, & qu'il résolut de ne plus faire de Tableaux que de dévotion, dans laquelle il se fortifia tellement que le reste de sa vie a été le modele d'un parfait Chrétien. Entre toutes les vertus qu'on lui a vû exercer, celle de la patience a été la plus remarquable, car étant affligé de la Pierre pendant les huit dernieres années de sa vie, on lui en a vû supporter les douleurs avec une constance incroyable. Il mourut en 1671. & la pierre qu'on lui trouva après sa mort pesoit une livre.

On ne voit point de ses Tableaux dans les Cabinets : il y en a dans quelques Eglises de Paris, & il n'est pas difficile en les voyant de juger que leur Auteur étoit plus dévot qu'habile Peintre. Très-habile pourtant, en ce qu'il a sû se servir de son Art, pour acquérir le Ciel plûtôt qu'une vaine réputation.

PHILIPPE DE CHAMPAGNE

NE' à Bruxelles en 1602. de parens d'une médiocre naissance, mais gens de bien, témoigna dès son enfance une inclination extraordinaire pour la Peinture. Il changea plusieurs fois de maîtres qui n'étoient que des Peintres médiocres, à la réserve de Fouquiere qui lui apprit à faire du païsage. Pour les autres genres de Peintures, il ne les doit qu'à son assiduité au travail & à l'envie qu'il avoit de s'avancer.

Dans l'ardeur qu'il avoit d'apprendre, il chercha quelqu'un qui pût lui donner des instructions : mais n'ayant trouvé personne de la capacité qu'il souhaitoit, il se résolut à n'en prendre d'autre que la nature qu'il imita depuis, sans beaucoup de choix, quoiqu'assez regulierement.

A l'âge de dix-neuf ans il forma le dessein d'aller en Italie, & fit son compte aussi de passer par la France & de s'y arrêter autant qu'il le jugeroit à propos selon l'occasion. Etant arrivé à Paris il se mit chez l'Alleman fort mauvais Peintre; mais fort employé. Il le quitta pour se retirer en son particulier, & se logea au College de Laon, où le Poussin après son premier retour d'Italie demeuroit aussi; cette rencontre lia une espece d'amitié entr'eux, & fit qu'un Peintre nommé du Chesne, qui bien qu'ignorant, avoit entrepris les ouvrages de Peinture du Palais de Luxembourg, les employa tous deux dans ce Palais, Poussin à quelques petits ouvrages dans les Lambris, & Champagne à faire quelques Tableaux dans l'appartement de la Reine. Elle les trouva si fort à son gré que du Chesne en témoigna une forte jalousie, d'où Champagne qui aimoit la paix prit occasion de s'en retourner à Bruxelles pour voir son frere, & de là faire le voyage d'Italie par l'Allemagne. Mais à peine étoit-il arrivé à Bruxelles que l'Abbé de saint Ambroise, qui étoit Sur-intendant des Bâtimens, lui fit savoir la mort de du Chesne & le fit revenir en France. Il y prit aussi-tôt possession de la direction des Peintures de la Reine, qui lui donna un logement dans le Luxembourg & douze tens livres de pension. Ce fut en ce tems-là qu'elle le fit travailler aux Carmelites & qu'il épousa la fille de du Chesne. Comme il aimoit son Art, & qu'il étoit fort laborieux, il a fait à Paris, & dans le Royaume une infinité d'ouvrages. On en voit entr'autres lieux aux deux Couvents des Carmelites du Fauxbourg S. Jacques, & de la rue Chapon ; au Calvaire du Fauxbourg S. Germain ; au Palais Royal ; dans le Chapitre de Notre-Dame de Paris & dans plusieurs Eglises : sans compter une infinité de Portraits qu'il faisoit fort ressemblans, & qu'il finissoit beaucoup. M. Poncet Conseiller en la Cour des Aides, qui étoit de ses amis, le pria un jour de Dimanche de faire celui de sa fille, qui devoit faire profession le Lundi aux Carmelites de la rue Chapon, n'y ayant plus que ce jour-là où les gens du monde pussent la voir ; mais Champagne faisant scrupule de peindre un Dimanche ne voulut jamais, quoi qu'on lui pût dire & offrir, se laisser vaincre aux prieres de son ami ; car outre qu'il étoit bon Chrétien, il étoit fort désinterressé, comme on en jugera par ce que je vais rapporter ici.

Le Cardinal de Richelieu n'ayant jamais pû faire quitter à Champagne le service de la Reine par les promesses qu'il lui avoit fait faire de lui établir une grosse fortune pour lui & pour les siens, ne pût s'empêcher de louer sa fidelité & de l'estimer d'autant plus qu'il persistoit dans son attachement. Le premier Valet de Chambre du Cardinal qui lui avoit fait la proposition, ajoûta qu'il n'avoit qu'à souhaiter, & que son maître ne lui refuseroit rien. A quoi Champagne répondit, que si M. le Cardinal pouvoit le rendre plus habile Peintre qu'il n'étoit, ce seroit la seule chose qu'il ambitionneroit le plus : mais comme cela n'étoit pas possible, il ne desiroit de son Eminence que l'honneur de ses bonnes graces. Cette réponse qui fut rapportée au Cardinal, bien-loin de l'aigrir, ne fit qu'augmenter l'estime qu'il avoit pour ce Peintre. Quoique Champagne refusât de se donner au Cardinal, il ne refusoit pas pour cela de travailler pour lui. Il lui fit entr'autres choses son Portrait à diverses fois, qui est un des meilleurs qu'il ait peint en toute sa vie.

Il étoit depuis long-tems dans une grande réputation, lorsque le Brun arriva d'Italie. Celui-ci par sa capacité & par le moyen de ses protecteurs, gens puissans, prit bientôt le timon de la Peinture, & fut fait dans la suite premier Peintre du Roi, sans que Champagne en ait témoigné la moindre jalousie.

Il eut de ſon mariage un fils & deux filles ; de ces trois enfans il ne lui reſta qu'une fille qu'il aimoit tendrement ; & comme elle ſe fit Religieuſe à Port-Royal où elle étoit penſionnaire, cela donna à Champagne de l'attachement pour ce Couvent, & pour les perſonnes qui y avoient quelque relation qu'on appelloit en ce tems-là du nom de Janſeniſte. Il mourut en 1674. âgé de ſoixante-douze ans, eſtimé de tous ceux qui le connoiſſoient, tant pour ſa Peinture, que pour ſes mœurs.

RE'FLEXIONS

Sur les Ouvrages de Champagne.

LA forte inclination que Champagne fit voir dès ſon bas-âge pour la Peinture, n'étoit accompagnée d'aucune élevation. Ce n'eſt pas qu'il n'ait fait quantité de compoſitions, & qu'il n'eût de la facilité à inventer : mais ſon génie étoit froid, & ſon goût tenoit beaucoup de ſon païs.

Il s'eſt toujours fort attaché au naturel, & à imiter avec aſſez de fidelité ſes modeles : mais il ne les ſavoit pas diſpoſer d'une façon à leur donner de la vie & du mouvement. Il n'a pas bien connu ce qu'il faut retrancher du vrai pour le rendre moëleux, leger, & de bon goût, ni ajoûter ce peu qui le fait paroître animé ; il me semble en un mot que tout son savoir étoit dans son modele dont il étoit esclave, bien loin de le faire obéir à son génie, ou du moins aux regles de son Art. Je ne vois pas même qu'il ait penetré les bons principes de la peinture, ni qu'à la reserve du dessein où il a fait voir assez de régularité, mais peu de goût, il ait fait rien sentir de bien piquant dans aucun de ses Tableaux.

Je ne puis celer néanmoins que j'ai vû de lui beaucoup de bonnes choses pour les couleurs locales, beaucoup de têtes bien imitées & fortes de couleurs ; mais dont la plûpart n'étoient point tout-à fait exemptes de l'immobilité & de l'indolence qui est ordinaire aux modeles même vivans.

De représenter la nature en la corrigeant, de suppléer toutes les beautés dont elle est susceptible, & de lui distribuer des lumieres & des ombres avantageuses qui l'accompagnent, c'est l'ouvrage d'un Peintre parfait : mais il est toujours d'un bon Peintre de l'imiter avec facilité telle qu'elle se rencontre, d'en faire voir un caractere fidele quand même il ne l'orneroit que de beautés qu'elle a présentes, sans pénetrer toutes celles qui pourroient lui convenir. C'est dans ce ſens que Champagne a pû meriter l'eſtime que l'on en a fait dans ſon tems avec d'autant plus de juſtice qu'il faiſoit le païſage d'une bonne methode, qu'il entendoit fort bien la perſpective, qu'il finiſſoit extrêmement tous ſes ouvrages, & qu'enfin il exerça long-tems la charge de Recteur dans l'Academie.

JEAN-BAPTISTE DE CHAMPAGNE

AUſſi de Bruxelles, neveu de Philippe, dont on vient de parler, fut élevé par ſon oncle dans la peinture. L'union dans laquelle ils vivoient, & l'eſtime qu'ils avoient l'un pour l'autre, fit prendre au neveu la même maniere qu'avoit ſuivie ſon oncle, en degenerant un peu de force & de verité. Du reſte ils avoient les mêmes ſentimens dans leur profeſſion & dans leur morale, celui-ci fit un voyage en Italie, qui ne dura que quinze mois, ſans prendre d'autre Goût que celui que les ouvrages de ſon oncle lui avoient inſpiré. Il mourut profeſſeur de l'Academie en 1681. âgé d'environ quarante trois ans.

NICOLAS LOIR

DE Paris, fils d'un habile Orfevre, ne manquoit pas de génie pour inventer, ni de feu pour executer. Il n'y avoit néanmoins rien en cela qui passât le Peintre ordinaire. On n'y remarque, ni finesse de pensée, ni caractere particulier qui eût quelque élévation. Il avoit un bon Goût de dessein, de la propreté & de la facilité dans tout ce qu'il faisoit; & sans se donner le tems de digerer ses pensées, à peine les avoit-il produites qu'il les exécutoit, souvent même en discourant avec le monde, par la grande habitude qu'il s'étoit acquise, & par l'heureuse mémoire des choses qu'il avoit vûes en Italie. Il ne demeuroit court sur aucun sujet & faisoit égalemenr bien les Figures, le Païsage, l'Architecture & les Ornemens. On voit dans Paris quantité de ses Ouvrages tant publics que particuliers, plusieurs Galeries & Appartemens, & entr'autres pour le Roi dans le Palais des Tuileries. Il mourut en 1679. âgé de cinquante-cinq ans, étant pour lors professeur à l'Academie.

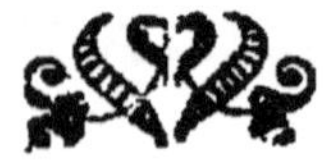

CHARLES LE BRUN

DE Paris, apporta en naiſſant toutes les diſpoſitions pour former un grand Peintre. Il ſe ſervit de ſon talent dès qu'il put ſe ſervir de ſa raiſon : Il le cultiva par des études continuelles, & il le fit valoir par la fortune, qui ſeconda ſon mérite, & qui ne l'abandonna jamais. Il étoit fils d'un Sculpteur médiocre qui demeuroit dans la Place Maubert. Ce Sculpteur fut employé à quelque ouvrage dans le Jardin de l'Hôtel Seguier. Il avoit accoutumé d'y mener ſon fils, & de lui faire copier quelques deſſeins auprès de lui. M. le Chancelier s'y étant un jour allé promener, vit ce jeune homme qui deſſinoit avec tant de facilité & d'application pour ſon âge, qu'il ne douta point que ce ne fût l'effet d'un génie au-deſſus du commun. La phyſionomie de cet enfant lui plût. Touché de ces bonnes diſpoſitions, il l'obligea de lui porter de tems en tems de ſes deſſeins, & voulut bien dans la ſuite prendre ſoin de ſon avancement, & l'aider de quelque ſecours d'argent pour lui donner du courage.

Ce jeune homme, animé par des récompenſes, fit des progrès ſurprenans, en ſorte que M. le Chancelier le recommanda à Vouet, qui peignoit alors la Bibliotheque de l'Hôtel Seguier, & qui étoit regardé de tous nos Peintres comme le Raphaël de la France.

Le Brun fit à l'âge de quinze ans deux ouvrages qui surprirent les Peintres de ce tems-là : le premier étoit le Portrait de son ayeul, & l'autre représentoit Hercule assommant les chevaux de Diomede : Après quelque tems, M. le Chancelier Seguier connut par les progrès qu'avoit fait le Brun, & par l'avidité que ce jeune Peintre avoit d'apprendre, qu'il étoit tems de le faire voïager en Italie. Il l'y envoïa en 1639. Il l'y entretint par une grosse pension l'espace de trois ans, pendant lesquels le Brun cultiva son génie par toutes les connoissances qui l'ont conduit au dégré de perfection où il s'est élevé. Les jeunes Peintres qui reviennent de Rome passent ordinairement à Venise pour prendre au moins quelque teinture du bon coloris : mais le Brun n'eut pas cette curiosité.

Le premier Tableau qu'il fit à son retour d'Italie, fut le Serpent d'airain, qui est dans le Couvent des Religieux de Picpus, & ensuite quelques autres pour M. le Chancelier son protecteur.

Il sentoit fort bien ce qu'il valoit, par

comparaiſon aux Peintres de ſon tems, & l'envie qu'il avoit de ſe faire connoître lui faiſoit ſolliciter vigoureuſement les ouvrages qui devoient être expoſés au public. Ce fut dans cette vûe qu'il fit à Notre-Dame deux années de ſuite le Tableau du Mai. Il peignit la premiere année le martyre de ſaint André, & la ſeconde le martyre de ſaint Etienne. Le Sueur, dont nous avons parlé, étoit le ſeul Concurrent qui lui pût diſputer : mais ſoit qu'on trouvât le Brun plus habile ou plus à la mode, ſoit que le nombre de ſes amis fût plus grand, il emportoit toujours ſur ſon Competiteur les grandes occaſions de ſe ſignaler.

La Galerie de M. Lambert dans l'Iſle Notre-Dame, & le Seminaire de ſaint Sulpice établirent ſi ſolidement ſa réputation, que M. Foucquet, Sur-intendant des Finances, le voulut avoir pour les ouvrages de Peinture qui devoient embellir ſa Maiſon de Vaux-le-Vicomte. Le Brun y a laiſſé des témoignages de la profondeur de ſon génie & de ſon ſavoir, ſurtout dans l'Appartement que l'on appelle la Chambre des Muſes. On y voit un Plat-fond qui paroît un des meilleurs Tableaux qu'il ait faits.

M. Foucquet, pour attacher le Brun entierement à ſon ſervice, lui donna une penſion de douze mille livres, outre le paiement de ses ouvrages. Et après la détention de M. Foucquet, le Roi qui vouloit rendre son Royaume florissant par les Arts, aussi-bien que par les sciences, jetta les yeux sur le Brun : Sa Majesté l'anoblit ; Elle l'honora de l'Ordre de saint Michel, & le fit son premier Peintre.

C'est dans ce poste qu'il rendit son mérite encore plus sensible au Roi, & que M. Colbert Ministre d'Etat, & Sur-intendant des Bâtimens, le regarda comme le plus grand Peintre du monde. Ce fut sur ses projets que ce Ministre proposa à Sa Majesté d'affermir les fondemens de l'Académie de Peinture, & de la rendre la plus célebre qui ait jamais été en ce genre-là. Les revenus en furent augmentés. On y établit de nouveaux Statuts, & elle fut composée d'un Protecteur, d'un Vice-Protecteur, d'un Directeur, d'un Chancelier, de quatre Recteurs, de quatorze Professeurs, dont il y en auroit un pour l'Anatomie, & un autre pour les Mathématiques, de plusieurs adjoints aux Recteurs & aux Professeurs, de plusieurs Conseillers, d'un Secretaire, & de deux Huissiers.

Ce fut aussi sur les Mémoires de le Brun, que le Roi établit une Académie à Rome, pour y entretenir un Directeur qui eût soin que les Pensionnaires, que le Roi y envoie de tems en tems, se rendissent capables de bien servir Sa Majesté dans les ouvrages de Peinture, de Sculpture, & d'Architecture.

Le Brun avoit un zele très-ardent pour faire fleurir les beaux Arts en France; il répondoit en cela aux bonnes intentions du Roi, & M. Colbert étant chargé de faire exécuter ses ordres, s'en rapportoit entierement à le Brun. Ce Peintre prenoit non seulement le soin des choses en géneral, mais il n'en épargnoit aucuns pour ses Tableaux en particulier. Il s'instruisoit à fond du sujet qu'il avoit à traiter ou par la lecture des bons Auteurs, ou par les Savans qu'il consultoit.

Il a fait à Sceaux, & dans plusieurs maisons de Paris des ouvrages que la renommée a rendus recommandables. Mais les plus considerables sont chez le Roi en plusieurs grands Tableaux de l'Histoire d'Alexandre, au Plat-fond de la grande Galerie de Versailles, & au grand Escalier du même lieu.

Quand le Roi choisit le Brun pour son premier Peintre, il lui donna en même tems la direction génerale des Manufactures des Gobelins, & il l'exerça avec tant d'application, qu'aucun ouvrage ne s'y faisoit qui ne fût de son Dessein. Il mourut en 1690. dans son logement des Gobelins.

Sa Sepulture est dans une Chapelle qu'il avoit acquise à saint Nicolas du Chardonnet, où sa veuve lui a fait ériger un magnifique Mausolée.

REFLEXIONS

Sur les Ouvrages de Charles le Brun.

LA facilité avec laquelle le Brun a fait ses études de peinture à Rome, & les premiers Tableaux qu'il peignit à son arrivée, firent naître une grande opinion de sa capacité. Il n'amusa point le public par des commencemens louables qui fissent seulement présumer ce qu'il devoit être un jour: il fit comme le figuier, qui au contraire des autres arbres commence par produire ses fruits, sans les faire précéder de fleurs qui en sont les esperances. Tout ce qui est sorti de sa main a toujours été regardé comme l'ouvrage d'un grand maître, en sorte que l'on peut dire en quelque façon, que les progrès qu'il a faits dans son Art, n'ont pas été pour se faire habile, puisqu'il l'étoit déja, mais pour devenir un des premiers Peintres de son siécle.

Il avoit un beau génie, l'esprit pénetrant, & le jugement solide; il inventoit facilement, mais avec réflexion. Il ne faisoit rien entrer dans la composition de ses Tableaux qu'il n'y eut bien pensé ; il consultoit les Livres & les Savans, pour ne rien obmettre de ce qui pouvoit bien remplir son sujet; il l'exprimoit ingénieusement & avec une vivacité qui n'avoit rien de l'emportement. On crut d'abord à la vûe de ses premiers ouvrages, dont les sujets étoient presque tous de dévotion, que son talent étoit particulier pour la douceur & pour la tendresse : mais il a bien fait connoître par les Tableaux qu'il a faits depuis, que son génie étoit universel, & qu'il pouvoit également bien traiter l'enjoué, comme le sérieux, & le tendre comme le terrible.

Il a traité ses sujets allegoriques avec beaucoup d'imagination : mais au lieu d'en tirer les symboles de quelque source connue, comme de la Fable, & des Médailles antiques, il les a presque tous inventés, ainsi ces sortes de Tableaux, deviennent par-là des énigmes, que le spectateur ne veut pas se donner la peine d'éclaircir.

Il a toujours estimé l'Ecole Romaine pour le dessein, mais il a eu une pente à suivre celle de Bologne, & particulierement le goût d'Annibal Carache, dans lequel il avoit acquis une facilité merveilleuse. Et si dans cette partie il n'étoit pas tout-à-fait ſi ſpirituel que ce Peintre, il étoit moins chargé, plus égal, plus gracieux, & toujours correct. Ses Attitudes ſont d'un beau choix, naturelles, expreſſives, contraſtées judicieuſement : ſes draperies bien jettées, flattant & marquant le nud avec diſcrétion, ſans y mêler néanmoins l'agréable varieté des étoffes particulieres. Ses expreſſions ſont belles dans tout ce qu'il a voulu repréſenter, & le traité curieux qu'il a compoſé des paſſions de l'ame, avec des Figures démonſtratives, fait voir la grande attention qu'il y avoit apportée. Il ſemble pourtant qu'en cela même, il a trop géneralement ſuivi l'idée qu'il s'en étoit faite, en ſorte qu'elle a dégeneré en habitude & en ce qu'on appelle maniere. Cette habitude eſt belle à la verité : mais faute d'examiner la nature, & de voir qu'elle peut exprimer une même paſſion de differentes façons, & qu'il y en a de particulieres qui ſont vives & piquantes, il a privé ſes ouvrages d'un prix qui non ſeulement leur auroit donné entrée dans les Cabinets des Curieux, mais qui leur y auroit procuré une place conſiderable.

Ce que je dis de cette génerale expreſſion des paſſions de l'ame peut avoir lieu pour le deſſein tant des Figures que des airs de tête que le Brun a repréſentées, car ils ſont preſque toujours les mêmes, quoique d'un très-beau choix : ce qui vient ſans doute, ou d'avoir réduit la nature à l'habitude avoit contractée, ou de n'y avoir pas aſſez conſideré les diverſités dont elle eſt ſuſceptible & dont les productions ſingulieres ne ſont pas moins l'objet du Peintre que les générales.

Le Brun reconnut aſſez dès ſon retour d'Italie, le beſoin qu'il avoit de ſe défaire des teintes ſauvages & triviales dont Vouet ſon maître s'étoit ſervi pour la prompte expédition de ſes ouvrages : il fit ce qu'il pût pour en ſortir, il les rendit plus moderées & plus approchantes de la verité : mais quelque effort qu'il ait fait pour s'en défaire entierement, il a toujours retenu le ſtyle de ſe ſervir de teintes trop générales dans ſes draperies comme dans ſes carnations, & de n'avoir pas eu aſſez d'égard aux reflets qui contribuent beaucoup à la force & à la rondeur des objets, auſſi-bien qu'à l'union & à la verité de l'imitation.

Ses couleurs locales ſont mauvaiſes, & il n'a point fait aſſez d'attention à donner par cette partie le véritable caractere à chaque objet ; ce qui eſt la ſeule cauſe pour laquelle ſes Tableaux ſentent toujours, comme on dit, la palette, & ne font point cette fidelle ſenſation de la nature. Et pour preuve de ce que j'avance ici, il n'y a qu'à mettre un des meilleurs Tableaux de le Brun, auprès de quelque autre des meilleurs de l'Ecole Vénitienne. Cette comparaison est excellente, non seulement en cette occasion, mais en toute autre où il s'agira de juger des couleurs locales.

Cette pratique où étoit le Brun, jointe au peu de soin qu'il a eu d'emploïer les bruns sur le devant de ses Tableaux, & l'opinion où il étoit que les grands clairs ne pouvoient être placés sur le derriere, lui ont fait faire beaucoup d'ouvrages de peu d'effet.

Il n'en a pas usé de même pour l'intelligence du Clair-obscur, & quoiqu'il n'y ait pas fait une attention bien formelle dans ses premiers tems, il en a connu la necessité absolue dans un âge plus avancé, & l'a pratiquée avec succès. Les grands Tableaux qu'il a peints de l'Histoire d'Alexandre en sont des preuves bien sensibles.

Ces dernieres productions, qui sont les meilleures qu'il ait faites en sa vie, sont plus que suffisantes pour faire voir l'étendue de sa capacité & de son génie, & les Estampes qui en ont été gravées avec soin porteront sa gloire par toute la terre.

Le Brun étoit universel par tous les genres de Peintures, à la reserve du paisage. Son Pinceau étoit leger & coulant:

Il joignit une extrême facilité à une extrême exactitude. Enfin, quelque chose qu'on puisse lui reprocher du côté de sa maniere trop ideale, trop peu variée, & trop peu naturelle, il avoit d'ailleurs assez de parties pour tenir un rang considerable parmi les habiles Peintres : & quoique la brigue ait pû dire, ou faire pour obscurcir ses talens, sa mémoire en est déja vengée, & la posterité continuera, sans doute, de rendre la justice qui est due à son mérite.

AVERTISSEMENT.

Madame la Comtesse de Feuquiere, n'ayant pas jugé à propos de fournir un Mémoire touchant la vie & les principaux ouvrages de feu Mr. Pierre Mignard son Pere, Premier Peintre du Roi ; le Libraire a crû faire plaisir au Public d'extraire ce qui suit des Hommes Illustres de Mr. Perrault.

PIERRE MIGNARD.

Pierre Mignard nâquit à Troyes en Champagne au mois de Novembre 1610 son pere passa la plus grande partie de sa vie à la guerre où il reçût plusieurs blessures qui l'obligerent enfin à quitter le service. Il eut deux fils, l'aîné ayant pris le parti de la peinture, il destina à la Médecine le cadet; qui est celui dont je parle. Ce jeune fils avoit une si forte inclination pour la profession de son frere, & tant de génie pour ce bel Art, que lorsqu'il accompagnoit le Médecin qu'on avoit choisi pour l'instruire, il ne s'occupoit qu'à dessiner les attitudes des malades, & de ceux qui les servoient. Il peignit dès lors dans un même Tableau la femme du Médecin, ses enfans & un domestique, avec tant de ressemblance & un si bon goût, quoiqu'il n'eût pas encore douze ans, que les plus habiles auroient pû l'avouer.

Ce premier essai, qui marquoit ce qu'il devoit être un jour, détermina son Pere à lui laisser suivre une profession pour laquelle la nature lui avoit donné de si heureuses dispositions. Le progrès qu'il y fit en très-peu de tems fut tel, que le Marêchal de Vitry ayant vû les ouvrages de ce jeune Peintre, qui n'avoit que quinze ans, le demanda à son Pere pour peindre sa Chapelle de Coubert, où tous ceux qui la virent furent frappés de la beauté de son imagination. Le Maréchal charmé de sa vivacité, l'emmena à Paris, & le mit sous la conduite de Monsieur Vouet premier Peintre du Roi, homme alors d'une grande réputation. Il s'attacha d'abord à imiter son

Maître, & le fit si parfaitement, qu'on ne pouvoit distinguer leurs ouvrages. Mais l'excellence de son génie lui fit bientôt reconnoître ce qu'il y avoit de foible dans Vouet; & dès qu'il eût vû les Tableaux que le Maréchal de Crequy rapporta d'Italie, il forma le dessein d'aller à Rome, où il arriva sous le Pontificat d'Urbain VIII.

Sa premiere application fut de quitter la maniere de Vouet: il chercha de meilleurs modeles dans les Antiques, & dans les Tableaux de Raphaël & du Titien. Le bon goût qu'il prit dans cette étude, mit ses Tableaux en si grande réputation, qu'ils se répandirent bientôt dans la Sicile, dans la Catalogne & dans l'Espagne. Les Italiens mêmes, naturellement jaloux des étrangers & remplis du mérite de leurs Peintres, ne purent s'empêcher de lui rendre justice.

Il alla de Rome à Venise, & fut comblé d'honneurs & de présens par tous les Princes dans les Etats desquels il passa. A Venise il s'attacha particulierement à l'étude du coloris, où il acheva de se perfectionner. Il demeura depuis à Rome vingt-deux ans de suite, pendant lesquels il peignit les papes Urbain VIII. Innocent X. & Alexandre VII. les Cardinaux & les grands Seigneurs souhaiterent tous d'avoir leurs Portraits de sa main. Il continuoit à travailler avec un grand ſuccès, lorſque le Cardinal Mazarin lui envoïa les ordres du Roi & de la Reine Mere pour revenir en France, où il a peint le Roi dix fois, & pluſieurs fois toute la Famille Royale.

Les principaux ouvrages qu'il fit depuis ſon retour en France, ſont la Coupe du Val de Grace, qui eſt le plus grand morceau de peinture à freſque qui ſoit dans l'Europe. Il a peint auſſi à freſque la Chapelle des Fonds de ſaint Euſtache, un Plat-fond dans l'Arſenal, & un autre à l'Hôtel de Longueville qui repréſente une Aurore. Il a peint à Verſailles la petite Gallerie du Roi, & un grand Cabinet de l'Appartement de Monſeigneur. Mais ſon Chef-d'œuvre eſt la Gallerie & le grand Salon de ſaint Cloud qu'il acheva en moins de quatre ans. Il paroît dans ces ouvrages une ſi belle Ordonnance, tant de force & tant de grace, que les Connoiſſeurs qui viennent d'Italie, y trouvent, comme le remarqua d'abord le Cardinal Ranucci, toute la beauté des peintures des Caraches, du Guide & du Dominiquin.

Le Roi pour honorer ſon mérite, lui donna des Lettres de Nobleſſe en 1687. & Monſieur le Brun premier Peintre du Roi, étant mort en 1690. Sa Majeſté lui donna les charges de ſon premier Peintre, de Directeur & Chancelier de son Académie Royale de Peinture & Sculpture, & de Directeur des Manufactures des Gobelins.

Dans le tems qu'il tomba malade de la maladie dont il est mort, il finissoit un Tableau de saint Luc où il s'est peint luimême tenant une palette & des pinceaux. Il y a même un petit bout de tapis qu'il laissa imparfait. Quatre mois auparavant, il avoit achevé un saint Matthieu. On voit dans ces deux derniers Tableaux faits pour le Roi, que l'âge n'avoit rien diminué de la correction de son dessein, de la force & de la legereté de son pinceau, quoiqu'il fût alors dans une extrême vieillesse. Il mourut le trente Mai 1695. âgé de 85. ans.

Il étoit extrêmement gracieux dans ses desseins, dans les attitudes nobles & aisées qu'il donnoit à ses Figures, & dans la fraîcheur agréable de son colotis. Il peignoit également en grand & en petit; ce qui se rencontre rarement dans les plus grands Maîtres. Il a donné aux Sculpteurs plusieurs desseins de Figures, & particulierement de plusieurs Termes qu'on voit à Versailles, & qui ont été travaillés sous sa conduite.

Il étoit fort laborieux, & disoit souvent, qu'*il regardoit les paresseux comme des hommes morts*. Cependant il ne pouvoit suffire à l'empressement des personnes de qualité.

qui desiroient d'avoir leurs Portraits de sa main.

Ses bonnes qualités ne se bornoient pas au talent de sa profession, son esprit, sa douceur, & l'agrément de son commerce lui firent un grand nombre d'amis qui lui furent toujours fort attachés. Son amitié étoit sure, reguliere, tendre & solide : la probité & la droiture lui furent naturelles: Enfin les honnêtes gens trouvoient dans sa conversation autant de charmes, que les Connoisseurs en remarquent dans ses ouvrages. Comme il a travaillé pendant soixante-treize ans, il est mort avec des biens considerables. Il a laissé quatre enfans, trois garçons & une fille pour laquelle il eut une tendresse singuliere qui a toujours été réciproque. Elle a épousé le Comte de Feuquiere.

On a remarqué que lorsqu'il avoit à représenter ou des Vertus ou des Déesses, il les peignoit souvent sous le visage & sous la taille de sa fille ; mais comme c'est une personne d'une rare beauté, on ne doit pas trouver étrange qu'il s'en soit servi pour embellir ses ouvrages.

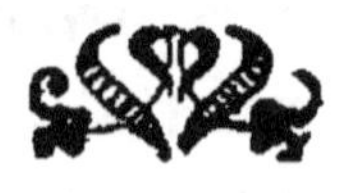

CLAUDE GELE'E,

dit

LE LORRAIN.

LA maniere dont la fortune a tiré ce Peintre de la grande obſcurité où il étoit, pour en faire un homme eſtimé par toute l'Europe, eſt tout-à-fait ſurprenante. Dans ſa jeuneſſe ſes parens l'envoïerent à l'Ecole, mais comme il n'y pouvoit rien apprendre, ils le mirent en apprentiſſage chez un Patiſſier. Il y acheva ſon tems: mais comme ce fut ſans en avoir beaucoup profité, ne ſachant que faire, il ſe mêla parmi des gens de ſa profeſſion qui alloient à Rome, pour tacher comme eux d'y gagner ſa vie. Et comme il ne ſavoit pas la Langue, & qu'il étoit fort groſſier, ne pouvant trouver de pratique, il ſe mit par haſard au ſervice d'Auguſtin Taſſe, pour lui broïer ſes couleurs, pour nettoyer ſa palette & ſes pinceaux, pour penſer ſon cheval, pour faire ſa petite cuiſine, & les autres choſes néceſſaires dans un ménage; car Auguſtin n'avoit que lui ſeul dans ſa maiſon.

Ce Maître, dans l'eſperance de tirer de ſon Valet quelque ſervice dans le plus gros de ses ouvrages, lui apprit peu-à-peu quelques regles de Perspective.

Le Lorrain eut d'abord de la peine à comprendre ces principes de l'Art : mais lorsqu'il eut commencé à recevoir quelque petite rétribution de son travail, le courage lui vint, son esprit s'ouvrit, & il se mit à étudier avec une ferveur opiniâtrée. Il étoit à la campagne depuis le matin jusqu'à la nuit à considerer les effets de la nature, & à les peindre ou dessiner. Sandrart rapporte qu'étant à la campagne avec lui, pour étudier ensemble, le Lorrain lui faisoit remarquer, comme auroit fait un Physicjen, les causes de la diversité d'une même vûe, c'est-à-dire, qui paroît tantôt d'une façon, & tantôt d'une autre pour ce qui regarde les couleurs; ainsi qu'il paroît par la rosée du matin, ou par le serain du soir. Il avoit la mémoire si heureuse, qu'il peignoit avec beaucoup de fidelité, étant retourné chez lui, ce qu'il n'avoit fait que voir avec attention à la campagne. Il étoit si absorbé dans son travail, qu'il ne visitoit presque personne. Son divertissement étoit l'étude de sa profession; & à force de cultiver son Talent, il a fait des Tableaux qui lui ont acquis par le monde une réputation immortelle dans le genre de peinture qu'il a embrassé. On peut conjecturer par-là ce que peut la constance dans le travail contre la pesanteur de l'esprit. Il avoit de la peine à operer, & son ouvrage ne répondant pas à son intention, il étoit quelquefois huit jours à faire & défaire la même chose. Sa touche n'a point de manieres, & il brouilloit souvent par des glacis les arbres qu'il avoit touchés.

Quelque soin qu'il ait pris de dessiner à l'Academie, il n'a jamais pû faire des figures de bon goût pour accompagner ses Païsages. Il est mort à Rome en 1678. extrêmement âgé. Le Pape Innocent X. estimoit tant les ouvrages du Lorrain, que voulant en voir l'auteur, il lui fit dire qu'il lui feroit plaisir de lui faire quelquefois cortége dans ses promenades.

NOEL COYPEL.

NOEL COYPEL, naquit à Paris le deuxiéme Décembre 1629. il étoit fils de Guyon Coypel Cadet de Normandie. Il fut conduit à Orleans par son pere, qui y étant appellé par quelques affaires, le mit sous la discipline du plus habile Peintre de la Ville nommé Poncet, éleve de Vouet.

Ce Peintre étoit fort infirme & incommodé de la goutte; de sorte que ne pouvant vaquer à ses affaires, il y employoit ſon jeune diſciple, en qui il avoit remarqué beaucoup d'eſprit & de jugement : mais comme ces ſortes d'occupations détournoient Coypel de ſon travail, & qu'il avoit un grand amour pour la peinture ; il réparoit par les études qu'il faiſoit la nuit, le tems qu'il perdoit le jour. Ayant atteint l'âge de quatorze ans, il revint à Paris ; & paſſant par la rue de ſaint Honoré, il entra par hazard dans l'Egliſe des Jacobins, où un Peintre nommé Quillerier peignoit la Chapelle de S. Hiacinthe, lequel voyant ce jeune enfant regarder ſon ouvrage avec attention, lui demanda s'il apprenoit à peindre; le jeune enfant lui répondit qu'oüi ; que s'il vouloit lui faire peindre quelque choſe, il connoîtroit le peu qu'il ſavoit faire : Quillerier y conſentit, & ayant été ſurpris de ſon ouvrage, il continua de le faire travailler pendant quelque tems.

Il ſe fit enſuite connoître à Charles Errard, qui pour lors entreprenoit toutes les peintures qui ſe faiſoient pour le Roi ſous les ordres de M. de Ratabon, Surintendant des Bâtimens de ſa Majeſté. Et comme Errard faiſoit donner à ce jeune homme une paye auſſi forte qu'aux plus habiles qui travailloient conjointement avec lui, M. de Ratabon s'en étonna ; & en aïant demandé la raiſon, Errard lui répondit, qu'il ne falloit pas payer ſelon l'âge, mais ſelon le merite.

Coypel n'a preſque pas ceſſé depuis ce tems-là de travailler pour le Roi.

En l'année 1660. il épouſa Magdeléne Herault, fille d'Antoine Herault Peintre, qui paſſoit pour lors pour un des plus grands Connoiſſeurs en beaux Tableaux, & qui en faiſoit negoce. Alors le merite de Coypel fut connu des Curieux les plus conſiderables. Il fit les Portraits de Mylord Lokard, Ambaſſadeur d'Angleterre, & de ſa famille, dans un même Tableau, qui fut fort eſtimé des Connoiſſeurs.

Magdeléne Herault peignoit auſſi, & copioit dans la derniere perfection. Il eſt reſté entre les mains de ſa famille pluſieurs belles copies d'après Raphaël, & de pluſieurs autres grands maîtres, faites de ſa main. Elle étoit d'une vertu & d'une pieté qui la mettoit encore audeſſus de ſes talents.

En 1661. il acheva un Tableau où il repreſenta ſaint Jacques le Majeur, qui marchant à la mort, convertit en ſon chemin un Gentil, qui l'embraſſe. Ce Tableau fut expoſé le premier jour de Mai à la grande porte de l'Egliſe de Paris avec un applaudiſſement univerſel, & paſſe encore aujourd'hui pour un des plus beaux qui ſoient dans cette Egliſe.

Il fit dans ces tems-là plusieurs Tableaux pour le Roi dans le vieux Louvre, & le Plat-fonds de la Salle des Machines des Thuileries. Il peignit ensuite plusieurs grands Tableaux pour le Parlement de Bretagne à Rennes qui furent fort estimés, & le sont encore aujourd'hui des Connoisseurs.

Peu de tems après il peignit pour le Roi, avec beaucoup de succès, le Plat-fonds d'un grand Salon qui étoit alors à Versailles ; mais qui malheureusement a été abattu par les changemens que l'on a faits dans le Bâtiment de ce superbe Château.

Ensuite, il donna à l'Academie Royale de Peinture & de Sculpture, où il avoit été reçû, un Tableau representant Caïn & Abel. Peu de tems après, il fut élu Professeur de la même Académie.

Dans ce même tems, il peignit le grand Cabinet du Roi au Palais Royal. On voit dans le Plat-fonds des Figures d'une correction de dessein, que l'on admireroit dans des Tableaux anciens.

Il fut ensuite choisi par M. Colbert, Ministre, Secretaire d'Etat, & Sur-intendant des Bâtimens du Roi, pour peindre l'Appartement de Sa Majesté aux Thuileries. Tout y fut orné sous sa conduite, & sur ses desseins ; & il y a plusieurs beaux Tableaux de sa main, tant aux Plat-fonds de cet Appartement, que dans les Lambris, & au dessus des cheminées. Il y a aussi dans le petit Oratoire une Nativité de sa main, d'une grande beauté.

Il fit ensuite plusieurs beaux Tableaux aux Plat-fonds des petits Appartemens du haut du Château de Versailles, & en fit faire les ornemens sur ses desseins. Ils ont été abattus par les changemens qui se sont faits dans le Bâtiment.

En 1672. le Roi lui donna un appartement aux Galleries du Louvre ; & en même tems, voulant qu'il vît l'Italie, le choisit pour directeur de son Academie de Peinture, Sculpture, & Architecture, que sa Majesté a établie à Rome ; & M. Colbert qui l'honoroit de sa protection, lui conseilla de mener avec lui en ce voyage son fils, qui pour lors étoit en seconde au College d'Harcourt où il faisoit ses études, & qui cependant n'avoit pas laissé de dessiner les jours de congé à l'Academie, & d'y remporter plusieurs petits prix de dessein.

Noël Coypel partit pour Rome vers la fin de l'année 1672. & mena avec lui Antoine Coypel son fils unique, âgé pour lors d'onze ans. Il y mena aussi son beau frere Charles Herault, Peintre de l'Academie pour le païsage, & Charles Poerion son cousin & son disciple qu'il avoit élevé chez lui dès sa plus grande jeunesse. Plusieurs autres Pensionnaires du Roi Peintres, Sculpteurs, & Architectes, partirent avec lui, & sous sa conduite. Il arriva à Rome, & prit possession du Directorat à la place de Charles Errard, qui revint en France. Peu de tems après Antoine Coypel son fils ayant remporté un prix à l'Academie de saint Luc pour un dessein d'invention, & n'ayant alors que douze ans & demi, il fut honoré de la pension du Roi.

Noël Coypel donna un nouveau lustre à l'Academie de France. Il loua un grand & magnifique Palais pour la loger; & ayant fait mouler les plus belles Statues de Rome, il en orna un grand salon. Et outre l'Academie du modele, il en établit une autre dans ce salon pour dessigner d'après l'Antique; & pour encourager les Etudians à ce noble exercice, il y dessinoit lui-même les soirs pour leur servir d'exemple. Il fit mettre les armes de France sur la porte du Palais de l'Academie, & célebrer le jour où elles furent posées par un festin, des concerts de musique, & un feu d'artifice. Enfin il n'épargna dans sa fonction ni soins ni dépense pour faire honneur à sa nation, ce qui lui fit mériter dans Rome l'estime & l'amitié de tout le monde; tant par le caractere de son esprit & de ses mœurs, que par sa grande capacité. Car il peignit à Rome les Tableaux destinés pour le Cabinet du Conseil du Roi à Versailles, & qui par les changemens qui se sont faits en bâtissant la grande Gallerie, se trouvent à présent placés dans l'Appartement de la Reine. Ces Tableaux furent exposés dans Rome à une fête qui se fit à la Rotonde, & reçurent un applaudissement géneral, ce qui fit beaucoup d'honneur à la Nation Françoise. Il fut honoré de l'amitié de M. le Duc d'Estrées, alors Ambassadeur de France à Rome : de M. le Cardinal son frere, & des plus grands Seigneurs du païs. Il fut étroitement lié d'amitié avec le Cavalier Bernin, & le Cavalier Carlo-Maratti. On le voulut faire Prince de l'Académie de S. Luc ; mais quelques raisons particulieres l'empêcherent d'accepter cet honneur. Enfin après avoir rempli sa carriere dans Rome pendant trois années avec distinction, il revint en France avec son fils, où il fut reçû de M. Colbert avec des marques de bonté infinies. Il y continua les ouvrages qu'il avoit commencés pour le Roi.

Quelques années après, il fit deux pertes qui changerent beaucoup sa situation. Magdelène Herault sa femme mourut ; & presqu'en même tems il pleura avec toute la

France le Protecteur des Arts & le sien ; c'est-à-dire, M. Colbert. M. de Louvois devint Sur-intendant des Bâtimens, & le chargea de plusieurs desseins de Tapisseries pour la Manufacture des Gobelins ; & dans le même tems, il se remaria en secondes nôces avec Anne Perrin. Il continua toujours à travailler pour le Roi, & fut élû Recteur de l'Académie de Peinture : mais plus appliqué à son Art & à sa famille, qui devint fort nombreuse, qu'à faire sa Cour, il éprouva longtems que la fortune ne vient guere chercher les personnes qui ne vont pas au-devant d'elle. La force du mérite cependant l'emportant toujours, & rien n'échapant à la justice du grand Roi sous lequel nous avons le bonheur de vivre, sa Majesté lui fit l'honneur de lui donner une pension de mille écus, & de le nommer Directeur de l'Académie de Peinture après la mort de Pierre Mignard, que Sa Majesté avoit nommé de même quand Charles le Brun mourut. M. de Villa-Cerf, alors Sur-intendant des Bâtimens, l'honoroit de sa bienveillance, & le regardoit avec une grande distinction pour la solidité de son esprit & pour sa probité. Mais M. de Villa-Cerf s'étant demis de la charge de Sur-intendant des Bâtimens, & n'ayant pas vécu longtems après, Noël Coypel ressentit cette derniere perte avec la plus vive douleur. Quelques années après il ne laissa pas de faire pour l'Eglise des Invalides deux grands morceaux à fresque qui sont au-dessus de l'Autel ; & qui représentent, l'un l'Assomption de la Vierge, & l'autre son Couronnement. Mais alors âgé de soixante-dix-huit ans, les grandes fatigues d'un si pénible ouvrage, jointes à quelques déplaisirs particuliers lui causerent une longue maladie, dont il mourut le vingt-quatre Décembre 1707. âgé de soixante-dix-neuf ans, la veille de Noël, jour même de sa naissance.

Il a laissé après lui Antoine Coypel son fils, assez connu par la réputation que lui ont acquise ses grands ouvrages, dont plusieurs sont gravés. C'est lui encore qui a peint la Gallerie du Palais Royal, la voute de la Chapelle de Versailles ; & fait les desseins, sur lesquels on a gravé en creux & en taille-douce l'Histoire du Roi en médailles. On en diroit davantage, s'il n'étoit pas vivant. Ce qu'on peut ajoûter, sans blesser sa modestie, c'est que son mérite l'a fait choisir Directeur de l'Académie au mois de Juillet de l'année 1714. choix que Sa Majesté a approuvé avec éloge.

MADAME LE HAY.

ELizabeth Sophie Chéron, épouse de M. le Hay, naquit à Paris le troisiéme d'Octobre de l'année 1648. Son pere qui étoit de Meaux, avoit de la réputation parmi les Peintres de Portraits : il étoit Calviniste, mais Marie le Fevre sa mere étoit Catholique. Mademoiselle Chéron fit de si grands progrès dans la Peinture, qu'à l'âge de quatorze ans elle étoit déja célebre: & ce fut à cet âge que sa mere la mena à l'Abbaye de Jouarre pour y peindre l'Abbesse & des Pensionnaires illustres qui y étoient pour lors. Ce voïage fut la cause de sa conversion ; car au retour de Jouarre elle se fit Catholique. C'étoit une personne pleine de mérite, soit du côté des vertus, soit par les talens. Son respect & ses égards pour sa mere, sa fidelité pour ses amis, sa sensibilité pour les pauvres, & surtout son attachement véritable à la religion Catholique ; tout cela distinguoit encore plus Mademoiselle Chéron, que son habileté dans la Musique, dans la Poësie & dans la Peinture. Nous avons d'elle un recueil de Poësies où sa piété & son génie paroissent également : & si l'on vouloit donner au public tout ce qu'elle a fait depuis, on auroit dequoi beaucoup augmenter ce Recueil; mais nous ne parlons ici que de ſon mérite de Peinture. Elle réuſſiſſoit parfaitement bien ſurtout à peindre les femmes, mais elle ne ſe bornoit pas à faire des Portraits, elle a fait voir dans des Tableaux d'Hiſtoires un grand goût de deſſein, & une grande intelligence du Clair-obſcur. Mais peut-être rien ne prouve-t-il tant ſon ſavoir que la maniere dont elle a deſſiné en grand pluſieurs cachets antiques, qui contiennent en petit de grandes compoſitions; & dont la plûpart gravées ſur ſes deſſeins par d'habiles maîtres, ſont dans les cabinets des curieux. M. le Hay nous fait eſperer le reſte. On peut voir auſſi des têtes antiques de ſa main, deſſinées avec une purete de contour & une élégance admirable. Du reſte elle avoit embraſſé toutes les manieres de peindre, & elle réuſſiſſoit également bien en huile, en miniature & en émail. Elle gravoit même & de bon goût.

Ses talens pour la Poëſie lui mériterent une place dans l'Académie des *Ricovrati* de Padoue, qui lui en envoïa les Patentes en 1699. dans leſquelles l'Académie lui donne le ſurnom d'*Erato*. Son mérite de Peinture l'avoit déja fait recevoir dans l'Académie que le Roi a fondée à Paris pour les Peintres & pour les Sculpteurs. Voici l'Extrait des Registres de ce célebre Corps: *Du onzième jour de Juin 1672. l'Académie extraordinairement assemblée, M. le Brun a présenté deux Tableaux de Portraits, faits par Damoiselle Elizabeth Chéron, lesquels ont tellement satisfait la Compagnie, qu'elle a estimé cet ouvrage très-rare, excedant même la force ordinaire de son sexe, & a résolu de lui donner la qualité d'Académicienne; & pour cet effet, a ordonné de lui expedier les Lettres nécessaires.* Qu'auroit dit l'Académie si elle avoit eu à juger du mérite de Mademoiselle Chéron, par les ouvrages qui sont depuis sortis de ses mains?

Elle mourut le 3. de Septembre 1711. avec tous les sentimens de pieté qu'on pouvoit attendre d'une personne, qui comptoit pour rien tous les talens de l'esprit au prix des vertus Chrétiennes.

Elle a laissé deux illustres Eleves, Anne & Ursule de la Croix, niéces de son mari M. le Hay.

Il n'y a que peu de tems qu'on a reçû de Rome l'Article suivant; on le donne ici en François, tel qu'il est en Italien.

CARLO MARATTI.

CARLO MARATTI étoit originaire d'Illyrie: car du tems de Soliman sa famille vint s'établir à Camerano dans la Marche d'Ancone. Ce fut là qu'il naquit en l'année 1625. Il fit voir dès son enfance un naturel très-heureux pour la peinture, & étant venu à Rome chez André Sacchi célebre Peintre & disciple de l'Albane, il s'y arrêta à la grande satisfaction de son maître, qui par les dispositions & l'intelligence du jeune éleve, prévoyoit & disoit à tout le monde qu'il seroit plus grand Peintre que lui. Il s'attacha fort aux ouvrages de Raphaël, des Caraches & du Guide; & de ces trois manieres il s'en fit une propre, par laquelle il parvint bientôt à un haut dégré d'estime & de réputation, non seulement dans Rome & dans l'Italie, mais dans toute l'Europe. On a une infinité de ses Tableaux grands & petits, tous peints avec une extrême soin. On voit entr'autres de sa main plusieurs têtes de la sainte Vierge, qui lui ont fait beaucoup d'honneur. Il commença les peintures du Palais Altieri, mais il ne les a pas achevées, ce qui lui causa beaucoup de déplaisir; parce qu'il s'étoit proposé de faire voir dans ce Palais toute l'étendue de son savoir. On faisoit un si grand cas de ses ouvrages, qu'on lui a donné jusqu'à six cens écus pour une demi-Figure, & trois mille écus pour un Tableau d'Autel. Il étoit en grande considération auprès de plusieurs Princes de l'Europe, auprès des Papes, & sur-tout de Clement XI. aujourd'hui regnant qui le fit Chevalier dans le Capitole, en presence du Sacré College, & qui pendant le cours de sa vie & à la mort l'a comblé d'honneurs. Carlo Maratti mourut le 15. de Novembre de l'année 1713. âgé de quatre-vingt-huit ans & sept mois. Il est enterré dans un magnifique Tombeau qu'il s'étoit préparé pendant sa vie, dans l'Eglise des Chartreux de Rome. On lui a érigé à Camerano, lieu de sa naissance, un superbe monument avec l'inscription suivante.

CAROLO MARATTI

Ex Illyria oriundo, Camerani orto,
Viro toto Orbe celeberrimo:
Quem ob singularem ejus virtutem
Clemens XI. Pontifex Max. bonarum
Artium Restitutor,
In Capitolio adstante Sacro Cardinalium
Senatu,
Equestri Cruce insignivit:
Et anteà Alex. VII. Clem. IX. Innoc. XI.
& XII. summi Pontifices
Ludovicus XIV. Galliarum, Joannes III.
Poloniæ Reges.
Christina Alexandra Suecorum
Regina

Quam plurimis honoribus, & muneribus decorarunt:
Romæ in Templo ad Diocletiani Thermas, tumulo magnificè extructo
Resurrectionem expectaturo
Cives Cameranenses Civi Optimo, & illustri
Exiguum hoc non exigui amoris documentum
Posuere
Ne tanto Viro
Cujus memoria nulla fere Europæ Civitas caret
In Natali Loco monumento deesset.
Vivebat Anno salutis M. DCC. XII.

AVERTISSEMENT.

Le second Article de M. de la Hire & les quatre derniers Articles, ont été ajoûtés dans cette Edition à l'ouvrage de M. de Piles.

DU GOUT,

Et de sa diversité, par rapport aux differentes Nations.

APrès avoir parlé des Peintres de differens endroits de l'Europe, j'ai crû qu'il ne seroit pas hors de propos de dire ici quelque chose des differens goûts des Nations. On a parlé du grand goût dans son lieu, & l'on a fait voir qu'il devoit se trouver dans un ouvrage accompli, comme dans sa fin, & dans un Peintre parfait, comme dans sa source. Mais il y a dans les hommes un goût general, qui est susceptible de pureté & de corruption, & qui devient particulier selon l'usage que l'on fait des choses particulieres. Je tâcherai d'expliquer ici la maniere dont il se détermine, & dont il se forme.

On peut, ce me semble, raisonner du goût de l'esprit, comme du goût du corps.

Il y a quatre choses à considerer dans le Goût du corps.

1. L'Organe.
2. Les choses qui se mangent, ou qui sont goûtées.
3. La Sensation qu'elles causent.
4. L'Habitude que cette même Sensa-

tion réïterée produit dans l'organe.

Il y a de même quatre choses à considerer dans le goût de l'esprit.

1. L'Esprit qui goûte.
2. Les choses qui sont goûtées.
3. L'Application de ces choses à l'esprit, ou le jugement que l'esprit en porte.
4. L'Habitude qui se fait de plusieurs jugemens réïterés, de laquelle il se forme une idée qui s'attache à notre esprit.

De ces quatre choses, l'on peut inferer :

Que l'esprit peut être appellé goût, en tant qu'il est consideré comme l'organe :

Que les choses peuvent être appellées de bon ou de mauvais goût, à mesure qu'elles contiennent, ou qu'elles s'éloignent des beautés que l'art, le bon sens, & l'approbation de plusieurs siecles ont établies.

Que le jugement que l'esprit fait d'abord de son objet, est un premier goût naturel, qui, dans la suite peut se perfectionner, ou se corrompre, selon la trempe de l'esprit & la qualité des objets qui se presentent.

Et enfin, Que ce jugement réïteré produit une habitude, & cette habitude une idée fixe & déterminée, qui nous donne un penchant continuel pour les choses qui ont attiré notre approbation, & qui sont de notre choix.

C'est ainsi que se forme, peu-à-peu dans l'esprit de chaque particulier, ce que nous appellons plus ordinairement goût dans la Peinture. Du reste, quoique tous les goûts ne soient pas bons, chacun est persuadé que le sien est le meilleur. C'est pourquoi l'on peut définir le goût, *l'Idée habituelle d'une chose, conçûe comme la meilleure dans son genre.*

Il y a trois sortes de goûts dans la Peinture, le goût naturel, le goût artificiel, & le goût de nation

Le goût NATUREL, est l'idée qui se forme dans notre imagination à la vûe de la simple nature. Il paroît que les Allemands & les Flamands sont rarement sortis de cette idée, & la commune opinion est que le Correge n'en a point eu d'autre. Ce qui fait toute la difference de celui-ci à ceux-là, c'est que les idées sont comme les liqueurs qui prennent la forme des Vases où elles sont reçûes; & qu'ainsi le goût naturel peut être bas ou élevé selon les talens des particuliers, & selon le choix qu'ils sont capables de faire des objets de la nature.

Le Goût ARTIFICIEL, est une idée qui se forme par la vûe des ouvrages d'autrui, & par la confiance que nous avons aux conseils de nos Maîtres; en un mot, par l'éducation.

Et le goût de NATION, est une idée que les ouvrages qui se font ou qui se voient en un païs, forment dans l'esprit de ceux qui les habitent. Les differens goûts de nations se peuvent réduire à six, le goût Romain, le goût Venitien, le goût Lombard, le goût Allemand, le goût Flamand, & le goût François.

Le goût ROMAIN, est une idée des ouvrages qui se trouvent dans Rome. Or il est certain que les ouvrages les plus estimés qui soient dans Rome, sont ceux que nous appellons Antiques & les ouvrages Modernes qui les ont imités, soit en Sculpture, soit en Peinture. Toutes ces choses consistent principalement dans une source inépuisable de beautés du dessein, dans un beau choix d'Atitude, dans la finesse des expressions, dans un bel ordre de Plis, & dans un style élevé où les Anciens ont porté la Nature, & après eux les Modernes depuis près de deux siecles. Ainsi ce n'est pas merveille si le Goût Romain étant extrémement occupé de toutes ces parties, le coloris qui ne vient que le dernier, n'y trouve plus de place. L'esprit de l'homme est trop borné, & la vie est trop courte pour approfondir toutes les parties de la Peinture, & les posseder parfaitement toutes à la fois; sur-tout dans un tems où les principes de cet Art ne sont encore ni bien établis, ni bien connus. Ce n'est pas que les Romains méprisent le Coloris, car ils ne peuvent mepriser une chose dont ils n'ont jamais eu une idée bien juste ; mais étant prévenus d'autres parties où ils tâchent de se perfectionner, & n'ayant pas le tems de s'appliquer à connoître le Coloris, ils ne l'estiment pas tout ce qu'il vaut.

Le Goût VENITIEN, est opposé au Goût Romain, en ce que celùi-ci a un peu trop negligé ce qui dépend du Coloris, & celui-là ce qui dépend du dessein. Comme il y a très-peu d'Antiques à Venise, & très-peu d'ouvrages du goût Romain, les Venitiens se sont attachés à exprimer le beau naturel de leur païs. Ils ont caracterisé les objets par comparaison, non seulement en faisant valoir la veritable couleur d'une chose, par la veritable couleur d'une autre ; mais en choisissant dans cette opposition une vigueur harmonieuse de couleurs, & tout ce qui peut rendre leurs ouvrages plus palpables, plus vrais, & plus surprenans.

Le Goût LOMBARD, consiste dans un dessein coulant, nourri, moëleux, & mêlé d'un peu d'Antique & d'un bien naturel choisi, avec des couleurs fondues, fort approchantes du naturel, & employées d'un pinceau leger. Le Corrége est le meilleur exemple de ce Goût, & les Carraches qui ont tâché de l'imiter, ont été plus corrects que lui dans le dessein, mais inferieurs à lui dans le Goût de ce même Dessein, dans la Grace, dans la Delicatesse, & dans la fonte des Couleurs. Annibal dans le séjour qu'il fit à Rome prit tellement le Goût Romain, que je ne compte pour Lombards que les ouvrages qui ont précedé celui de la Gallerie Farnese.

Je ne mets pas non plus au nombre des Peintres Lombards ceux qui étant nés en Lombardie ont suivi ou l'Ecole Romaine, ou l'Ecole Venitienne : parce que j'ai plus d'égard en cela à la maniere que l'on a pratiquée qu'au lieu où l'on a pris naissance. Les Peintres & les Curieux qui ont mis par exemple dans l'Ecole de Lombardie, le vieux Palme, le Moretto, Lorenzo Lotto, le Moron, & plusieurs autres bons Peintres Lombards, du païs de Bresse & de Bergame, nous ont jettés insensiblement dans la confusion, & ont fait croire à plusieurs que l'Ecole Lombarde & l'Ecole Venitienne étoient la même chose ; parce que les Lombards dont je viens de parler, ont entierement suivi la maniere du Giorgion & du Titien. J'ai moi-même parlé autrefois selon cette idée confuse, parce que la plûpart de nos Peintres François en parloient ainsi; mais la raison & les Auteurs Italiens qui ont traité ces matieres m'ont remis dans le bon chemin.

Le Goût ALLEMAND, est celui qu'on appelle ordinairement Goût Gotique. C'est une idée de la nature comme elle se voit ordinairement avec ses défauts, & non comme elle pourroit être dans sa pureté. Les Allemands l'ont imitée sans choix, & ont seulement vétu leurs Figures de longues draperies dont les plis sont secs & cassés. Ils se sont plus arrêtés à finir leurs objets qu'à les bien disposer, les expressions de leurs Figures sont ordinairement insipides, leur dessein sec, leur couleur passable, & leur travail fort péné. Il y a eu néanmoins parmi les Allemands des Peintres qui meritent d'être distingués, & qui ont été en certaines parties comparables auxplus habiles d'Italie.

Le Goût FLAMAND, ne differe de l'Allemand que par une plus grande union de couleurs bien choisies, par un excellent Clair-obscur, & par un pinceau plus moëleux. J'excepte des Flamands ordinaires, trois ou quatre Flamands, disciples de Raphaël, qui rapporterent d'Italie la maniere de leur Maître, dans le dessein & dans le Coloris. J'en excepte encore Rubens &

Vandeik, qui ont regardé la nature par des yeux penetrans, & qui ont porté ses effets dans une élevation peu commune; quoiqu'ils aient retenu quelque chose du naturel de leur païs dans le Goût du dessein.

Le Goût FRANÇOIS a été toûjours si partagé, qu'il est difficile d'en donner une idée bien juste: car il paroît que les Peintres de cette Nation ont été dans leurs ouvrages assez differens les uns des autres. Dans le séjour qu'ils ont fait en Italie, les uns se sont contentés d'étudier à Rome & en ont pris le Goût: D'autres se sont arrêtés plus longtems à Venise, & en sont revenus avec une inclination particuliere pour les ouvrages de ce païs-là, & quelques-uns ont mis toute leur industrie à imiter la nature telle qu'ils la croient voir. Parmi les plus habiles Peintres François qui sont morts depuis quelques années *, il y en a qui ont suivi le Goût de l'Adrique, & d'autres celui d'Annibal Carrache pour le Dessein, & les uns & les autres ont eu un Coloris assez trivial: mais ils ont d'ailleurs tant de belles parties, & ils ont traité leurs sujets aeec tant d'élevation, que leurs Ouvrages serviront toûjours d'ornemens à la France, & seront admirés de la posterité.

* Le Poussin & le Brun.

FIN.

NOMS DES PEINTRES dont il est parlé dans ce Volume.

A.

B.

D.

E.

F.

G.

H.

J.

K.

L.

M.

Sebaſtien

Aa

Fin des Noms des Peintres contenus en ce Volume.

APPROBATION.

J'AY lû par l'ordre de Monſeigneur le Chancelier, ce Livre, intitulé, *Abregé de la Vie des Peintres, avec des reflexions ſur leurs Ouvrages, & un Traité du Peintre parfait; De la connoiſſance des deſſeins, & de l'utilité des Eſtampes* : & j'ay crû que cette Edition, où l'Auteur a mis la derniere main, & où l'on a pris ſoin de faire quelques additions, ſeroit plus agréable encore & plus utile au Public que toutes les Editions précedentes. Fait à Paris ce dixiéme de Fevrier 1715.

Signé, FRAGUIER.

PRIVILEGE DU ROY.

LOUIS, par la grace de Dieu, Roy de France & de Navarre : A nos amez & feaux Conſeillers, Maîtres des Requêtes ordinaires de notre Hôtel, Grand Conſeil, Prevôt de Paris, Baillifs, Sénéchaux, leurs Lieutenans Civils, & autres nos Juſticiers qu'il appartiendra, SALUT. Nôtre amé JACQUES ESTIENNE, Libraire à Paris, Nous ayant fait remontrer qu'il ſouhaiteroit faire imprimer un *Abregé de la Vie des Peintres, avec des Reflexions ſur leurs ouvrages* ; Et un *Cours de Peinture par principes, composé par le ſieur de Piles* ; s'il Nous plaiſoit lui accorder nos Lettres de Privilege ſur ce néceſſaires : Nous lui avons permis & permettons par ces Preſentes de faire imprimer ledit Livre, en telle forme, marge, caractere, conjointement ou ſeparément, & autant de fois que bon lui ſemblera ; & de le vendre, faire vendre & débiter par tout notre Royaume, pendant le tems de *dix années* conſécutives, à compter du jour de la datte deſdites Préſentes. Faiſons défenſes à toutes ſortes de perſonnes, de quelque qualité & condition qu'elles ſoient, d'en introduire d'impreſſion étrangere dans aucun lieu de notre obéïſſance ; & à tous Imprimeurs-Libraires, & autres, d'imprimer, faire imprimer, vendre, faire vendre, débiter ni contrefeire ledit Livre, en tout ni en partie, ni d'en faire aucuns Extraits, ſans la permiſſion expreſſe & par écrit dudit Expoſant, ou de ceux qui auront droit de lui, à peine de confiſcation des Exemplaires contrefaits, & de quinze cens livres d'amende contre chacun des Contrevenans ; dont un tiers à Nous, un tiers à l'Hôtel-Dieu de Paris, l'autre tiers audit Expoſant, & de tous dépens, dommages & interêts : à la charge que ces Préſentes ſeront enregiſtrées tout au long sur le Registre de la Communauté des Imprimeurs & Libraires de Paris, & ce dans trois mois de la date d'icelles; que l'Impression dudit Livre sera faite dans nôtre Royaume, & non ailleurs, en bon papier, & en beaux caracteres, conformément aux Reglemens de la Librairie; & qu'avant que de l'exposer en vente, il en sera mis deux Exemplaires dans notre Bibliotheque publique, un dans celle de notre Château du Louvre, & un dans celle de notre très-cher & feal Chevalier, Chancelier de France, le sieur Voysin, Commandeur de nos ordres: le tout à peine de nullité des Presentes, du contenu desquelles, Vous mandons & enjoignons de faire joüir l'Exposant, ou ses Ayans cause, pleinement & paisiblement, sans souffrir qu'il leur soit fait aucun trouble ou empêchement. Voulons que la copie desdites Presentes, qui sera imprimée au commencement ou à la fin dudit Livre, soit tenuë pour dûëment signifiée, & qu'aux Copies collationnées par l'un de nos amez & feaux Conseillers & Secretaires, foy soit ajoûtée comme à l'Original. Commandons au premier notre Huissier ou Sergent, de faire pour l'exécution d'icelles tous actes requis & necessaires, sans demander autre permission: Et nonobstant clameur de haro, Charte Normande, & Lettres à ce contraires; car tel est notre plaisir. Donné à Versailles le 20 jour du mois de Mars, l'an de grace 1715, & de notre Regne le soixante-douziéme. Par le Roy, en son Conseil. FOUQUET.

Registré sur le Registre, num. 3. de la Communauté des Libraires & Imprimeurs de Paris, page 924. *num.* 1172. *conformement aux Reglemens, & notamment à l'Arrêt du Conseil du* 13 *Août* 1703. *A Paris le* 29 *Mars* 1715. *Signé* ROBUSTEL, *Syndic.*

CATALOGUE

Des Livres nouvellement imprimés à Paris chez Jacques Estienne, *Libraire, ruë Saint Jacques, à la Vertu.*

TRAITES sur la Priere publique, & sur les Dispositions pour offrir les Saints Mysteres, & pour y participer avec fruit, *in douze*, grand papier; septiéme Edition, 2. l.

—— le même, *in douze*, petit papier. 1. l. 15 f.

—— le même, *in dix-huit*, grand papier, 1. l. 10.

—— le même, *in dix-huit*, petit papier, 1. l.

Lettres sur divers sujets de Morale & de Piété, *par l'Auteur du Traité de la Priere publique*, troisiéme Edition, *in douze*, grand papier, 1. l. 15. f.

—— le même, *in douze*, petit papier, 1 l. 10 f.

—— le même, *in dix-huit*, grand papier, Quatriéme Edition, 1 l. 5 f.

—— le même, *in dix-huit*, petit papier, 1 l.

Sentimens qu'il faut inspirer à ceux qui s'engagent dans la profession Religieuse, *in douze*, 1 l. 10 f.

—— Methode & Pratique des principaux Exercices de Piété, par le même, *in douze*, seconde Edition augmentée de plusieurs Exercices pour la Confession & Communion. 1 l.

Conduite spirituelle pour les Novices, par le même, *in douze*, 2 l. 5 f.

Méditations sur les plus importantes Veritez Chrêtiennes, & sur les principaux Devoirs de la Vie Religieuse, pour les Retraites de ceux qui ont embrassé cet état. Nouvelle Edition, revûë & corrigée par l'Auteur, *in douze*, 2 l.

Exhortations aux malades & aux mourans, avec des considerations sur les Devoirs des personnes qui sont engagées par leur état à servir les malades dans les Hôpitaux, *in douze*, 1 l. 10 f.

Recueil de tous les Mandemens & Lettres Pastorales de M. Flechier, Evêque de Nismes, sur divers sujets; avec son Oraison funebre, *in douze*, 2 l.

—— Oeuvres mêlées, du même; contenant ses Discours, Complimens, Harangues, Poësies Latines & Françoises, &c. *in douze*, 2 l. 5 s.

—— Lettres choisies, du même, sur divers sujets; avec une Relation des Fanatiques, & des Réflexions sur les mœurs du siécle, *in douze*, 2 vol. 4 l. 10 s.

La Vie de Sainte Therese, tirée des Auteurs originaux Espagnols & des Historiens contemporains; avec un choix de ses plus belles Lettres, pour servir d'eclaircissement à l'Histoire de sa Vie, par M DE VILLEFORE, *in quarto*, 6 l.

Conferences Ecclesiastiques de Paris, où l'on concilie la Discipline de l'Eglise avec la Jurisprudence du Royaume *sur le Mariage*, & où l'on a ajouté les passages de l'Ecriture, des Conciles, des Peres, des Jurisconsultes; les Uz & Coûtumes de chaque Diocese, &c. Ouvrage non seulement nécessaire à tous Prêtres, Curez, Directeurs, Confesseurs, Avocats, &c. mais encore très-utile a toutes les personnes qui sont engagées dans l'etat du mariage, ou qui veulent s'y engager. Imprimées par l'ordre de Son Eminence Monseignur LE CARDINAL DE NOAILLES Archevêque de Paris, *seconde Edition*, revûë, corrigée & augmentée, & mise dans un meilleur ordre que la premiere, *in douze*, 5 vol 12 l 10 s.

La Bibliotheque des Prédicateurs, qui contient les principaux sujets de la Morale Chrêtienne, mis par ordre alphabetique, & dont chaque sujet contient six Paragraphes, *in quarto*, 8 vol. 56 l.

—— Suite du même sur les Mysteres de Nôtre-Seigneur J C. & de la Sainte Vierge, *in quarto*, 3 vol. *sous la presse*.

Sacrifice perpetuel de Foi & d'Amour au Très-Saint Sacrement de l'Autel, par le R. P. GOURDAN, Chanoine Regulier de S. Victor, *in douze*, 2 l.

Histoire des premiers Solitaires d'Egypte; *ou* Lettres pour & contre, sur la fameuse question: Si les Solitaires appellez Thérapeutes, dont a parlé Philon le Juif, étoient Chrétiens; Pour servir d'éclaircissement à un Livre nouvellement imprimé, intitulé, *Philon, de la Vie contemplative*, in douze, 1 l. 10 s.

Instructions sur divers sujets de Morale pour l'éducation Chrétienne des Filles. *in douze*, 2 l.

Sermons sur tous les Mysteres de Nôtre Seigneur J. C. & de la S. Vierge, par M. l'Abbé DU JARRY, *in douze*, 2 vol.

—— Panegyriques & Oraisons funebres, *in douze* 2 vol. par le même.

} 8 l.

Explication du Cantique des Cantiques, par M. HAMON ; revûë & corrigée sur le manuscrit, par M. NICOLLE, *in douze*, 4 vol. 8 l.

Les Bucoliques de Virgile traduites en François, avec le Latin correct à côté, des Notes historiques & critiques, *in douze*, 1 l. 10 s.

Les Fables de Phedre traduites en vers François, avec le Latin à côté, & de courtes Notes critiques, *in douze*, 1 l. 10 s.

Cours de Peinture par principes, par M. DE PILLES ; *in douze*, 2 l.

—— Abregé de la Vie des Peintres, avec des Réflexions sur leurs Ouvrages, & un Traité du Peintre parfait, de la connoissance des Desseins, & de l'utilité des Estampes, par M. DE PILLES, *Seconde Edition*, augmentée considerablement par l'Auteur ; avec un Abregé de sa Vie, *in douze*, 2 l. 10 s.

Instructions en Vers mis en air pour les Religieuses, par le R. P. GUIBERT P. D L. seconde Edition, augmentée de plusieurs Instructions, *Brochure in douze*, 8 s.

La Morale Chrétienne, par feu Messire ANTOINE GODEAU Evêque de Vence, à l'usage des Curez, &c. *in douze*, 3 vol. 7 l.

—— Lettres choisies, du même ; sur divers sujets, *in douze*, 1 vol. 2 l. 5 s.

Moralis Christiana ex Scriptura Sacra, Tradi ione, Conciliis, Patribus & Insignioribus Theologis excerpta, Auctore JACOBOS BESOMBES, *in 12*, 8 vol. 12 l. 10 s.

Traductions diverses pour former le goût de l'Eloquence sur les Modeles de l'Antiquité, publiées ci-devant sous le titre d'*Oeuvres posthumes de M. de Maucroix* 2 l.

Les Catilinaires de Ciceron, avec le Latin à côté, & des Remarques. Seconde Edition, revûë, corrigée & augmentée, *sous presse*.

L'Oraison pour Marcellus, du même, *Brochure*, 4 s.

P. D. Huetii Episcopi Abrincensis Carmina, in 12 1. l. 10 s.

Le Guide des Comptables, ou Maniere de rediger soi-même toutes sortes de comptes, suivant l'hypotese de la Recette, de la Dépense, & de la Reprise, par le Sieur BERNARD D'HENOUVILLE, *in octavo*, 1 l. 10 s.

Traité des Excommunications, divisé en deux Parties, par M. l'Abbé D. P. *in douze*, 2 l. 10 s.

Traité sur la maniere d'écrire des Lettres, & sur le Ceremonial ; avec un Discours sur ce qu'on appelle Usage, dans la Langue Françoise, par M. DE GRIMAREST ; *in douze*, 1 l. 10 s.

Le Prince Kouchimen, Histoire Tartare. Et Dom Alvar del Sol, Histoire Napolitaine, *in douze*, 2 l.

Histoires de Pieté & de Morale, par M. l'Abbé DE CHOISY de l'Academie Françoise, *in douze*, 2 l.

Joseph, Tragedie en Vers, par M. l'Abbé GENEST, *in octavo*, 1 l.

Démonstration de l'Existence de Dieu, tirée de la connoissance de la Nature, & proportionnée à l'intelligence des plus simples, par Monseigneur l'Archevêque Duc de Cambrai. Seconde Edition, *in douze*, augmentée d'une Refutation du Systême de Spinosa, 1 l. 15 s.

Suite des Jugemens des Sçavans de M. BAILLET, *ou* Jugemens des Sçavans sur les Auteurs qui ont écrit de la Rhetorique, avec un précis de la doctrine de ces Auteurs, par M. GIBERT, ancien Recteur de l'Université de Paris, & Professeur de Rhétorique, *in douze*, 1 vol. 2 l. 5 s.

Essai d'Exhortations pour les états differens des malades, dont les Confesseurs & les Fidelles pourront se servir utilement ; avec un Recueil d'Actes & Aspirations propres aux Agonizans : Et un Examen général sur tous les pechez de chaque état, pour aider aux malades à faire une Confession generale, *in douze*, 2 vol. 3 l. 5 l.

Propositions importantes sur l'Homme, avec leurs dépendances.

I. Propos. L'Homme est plus que matiere & corps.

II. Propos. L'Homme est composé de deux parties, qui bien que differentes essentiellement, ne sont neanmoins qu'un Homme par leur étroite union.

III. Propos. L'Homme & le Monde ont eû un commencement.

IV. L'Homme mortel selon son corps, est immortel selon son ame, vol. *in quarto*, 6 l.

Propositions importantes sur la Religion, avec leurs dépendances, *in quarto*, 8 l.

I. Propos. Dieu est. *Contre l'Atheisme.*

II. Propos. Dieu est un. *Contre l'Idolatrie.*

III. Propos. La Religion du Deisme.

IV. Propos. Les Caracteres de la véritable Religion.

La Mechanique du feu, *ou* l'art d'en augmenter les effets, & d'en diminuer la dépense. Premiere Partie ; contenant le *Traité des nouvelles cheminées* qui échauffent plus que les cheminées ordinaires, & qui ne sont point sujettes à fumer. Par M. GAUGER *in douze*, *fig.* 2 l. 10 s.

Retraite annuelle formée sur des Modeles de l'Ecriture

Sainte, &c. avec des Reflexions sur la Loi Evangelique, & le renouvellement du Baptême, *in douze*, 2 l. 5 s.

Les Lettres d'Héloïse & d'Abaïlard, mise en Vers François par le Sieur P. F. G. DE BEAUCHAMPS, *in octavo*, 10 s.

M. F. Quintiliani Institutiones oratoriæ, cum notis à D. ROLLIN, *in douze*, vol. 4 l. 10 s.

Propositions importantes sur la Religion, avec leurs dépendances, *in quarto*, 8 l.

L'Eloquence Chrétienne dans l'idée & dans la pratique, *in quarto*, 4 l.

Nraison funebre de Messire François d'Aligre, Abbé de Saint Jacques de Provins, prononcée dans l'Eglise de cette Abbaye le 16 Avril 1712. par le R. P. LENET, Chanoine Régulier de cette Maison, *in quarto*, 1 l.

Odes Sacrées sur les plus importantes verités de la Religion & de la Morale, avec deux Discours en vers, Et une Lettre de JEAN PIC, Prince de la Mirandole, &c. sur la maniere de bien vivre: Par M. B** *in octavo*, 2 l.

Livres provenans des fonds de Librairie de Mrs. Elie Josset, & Guillaune Desprez; & qui sont en grand nombre chez Jacques Estienne.

L'Imitation de J. C. avec des Reflexions, & l'Ordinaire de la Sainte Messe en Latin & en François, par M. LE TOURNEUX, *in douze*, 2 l.

—— La même, *in vingt-quatre*, 1 l.

—— *du même.* Explication Litterale & Morale sur l'Epitre de S. Paul aux Romains, *in douze*, 1 l. 10 s.

—— *du même.* Lettres a quelques personnes de la Religion Prétenduë Reformée, pour les exciter à rentrer dans l'Eglise Catholique, & pour répondre à leurs difficultés, *in douze*, 1 l.

—— *du même.* Explication des parties & des ceremonies de la Messe, avec l'Ordinaire en Latin & en François, & des Prieres du matin & du soir, *in dix-huit*, grosse lettre, 15 s.

—— le même, *in dix-huit*, petite lettre, 12 s.

On trouvera chez le même Libraire divers autres Livres sur toutes sortes de sujets, tant de France que des Païs étrangers.

www.ingramcontent.com/pod-product-compliance
Lightning Source LLC
LaVergne TN
LVHW010519100826
845148LV00001B/46